# 与你同行，开启生涯探索之旅

## 中职生生涯探索活动设计与实施策略

袁紫燕　著

同济大学出版社
TONGJI UNIVERSITY PRESS
·上海·

图书在版编目(CIP)数据

与你同行，开启生涯探索之旅：中职生生涯探索活动设计与实施策略 / 袁紫燕著. -- 上海：同济大学出版社，2022.10
ISBN 978-7-5765-0384-5

Ⅰ.①与… Ⅱ.①袁… Ⅲ.①职业选择—教育研究—中等专业学校 Ⅳ.①G717.38

中国版本图书馆 CIP 数据核字(2022)第 176740 号

**与你同行，开启生涯探索之旅**
——中职生生涯探索活动设计与实施策略
袁紫燕 著

**责任编辑** 张 睿 **责任校对** 徐春莲 **封面设计** 张 微

**出版发行** 同济大学出版社 www.tongjipress.com.cn
(地址：上海市四平路 1239 号 邮编：200092 电话：021-65985622)
**经　　销** 全国各地新华书店
**制　　作** 南京月叶图文制作有限公司
**印　　刷** 常熟市华顺印刷有限公司
**开　　本** 700mm×1000mm 1/16
**印　　张** 18
**字　　数** 360 000
**版　　次** 2022 年 10 月第 1 版
**印　　次** 2022 年 10 月第 1 次印刷
**书　　号** ISBN 978-7-5765-0384-5

**定　　价** 89.00 元

# 序　言

生涯教育是发展素质教育和推进教育公平的重要途径。“以人为本”“终身发展”是生涯教育倡导的基本理念。但是，由于中西方在历史文化、政治制度、经济发展水平和教育实际情况等方面存在较大的差异，生涯教育的理念有着不同的内涵。西方追求个人价值的实现，个体处于重要的地位，个体利益高于社会利益。我国崇尚国家利益高于一切，把个人发展与社会发展统一起来。生搬硬套西方生涯教育，必然会出现“水土不服”。只有构建本土化的生涯教育，即立德树人导向的生涯教育，才能发挥生涯教育的育人功能。

中职班主任是生涯教育的主要实施者。十多年来，作者致力于生涯教育本土化的实践探究，积累了丰富的生涯教育实践经验，对立德树人导向的生涯教育有自己独到的理解。本书具有如下特点：

**定位明确**。本书作者将中职生涯教育的重点放在生涯探索，通过生涯探索活动培养学生稳定的探索态度，掌握探索性技能。通过生涯探索活动促进学生对自我和环境的知觉和建构，以劳动者创造的美好事物与美好生活激发学生树立职业理想，其实质就是将中职生涯教育重点落实在生涯发展动力上，因为理想是生涯发展动力的源泉。

**系统思维**。许多学校也组织开展了一些诸如企业参观、岗位体验的探索性活动，但是缺乏系统性设计。本书以系统思维设计生涯探索活动，围绕生涯教育总目标科学地规划各年级生涯探索活动的具体目标，形成纵向衔接、横向贯通、分层递进、螺旋上升的目标体系。生涯教育贯穿中职教育全过程，形成全程育人；充分挖掘各学科元素，连接家校社资源，形成全员育人。

**注重体验**。生涯的自主性和独特性决定了生涯教育不能只停留在理论和技术层面，要注重学生的参与和体验。学生通过生涯探索活动，将个人生活经验同书本知识进行关联，将书本知识与当下生活及未来发展形成一个强有力的连接，这将对学生的深度学习以及建构人生意义大有裨益。

**简明实用**。本书的主体部分是活动案例，每个活动案例后面附有知识小贴士和案例示析。活动设计背后的理论简洁精要、通俗易懂，示例来自一线班主任的工作实践，案例点评蕴含立德树人导向生涯教育理念，不仅指出问题所在，还提供解决方法。活动案例包括探索新起点、探索自我、探索环境、定位目标、提升素养五个模块，贯穿中职三年全过程和各个环节。对没有机会接受生涯教育系统培训的教师来说，具有很强的实用性。

我有幸应邀为本书的出版写述了上面的一点文字，并乐于见到本书的付梓问世，相信本书对广大读者和学子们都有很好的助益，是为序。

孙钧*

壬寅虎年仲秋佳日于同济园

---

* 孙钧：中国科学院资深院士、同济大学一级荣誉教授。

# 目　录

# 第一章

# 生涯探索活动的理论基础

# 第一节 生涯探索活动的内涵

## 一、中职班主任开展生涯教育活动的背景

生涯教育作为促进学生全面发展和终身发展的重要手段以及推进教育公平的重要途径早已成为世界教育发展的一种趋势。虽然生涯教育在我国起步较晚，但发展迅速，尤其是近十年在基础教育阶段的发展可谓日新月异。从生涯教育在我国尤其是上海市中等职业教育的发展情况可见一斑。

2010 年，教育部、人力资源和社会保障部联合颁发了《关于加强中等职业学校班主任工作的意见》，将职业指导列为中职班主任五大工作职责之一。规定职业指导的内容为："教育、引导学生树立正确的职业理想和职业观念，形成良好的职业道德，提升职业素养与职业生涯规划能力。指导学生根据社会需要和自身特点选择职业发展方向，顺利实现就业、创业或升学。"指明职业指导的重点内容是帮助学生准备职业、选择职业、获得职业。职业指导强调个体差异，主张从人的特质出发寻找合适的工作，实现职业与人的匹配，特点是以人就事。

2014 年教育部颁发《中等职业学校德育大纲（2014 年修订）》（以下简称《德育大纲》），将职业生涯教育列为德育的六大内容之一。规定职业生涯教育的内容包括：职业精神教育；就业创业准备教育；终身学习和职业生涯可持续发展教育。将职业指导视作德育的八大途径之一，指出："学校要在职业指导工作中全面渗透德育内容，加强职业意识、职业理想、职业道德和创业教育，引导学生树立正确的择业观，养成良好的职业道德行为，提高就业创业能力。加强就业服务，提高就业服务的水平和质量。"《德育大纲》提出了职业生涯教育的概念，强调职业生涯可持续发展，相比职业指导是一大进步，但还没有脱离职业指导的本质。

2018 年，上海市教委颁发了《上海市教育委员会关于加强中小学生涯教育的指导意见》（以下简称《指导意见》），将生涯教育的总目标定为："增强中小学生生涯规划的意识与能力，培养自尊自信、积极向上的个性品质，促进

学生的健康成长与终身发展。”《指导意见》将中小学生涯教育的重点落实在学生发展的动力上，而理想是动力的源泉。《指导意见》明确：“中等职业学校的生涯教育侧重于职业规划。主要通过生涯教育课程与活动实施，结合中职学生综合素质评价，提升学生的学习能力与社会适应能力，以工匠精神引导学生充分认识自我，了解专业就业信息，增强自信，锤炼技能，提高职业素养，规划学业和职业。”《指导意见》指出，生涯教育的阶段性目标是提升学生的学习能力与社会适应能力；生涯教育内容是认识自我、了解专业和职业以及职业规划；生涯教育的实施途径是课程和活动；生涯教育的评价工具之一是综合素质评价。中职学生生涯教育的重点是引导中职学生树立职业理想、鼓励学生追求职业理想。人一旦树立了职业理想，就有一种驱动力，不断将理解到的自我融入工作中，在工作中发展自我、实现自我。《指导意见》强调个别发展，主张以个别发展研究人的生涯发展，让工作贴近人的生活，其特点是以事就人。

中职生涯教育引导学生发现和发展兴趣，在兴趣活动中提高能力，基于个人发展和社会需求树立职业理想，围绕职业理想有针对性地调适性格，从自卑自弃转化为自信自强，为职业可持续发展奠定基础。从职业指导到生涯教育是中职教育的一大飞跃，这个飞跃基于一种认识，即个体之间的主要差异不仅仅体现在学术潜力的差异上，还体现在学习方式、独立工作能力、自我认识、社会意识和价值观的不同上。《指导意见》更体现了以人为本的教育理念。

从上述三个重要文件中我们不难看出生涯教育在中等职业学校发展的三大特点。第一，我国非常重视生涯教育，将其列入“五育”之首——德育的范畴，职业生涯教育被视作德育的载体。同时，生涯教育的理念紧跟世界教育发展步伐，从职业指导的关注择业就业到生涯教育的关注个别可持续发展，理论研究和教育实践都获得快速发展。第二，中职阶段生涯教育的重点落实在动力，通过课程和活动实施引导学生探索职业理想。而作为一个专业的劳动者，“执着专注、精益求精、一丝不苟、追求卓越”的工匠精神是应该具备的专业劳动素养。这又为学生的生涯发展指明了努力的方向。第三，将生涯教育列为中职班主任的重要工作职责，发挥班主任特殊角色作用。同时，充分发挥活动育人、实践育人的重要价值，促进生涯教育落到实处。

随着教育改革的不断深入，各地中职学校对生涯教育日益重视，并根据学校实际开展了内容丰富、形式多样的生涯教育活动，旨在帮助学生认识自我、理解社会。但是，据观察，不少职校存在三大现象：第一，生涯教育活动开展零碎化。许多学校“忙里偷闲”开展的生涯教育活动，目标设置缺乏序列化，教育内容“零敲碎打”，没有形成体系。第二，教育资源和教育力量统筹不到位。社区、合作企业、家长群体是学生认识专业、了解职业、理解社会的重要窗口，家长、企业与社区从业者是学生体验、感悟劳模精神、劳动精神、工匠精神的重要载体。学校组织开展的生涯教育活动没有充分连接和统筹这些重要的教育资源和教育力量。第三，教师的引领和指导作用没有充分发挥。有的学校开展的生涯教育活动，如企业参观活动、职业体验活动，对学生的观察缺乏指导，学生收获不多。至于活动后的反思引导，缺乏方向性，更多的是行为规范和组织管理上的反思，学生在自我认识、社会理解上的收获很有限，没有充分体现生涯教育价值。

归纳上述三大现象存在的主要原因：第一，学校对生涯教育活动认识不够。学校普遍重视知识的传播和技能的训练，但认为选学择业问题都是学生和学生家长的事情，学校干预不了，也没必要干预。第二，社会支持不广泛。学校开展生涯教育活动是促进学生在活动和实践中认识自我、了解社会，需要组织学生走出校园、走进社会去观察、了解，需要连接社区、企业、高校等各种社会资源，需要得到社会的广泛支持。但是，许多单位缺乏社会责任感，不愿意承担接待任务。第三，教师缺乏专业知识，影响生涯教育活动的实效性。生涯教育活动的组织实施者——班主任，很多由基础文化学科教师担任，他们没有机会接受生涯教育的专业培训，对专业及职业的了解非常有限，对学生的生涯教育活动不能给予专业的指导，影响了生涯教育活动的实效性，进而影响学校开展生涯教育活动的积极性。

## 二、生涯探索活动的内涵

生涯探索是生涯研究领域的一个重要研究课题。生涯探索的研究起源于20世纪50年代西方的生涯发展理论对职业发展阶段的研究。美国生涯发展理论的集大成者舒伯（Donald E. Super）根据不同年龄阶段生涯发展任务与角色的差异，将职业生涯发展划分为五个阶段，即成长期（0～14岁）、探索期（15～24岁）、建立期（25～44岁）、维持期（45～64岁）和衰退期（65岁以后）。中职学生处于职业探索期。职业探索期（15～24岁）被视作是工作准备阶段，这一阶段的主要任务就是职业方向的明确和实施选择。生涯发展理论研究者特别强调职业生涯探索的重要性，认为从事职业生涯探索可以促进个体对自身内在属性的认识，以及对教育和职业选择的了解，从而有助于建立连贯的职业规划和个人有意义的工作生活。职业生涯探索被看作是职业发展过程中的一个阶段性任务或实施职业决策必要的信息搜索任务。虽然，舒伯不断地发展与完善自己的理论，但其理论仍然没有脱离“阶段论”的框架。舒伯的生涯发展理论强调个体内在的发展是主要影响因素，重视个人需要、兴趣、能力、价值、性格，虽然也重视机会，但还是以不断做选择和调适的“人”为焦点，强调自我概念，忽略了经济、社会因素对生涯发展方向的影响。

生涯发展学家克朗伯兹（John D. Krumboltz）受班杜拉（Albert Bandura）的社会学习理论影响，提出了生涯决定社会学习理论。该理论强调社会影响因素与学习经验对人的生涯发展的影响。克朗伯兹理论核心强调学习能力的培养。首先，要在社会变迁中学习。各行各业的各种内容不是一成不变的，人必须培养应变能力。人必须扩展其能力与兴趣，不能仅仅基于现存的特质，要采取行动学习，不能坐等诊断结果。其次，要在机会因素中学习。克朗伯兹指出，人的成长环境中充满无数的意外事件，这些事件无论是正向的还是负向的，都提供了意想不到的学习机会。人可以试着从偶发事件中辨认出机会的存在，主动采取行动，开创不同的可能性。

进入 21 世纪后，随着信息社会的到来，职业的特征发生了很大改变。与之相应，职业生涯探索的内涵随着社会的发展、职业世界的变化也发生了相应的变化。技术的变革、经济的发展和社会的变迁导致组织结构和职业结构也发生巨大变化。例如，互联网技术的高速发展使得工作模式发生变化，居家办公成为现实。新的职业不断涌现，传统职业逐渐消失。从业者不能期望一生只在一个环境中工作，工作或职业的变动与选择成为人一生各阶段都要面临的任务，必须为自我终身发展承担更多的责任和风险。所以，从业者必须与时俱进，保持同样的灵活性才能适应未来社会生活和就业市场的变化。而为了保持这种灵活性，必须终身保持探索意识，发展探索性技能。职业生涯探索被看作是一个具有关键的、终身适应性功能的过程，这种终身性主要体现在探索的态度和探索性技能上，一旦形成某种相对稳定的探索态度和技能，就会持续作用于生涯发展的各个阶段中。职业生涯探索不再被仅仅看作职业发展过程中的一个阶段或职业决策的一个任务，而被认为应存在于生涯发展的各个阶段，是明确自我发展方向，不断塑造自我、完善自我的手段。而自我塑造和自我完善也是探索的核心结果（Flum & Blustein，2000）。职业生涯探索现在也称为生涯探索。

我国实行改革开放政策以来，经济实现了持续快速增长，由初级工业经济转变为高级工业经济，经济规模和经济总量也不断扩大。经济、社会的发展不仅跟上了西方发达国家的发展节奏，甚至保持更快的发展速度。我国打破了单一公有制经济格局，各种所有制经济在国民经济中的比重发生了深刻变化；科技和教育的快速发展促进了经济发展方式转变和产业结构调整。最突出的是互联网高速发展，已深入每一个人的生活。许多传统职业逐渐消失，新的职业不断出现。而人类社会不定期发生的一些重大事件往往导致职业世界发生重大变化。例如，2020 年年初暴发的新冠肺炎疫情使线上教育迅猛发展，吸引了大量的线上教培从业人员，已经很热的课外教育培训行业迎来加速发展期。然而，不到两年，随着“双减”政策的落地，70 万教培机构及上千万从业人员面临着行业转型，同时，新的教育模式正蓄势待发。中职学生是未来在生产、服务一线工作的高素质劳动者和技能型人才，是受经济和科技发展影响最直接的就业群体，只有养成较强的探索意识和探索性技能才能适应社会的变化发展。

综上所述，中职学生的生涯探索活动的内涵可以描述为：为了增强中职学生生涯规划的意识与能力，开展的旨在提高自我（包括兴趣爱好、能力特长、个性特征和价值观）和关系环境的认识（与职业发展相关的教育、职业环境以及关系网络），获得相应的情感体验、形成稳定的探索态度、掌握一定的探索性技能的探索活动，其最终目的是发展积极的自我概念，促进健康成长与终身发展。从目的看，生涯探索活动是为了促进中职学生对自我和环境的知觉和建构，增强中职学生生涯规划的意识和能力，促进中职学生的健康成长与终身发展；从内容看，生涯探索活动是对自我内部特质和关系环境以及二者的相互关系的探索活动；从探索途径看，既有课内探索活动又有课外探索活动；从探索主体看，是以学生为主体、教师为主导的生涯探索活动；从功能看，不仅可以促进中职学生对自我的认识和对社会的理解，更重要的是能够促进中职学生稳定的探索态度养成和探索技能形成；从结果看，生涯探索不仅促进中职生内省和自觉，而且促进中职生以一种开放的、理性的和发展的态度与社会建立联系，以一种更加积极的态度来面对生活。

## 三、中职生生涯探索活动的特征

**行动性**。生涯探索活动是以学生的亲身体验为基础的持续过程，整个过程都需要学生亲身参与、经历，是在行动中实现对自我和环境的建构。生涯探索强调发挥学生的主动性，注重的是探索行动的过程，生涯探索的成果不一定是具体有形的知识，可能是一种见解、一个行动方案，也可能是获得身体活动或心理活动的某种感受。

**终身适应性**。生涯探索活动也是学生适应社会的一个完整过程。生涯探索过程是自我与社会环境之间持续不断的交互作用过程，学生在探索过程中，随着对自我和社会环境的知觉和建构，会主动调整自己的认知和行为以适应社会的发展和要求，使得自己的适应性变得更强。重要的是，学生在生涯探索活动和实践过程中形成的探索意识和探索性技能，会持续作用于人生的各个发展阶段。

**反思性**。学生带着“我是谁”“我将成为怎样的人”的疑惑开展生涯探索。在生涯探索过程中，通过对自我和环境的体验、观察和反思，获得对自我和环境的认识和判断。反思是生涯探索活动的关键，没有反思就不可能真正形成对自我和环境的认识。反思，既可以是对探索内容的反思，也可以是对探索过程的反思；既可以是对探索主体的反思，也可以是对探索客体的反思。

**创造性**。学生从自我出发、从现实世界出发，通过自己的生涯探索实践活动和对自己的亲身经历进行反思，经过整理、抽象、概括和提炼，升华成新的知识，形成对自我、对职业、对教育和与职业相关的环境的认识以及对生涯规划的理解。这个“体验—反思”的过程也是创造知识的过程。

## 第二节 生涯探索活动的意义

### 一、生涯探索活动有效缓解“自我认同危机”

根据埃里克森（Erik H. Erikson）的人格发展理论，中职学生正处于青春期（12～18 岁），随着他们的参照标准从父母和老师转向同伴，自我同一性发展的问题就显现出来，出现“自我认同危机”（Identity Crisis）。这个阶段的学生试图解决“我是谁”的问题。他们不仅想要弄清“我是怎样的人”，还会考虑“我将成为怎样的人”“在生活中要担当什么角色”等问题。比起普通高中的学生，中职学生较早进入社会，更早面临专业、职业选择压力。在还没有清晰地认识自己是谁，或将来要成为怎样的人的时候，就要面对人生重大选择的压力，这确实是一个挑战，这样的压力对他们而言具有破坏性。如果处理不好，将对他们学习的动机产生直接的影响，可能会导致价值观的消极改变。“是什么”“为什么”“怎么办”这些问题的答案，如果经由他人告知，而不是自己在生活中不断探索发现，可能会造成很多困扰。因此，他们需要大量的机会去了解自己是怎样的人，了解环境允许、支持他们成为怎样的人。

学校应该组织开展生涯探索活动，为学生搭建一个探索自我的平台。学生在教师的指导下，通过这个互动平台探索自己的内部属性，了解现在和将来要扮演的角色及其责任和义务，了解自己和周围人的关系以及在这个世界中的地位，这个探索的过程也是逐渐明确“我是谁”的过程。当个人身份——我是谁，处在自我认同阶段时，他们才能够理性地看待自己、接纳自己，才能理解外部世界，并与外部世界进行理性互动，才可能对自己的未来有明确的目标，对学习、工作和生活有热情的投入，在追求和逐渐接近目标的过程中体验到自信与自尊，体验到自我价值及社会的认同，不会一味地屈从于他人与社会舆论，因此会表现得更成熟，心理也更健康，才能在遇到并解决自我成长过程中的挑战时，以一种开放的、积极的态度去面对，而不会沉浸在抱怨、自责或悔恨中。

生涯探索活动促进了自我和世界之间的互动。人是社会的人，生涯探索是在一定社会活动中进行的。随着生涯探索的深入，个人对自我、对社会的了解越多，他的自我意识、社会意识、社会参与意识和参与能力变得越强，对生活表现出一种更开放的态度。例如，学生在生涯探索过程中，能同时领悟个人主义文化和集体主义文化的不同。在个人主义文化影响下，他更倾向于从自主、独立和创造角度建构自我概念，强调自我价值的实现，重视独立和自我满足；在集体主义文化影响下，他更倾向于从人际和联系（协作）的角度构建自我概念，遵守群体规范，重视一致和遵从。

生涯探索活动将丰富学生的情感体验，情感是意志行动的动力。例如，当学生发现和培养了一种兴趣，并在兴趣活动中发展了一种技能时，他体验到了学习的快乐，体验到自尊、自信；当学生发现自己在某方面缺乏优势时，也可能体验到挫败感。同样，行业中的佼佼者身上那种吃苦耐劳、爱岗敬业的劳动精神也给学生提供了榜样示范作用。生涯探索为自我身份认同提供了认知和情感的基石，实际上为学生提供了在面对日益艰巨的工作挑战时赋能自我、塑造自我的能力。可以毫不夸张地说，生涯探索是青少年后期发展的一个关键因素。通过它，青少年可以发现自我、发展自我，在整个生命周期和人生角色中不断探索自我和塑造自我。

## 二、生涯探索活动赋能终身适应性

改革开放以来，随着我国经济社会的发展、科技水平的提高，我国社会分工和需求结构发生了翻天覆地的变化，过去部分热门职业逐渐消失，新的职业不断出现，这是一种新事物替代旧事物的过程，这个变化过程有利于职业结构转型，但也对从业者提出了更高要求。进入信息社会后，新的技术催生新的职业，职业的淡出、升级与新生的周期将缩短。不断变化的社会环境要求从业者与时俱进，保持同样的灵活性。而这种灵活性很大程度上依赖于生涯探索的深度和广度。生涯探索的适应性功能主要体现在当学生被激发去探索时，他会表现出对生活变迁的开放态度——用一种开放的而不是保守或消极的态度去与这个世界进行互动，这使得他能够不断学习并以最佳状态去适应不断变化的环境。

多次的生涯探索活动训练，让他们在面对需要处理的问题、冲突和决策时，更倾向于以信息为导向、以未来为导向，会积极寻找并评估相关信息，更倾向于放眼未来。他们懂得自我反省，质疑自己的观点和想法，因此，也会更了解自己和自己的选择，并承担责任。而没有经历生涯探索的学生，由于缺乏对新环境的开放心态或者缺乏应对变化的经验，往往对类似选学择业的重要事情表现出模棱两可甚至回避的态度，当在职业生涯发展过程中遇到挫折时，更倾向于抱怨和推卸责任。

## 三、生涯探索活动是生涯规划的前提和基础

生涯探索是生涯规划和生涯决策的前提和基础，没有对自我和环境的深入探索，任何规划都是脱离现实而没有意义的，所做的决策也是盲目而危险的。

首先，缺乏对自我的真实了解和对环境的准确评估，凭空确立的生涯目标如同水中月、镜中花，可望而不可即。或者，虽然有目标，但是由于目标是由父母他人指定的，缺乏实现目标的原动力。例如，有的中职学生把一般兴趣当成职业兴趣，不了解二者之间还隔着职业能力要求和岗位职责，求职择业时处处碰壁，或者即便就业了也因为难以承担职责而放弃，生涯目标变得遥不可及。有的中职学生向往从事某个职业，但是，对从业者的生活状态（如工作强度大、生活不规律、工作枯燥等）不了解，从业后很不适应，难以为继。显而易见的是信息能力是确立目标的基础。而生涯探索有利于培养信息意识和搜集、处理信息的能力。如果缺乏信息意识，在选学择业时往往凭主观想象或根据道听途说得来的信息，这样做出的生涯决策（或者根本谈不上决策）非常随意。有的中职学生虽了解信息的重要性，但是苦于搜集信息、处理信息的能力不够。在信息不充分的情况下做出的选择也很不明智，影响生涯发展。

其次，职业生涯探索有助于发展出更为广泛的职业生涯管理策略。目标对行为有导向、调节作用并影响行为的持久性，但仅有努力、专注和持久性是不够的，还需要有适当的任务策略。任务策略就是在面对复杂问题时采取的有效的解决方法。目标的作用依赖于任务完成者发现恰当的任务策略的能力，这种发现恰当策略的能力是需要学习的，而生涯探索为学生提供了学习的平台。例如，当学生在探索各行各业佼佼者的成功足迹时，成功者的选学择业策略和生涯管理策略为学生提供了可借鉴的经验。同样，从业者失败的职业经历也是值得深思、需要警惕的教训。可以说，从业者各种不同的发展轨迹就是学业和职业生涯规划最好的教科书。

# 第二章

# 生涯探索活动的开发设计策略

# 第一节 活动目标设置策略

目标是一切活动的出发点和最终归宿。生涯探索活动目标的设计主要从宏观层面解决目标设计的依据问题和从微观层面解决目标的正确表述问题。中职生生涯探索活动目标设计的依据是生涯教育理论和教育部颁发的相关生涯教育文件精神以及中职学生的身心发展规律和技术技能人才成长规律。生涯探索活动既是学生对自我与环境的知觉和构建的过程，又是学生适应世界的过程，也是一个创造知识的过程（不断产生新的感受、新的认知）。因此，生涯探索活动目标应该包括三个维度：认知目标、情感目标和技能目标。

## 一、序列化、具体化目标设置策略

所谓目标序列化，就是根据生涯教育总目标和学生成长规律，确定中职学段生涯探索活动的目标体系，科学地规划各年级生涯探索活动的具体目标，形成纵向衔接、横向贯通、分层递进、螺旋上升的目标体系，切实提高生涯探索活动的实效。在纵向上，对各个年级的生涯探索活动目标、活动内容提出相应的要求，由浅入深、分层递进；在横向上，将每个年级的生涯探索活动内容和各种教育力量、途径整合一致，产生共振效应。

基于生涯教育理论和教育部颁发的相关文件精神和学生身心发展规律，构建中职学生生涯探索活动目标序列化的基本框架（表 2-1-1）。

表 2-1-1 中职学生职业生涯探索目标序列化框架

| 目标序列 | 说明 |
|---|---|
| 总目标 | 上海市教委颁发的《指导意见》是基于教育部颁发的《中小学德育工作指南》（教基〔2017〕8 号）、《中小学心理健康教育指导纲要（2012 年修订）》（教基一〔2012〕15 号）等相关文件制订的。《指导意见》制订的生涯教育总体目标是中职学生生涯探索活动的总体目标。由此将“增强中小学生生涯规划的意识与能力，培养自尊自信、积极向上的个性品质，促进学生的健康成长与终身发展”确立为中职学生生涯探索活动的总目标。 |

（续表）

| 目标序列 | 说明 |
|---|---|
| 学段目标 | 由活动设计者根据《指导意见》确定的中职学段生涯教育的侧重点来确立中职学段生涯探索活动目标。由此，确立中职学段目标为：通过对内部属性的探索与评估、对外在选择和限制的探索，以获得相应的认知和情感反馈，形成稳定的探索态度及掌握一定的探索性技能，形成职业与学业规划意识和能力。 |
| 活动目标 | 由活动组织者制订的某一主题或某一单元的生涯探索活动的具体目标。 |

目标具体化是指将生涯教育总体目标进一步进行分层次设计，逐步分解为中职学生生涯探索活动总目标和从属目标，使总目标的阐述与其从属的具体目标之间具有一致性，并且层次清晰、指向明确，具体可操作。在具体设计目标时，将生涯探索看成一个独立、完整的系统探索活动，可从纵向和横向两个维度来理解生涯探索活动。从纵向来看，有中职三年前后相继的内在衔接性。从横向来看，在外部结构上有对自我属性和包括职业、与职业相关的环境、教育在内的社会环境探索；在内部结构上有探索态度、探索过程中形成的技能以及相应的认知和情绪反馈等相互联系的协调一致性（表 2-1-2）。

表 2-1-2 活动目标

| 探索活动目标维度 | 说明 |
|---|---|
| 认知 | 对探索者内部属性的认知 |
| | 对与职业发展相关教育的认知 |
| | 对职业世界及与职业相关的社会环境的认知 |
| | 对自我和生涯发展相互关系的认知 |
| 技能 | 探索性技能（收集、整理、分析及运用信息的能力） |
| | 人际关系建立和维护技能、人际沟通能力 |
| | 观察与反思能力、发现问题与解决问题的能力 |
| | 生涯规划与管理能力 |
| 体验 | 生涯探索活动过程对探索者内心的影响，属于过程产出。例如，增强探索意识、职业规划意识，增强发展动力、使命感等，情感（道德感、理智感、美感）体验。 |

（续表）

| 探索活动目标维度 | 说明 |
| --- | --- |
| 态度、价值观 | 指探索者对外界刺激肯定或否定的内心体验和心理反应。活动结束后，探索者对探索对象（人、观念、情感或者事件等）所持有的稳定的心理倾向就是态度（如稳定的探索态度）。这里的价值观指职业价值观。 |

其中，认知方面包括个体对探索对象（自我和社会环境）的认识。例如，通过对自我内部属性、所学专业及其对应的职业群的探索，找到职业兴趣的培养方向、发现能力特长及其提高方法、了解性格的调适方法以及选择职业的一般规律；通过对相关教育的探索，理解教育和可持续发展的关系；通过对职业世界和社会的了解，理解社会职业和社会需求的联系，了解生涯管理的方向和提升职业素养的努力方向。

探索性技能由个体的探索活动发展而来，是探索的结果，但又进一步促进探索能力的发展。生涯探索活动不仅能促进学生获得探索性技能，还能促进学生获得表达理解能力、人际融合能力、解决问题的能力以及生涯规划意识和能力的提高。例如，通过引导学生积极参与专业实训活动、学生社团活动、社会实践活动、企业/职业院校参观考察活动、公益劳动、打工体验、生涯访谈活动、网络媒体信息搜集活动，学生在活动和实践中认识自我、发展自我，培养自我管理能力和可迁移能力。

探索态度是个人参与和维持探索的动机成分。生涯探索活动旨在探索活动中培养学生稳定的探索态度。当学生被激发去探索时，他们获得了自己对自我和环境的理解和建构，这使他们能够慢慢学会接纳自己、理解并适应社会要求，以一种开放的态度与环境互动，以一种开放的态度迎接生活的挑战。同时，在探索活动中认识到信息的价值，培养了信息意识。他们学会以信息为基础进行生涯决策，并坚持自己的选择为自己的选择负责。

情感反馈包括探索过程中获得的情感信息，主要指个体的体验与感受。生涯探索要让学生获得一定的情感体验。人类的情感有三种类型，即道德感、理智感、美感。情感对价值观的形成、对人的认知行为有重要影响。通过自我探索引导学生发现自我兴趣和特长，增强自信、自尊（也可能体验到挫折感）；通过职业探索，了解我国各行各业的发展情况，激发学生的民族自豪感和对未知领域的好奇心、求知欲，感受到各行各业优秀人才吃苦耐劳、爱岗敬业、乐于奉献的劳动精神和执着专注、精益求精、一丝不苟、追求卓越的工匠精神；通过志愿者服务的实践活动，体验到自我价值感、人道主义情感、对公共事务的义务感和责任感。

## 二、以表现性目标陈述活动价值

表现性目标关注的是学生在探索活动中表现出来某种程度上首创性的反应形式，而不是事先规定的结果。表现性目标不指定学生从事完一种或更多种学习活动之后准备获得的行为，它为学生提供探索活动的范围，至于结果则是开放的。学生的生涯探索活动是学生与自我、与环境互动的过程。学生的探索过程不仅是学生与环境之间连续不断的交互作用过程，也是一个创造知识的过程，学生在探索过程中对自我和环境将不断产生新的感受、新的认知，不断实现社会知识和个人知识之间的转换。生涯探索活动追求的不是学生反应的单一性或同质性，而是多元性。生涯探索所侧重的是学生在探索过程中的经历和体验以及在情境中的反应，而不是预定的结果。学生在探索自我的过程中获得的认知是个性化的，对社会环境的理解也是个性化的。生涯探索活动不指定学生从事完一种或更多种探索活动之后准备获得的行为，故以表现性目标来表述。基于上述对生涯探索活动的理解，制订如下目标序列（表 2-1-3）。

表 2-1-3　各年级的职业生涯探索活动目标序列

| 年级 | | 表现性目标 |
| --- | --- | --- |
| 一年级 | 第一学期 | 1. 能适应新环境、拥抱新的学习生活。主动认识并学会与新同学相处，学会从心理、生活、学习三方面适应新环境，在日常生活劳动中形成独立生活能力，在人际交往实践中掌握处理人际关系的一般原则和方法，提高自己的环境适应能力。<br>2. 通过新修订《职业教育法》了解职业教育，了解我国职业教育发展趋势及个人未来可能的选择，寻求身份认同，增强自信；了解所学专业人才培养目标、未来可能的就业选择，了解专业课程设置特点、专业特色和专业学习方法，树立专业学习信心，寻求专业认同，增强学习动力。<br>3. 能积极参加学生社团、志愿者服务、社会实践等各种活动，在活动（劳动）中发现、发展兴趣爱好，在兴趣活动中体验学习的快乐，展现一定的人际融合能力。 |

（续表）

| 年级 | | 表现性目标 |
|---|---|---|
| 一年级 | 第二学期 | 1. 能独立、高质量完成综合素质评价填报或动手制作"我的足迹"档案袋，记录个人一学期成长轨迹。<br>2. 能在教师指导下，在日常学习、生活、劳动中辨析自我智能优势、悦纳劣势，并在兴趣活动、专业技能训练、日常生活劳动中发展自己的能力特长，体验自尊、自信。<br>3. 能通过多渠道（咨询、网络查询）了解自己所学专业对应的职业群及其四要素（工作性质内容、所需能力、适宜的性格、工作报酬），在活动中展现一定的合作能力。 |
| 二年级 | 第三学期 | 1. 能在教师指导下编写考察大纲，并就专业对应的职业群进行企业实地参观考察，体验职业环境、感受企业文化，了解行业发展历史和趋势，会用自己擅长的方式展示考察结果。<br>2. 能独立或合作拟写访谈提纲，开展生涯访谈，感受行业代表性人物身上的劳动精神、工匠精神，理解劳动精神和工匠精神对职业生涯发展的意义以及对社会发展的积极影响，并能以合适的方式展示访谈结果，在活动中表现一定的沟通能力、合作能力。<br>3. 能多角度理解职业劳动的价值和意义，会用自己擅长的方式介绍几种典型的职业价值观类型。 |
| | 第四学期 | 1. 能辨析兴趣与职业兴趣、能力与职业能力、性格与职业性格、价值观与职业价值观，并能多角度认识、表述自我。<br>2. 能就自己感兴趣的职业了解几种职业生涯发展模式，能以案例形式展示几种常规生涯发展路径。<br>3. 学会从态度、意志、情绪、理智四方面观察自身性格，并能在各种社会实践活动中，综合运用观察、比较、反思等方法认识自身性格，发现自己的优点和不足，并能从改变态度开始进行自我完善。 |
| 三年级 | 第五学期 | 1. 能熟练使用媒体搜集、社会调查、公益劳动等多途径了解新时代社会特征及其对劳动力市场的影响，并能用自己擅长的方式展示探索结果。<br>2. 能通过多渠道了解继续教育（包括学历教育和非学历教育），进行比较分析，并能用适宜的方式展示探索结果。<br>3. 有初步的职业发展目标，能在教师指导下撰写一份职业生涯规划书。<br>4. 能根据职业发展目标，有针对性地提高专业能力、可迁移能力和自我管理能力，并有针对性地进行性格调适。 |

（续表）

| 年级 | | 表现性目标 |
|---|---|---|
| 三年级 | 第六学期 | 1. 能从心理调适、信息收集、展示自我三方面做好实习准备，增强求职能力。<br>2. 掌握基本的人际沟通技巧和人际交往礼仪，学会有效管理时间、情绪和压力的典型方法。<br>3. 掌握两种典型的生涯决策方法，能运用生涯决策方法进行选学与择业。<br>4. 能主动了解职业适应期的努力方向及应对措施，认真对待顶岗实习，积极适应职业环境，在岗位上提升综合素养。 |

# 第二节 活动内容构建策略

## 一、内容体系化策略

内容是实现目标的手段，是目标最直接的体现。为了达成序列化的生涯探索活动目标，需要构建体系化的生涯探索活动内容。生涯探索活动从两个方向进行探索：一是朝内探索自我，二是朝外探索社会环境。而探索自我、探索环境是为了规划、决策和管理生涯。根据中职学段生涯探索的总目标，将中职学生职业生涯探索内容分为三大模块：自我探索、环境探索（包括职业世界探索、与职业发展相关的教育探索、与职业发展相关的环境探索）、生涯规划和生涯决策与管理。

认识自我是生涯探索的起点，也是生涯探索的终点。“自我”的内涵非常丰富，自我包括物理我（如性别、体能、外表等）、心理我（兴趣爱好、能力特长、人格特质、职业价值观）、社会我（个人与他人、个人与社会环境的关系、个人处理事务的经验等）三方面特征。同时，“自我”也是一个不断发展变化的概念。影响自我概念的因素有内部因素（如语言能力、社会认知能力）、社会互动因素和社会环境因素。社会互动是自我概念发展的根本动力和核心机制。日常生活劳动、各种班集体活动、社会实践活动都对自我概念的形成有很大的影响，所以，需要多角度、多途径、以发展的视角去认识自我，而不能孤立地、局限地以现有特质去认识自我。

影响职业生涯发展的环境因素包括家庭的、教育的、职业的、影响劳动力市场的社会与经济等因素。家庭环境探索包括家庭关系环境、家庭经济状况对个人发展的支持和限制；职业探索包括职业描述（如职业分类与内容、职业报酬、职业能力要求、职业所需特质）和职业所在行业、企业的发展情况的探索；劳动力市场环境探索包括经济（含地域经济）、国家政策和科技发展对劳动力市场的影响等探索。教育探索是指与职业相关的教育培训的探索，包括学历教育和非学历教育。学历教育探索是指对高一级学校的探索，如专业和课程设置情况、毕业出路、就业情况；非学历教育探索是指对培训机构本身及其培训课程的了解。

影响生涯发展的还有生涯决策与管理方面的因素。生涯决策方面包括生涯决策的一般规律和生涯决策的基本方法，而典型的职业生涯发展模式也有借鉴意义。自我管理能力是核心竞争力。中职教育阶段自我管理的重点内容包括职业生涯的自我管理（如目标管理、生涯规划管理）、自我优化（如健康、时间、学习、自我效能的自我管理）及自我与环境优化（如人际关系、人际沟通）三方面。

## 二、探索途径与方法

“授人以鱼，不如授之以渔。”信息时代，培养人的信息意识是重中之重，信息意识是在搜集信息的活动中形成的。所以，通过生涯探索活动，学生不仅要获得对自我和环境的认知，更要掌握认识事物的途径和方法。不同的探索对象需要通过不同的探索途径和探索方法才能实现对探索对象的全面认识。

自我概念是个体对自己的主观知觉和判断，对“自我”的探索，一般采用经验法，如观察法、社会比较法、他人评价法、反思总结法。必要的时候也采用测量辅助的方法。而要认识和理解社会，需要走近社会。“纸上得来终觉浅，绝知此事要躬行。”对社会环境的探索可以通过社会实践活动、企业/职业院校考察活动、公益劳动、打工体验、家族（庭）角色示范、网络媒体等途径，可运用的方法有观察法、参与法、访谈法、专家咨询法、网络查询法等。

为达成生涯教育活动目标，根据学生不同阶段的发展任务和认知特点，建立如下探索内容体系，以及与探索内容相适应的探索途径和方法，详见表 2-2-1。

表 2-2-1 探索的内容体系及途径与方法

| 内容模块 | | 具体内容 | 途径与方法 |
|---|---|---|---|
| 认识自我 | 生理的 | 性别、体能、外表 | 1. 经验法：观察法、他人评价法、社会比较法、反思总结法<br>2. 测量辅助法（在专业人士指导下进行） |
| | 心理的 | 兴趣、能力、性格、价值观 | |
| | 社会的 | 与他人的关系、与环境的关系、个人为人处世的经验、对生活目标的认识 | |

（续表）

<table>
<tr><th colspan="2">内容模块</th><th>具体内容</th><th>途径与方法</th></tr>
<tr><td rowspan="3">理解社会环境</td><td>探索相关教育</td><td>对上游学校（如对职业院校或大学专业及课程设置情况、毕业出路、就业情况等）和非学历相关职业培训的探索</td><td rowspan="3">1. 途径：社会实践活动、企业/职业院校考察活动、公益劳动、打工体验、家族（庭）角色示范、网络媒体<br>2. 方法：观察法、参与法、访谈法、专家咨询法、网络查询法</td></tr>
<tr><td>探索职业世界</td><td>行业、企业、职业（如职业分类与职业内容、职业报酬、职业能力要求、职业所需特质）</td></tr>
<tr><td>探索社会环境</td><td>休闲环境、社会环境（包括教育、经济和科技发展对未来劳动力市场的影响）及家庭环境对个人生涯发展的支持与局限</td></tr>
<tr><td colspan="2">掌握生涯决策及自我管理的方法</td><td>生涯规划意识，根据掌握的信息进行判断与选择的常见策略<br>制订生涯规划和逐步落实行动计划的常见策略</td><td>1. 生涯决策的典型方法<br>2. 自我管理的方法</td></tr>
</table>

# 第三节　课内外一体化策略

## 一、课内外一体化

“一体化”是优化教育资源、实现生涯教育持续性的最佳策略。课内外活动一体化主要是指课内教育教学和课外生涯探索活动在实践过程中目标一致、互为补充。课内教育教学和课外生涯探索活动是生涯教育过程的两个方面，课内教育教学教给学生的理论知识能够为课外生涯探索活动提供指导和指引，课外生涯探索活动能对课内生涯教育内容予以强化；课内教育教学在课外生涯探索活动中得以继续延伸和拓展，课外生涯探索活动在课内反思交流中得到深化和提炼。就上海市的生涯教育课程设置情况看，中职学校在第一学年开设了生涯教育课程，但只开设一学期。而自我是一个不断发展的概念，探索自我是一个持续终身的发展任务。显然，生涯教育课程不能满足学生生涯发展需求，难以实现生涯教育目标。而要促进学生对环境的了解必然要求学生走出校园，走近社会才可能实现。所以，需要学校搭建平台助力学生开展生涯探索活动。学校不仅要引导学生在各种活动和实践中探索自我，还要引导学生探索专业及其对应的职业（包括企业、行业）、探索就业环境，综合发挥课程育人、活动育人和实践育人价值。

## 二、融合各类教育活动

中等职业学校升学的压力虽然不如普通高中大，但是专业学习和训练的任务也很繁重，没有大量的时间组织开展生涯探索活动，需要融合各类教育活动，以提高生涯探索活动的效率。如社会实践活动（志愿者服务、社会调查、职业体验活动、研学旅行）、社团活动、主题教育活动（国防教育、心理健康教育）和中职特色活动（星光计划、文明风采、创新创业、校园文化品牌建设），这些综合德育实践活动是学生发现自我、发展兴趣和能力，形成良好个性的平台，同时，也是学生认识社会的最佳途径。

当然，德育实践活动不等同于生涯探索活动，需要教师运用一定的生涯教育理论和技术进行引导。引导既可以赋能德育实践活动，又是生涯探索活动价值的催化剂，没有这个催化剂，德育实践活动蕴藏的生涯探索活动价值就得不到体现。引导包括观察引导和反思引导，引导学生在活动中认识自我、理解社会。没有观察引导，学生在活动中就会“视而不见，听而不闻”，起不到生涯教育效果；“学而不思则罔”，没有促进学生从经历中感知、领悟的反思引导，学生就达不到真正理解自我和社会环境的目标，活动将没有生涯探索应有的价值。

## 三、连接各种生涯教育资源

学校组织开展有效的生涯探索活动，需要具备丰富的可供支配的资源。从探索内容看，涉及的知识有心理学知识、生涯教育知识、学科专业知识、高职院校学制与专业知识、企业知识；从探索途径看，生涯探索涉及的部门有大专院校、企业、社区等部门。所以，要开展有效的探索，教师需要发展整合资源的能力。

首先，要充分连接学校人力资源。要借助心理健康教育和生涯教育任课教师的专业知识，指导学生如何认识自我；还要寻求专业教师在专业/职业/行业探索方面的指导；还可以寻求负责学生顶岗实习部门教师的指导，他们是学校最了解企业和劳动力市场的教师，可以为学生提供最有价值的帮助。

其次，要充分连接家长群体资源。家长自身是学生职业生涯发展的引导者，家长的职业兴趣、职业能力、职业道德、职业价值观、职业认同、职业社会地位及对待工作的态度都会对子女的职业生涯发展具有潜移默化的影响。家长群体中的优秀（成功）职业者又是最好的教材，他们的现身说法对学生最有说服力，他们可以成为学校生涯教育的有力支持者。

再次，要充分连接社区、合作企业、高职院校等社会资源。例如，上海某初中学校借助社区资源，每年的六月末，组织学生前往十多家周边单位开展为期 3～5 天的岗位体验活动。这个岗位体验活动对学生的学科意识、专业意识、职业意识的培养具有课堂教学无法替代的作用。中职学校还可以借助职校合作企业资源、对口的高职院校开展专业/职业考察活动、岗位体验活动，指导学生在岗位体验、专业/职业考察活动中认识自我，了解专业/企业/行业。

# 第三章

# 生涯探索活动的组织实施策略

## 第一节 活动动机激发策略

学生的生涯探索活动受多方面因素的影响，但主要还是受动机的支配。动机是驱使人从事各种活动的内部原因，是活动的原动力，对活动起着始动作用，它对学生的探索行为效果有重要的影响。活动动机通过影响活动投入水平，在一定程度上制约着活动效果和知识技能的获得。当学生的探索动机强度很低时，他对探索持漠然态度，当然不会有高质量的探索行为发生，探索效率自然很低，探索就不会取得预期的效果。动机分为内部动机和外部动机，它们在生涯探索活动中扮演着同样重要的角色。

美国心理学家德西（Deci Edward L）和瑞安（Ryan Richard M）提出的自我决定理论由四个基本理论构成，包括基本需要理论、认知评价理论、有机整合理论和因果定向理论。根据基本需要理论，个体具有三种基本心理需要：胜任需要、自主需要和关系需要。当这些需要得到满足时，会增强自我激励和心理健康，也就是说三种需要满足与否对心理健康及行为方式有重要影响。胜任需要主要指的是个体对于环境控制的需要；自主需要是个体在充分认识自身需要和环境因素的基础上，自由选择行动的需要，即自我决定需要。这两种需要是产生内在动机的直接动因。但是，个体活动并不局限于满足自身需要，也会为了满足他人、维护关系而采取行动，这种动机源于关系需要。例如，学生希望得到来自家长、教师或周围环境的关爱和理解。当他在一个被忽视或对他的任何想法没有反应的情境中完成一项任务（即使这个任务是有趣的）时，他的内在动机会处于非常低的水平。如果社会环境促进这三种需要得到满足，那么人的动机和天性就会得到积极的发展，个体也就会获得健康成长。

### 一、把握学生心理，激发与满足自主感

根据埃里克森的人格发展阶段理论，进入高中（中职）阶段的学生，随着他们的参照标准从父母和教师转向同伴，自我同一性问题真正显现出来。他们试图解决“我是谁”的问题，他们想了解自身与他人的异同。他们不仅要弄清“我是怎样的人”，而且还要考虑“我将成为怎样的人”（他们也正在经历职业

选择的自我同一性问题)。不明确的职业身份可能产生令人不安的感觉，他们需要大量的机会去探索自我同一性问题。当他在探索不同的身份要素过程中，逐渐意识到自己的基本特征、他所扮演的角色、他的从属关系等，从而形成自我时，身份就是处于自我认同阶段。而学校组织开展生涯探索活动恰恰可以满足学生的这种自我意识发展需要。

所以，在组织开展生涯探索活动前，教师可以抓住学生心理需求，通过真实的案例向学生说明生涯探索活动的目标、内容，让学生理解生涯探索活动的价值意义，认识到生涯探索活动有利于他们认识自我、把握未来，可以激发学生的生涯探索动机。

在组织实施生涯探索活动过程中，教师尽可能满足学生自主选择探索内容、探索途径和方法及合作伙伴等需求，当学生在生涯探索活动过程中产生高度的自主感，即自我决定的程度高、能够自由自主选择时，探索活动动机水平较高，探索活动的效果更好。例如，活动组织的形式可以多种，可以是班集体活动，可以是小组或小团队活动，还可以借助家长的帮助自己单独活动。教师要多给学生自主选择、自由发挥的空间。例如，设置生涯探索活动阶段性成果展示环节，既可以提高学生的实践能力，又可以促进交流、思考，开阔学生视野。生涯探索活动成果展示方式允许学生自由选择自己认为最擅长的方式展示，调动学生的积极性，增强学生的生涯探索动机。

## 二、设置合理任务，满足胜任感

从本质上说，胜任感类似于班杜拉的自我效能感，即对自身是否能够完成活动任务的主观判断，当学生对活动任务产生高度的自我效能感或胜任感时，其对活动的投入程度会更高，有利于激发学生的探索动机。当教师组织生涯探索活动时，学生对自身是否能够完成探索任务会产生主观判断，探索任务太简单，学生对探索活动提不起兴趣；但生涯探索任务太复杂，为了避免失败，学生又可能不愿意投入其中。所以，教师在组织生涯探索活动前要充分了解学生的认知水平、实践能力，设置力所能及又具有挑战性的探索任务，让学生获得成功的体验，相信自己有能力完成探索任务。教师设置生涯探索活动任务时要注意从易到难、从简单到复杂。例如，探索之旅从探索自我开始，探索自我从探索自我兴趣开始。

在组织班级开展生涯探索活动前，教师可挑选几名探索兴趣较高、实践能力较强的学生组成“先遣队”，进行简单培训之后尝试开展探索活动，并将探索结果与同学们分享。当学生看见和自己能力差不多的同学能够完成探索任务并有所收获时，也能提高自我效能感，产生探索动机。当学生在探索活动中遇到困难时，教师要及时给予一定的支持，消除学生的畏难情绪，增强学生自信心。同时，组织开展探索成果的交流活动，鼓励学生以自己擅长的方式展示自我，增强学生的胜任感，增强学生进一步探索的动机。

## 三、家校协同，满足归属感

自我决定理论还提出，内在动机更可能在以安全感和亲近感为特征的环境中蓬勃发展。当学生的生涯探索活动能得到来自家长、教师或周围环境的关爱、理解和支持时，就会产生高度的归属感，也能够促进学生的探索态度和探索行为。相反，当学生的探索活动不仅得不到支持，还受到质疑、排斥时，学生就难以坚持他们的探索活动。即使是对于有趣的任务，学生的内在动机也会非常低。

家校协同，充分发挥教师的引领和家长的协助作用，对学生的探索活动及时给予关注和评价，以激发学生的探索动机。在整个探索过程中，家校协同不是以主导者身份控制事情的发展，而是及时提供信息支持、心理支持，不断鼓励他们、肯定他们。教师和家长的陪伴起到不断激发学生兴趣、保持探索热情、提高战胜困难的信心和激发学生内在创造力的作用，让学生在探索中体会成功，帮助他们建立自信、自尊。

## 四、结合综合素质评价，促进外部动机内化

自我决定理论之有机整合理论主要探讨了外在动机的类型和促进外在动机内化的条件。有机整合理论根据个体对行为的自主程度，把外在动机分为外部调节型（自主程度最低，相应的行为是为了满足外部要求或得到奖励）、内摄调节型（对社会规则进行一定程度的吸收，相应的行为是为了避免内疚、焦虑或者自我肯定）、认同调节型（对行为目标或社会规则的意识性识别，如个体认为行为是重要的，它就会被接受）、整合调节型（最自主的形式，规则被自我完全同化，相应的行为是为了得到直接结果而不是内在满足感）。按照有机

整合理论，假如外在动机内化或整合进了一个人的自我感中，那么，曾经由外在因素所导致的行为就会变成由内在动机所驱动的行为。

综合素质评价源自 2006 年教育部对全国初中毕业生评价与高中招生制度的改革，测评展现了素质教育的实质。自 2018 年始，各地推动高等学校自主招生、学校推荐就业与用人单位录用等环节开始使用学校综合素质评价信息。可见，综合素质评价信息与学生生涯发展密切相关。中等职业学校综合素质评价的内容都与生涯探索活动内容高重叠、高相关。所以，生涯探索活动及其结果也是学生综合素质的体现，具有重要意义和价值。

认同调节型外在动机形式是通过识别进行调节。识别反映了对行为目标或规则的意识价值，例如，行为被视为对个人重要而被接受或拥有。根据外在动机转化原理，教师通过阐明综合素质评价与生涯探索的关联度，让学生认识到生涯探索活动的重要性，可以激发学生的生涯探索活动动机。为了让学生对二者的关联度有更直观的了解，教师可以将综合素质评价内容和生涯探索活动内容进行比较，让学生很清楚地看到二者之间的紧密联系，从而认识到生涯探索活动的价值。当学生被激发去参与生涯探索活动，并在探索活动中确实感受到生涯探索带来的价值与自己的基本需求相一致时，会自动整合调节进入自我感，完成综合素质评价这个曾经的外在因素所导致的探索行为就会变成由内在动机所驱动的行为。

# 第二节　活动观察引导策略

俗话说，“外行看热闹，内行看门道”，意思是说内行人看事物主要看方法、看本质，外行人看事情只能看看外表，看看热闹。学生的生涯探索活动如果没有教师的专业引导，就会流于形式，变成热热闹闹的“春游”、“秋游”或者普通意义上的德育实践活动，难以取得生涯探索活动的成效。

## 一、观察内容指导

生涯探索活动从内容看，分两个方向进行探索：一是朝内探索自我，二是朝外探索社会环境。但是，“自我”和“社会环境”内涵丰富，不同的观察角度得到的认知不同。中职学生年龄尚小，社会认知水平不高，对自我和社会环境的认识止于表面，不够深入，需要教师进行观察并加以引导。生涯探索活动前，教师需要为学生做一定的生涯知识铺垫；然后，与学生共同将探索内容分解成提纲，以提纲的方式指导学生进行观察。以职业探索为例，为了对某职业有比较全面的认识，既需要亲临工作场地参观考察，也需要对从业者进行生涯访谈。前往工作场地考察的主要内容是搜集职业微观信息，即具体而详细地了解某种特定职业的性质、任务、待遇及其对从业人员的要求等方面的信息，包括工作任务、职业资格和工作环境三大要素。教师需要将职业信息具体化，就是把三大职业要素细化为易于理解的具体的条目式任务。由于职业信息的内容繁琐复杂，一两次职业考察活动难以完成搜集任务，需分阶段、多途径组织完成。教师可以将职业考察任务分两个阶段实施：

第一阶段指导学生直接到工作场地参观、考察，了解最基本的职业信息。学生可以结合自己的性格、兴趣、技能、工作价值观、教育背景和已掌握的职业知识列出自己有意要从事的 2～3 个职业，然后去工作场地考察。考察前，教师要指导学生列出考察项目，如表 3-2-1 所示。

表 3-2-1　走近未来职业

| 考察项目 | 说明 |
|---|---|
| 工作性质、内容 | 工作的主要职责或要完成的任务 |
| 工作环境、就业地点 | 包括室内和室外、温度、湿度、噪声、照明及工作危险性等；一般工作地点 |
| 所需教育/培训、经验 | 从业者需具备怎样的学历、应接受怎样的培训，以及所应具备的实际知识与经验 |
| 所需资格、技能 | 从业者需具备的资格证、工作所需主要能力及对体能状况的要求（视力、听力、体力等） |
| 收入或薪资范围 | 薪资报酬、可享受的福利待遇等 |
| 工作时间 | 工作时数、天数及一次轮班的时间幅度 |
| 相关职业和就业机会 | 与该专业相关的职业及就业机会 |
| 进修和升迁机会 | 需不需要经常进修，主要通过什么通道进修；升迁的机会多不多，需要什么条件 |
| 未来展望 | 该行业或职业的发展前景如何 |

第二阶段组织学生进行生涯访谈。班主任指导学生通过生涯访谈了解与未来职业有关的特殊问题或需要，如潜在的入职标准、核心素质要求、晋升路径及从业者的内心感受等，促使学生准确评估自己的优势和不足，进行有效的职业生涯规划和职业准备。学生可以在每个职业领域寻找两名以上的在职人士作为生涯访谈人物。这些人物中应该既有刚踏入职场的人士，也有一定工作年限的中高层人士。访谈之前，教师应指导学生列出访谈提纲，如表 3-2-2 所示。

表 3-2-2　生涯访谈提纲

| 访谈项目 | 说明 |
|---|---|
| 职业的抉择 | 你是如何进入这个行业/职业的，借助了什么平台、得到过什么帮助、做了哪些准备 |
| 职业发展路径 | 职业发展一般经过哪些过程、有哪些发展模式 |

（续表）

| 访谈项目 | 说明 |
| --- | --- |
| 职业价值 | 从事这个职业最大的乐趣是什么 |
| 职业难度 | 职业生涯中遇到的最大困难或挑战是什么 |
| 成功条件 | 从事这个行业/职业获得成功的条件有哪些 |
| 如何准备 | 对未来要进入这个行业/职业的后来者有什么建议 |

## 二、观察方法指导

不同的探索对象需要采用不同的探索途径和不同的探索方法。一般说来，探索自我的方法有经验法和测评法。经验法主要指在日常生活中通过对自己的生活经历进行观察思考来认识自己。例如，通过自我观察认识自己；通过他人评价认识自己；通过社会比较认识自己（将他人的评价和自我评价进行比较或者将自己和他人进行比较）；在社会实践中认识自己；通过反思总结认识自己。这几种认识自我的方法都属于经验法。还有一种方法就是借助各种量表来认识自己，如霍兰德职业兴趣量表、柯塞人格气质量表等。这些量表需要在专业人士的指导下进行测量。方法不同，结果会有所差异，但有助于从多角度认识自我。探索环境的途径和方法有现场观察法、生涯访谈法、问卷调查法、公共媒体信息搜集法、专家（亲友）咨询法，以下着重介绍前四种。

**现场观察法**。学校组织企业参观（职业考察）、职业体验（跟岗见习）活动适宜用观察法。这样可以真正体验和理解职业内容和职责、职业要求和规范、职业价值和意义及职业人的生活方式。为了提高观察实效，要做好如下工作：首先，组织活动前需制订好观察计划。包括时间、地点、观察任务、观察目的及必备的记录设备，如录音、摄像和文字记录工具。准备工作越细致越好。其次，在观察过程中，需要保持思维和注意力的高度集中。必要时可以进行分工合作，统筹兼顾；为了观察得全面，每个人的观察角色定位很重要，由于观察时间有限，所以观察者需紧密配合。最后，把所观察到的现象如实记录下来。以记录表格为宜，不同的观察任务和内容需要不同的记录表格。除此以外，还可借助摄影、录像、录音进行记录，把观察时的客观情况保存下来，供以后反复多次、仔细地分析研究。

**生涯访谈法**。它是访问者与被访问者双向传导的互动式调查，是需要一定访谈技巧的、有控制的调查。生涯访谈法适用于不易观察到的一些隐性生涯信息，如从业者的内心感受、生涯抉择、发展路径等。访谈法的形式有两种：个体访谈法和座谈会法。访谈法的开展，可以按以下几个步骤来实施：

第一步，制订访谈提纲。提纲应该是粗线条的、开放的，包含访谈者需了解的主要问题和应该覆盖的内容范围，做到简洁明了，总体要使得访谈对象能有足够的余地选择谈话的方向和内容。

第二步，选择访谈对象。这些访谈对象既可以是刚入职的从业人士，也可以是工作了一定年限的中高层人士。最容易找到的访谈人物是通过学校、老师引荐的校友；也可以通过报刊、媒体取得生涯人物的联系方式，自己直接联系；还可以通过各种组织和协会取得自己想拜访的生涯人物的信息。

第三步，掌握访谈提问技巧，适当进行互动。既可以按照提纲进行提问，也可以随机应变，根据具体情境进行提问。访谈中要注意倾听，可用适当的肢体语言进行互动，如微笑、点头等，这些信号鼓励话题的继续。同时，做好访谈记录。录音是最精确的记录方式，可将访问过程完整地记录下来，以便反复分析。现场做笔记也较为精确，如若当时不能直接记录，则在访问结束后立即记下关键字句。

第四步，整理访谈记录，并以自己擅长的方式或者根据内容选择适宜的方式进行展示。

**问卷调查法**。它是调查者运用统一设计的问卷向被调查者了解情况或征询意见的调查方法。问卷调查法一般按以下几个步骤进行：第一步，设计调查问卷。问卷是进行调查的工具，问卷的设计必须做到问卷整体的严谨性，而且要按逻辑规律安排问题位置，这样有利于被调查者顺利完成填答。调查问卷还必须做到表述清楚明确，以便理解。第二步，选择和确定调查对象。调查对象的选择，根据调查目的和调查对象的特点来选择确定，同时也应遵守各种调查方式的原则。第三步，发放调查问卷。在条件允许的情况下，最好采用访问员调查法，因为这种方式的问卷回收率和问卷回收有效率都比较高，而且对调查对象的选择性强。第四步，回收和审查调查问卷。对回收的问卷还必须审查，审查的目的是剔除无效问卷。填答未按要求、填答不完整、填答不清楚等的问卷都可确定为无效问卷。第五步，资料的整理和研究。待有效问卷筛选出来之后，便要对其中所反映出来的数据、资料进行统计、整理，再经过去粗取精、去伪存真、由此及彼、由表及里的思索、研究过程，才能找出其中的规律性。

**公共媒体信息搜集法**。为节约人力、时间，有些信息可以利用公共媒体进行网络搜集。如要了解某大学的某一专业，就可以通过进入该大学的网站进行搜索；又如，要了解某行业及某企业，可以通过进入行业协会及该企业的网站搜索相关信息。作为一种探究性学习方法，可以帮助探究者了解有关探索对象的历史和现状，形成整体印象，还可以帮助认识事情发展的趋势。

# 第三节　活动反思引导策略

学校组织的生涯探索活动给了学生观察自我、感受事物、接触社会的机会。但是，“自我”和“社会环境”内涵极其丰富且不断发展变化，个人的体验和观察的视角非常有限，对事物的认识必定不够全面。中职学生年龄尚小、经验不足，他们的认知水平和抽象概括能力有限，对于探索活动中观察到的人、事、物，难以深入思考，形成深刻、全面的认识。教师需要采用一定的技巧引导学生对生涯探索活动的发现及所引发的感受做出有效处理，即引导学生开放自我、催化互动和分享经验，将活动中所获得的点点滴滴与其他经验整合，并共同整理归纳讨论的内容，形成运用基础，成为促成改变与行动的催化剂，也为下一次生涯探索活动奠定基础。反思和体验是紧密联系在一起的，体验是反思的基础，反思是体验的升华。引导讨论的目的就是引导学生学会如何从经验中学习，养成反思交流的习惯。唯有如此，生涯探索活动的效果才能真正落实在学生的认知、情感和意志层面，内化为学生的实际行动，生涯探索活动促进学生自我探索、自我发展与自我成长的育人价值意义才能真正实现。

## 一、反思引导的视角

反思引导的目的是促进对自我和社会环境的理解。教师引导讨论的视角可以有两个角度：人和社会环境。对人的认识可以从三个层面展开：个人层面、团队层面和人际层面。个人层面：个人层面有对自我态度、兴趣、能力、性格、价值观等的认知，还有内心的感受方面。内心的感受包括恐惧、安全和信任、挫败感，以及对自我的评价等。团队层面：应集中在整个团队所发生的事情上，分析影响团队凝聚力的个人与人际的动力。常出现的有代表性的话题包括沟通、领导与配合、团队精神、策略、问题解决及观念改变等，将“自我”放在团队中，通过社会比较去认识自我。人际层面：人际问题主要集中于人与人之间的互动上。良好的引导讨论让学生觉得自己可以面对和处理这些人际关系。尽管有团队层面的话题可以依靠，引导者可能还需要使用行之有效的技巧，向学生分析人际问题，以便使整个团队能够了解该如何成功处理这些问题，将学生放在人际关系中去认识自我。

对社会环境的认识主要集中在职业及与职业相关的教育和环境上。对社会环境的认识可以从两个层面去反思：第一，从微观角度认识职业。如可以从职业的四大要素（职业分类与内容、职业报酬、职业能力要求、职业所需特质）来认识职业，或从教育培训对职业发展的影响认识职业。第二，从宏观角度即在关系环境中认识职业。认识时代特征，认识科技发展和国家政策的影响及产业的变革，认识劳动新形态。将职业放在相关企业、将企业放在相关行业中来多角度认识职业，从经济、科技发展和劳动力市场对职业的影响来认识职业环境。

## 二、反思引导的技术

讨论是引导反思最常用的也是最有效的方法，它既引导总结生涯探索过程经验，亦可联结过往的类似经历；既协助检视结果，亦重视发展过程；既引导将反省所得经验应用于学习中，又着意将经验转化应用于日常生活中。引导讨论的关键技能在于提问的技术。教师以提问的方式进行沟通、思考、研讨和组织活动，提问是促进个体学习、团队学习和组织学习的基础。常用的反思引导技术有 4F 反思引导法、3W 反思引导法和焦点讨论法。

### （一）4F 活动反思引导技术

4F 活动反思引导技术是由英国学者罗格博士（Roger Greenaway）于 2002 年提出的“动态回顾循环”引导技巧（也称 4F 扑克经验反思法），是一种从经验中学习的反思性学习方式，是一个整理经验、分享感受、进行积极自我探索的体验与反思模型，是通过一连串提问促使学习者将个别经验归纳化或泛化以获得有意义的建构的操作步骤。美国学者大卫·库伯（David Kolb）所提出的体验学习圈是 4F 解说模式的基础。

引导过程由教师提出恰当的问题而引发，问题的深度和广度决定引导的深度和广度。罗格博士归纳出四个层次类型（4F）的提问结构：Facts（事实）、Feelings（感受）、Findings（发现）、Future（对未来的思考），详见表 3-3-1。

表 3-3-1 四个层次类型的提问结构

| 四个层次类型 | 引导目标 | 典型问题 |
| --- | --- | --- |
| Facts（事实） | 透过不同角度的观察来描述事件和经验 | 刚才发生了什么事？我们做了什么？我们是如何完成这个任务的？有没有遇到问题？我们是如何解决这个问题的？活动中印象最深刻的一件事是什么？ |
| Feelings（感受） | 表达内心所要分享的主观感受或直觉 | 你当时的感觉如何？最令你紧张的是什么？大家当时什么心情？令你印象最深刻的情绪是什么？ |
| Findings（发现） | 总结出活动体验给个人或群体带来的意义 | 为何会出现这样的结果呢？请你描述一下自己在活动中的角色？什么原因使你这样认为？你从中学习到什么？我们从中发现了什么？过去的生活中有无类似的体验？ |
| Future（对未来的思考） | 思考如何把经验应用在未来的生活中，可以包括行动计划、学习计划、预测未来、思考可能性、描述有哪些选择、想象或梦想 | 这件事未来对你有怎样的影响？你将来的期待是什么？如果再一次，你会希望怎样安排？怎样才能够将我们所学的应用在未来的生活中？ |

教师运用 4F 活动反思引导技术引导学生开放自我，自由表达，分享信息，学生可以获得多角度的活动经验和活动感受，既增长了知识，又开拓了个人视野，更丰富了活动体验。教师通过不同层次类型的系列提问，从回顾经历、表达感受到追寻价值、展望未来，引领学生将个别经验归纳化或泛化以获得有意义的建构的操作步骤，掌握从经验中学习的反思性学习方式，以提高生涯探索活动价值。教师引导学生将过去活动经验和未来的学习、生活结合起来，为学生展示了如何发现问题、思考问题、分析问题和解决问题的“问题解决”模式，又将促进学生开始更深入、更有价值的职业生涯探索之旅。

以社会实践活动——企业参观考察活动结束后的活动总结为例，教师引导学生反思提出四个层次的结构性问题（表 3-3-2）。

表 3-3-2 四个层次的结构性问题

| 四个层次类型 | 问题举例 |
| --- | --- |
| Facts（事实） | 你们小组是如何完成考察任务的？考察中你们遇到了什么困难？你们是怎么解决困难的？活动中你观察到自己或同学身上平时没有表现出的才干或性格特点了吗？ |
| Feelings（感受） | 听起来你们对这次考察活动很满意？访谈技术总监的过程中，你有什么感受？ |
| Findings（发现） | 你认为这次访谈技术总监能够进行得如此顺利主要得益于什么？你认为自己比较喜欢做类似访谈或汇报展示这种需要与人打交道的事情吗？你对哪类工作感兴趣？技术总监的哪些特质吸引了你？你觉得哪些事情可以通过花更多的时间做得更好？ |
| Future（对未来的思考） | 你觉得企业考察这类活动对你的课堂学习有哪些帮助？这类活动对你未来选择专业或职业有哪些影响？将来需要你作决定时你会怎么做？你认为下次活动还可以从哪些方面加以改进？ |

## （二）三段式（3W）反思引导技术

三段式引导模式（表 3-3-3）也是基于大卫·库伯提出的体验学习圈模式。与 4F 反思引导技术不同之处在于发问重点。三段式引导模式是最简洁也是最早被广泛流传应用的。三段式一般使用描述性和解释性的提问方法，不仅将生涯探索活动与生活经验相连接，更着意发掘生涯探索经历对于个人的意义。

表 3-3-3 3W 反思引导技术

| 三段式 | 提问重点 | 引导目标 | 典型问题 |
| --- | --- | --- | --- |
| What?（怎么了?） | 对现在发生的提问 | 主要探问活动经历，重点在于事实发现 | 发生了什么？发现了什么？谁发现的？产生哪些情绪？感觉如何？ |
| So What?（所以呢?） | 对过往经历的提问 | 引导将经验与生活联系，并反省经验结果对于个人的意义 | 我们从中学会些什么？活动经验给我们什么启示或教训？这个活动让你对自己有种什么样的认识？ |
| Now What?（然后呢?） | 对未来可能的提问 | 着重于行动取向的提问，目的在于引导转化应用 | 未来你将怎么做？有哪些需改进的地方？再来一次，你会怎么做？ |

### （三）焦点讨论法（ORID）反思引导技术

焦点讨论法（ORID）源于美国。一位名叫约瑟夫·马修（Joseph Mathew）的军中牧师，“二战”结束后在大学任教，他一直思考如何帮助那些参与战争的人们，将那些发生在他们生命中的事件进行有效的处理，以找出更多的意义。他从一名艺术教授那里获得启发：人们在体验或经验产生之后的对话中能创造出意义，他在各种课程中尝试不同风格的反思方法，最后形成了较为流畅的讨论形式，既适合各种主题，又有完整的结构可以自成体系。于是，就有了这种艺术形式讨论法——焦点讨论法，目的是通过有效的深度对话，帮助人们发现更多对自己有意义的价值。

焦点讨论法并不是什么发明创造，它遵循了人类认知的内部过程：知觉—反应—判断—决定，人类认知的四个步骤依次涉及四个思维层面：客观性层面（Objective），处理信息和感官的觉察；反应性层面（Reflective），有关个人的反应和联想；诠释性层面（Interpretive），关于意义、重要性和含义的理解；决定性层面（Decisional），关注解决方案或采取行动。但是，我们通常并不会意识到这个过程，被直接要求在没有认真观察、没有收集所有可能得到的信息时就评价、判断事物。当然，正因为评价、判断走了捷径，没有真正地理解，所以，也就止于肤浅理解层面，没有通向行动的价值意义。

焦点讨论法通过系列对话，引导人们调动人体所有资源在认知的每一个步骤或每一个层面都尽可能接受客观事物和经验（这些经验包括感觉、记忆和情绪）以到达理解层面，并将理解到的意义或价值在现实生活中得到应用和检验。焦点讨论法其实是一种对话的方法，是一种实用工具，也是一种思维方法。焦点讨论法通过结构性提问引导学生就某一相同事件来做一些共同的思考，让学生的探索活动变得更有意义。焦点讨论法还可以给学生的思维提供一个有效的逻辑框架，帮助他们厘清自己的思考。焦点讨论法基于四个层面展开讨论，每个层面的讨论由系列问题展开，详见表 3-3-4。

表 3-3-4 四个层面类型的提问结构

| 四个层面类型 | 引导目标 | 典型问题 |
| --- | --- | --- |
| 客观性层面 | 回顾：不同人贡献观察到的事实（或信息、数据），让事实更完整体现 | 任务是怎么完成的？发生了什么？遇到什么困难了吗？你观察到了什么？听到了什么？你注意到了什么？活动中你印象最深的是什么？ |

（续表）

| 四个层面类型 | 引导目标 | 典型问题 |
| --- | --- | --- |
| 反应性层面 | 协助说出感受，形成自己独特的观点 | 这让你想起（联想到）了什么？哪一部分让你感到惊讶？什么让你感到高兴、感到矛盾或感到纠结？ |
| 诠释性层面 | 促“悟”：悟出事物间的联系，促进更深入的了解和学习 | 事情为什么会发生？之间有什么联系？有什么意义？我们从中学到了什么？这对我们意味着什么？ |
| 决定性层面 | 导“行”：得出问题解决方案，也可以是达成的某种共识 | 你会如何应用？对于这个问题，我们能做什么？下一步要怎么做？再来一次，你会怎么做？ |

## 三、反思引导者的心态

有了很好的问题不一定有很好的效果。对话讨论是一种双向交流，影响对话质量的除了问题本身，还有提问者即引导者的因素。这些因素包括教师的心态、思维模式、语气、语速、时机、情境、内容等。教师提问的心态是首要影响因素。通常，教师在引导的时候抱有两种心态：评判者心态或学习者心态。当教师抱着评判者的心态去提问的时候，姿态是居高临下的，往往心中已经预设了问题的答案，思维是不灵活、顽固的。这种心态下的师生对话是一种竞争关系、胜负关系的对话，教师无法走进学生的心里，听不到真实的想法，对话的价值不高。如果教师抱着学习者的心态——“和你们一样，我也是来学习的。我的学习目标和你们的一些学习目标相同，也可能与你们的一些目标不同，我希望我们能够找到办法一起互相学习。只要在这儿的每个人（包括我）都能多学一点，那么我们所有人总共学到的就更多了”，学生就会带着好奇心去对话，就会提出更有效的问题，教师就能走进学生的内心，引发共鸣。教师也应以包容、开放、接纳的心态去引导讨论。当学生感受到教师的这种态度，感受到教师是真的想了解信息、倾听大家的观点，愿意接受新的、多样的可能性时，他们回答问题就会更坦诚，思考也会更为深入，信息的分享、观点的碰撞就会更充分，彼此之间的沟通和信任、问题的解决及团队协作也会得到更大的强化。表 3-3-2 和表 3-3-4 中四个层面的提问，不一定按照固定的先后顺序，可以根据需要、根据情境进行灵活处理。

## 第四节　情感渗透策略

生涯探索活动过程也是丰富学生情感体验的过程。人类的情感有三种类型，即道德感、理智感、美感。情感对价值观的形成、对人的认知和行为有重要影响，情感实际上为个体提供了面对挑战时塑造自己的能力。教师要在生涯探索活动中渗透情感教育。情感教育的内容包括情感体验、情感调控和情感互动。

### 一、引导学生在探索活动中体验情感

生涯探索活动为学生获得情感体验提供平台。教师要多组织开展生涯探索活动，引导学生在活动中去感知、体验各种情感。例如，通过引导学生积极参与社团活动、日常生活劳动，在社会实践、劳动中发现、发展自身兴趣和特长，体验兴趣学习的快乐，感受生活的乐趣。同时，在兴趣活动中发展能力，增强自信、自尊（也可能体验到挫折感）。又如，在开展职业探索活动时，引导学生体会职业劳动是个人独立自主的基础，是社会发展的根本，并感受劳动者的自尊、独立和自豪感。又如，组织学生进行企业参观，了解改革开放四十多年来我国各行各业的发展情况，激发学生的民族自豪感和对未知领域的好奇心、求知欲；通过组织生涯访谈活动，引导学生观察、感受各行各业优秀人才身上拥有的吃苦耐劳、爱岗敬业、乐于奉献的劳动精神和专注、精益求精、不断创新的工匠精神；通过志愿者服务的实践活动，体验到自我价值感、人道主义情感、对公共事务的义务感和责任感。

### 二、引导学生在探索活动中学习情感调控

开展生涯探索活动，为学生培养自我情感调控能力提供了“演习”平台。学生走出校园深入社会去观察、咨询，亲身去企业岗位体验，然后思考、整理形成自己的观点，并用适宜的方式进行交流展示。学生在这个过程中往往会遇到各种困难和困扰，有任务难度对能力的挑战、有偶发事件对性格和经验的挑战、有人际沟通问题、有团队合作问题等等，由压力导致的害怕、急躁、失

望、愤怒、孤独、焦虑、无助等消极的情绪情感。教师要引导、帮助学生合理调控情绪，并且运用反思引导技术指导学生识别自己的情绪情感，掌握摆脱不良情绪的方式方法，调节和控制自己的情绪情感，不断地进行积极的自我暗示，鼓励自己不怕挫折，相信自我，勇往直前，超越自己，最终愉悦接纳自我。经历过多次的反复训练，解决困难的能力、抗挫折能力就自然提高了。

## 三、引导学生在探索活动中学习情感互动

生涯探索活动为培养学生情感互动能力提供了“实战”经历。学生在进行参观考察、生涯访谈活动时，往往以一种团队“作战”形式进行。从探索活动计划的制订到探索活动的开展直至探索活动结束后的展示交流，为学生提供了情感互动“实战演习”。同时，学生开展的生涯探索活动，如教育探索活动、职业探索活动、环境探索活动需要学生进入陌生环境去询问、去请教，这为学生提供了情感互动的挑战和机会。一方面，生涯探索活动满足了学生自己的情感需要，情感得到升华；另一方面，学生在人际交往的互动中学会沟通、表达、理解、关心、包容、体谅。积极的情感互动经历，使他们学会悦纳自己，善待他人。

## 第五节　家校协同策略

### 一、教师在生涯探索活动中的角色

生涯探索活动不是普通意义上的探索活动，它是一种专业性较强的探索活动，是基于生涯发展理论、发展心理学理论、德育理论的综合性活动。学生开展生涯探索活动需要教师的专业性指导，教师的角色很重要。教师在学生的生涯探索活动中，扮演着引领者、学习者、陪伴者和研究者的角色。

**教师是引领者**。引领是引导、带领的意思。教师的引领具有深层次的教育引导功能。教育引导不是简单的传授，而是一个深度的引导过程，是高层次的“助人自助”。教师要围绕什么是生涯探索、为什么要进行生涯探索进行讲解，向学生进行宣传动员，让学生理解生涯探索的意义和价值；教师要运用心理学理论激发学生的生涯探索动机，用生涯探索理论指导学生的生涯探索活动，为学生指明生涯探索的方向，传授生涯探索的途径、方法和技术；教师要根据学生的心理特点和认知水平，设计开发和组织开展各种学生乐于参加的生涯探索活动；教师要对学生的生涯探索活动进行观察引导，培养学生的观察习惯和观察能力，丰富学生的情感体验。活动结束后，教师要运用活动反思引导技巧引导学生对自己的探索行为和探索结果进行反思交流，促进学生形成反思交流习惯，提高他们对自我和社会的理解。通过系列生涯探索活动，培养学生稳定的探索态度，形成一定的探索技能，逐步形成终身适应能力。

**教师是学习者**。教师职业生涯的所有阶段是持续性的专业发展，教师要树立终身学习的理念，不能故步自封，要开阔视野，以开放的心态向专业教师了解专业课程设置与职业发展的联系；教师不能闭门造车，要向企业学习，了解行业/企业发展动态，了解企业用人情况；教师需注意了解经济发展情况、了解新技术发展动态、了解新技术带来的劳动力市场的变化等；教师要向职业咨询从业者学习，学习职业指导技术。许多教师一辈子从学校到学校，没有离开过校园，对劳动力市场、对企业及社会各行各业的发展变化的了解非常有限，需要开阔眼界，才能有效指导学生的生涯探索活动。

**教师是陪伴者**。最好的教育是陪伴。最好的教育不仅包含知识教育，还包含情感教育，而情感教育最有效的方式就是陪伴。陪伴不是完成任务，而是有温情地交流。陪伴学生一起去探索，共同制订探索目标、共同制订行动计划、共同经历探索过程、共同面对遇到的困难、一起分享探索的成果。在整个探索过程中，教师不是以主导者身份控制事情的发展，而是及时提供心理支持。教师也要随时接纳“有问题”——带着自我困惑的学生，增强同理心，尽自己所能帮助他们、陪伴他们走出困惑。

**教师是研究者**。教师不仅是一个教育者，还是一个研究者，唯有研究才能在工作上有所创新。教师要研究生涯探索的基本理论和方法问题。教师要不断学习和研究生涯教育理论，将国外先进的生涯教育理论进行本土化实践，尝试把生涯教育理论变为操作性强的、“为我所用”的指导技术；教师要研究生涯探索指导实践的具体问题。例如，学生生涯探索活动的动机激发、生涯探索活动的设计、生涯探索活动的观察引导、生涯探索活动的反思交流引导等，从易到难、从简单到专门化的技术。

## 二、家长在生涯探索活动中的角色

家庭是学生身心发展特别是社会化的重要环境和影响力量，在学生职业生涯发展中扮演着重要角色。家庭的社会经济地位、父母受教育程度、父母的教养方式、家庭结构等因素会对一个人的兴趣、能力、性格、价值观及对社会关系的认识产生显著影响。不仅如此，家庭可提供的资源也很大程度影响一个人的生涯选择。我国父母历来就很重视子女的教育，对子女的职业生涯发展总是充满期盼。“望子成龙，望女成凤”等传统观念更是深植人心、辈辈相传。我国进入少子化时代后，父母对子女职业生涯发展的关注程度达到空前之高。

但是，当前中职生家长群体的社会经济地位普遍不高，占有的社会资源包括信息资源非常有限；中职生家长群体受教育程度也普遍不高，教养方式有很大的改进空间，也缺乏基本的职业生涯辅导知识，可能会对子女进行错误的引导或不予指导，从而对子女的职业生涯发展带来一些负面影响。所以，撇开家庭教育指导的生涯教育举步维艰，难以达成预期目标。学校需要开发构建通识性家庭生涯教育指导微课程（表 3-5-1），把生涯教育相关的知识和生涯辅导方法介绍给家长，让父母成为孩子职业生涯探索活动的协助者和促进者。

表 3-5-1 通识性家庭生涯教育指导微课程框架

| 适宜时段 | 家庭生涯教育指导内容 | 家庭生涯教育指导目标 |
| --- | --- | --- |
| 第一学期 | 家长角色准确定位 | 中职生家长角色适应及和谐亲子关系的构建 |
| | 相关法规与文件的解读以及专业人才培养方案解读 | 中职学生身份认同和专业认同 |
| 第二学期 | 职业生涯探索解读（一） | 协助孩子了解自身生涯特质 |
| 第三学期 | 职业生涯探索解读（二） | 协助孩子开展环境探索活动 |
| 第四学期 | 中职学生核心素养解读 | 重视、协助培养孩子核心素养 |
| 第五学期 | 职业生涯规划解读 | 协助学校引导孩子树立职业理想、规划未来 |
| 第六学期 | 顶岗实习解读 | 协助学校引导孩子适应工作环境 |

学校可以开发设计通识性家庭生涯教育指导微课程，定期、集中地向家长介绍生涯教育的相关知识和生涯辅导方法，推荐相关书刊或文章或公众号，引导家长多途径学习心理健康知识和生涯教育知识，引导家长用孩子乐于接受的方式与孩子建立沟通，了解孩子的兴趣爱好、能力特长，懂得如何协助孩子开展生涯探索。指导家长如何营造良好家庭氛围，根据孩子的实际情况对其进行阶段性的生涯教育（如经常和他们谈论自己或身边人的一些成功经历，引起他们对职业兴趣的思考），协助孩子开展职业生涯探索，让孩子在轻松、被关爱的环境中探索自我、探索环境和规划职业生涯。

# 第六节　发展性评价策略

## 一、发展性评价

发展性评价理念是现代教育评价的发展趋势。发展性评价是一种以学生发展为本，关注个体的特点和需求，尊重个体差异，强调自主、合作和自我完善的评价方式。它的价值向度可表述为提升人的自信、发现人的价值、发掘人的潜能、发展人的个性。基于发展性评价理念，生涯探索活动的评价以学生发展为本，以培养学生的自我评价能力为基本原则，以激发学生的生涯探索意识、生涯规划意识和自主发展为最终目标。生涯探索活动的评价要侧重其激励性，通过对生涯探索活动的评价，激励学生对自我、对未知世界的好奇和兴趣，培养他们稳定的探索态度，激发学生对生涯探索活动的积极体验，培养合作和分享能力以及发现问题和解决问题的能力，增强社会责任心和自信心，构建积极的自我概念，培养生涯规划意识，促进学生的全面发展。

发展性评价的特点是评价的多元化，即注重评价内容、评价方式、评价方法、评价主体的多元化。从评价内容上，它包括生涯探索过程中获得的认知（对自我、社会环境、生涯规划方面的）、情感（道德感、理智感、美感）体验及反馈和技能（探索技能、社会技能等）等方面。从评价方式看，侧重对学生生涯探索过程的评价和在过程中的评价。因为发展性评价不仅是为了预测学生的未来发展、评定探索活动成果，更重要的是协助学生将评价与探索过程相整合，促进学生更好更快地发展。从评价方法看，包括评定量表、典型事件记录、档案袋评价等多种方法。从评价主体看，参与评价的人员不仅包括学生本人，还包括教师、同伴、家长等。在评价实施阶段，应注重学生的主体作用，提倡学生自主评价、小组评价，以不同的方式促进学生自我认知意识和能力、批判性思维和反思能力的发展。

## 二、档案袋评价法

基于发展性的评价理念，生涯探索活动适宜采用电子档案袋评价法。档案袋是由国外引进的概念，档案袋概念被引入教育领域后，大家对档案袋的含义众说纷纭，对档案袋评价法更是没有定义，但有一些共性：第一，学生是档案袋评价的主体，学生是选定自己成长记录袋内容的决策者。第二，档案袋的内容体现过程性和连续性。档案袋的材料展示的是学生努力、发展和变化的过程，描绘的是学生的成长轨迹。第三，教师具有引导作用。教师要对学生档案袋的内容进行指导、分析，帮助学生反思。

用档案袋评价法评价学生的生涯探索活动是通过记录生涯探索活动过程，展示生涯探索活动成果。“成长档案袋”内要装什么，体现着探索活动的目标和具体内容及其各项目标的分解。“成长档案袋”所呈现的信息是最能直观反映学生成长历程的。借助档案袋能够促进学生将生活典型事件记录下来，并在教师的引导下梳理出自己的成长轨迹和成长果实，然后分析、总结，再选择部分结果（回避涉及个人隐私，诸如“自我”认识部分）进行交流展示，促进对自我和环境的认识。

## 案例示析

### 评价表格记录成长

设计“我的成长之路”档案盒，“我的成果”是指在生涯探索方面取得的成果。这既是对学生的激励，也是学生下一步进行自我反思的依据。“我的反思”是在学期末对自我的一个总结反思，主要对自己的探索态度、探索技能、情感反馈、角色任务完成情况的一个反思。学生是评价的主体，由学生自己选择要把什么放入档案袋。生涯教育活动的评价可以结合学生综合素质评价实施办法进行评价。

基于这样的评价理念，档案袋里放置两种评价表格——基本信息表和记录表。表3-6-1的基本信息是学生入学时的基础数据，记录的是生涯探索的起点；表3-6-2记录的是学生的生涯探索足迹。

表 3-6-1　“成长看得见”基本信息表

| 姓名 | | 性别 | | 出生年月 | |
|---|---|---|---|---|---|
| 民族 | | 健康状况 | | 血型 | |
| 我的素描 | 我喜欢……<br>我擅长……<br>我看重……<br>我的性格……<br>我向往的生活…… | | | | |
| 我的家庭 | | | | | |
| 我的愿望 | | | | | |

表 3-6-2　“我的足迹”记录表

| | |
|---|---|
| 第一学期典型事例（社团活动、志愿者服务、兴趣爱好活动、旅游及其他活动） | |
| 我的成果 | |
| 老师评价 | |
| 父母评价 | |
| 同学（朋友）评价 | |
| 我的反思 | 态度、特长、能力、情感反馈、角色任务完成…… |

# 第四章

# 中职生生涯探索活动案例

# 模块一　探索新起点

## 活动一　探索新环境

### 一、活动主题

学会适应，增强自信

### 二、活动背景

中职生告别初中，怀着不同的心情来到新学校，看到的不再是朝夕相处的同伴和熟悉的老师，而是一张张陌生的面孔。面对新环境、新集体，有的感到新奇、兴奋，很快适应了新学校；有的感到孤单、害怕甚至无助，很难适应新环境；有的因为要住校，独立生活能力差，不适应；有的不喜欢职业学校、不喜欢所选专业，不想读书，想退学。心情不同，感受不同。班主任需要通过建设班集体，开展班集体活动，以集体指导的方式及时给予环境适应指导，借助集体和同伴力量让学生尽快适应新环境，积极投入新的学习生活。

### 三、活动目标

1. 能从地理环境、人际关系两方面探索新环境；
2. 学会调适心理适应新环境，增强适应新环境的信心。

### 四、活动准备

**设计小问卷**。调查了解学生进入新学校的心理感受、遇到的困难、希望得到的帮助。

**校园导游**。教师以图片或视频方式记录学校主要建筑和建筑内主要职能部门。

## 五、活动时间

两周

## 六、活动过程

### 第一环节 第一环节 感受班集体

（一）破冰之旅：认识新同学

**1. 寻找共同点**

**出生季节相同的人站一组：**小组成员先自我介绍，然后，看谁能记住别人的名字、介绍的内容，记得越多越好；

**喜欢运动的人站一组：**小组成员先介绍自己最喜欢的运动，说说此项运动带给自己的收获；

**喜欢玩游戏的人站一组：**小组成员互相介绍自己最常玩（或最喜欢玩）的游戏，说说喜欢的理由。

**2. 分享收获**

分别请通过“寻找共同点”找到了与自己有共同点的伙伴的同学分享收获，看看谁的收获最多。

**3. 分享感受**

请五名同学分别点评在此次活动中印象最深刻的那个同学，并说说有什么特点，然后相互握手致意。

（二）我的朋友圈

请根据以下问题写下相应的人名或称谓，看看就下面的问题列出了几个人。

1. 在你的长辈当中，你最喜欢谁？
2. 郊游消遣，你找谁作伴？
3. 当你与朋友吵架时，你会向谁倾诉？
4. 若你与家人吵架，你会找谁倾诉？
5. 当你获得别人的称赞或者嘉许时，你会与谁分享？
6. 若你的考试成绩不理想，你会向谁说？
7. 当你在功课上有问题时，会向谁请教？

8. 若你在选学择业上要作决定，会向谁询问意见？

**教师点评：**列出的人越多说明你的朋友圈越大。每个人都有局限性，没有一个人能独自解决所有的麻烦，没有谁是永远的“孤胆英雄”。我们要有意识地建立自己的支持系统（所能获得的、来自他人的物质和精神上的帮助和支援）。支持系统越完善，人就越有安全感。

**（三）学会与人相处**

1. 请同学讲述最近一次与人发生冲突或产生不愉快的经历。

同学 A：……

同学 B：……

同学 C：……

……

2. 请同学讲述最近发生的、令自己倍感温暖的故事。

同学 A：……

同学 B：……

同学 C：……

……

教师引导反思产生冲突和不愉快的原因。然后，传授四大人际交往原则：

**互相接纳**。要和谐相处，必须相互接纳，不能用“分别心”与人相处，如信仰分别、省籍分别、身份分别、心情分别、你我分别，有了“分别心”就容易产生对立，容易产生摩擦，发生冲突。学习生活中有矛盾冲突，要学会与同学协商出令大家都能接受的方案，而不能只顾及自己。

**维护尊严**。同学相处不仅要维护自己的尊严，也要维护他人的尊严。不能为了抬高自己，贬低他人；不能随意嘲笑别人，特别是拿同学的缺陷开玩笑；也不要争强好胜，处处与人争斗，伤害他人。

**社会交换**。人与人之间、个人与集体之间的互动是互惠关系。社会交换就是需要学会帮助和关心同学，而不只是单向接受同学的帮助和关心，需要顾及同学的感受；学会关心集体，维护集体利益。

**情境控制**。逐步适应学校生活的环境，合理安排自己的学习和休息时间，放松心情，增加与同学相处的时间，增进与同学的感情。当遇到矛盾时，控制情绪，保持冷静，多沟通，用和平、合理的方式理性解决矛盾。

## 第二环节　适应新环境

### （一）打卡游戏

请以小组为单位以打卡的形式尽快熟悉校园的“地形”，包括：学习区域，如教室、实训室、图书馆、实验室等；生活区域，如宿舍、食堂、体育馆、商店、医务室等；了解校园内与自己未来学习生活密切相关的职能部门，如学生处、教务处等。

### （二）了解学校管理制度

1. 了解学校各项规章制度，包括作息时间、寝室管理制度等；

2. 比较与初中学校管理制度的不同，初步感受班主任的管理风格。

### （三）了解学校特色活动及学生社团

特色活动：________________________________________。

学生社团：________________________________________。

### （四）环境适应建议

1. 要以开放的心态去迎接新生活，不抵触变化。

2. 培养独立生活能力，学会自我管理：

（1）养成日常生活劳动习惯，提高独立生活能力，增强自尊、自信；

（2）养成运动习惯，运动有助于改善饮食、睡眠、心情；

（3）及早加入一个团队，如学生社团、某项体育活动，结识新朋友，找到归属感。

## 第三环节　活动反思

开场白：告别初中，来到新学校，换了新环境，想必大家有许多故事可讲。让我们一起来分享一下，看看我们经历了些什么。

### （一）回顾

1. 事实层：入学至今，你们经历了什么？住宿的同学经历了什么？令你印象最深的是什么？认识了多少新同学？观察到了什么？和初中学校有什么不同？还注意到了什么？

2. 感受层：有什么感受？失望？兴奋？新奇？沮丧？意外？过去有过这样（换新环境）的经历吗？

### （二）反思

1. 发现层：你现在已经适应新学校了吗？当初从小学升入初中，你用了多长时间适应新学校？你认为你的这次新环境适应顺利（或不顺利）归因于什么？这段经历对你意味着什么？

2. 未来层：你从这次环境适应经历中学到了什么？对于不满意的地方或者还没有解决的问题，你打算做些什么来改变？下一次到了新环境你会怎么做？

结束语：人生就是不断地经历，不断地成长，经历就是财富。让我们携手共进，在未来共同学习、生活中互相帮助、互相鼓励，开启美好未来！

## 七、活动拓展

请你按照“社会性支持系统”理念去发展个人社会性支持系统，在你构建的系统里，重点去完善以下内容：

1. 发展和我一起参加休闲、娱乐活动的人：________________。
2. 发展可以在学习上互相帮助的人：________________。
3. 发展可以在生活上互相帮助的人：________________。
4. 发展我可以倾诉烦恼的人：________________。
5. 发展我可以与之分享开心事情的人：________________。
6. 发展我要作决定时，可以询问意见的人：________________。

## 知识小贴士

### （一）环境适应小策略

**1. 调适心理环境**

首先，要调整好心态，以开放的心态去迎接这种变化。变化是人生常态，变化是成长的土壤，没有变化就没有成长。影响人们情绪的不是变化本身，而是人们对变化的看法。不同的看法，产生不同的情绪。积极的心态带来积极的体验，消极的心态带来消极的体验。

其次，积极的心理暗示。要相信自己有能力适应这种变化。一个人从呱呱坠地、什么都不会的婴儿，到学习吃饭、行走、上学，经历过不少的变化，能力在不断适应新环境中变得越来越强。相信自己有足够的潜力来适应这种变化，为自己赢得更大的发展平台。

**2. 观察生活环境**

熟悉校园环境，包括生活环境、学习环境及各职能部门，在熟悉的环境里，更有安全感；了解校园周边环境，主要与乘车出行、日常生活相关的场所。了解校园文化，包括日常生活、学习管理制度。

**3. 体察人际环境**

1）中职校人际环境特点

人际环境是指环绕周围影响其思想、道德、观念的形成和发展的人际关系所构成的环境。中职学生进入青春期后，成人感和独立意识迅速增强，意识到要摆脱对父母的依恋，与父母的关系不如以前亲密，也经常因为意见不合产生矛盾；在人际关系方面，认识到同伴关系日益重要，渴望得到团体的认同。但是，在家里与父母相处的自我中心的模式，容易与同学起冲突；师生关系也产生变化，中职学校升学压力不如初中，学习科目较多，师生接触不如初中紧密，关系相对疏远。身处青春期的中职学生的一个特点是不盲目接受任何一位教师，对不喜欢的教师的意见持拒绝的态度，也很容易产生师生冲突。良好的人际关系是提高学习效率、完善自我、心理保健的需要，因此，要学会与人交往，主动融入班集体，在交往中真诚待人、宽容待人、平等待人。

2）掌握处理人际关系规则

首先，要遵守互相接纳、维护尊严、社会交换、情境控制的原则。互相接纳就是互相包容。不仅需要接纳老师和同学不同的观点，还要包容同学的生活习惯、行为方式。维护尊严就是在与老师和同学的交往中，要尊重老师和同学。当然，先要维护自尊。只有懂得尊重自己的人才懂得尊重别人。社会交换的本质就是礼尚往来。人类的一切活动都可以归结为一种交换。人与人之间精神或物质的交换过程只有达到互惠平衡，人际关系才能维持与和谐。回报不对等的社会交换终究难以持久。情境控制是指人对一个新的情境，总是要有一个适应的过程。这个适应过程的本身，就是一个逐渐地对情境实现自我控制的过程。

其次，要有意识地发展自己的“个人社会支持系统”。“个人社会支持系统”指的是个人在自己的社会关系网络中所能获得的、来自他人的物质和精神上的帮助和支援。要有意识地建立自己的社会性支持系统。支持系统越完善，人就越有安全感。扩大人际交往圈有助于建立自己的社会性支持系统。学生社团是大家培养兴趣爱好、发展人际关系、展示才能智慧的平台。一般来说，学校开设的学生社团有龙舟、篮球、足球、羽毛球、桥牌等体育运动类的，有文学社、影视社、读书社、美术社、书法社、舞蹈社、校园好声音社团等文学艺术类的，还有创业工坊、茶艺、彩绘等拓展专业技能类的。选择做自己喜欢的事情，参加一个有共同喜好、共同追求的团队，或者和同学一起努力参加学校、市级乃至全国的比赛训练，丰富自己的学习生活，让精彩的瞬间成为自己人生永恒的记忆！

### （二）案例思考

**喜怒无常的小陈**

陈同学，16 岁，因为中考不顺利，带着沮丧的心情来到了某中等职业学校。他是第一次住校，一开始感觉很兴奋，离开父母，可以自由了。但是，住了一星期就厌烦了。食堂的饭菜不合胃口，衣服洗不干净，室友作息时间不同，互相干扰。他最不适应的是这里的同学，对人忽冷忽热，情绪时好时坏，打不起精神，遇到问题容易激动。师生关系也没有初中那么亲近、融洽，同学也不喜欢参加集体活动。当初选择专业时，父母没有征求他的意愿，帮他报了自己不喜欢的专业。他心理非常抵触，感觉前途渺茫，缺乏学习动力，对老师的教学方法不适应，学习劲头时高时低，讨厌做作业，不想上学，经常迟到，上课爱睡大觉，变得喜怒无常。

陈同学遭遇了新环境适应不良问题。主要由三方面的原因造成：第一，身心原因。陈同学正处于青春期，看问题容易表面化和片面化，情绪不稳定；自我意识强，自尊心敏感，遇到挫折容易有自我否定的倾向。第二，家庭原因。家长对职业学校不了解，对孩子不够尊重，擅自做主选择了孩子自己不喜欢的专业，引起孩子极度不满。第三，环境不适应。他的同学也正处于青春期，和他有着同样的特点，容易产生摩擦。他第一次离开父母，寄宿于学校，大小事情必须自己动手，独立生活能力差，极易产生不适应。

陈同学可以从以下几个方面努力去改变现状：第一，发掘内心的积极力量，这种积极的力量来自以往成功适应环境的经历、来自对同学友谊的珍惜、对某种活动的喜好、对某种事物的兴趣。积极面对困难和挫折。每个人都有自我成长的能力。第二，多参加学校各种活动，包括学生社团、志愿者服务、社会实践活动，在活动中了解同学，建立友谊；在活动中锻炼能力，获得成长，体验自尊自信。第三，多了解职业教育特点，努力学好一技之长。“天生我材必有用”“三百六十行，行行出状元”，相信几年后，在职场上一样占有优势。而且，职业教育上升通道现在已经打通，虽然中考失利，但将来还可以考大学，寻找更高发展平台。第四，通过老师的介绍或者自己去寻找优秀学长，多了解他们的发展轨迹，从他们的职业发展模式中寻找值得借鉴的地方，即使不喜欢自己的专业，也可以通过生涯规划寻找到既不浪费专业知识又能发挥自己特长的、自己喜欢的工作。

## 活动二　探索新起点

### 一、活动主题

寻求认同，赋能发展

### 二、活动背景

踏入新学校，中职学生面临的第一个挑战是身份认同。从初中生到中职生，虽然都是学生身份，但是心理上感觉有所不同。当前，我国职业教育还未被社会普遍认可，认为进入职业学校意味着前途渺茫。当多次听到他人对中职学校的消极评价后，中职学生便会把这种消极评价转化为自我否定，缺乏自信。中职学生面临的第二个挑战是专业认同。中职学生年龄较小，思想不够独立，选择专业时多由家长决定；有的因为信息意识不强，选择专业时比较盲目；有的在判断专业好不好时，认定只有热门的、自己感兴趣的专业才是好专业。结果，因为种种原因没有如愿，影响了专业认同感。教师需要采取有效手段及早进行干预，改变学生认知，激发学生学习兴趣，建立学习自信，激发学习动力。

## 三、活动目标

1. 了解职业教育，寻求身份认同；
2. 了解专业特点和课程设置特色，寻求专业认同；
3. 了解专业学习方法，树立信心，增强学习动力。

## 四、活动准备

1. 搜集优秀校友，特别是同专业学长的发展故事；
2. 向学校了解所学专业人才培养方案及毕业生主要去向。

## 五、活动时间

两周

## 六、活动过程

### 第一环节　改变认知，寻求身份认同

#### （一）了解校史

了解校史、校园文化、专业特色及师资情况，了解所学专业毕业去向和升学情况。

例如，学校有________年建校历史；育人理念：______________________；师资情况：____________________________________；所学专业毕业主要去向：________、________、________；就业率：________。

#### （二）了解杰出校友群体

介绍杰出校友群体，介绍他们的职业生涯发展轨迹，特别是同专业校友的成长故事，寻求职业教育认同感，引导学生思考个人未来的努力方向。

#### （三）了解职业教育

**中职人才培养目标：**培养在生产、服务一线工作的高素质劳动者和技能型人才。随着我国工业化、现代化升级，各行各业对技术技能人才的需求越来越紧迫。同时，市场经济的不断完善，迫使重学历、轻技能的人才观改变。技能是立身之本，掌握一技之长同样可以成才、同样可以拥有美好发展前景。

**职业教育定位：**职业教育与普通教育是两种不同教育类型，具有同等重要

地位；我国将实行职业教育和普通教育“双轨”运行，“双轨”设计是基于承认人的智力有类型的差异，不能简单地以课程考试成绩作为判断人的智力高低的唯一标准。

**职业教育的优势：**多一种选择。职业教育既可以凭着专业技能优势，提前进入职场，在就业市场占一席之地，走岗位成才、岗位建功立业的道路；也可以在明确专业选择后继续深造，打造核心竞争力。随着建设技能型社会理念和战略的提出，职业教育必将得到大力发展，职教学历上升通道已经打通，平等就业机会有法律保障，职校生同样可以通过努力发展为高端人才。

### （四）优秀学长访谈

请班主任或专业老师介绍几名优秀学长，开展线上或线下访谈，了解他们的发展轨迹，听听他们怎么说。

## 第二环节　提高认识，寻求专业认同

### （一）了解课程特色

了解未来学习课程类型，包括主修科目、选修课程、考证情况、各类技能竞赛活动等。

课程类型包括__________________________________。其中，

基础公共课有________________________________________；

专业课程有________________________________________；

拓展型课程有________________________________________；

中职阶段需要考的技能证书有____________________________；

专业技能竞赛活动有__________________________________；

其他竞赛活动有______________________________________。

### （二）所学专业主要毕业去向

本专业主要的就业方向有________、________、________、________；

对口升学的大学（或高职）________、________、________、________。

### （三）案例思考

**柳暗花明**

小张是某职业学校工程技术专业的一名女生，中考填报志愿的时候父母帮

她选择了汽修专业，因为她的一个亲戚在一家品牌汽车 4S 店当技术总监，以后找工作可以帮上忙。开学后，她发现班级就她一个女生，有的汽修班连一个女生都没有。上实训课的时候，有些工具她拿起来非常吃力，她越想越懊恼，变得消极起来。有一天，班主任请来一名学长参加主题班会，学长现在的工作岗位是售后服务顾问，毕业后一边工作一边学习，已经大专毕业了。学长介绍了他的成长经历之后，班主任让大家自由提问，有三个同学提了问题：

同学 A：售后服务这个岗位对学历有要求吗？

答：一般要求大专或大专以上。

同学 B：除了专业技能，一般还有什么要求？非常看重工作经验吗？

答：一般要求拥有至少一年的汽车维修工作经验，能够熟练地驾驶车辆；能够熟练使用 Word、Excel 等简单的办公软件开展日常工作；具备良好的语言表达和与客户沟通的能力，能够独立处理一般客户的诉求或抱怨；工作积极主动，乐于奉献，勇于担当，具备优秀的职业素养。

小张：女性从事汽车销售的比例大致多少？

答：汽车营销行业中，女性雇员比例保持 60%以上的比重，汽车营销仍是女性比较好的职业选择。

同学 D：汽修专业除了汽车维修、售后服务，还可以有别的选择吗？

答：一般来说，与汽车相关的工作都可以选择，比如，汽车维修、汽车销售、二手车评估、零配件营销、维修接待。还有很多车企，也可以去。只是，有的岗位可能对学历有更高的要求。

接着是一阵沉默，班主任看大家提不出什么问题，就自己提了一个问题：

你们单位对员工一般有哪些具体要求？

答：第一，作为服务性行业，客户是上帝，只有服务好客户，客户才能给你带来价值。所以，服务总是第一位的；

第二，要求每个人严格遵守公司的规章制度，不要轻易触犯；

第三，要有责任感。每个岗位都有每个岗位的职责，犯错可以，但要及时上报，积极改进并且承担自己应该承担的责任；

第四，对待工作，态度要积极主动，千万不能无缘无故迟到、早退、旷工；

第五，保持学习状态，作为售后服务顾问，在专业性方面要不断地学习和探索，要有扎实的基本功，避免客户咨询的一些问题无法得到回答。

问题 1：小张同学遇到了什么烦恼？

**提示：**专业不认可。

问题 2：班主任邀请学长来参加班会课，同学获得了哪些方面的信息？

**提示：**①从学长那里了解了与职业/岗位相关的信息和企业对员工的要求。②小张从学长那里了解到售后服务工作对性别没有什么限制。而且，除了售后服务，还有很多岗位可以选择，这些信息消除了她内心的疑虑和担忧。

问题 3：小张从此是不是可以“两耳不闻窗外事”，安心学习就可以了？

**提示：**小张还有很多职业问题需要去探索，例如，自己是不是喜欢、能不能胜任这类工作，市场竞争是否激烈，怎样才能获得自己喜欢的岗位。这些她还不知道，她还需要做更多的了解和尝试。

问题 4：从小张同学的经历中，你发现了什么？

**提示：**小张同学缺乏信息意识，在初中毕业选学时，没有进行必要的信息搜索；其次，在进入中职学校后，面对困惑消极对待，缺乏探索意识去寻求解决问题的办法。

问题 5：你有没有类似小张关于未来职业选择方面的困惑？要怎么办？

**提示：**几乎所有同学都会或早或晚面临自我同一性、职业同一性矛盾问题。探索自我、探索环境，为自己设定准确定位是解决矛盾的重要途径。

### （四）邀请专业老师参与班会课

就专业发展问题解答同学疑惑，对专业学习提出指导性建议。

## 第三环节　活动反思

开场白：历时两周，我们对职业教育、对学校、对所学专业进行了一番探索，让我们一起来回顾一下有些什么收获吧！

### （一）回顾

1. 事实层：回顾整个探索过程，关于专业、职业教育和你当初选学校、选专业时相比较，你增加了哪些方面的了解？哪个校友给你留下深刻印象？比较过去，你对职业教育增加了哪些方面的了解？对所学专业增加了哪些方面的了解？

2. 感受层：探索过程中有什么感受？让你想起了什么？什么让你感到有趣、意外或好奇？

### （二）反思

1. 发现层：你认为某一事物（如某个身份、某所学校、某个专业）不被认可可能是哪些因素导致的？哪些是我们通过努力在一段时间内可以改变的？哪些是我们个人力量暂时无法改变的？

2. 未来层：你从这次经历中悟到了什么？如果让你重新选择一次，你会怎么做？对于通过努力可以改变的这一部分，你打算做些什么？对于自己不满意暂时也改变不了的部分，我们该怎么办？

结束语：感谢大家的积极参与，感谢大家的真诚分享。希望你们从这里开启新的生活，书写职业生涯新篇章！

## 七、活动拓展

在了解本学期的学习任务后，请评估一下，文化基础课和专业技能课，哪些课程你占优势？你对哪一门课程比较有兴趣？哪一门课程的学习，你可能会遇到困难，对比较难的课程要怎么对待？请教老师或优秀学长，听听他们怎么说。然后，根据自己的情况，思考如何聚焦优势、发展潜能。

## 知识小贴士

### （一）认识职业教育

根据我国现行学制，完成九年义务教育后，对学生实行分流。一部分升入普通高中，为升入高一级学校做准备；一部分升入职业学校，以培养技能型人才与高素质劳动者为目标。普通高中教育以升学为导向，以基础科学知识为主要教学内容，职业教育侧重于学生操作性、技艺性技能的培养。从广义上说，在科技高速发展、社会分工高度发达的现代社会中，每个人所受的教育都应该由普通教育和职业教育这两部分组成，否则便难以安身立命，承担起各项社会责任。普通教育和职业教育在根本性的教育目的上是一致的，即培养“社会化的人”，培养德育体美劳全面发展的社会主义建设者和接班人。所以说，中职教育和普通高中教育是针对智力类型不同的学生、不是针对智力层次不同的学生开展的教育。

2021 年全国职业教育大会首次提出了建设国家重视技能、社会崇尚技能、人人学习技能、人人拥有技能的技能型社会的重大战略。为了加快建设技能型社会，国家又于 2022 年 5 月 1 日颁布、实施新修订《职业教育法》。新修订《职业教育法》的实施，在认识上有利于破除“重普轻职”的传统观念。以往职业教育在大众眼里是“二流教育”“次等教育”，而现在，大众公认“适合的教育”才是最好的教育。新修订《职业教育法》的实施，从制度上确保中职学生“升学有通道，就业有保障”。

中职学生上升通道已经打通，职业教育和普通教育流通更加顺畅，接受职业教育不再是“断头路”，形成了从中职、专科、本科到研究生的“直通车”。以往许多用人单位设置的招聘条件直接拒绝职校毕业生。现在，国家明文规定用人单位不得设置妨碍职校毕业生平等就业、公平竞争的报考、录用、聘用条件。职校毕业生既可以通过多种升学通道继续学习深造，也可以凭借技术技能优势，找到合适的工作，成长为单位的业务骨干；既可以体会到工学结合、实习实训带来与以往不同的学习体验，又可以参加职业技能大赛，展现中职生的风采，在未来就业市场占有优势。

中职毕业生一般有两种去向：一是就业或创业。中职学校以促进就业为导向，在学习基本文化知识的基础上，更加强调技术技能的培养，学习方式灵活多样，学生的动手实践能力更强。中职毕业生可以凭借一技之长先就业，在有了一定的工作经验后再进修深造。终身教育的理念已经深入人心，社会也提供了成熟的在职学习机制。那时候，职业方向更明确，学习能力更强，学习效率更高。二是继续升学。升学方式包括职教高考、高职单考单招、对口高考、五年制高职，考试难度相对较低。同时，中职生也可以参加普通高考。《高职扩招专项工作实施方案》（教职成〔2019〕12 号）提出，取消高职招收中职毕业生比例限制，允许符合高考报名条件的往届中职毕业生参加高职院校单独考试招生。这意味着，中职生的升学大门被完全打开。而且高职本科也已扩招，中职生出路更宽、更广。对口升学政策是国家从高校招生计划中选择部分专业，拿出专门指标，中职对接高职、本科，让中等职业学校的毕业生通过对口专业的考试招生，进入普通高校学习。对口升学的学生大学毕业后和同年通过普通高考进入大学深造的学生享受同等待遇。对口升学的优势在于升学、就业双保险，就读对口升学班，有直接升入大学的机会，也可选择直接就业，升学、就业两不误。

### （二）了解中职课程

与中职学校教育目标相适应，中职学校课程设置有自己的特色。主要学习的课程包括公共基础课（如语文、数学、英语、德育、计算机及音乐、体育、美术、心理等）、专业课（包括专业理论知识课和专业实践技能训练课）和拓展型课程（培养专业兴趣、专业技能的拓展课及参加国家、省、市专业技能大赛的集训课）。公共基础课和专业技能课都很重要，不可偏废。我国已经进入信息社会，随着经济社会的发展、科技的进步和产业结构的调整升级，社会职业结构发生很大的变化，一些传统职业开始衰落甚至消失，一些新职业不断涌现并迅速发展。职业人必须不断学习才能适应社会和职业的发展。文化基础知识是一个人终身学习的基础和可能，是可持续发展的必备条件。专业技能是一个人的立身之本，没有一技之长，随时都有被淘汰的风险。有一句谚语说：精一技者通百路。意思是说精通一门技术，可以通向多条生路。能够精通一门技术的人，他在千锤百炼专业技能的过程中养成的专注、耐心、坚持的自我管理能力，以及获得的知识经验、学习策略、洞察能力、理解能力等可迁移能力一定很强，即使遇到职业变化，他也更能够与时俱进，在职场上处于不败之地。人生是长跑，作为普通人，也许一门过硬的专业技能，就是我们此生与命运较量的唯一机会。如何平衡好公共基础课程和专业课程的学习，以及专业技能和可迁移能力的提高是我们需要认真思考、慎重对待的问题。

### （三）寻求专业认同

许多中职生在学业上遇到了挫折，认为自己是失败者。遭遇失败后要冷静分析自己所受的挫折，要正确对待别人对中职学生群体的评价。由于科技的大力发展和显著进步，社会需要的人才类型也逐渐从科研型向实践型人才转变，掌握实实在在的技能才是就业的根本出路。人生是长跑，通过三年的专业技能学习，掌握一技之长，同样可以有所作为。

至于专业，事物总是有两面性，热门的专业将来就业必然也竞争激烈。而且，一个专业对应的是一个职业群，有选择的空间。而兴趣也不是唯一的、排他的。兴趣有直接兴趣和间接兴趣之分。你可能对某专业学习内容不感兴趣，但可能对专业关联的工作及工作环境、对专业的发展前景或就业前景感兴趣，从间接兴趣中寻找动力来提升专业学习兴趣，以此提升对所学专业的认同。

## 案例示析

### 眼见未必为实

陈同学刚入初中时，在师生眼里是一名开朗、上进的好学生。但是，进入初三后，因为物理学不好，被批评了几次后，他逐渐丧失了信心，上课经常睡觉，学习成绩直线下降，没考上高中。他听从父母的安排，为了学一技之长，选择了职业学校学汽修专业。入学后，他觉得汽修根本不适合他，他动手能力不强，尤其专业理论课他听得云里雾里。他看见父母在城里开小餐馆，起早贪黑，赚钱很辛苦，想发奋学习，早一点自立。但坚持一段时间后，又放弃了，内心处于挣扎之中，非常苦闷，觉得前途渺茫，内心仅存的一点上进心快要被磨灭了。他变得越来越懒散，人也变得越来越沉默。

班主任注意到陈同学的变化，他观察到陈同学虽然话不多，但表达能力不错，在班级里与同学关系还算融洽，班里有几个小老乡一直围着他转，有一定的领导力。班主任找陈同学谈话，陈同学把内心的疑虑、苦闷全告诉了老师。老师肯定了陈同学想早一点独立，减轻父母负担的美好愿望，并鼓励他不要泄气，多寻找身上的长处，扬长避短。同时，多了解自己的专业，即便不喜欢汽修专业，将来可以考虑在汽车行业做其他相关工作。老师还把一个学长的联系方式告诉他，让他向学长了解一下汽车行业的就业情况。他邀请两个同学一同去拜访学长，学长热情接待了他们，对他们有问必答。

陈同学拜访学长回来后，心里亮堂了很多。他觉得汽车行业很有发展前景，自己虽然动手能力不强，但沟通能力很强，将来可以像学长一样从事汽车营销方面的工作。班主任支持他的想法，并告诉他要想做营销，必须先学习汽修专业方面的知识，一个不了解汽车的人，是做不好汽车营销工作的。班主任建议他多参加班级活动，竞选班干部，有意识在人际交往方面强化能力，锻炼自己的管理能力。他欣然接受了老师的建议，利用家庭有利条件，节假日去父母经营的餐馆帮忙，锻炼与客人打交道的能力。从此，陈同学像换了个人，学习变得认真了，脸上笑容多了，经过一段时间的努力，变得沉稳而自信。他是班级第一个考出驾照的同学。三年级实习的时候，他顺利地争取到了销售助理岗位。毕业后，他的职业发展非常顺利。

**点评：**

1. 陈同学在成长的过程中遭遇了挫折，心里很苦闷。他毕竟年龄尚小，社会阅历有限，对自己、对遭遇的挫折认识不够全面、深刻，加上自己自控能力不强，不能及时从这种矛盾、苦闷中走出来，久而久之，心理受到压抑，性格朝着负面方向发生变化。

2. 所幸班主任老师发现了他的问题，及时开导他，拨开了他心中的迷雾。而且，推荐他找学长了解专业和就业方面的情况。陈同学在老师和学长的帮助下，解开了心中的疑虑，消除了内心的迷茫，找到了努力的方向。

3. 陈同学能够获得成长，得益于他能很好地表达自己，寻求和接受老师、学长的帮助。同时，得益于他较强的执行能力。在老师的指导下，他克服困难，脚踏实地，一步一步朝着目标努力，终于扭转了局面，职业获得很好的发展。

4. 陈同学的经历说明一个道理：遇到挫折不要消沉，相信自己有走出困境的潜能。同时，要看到现实生活的复杂性，可能我们看到的不是全部，要学会表达、寻求帮助，不要纠缠于困境，要力求做一点什么来改变现状。

# 活动三　塑造新形象

## 一、活动主题

礼仪塑造形象

## 二、活动背景

中职学生群体或因家庭环境（不重视公共礼仪教育）、或因自卑心理（学业受挫）、或因个人审美不同（盲目模仿当作个性追求），整体形象评价不够积极，有较大的改进空间。任何人想要获得一个新的起点，都需要付出行动，进行一些改变。最简单、最容易看到结果的改变就是外在形象的改变，通过外在形象的改变来促进内在感受的变化。美，首先征服人的感官，然后才是人心。良好的形象不仅能够给自身带来自信，也能给别人带来审美的愉悦。人不仅要有美好的形象，更要有优美得体的行为举止。学习礼仪是提升个人形象、建立自尊自信的捷径。教师需要引导学生重视个人形象，认识到形象就像是一张名片，它可以成为一种有效的沟通工具，塑造和维护个人形象就像是一种投资，长期持续下去定会带来丰厚的回报。教师还需要具体指导学生掌握内外兼修的形象塑造方法。

## 三、活动目标

1. 理解形象塑造的重要性，激发提升形象的动力；
2. 掌握提升个人形象的方法，树立自信；
3. 把握礼仪本质，养成正确的审美观，提高自尊。

## 四、活动准备

1. 寻找身边最美中职生，看看他/她有什么共同点；
2. 观察日常生活中，你认为不美的形象、行为。

## 五、活动时间

四周

## 六、活动过程

### 第一环节　第一环节　形象塑造认知

（一）说说自己比较欣赏的中职生有什么特点

……

（二）图片展示（或描述）有损“颜值”的行为

……

（三）认识形象的重要性

**教师归纳：** 容貌、着装、行为举止、卫生习惯都对“颜值”有影响。

（四）案例思考

**搭　　车**

国外的一位心理学家曾经做过这样一个试验，他分别让五个不同职业的志愿者在公路边请求搭便车：一个是身着笔挺漂亮军服的海军军官，一个是戴金丝眼镜、手持文件夹的青年学者，一个是打扮入时的漂亮女郎，另一个是挎着菜篮子、脸色疲惫的中年妇女，还有一个是留着怪异头发、穿着邋遢的男青年。结果，漂亮女郎、海军军官、青年学者的搭车成功率很高，中年妇女稍微困难一些，而那个男青年就很难搭到车。

问题1：服装怪异、邋遢的男青年很难搭到顺风车，这说明什么？

**提示：**服装怪异容易让人联想行为怪异，让人缺乏安全感；邋遢容易让人联想到懒惰、无能、不自律，让人心生嫌弃。这个搭车试验说明形象的重要，不单单是审美问题，还可能给人带来机会或者导致错失机会。

问题2：这个搭车试验结果反映大众什么样的审美观？

**提示：**优美、力量、自律、智慧、安全。漂亮女郎不仅外观符合大众审美追求，而且，让人联想到自尊、自爱；军人给大众的印象是自律、勇敢、牺牲，因此受人尊敬，而海军军官更增加了一种稀缺色彩，更令人尊敬；青年学者让人联想到知识、理性、智慧、勤奋；而脸色疲惫的中年妇女虽然形象不那么优美，但也容易让人联想到辛苦劳作而无暇顾及个人形象，恻隐之心油然而生。

问题3：这则故事揭示了什么道理？

**提示：**在大众眼里，不同的仪表代表了不同的人，随之就会给予不同的回应。所以，不同的仪表就会有不同的际遇（机遇、遭遇）。由此可见，塑造个人形象非常重要。

### （五）故事分享

> 作家卞毓方在《回望钱学森》里叙述了这样一个故事：一天，炊事员对钱学森的儿子钱永刚讲，“你爸爸是个有学问的人。”他儿子听了觉得很好笑，心想，“这事还用你说？”炊事员不慌不忙，接着讲，“你爸爸每次下楼吃饭，都穿得整整齐齐，像在出席正式场合，从来不穿拖鞋、背心。这是看得起咱，尊重咱。”钱学森的儿子听罢一愣。从此就向父亲学习，每逢去餐厅吃饭，必穿戴得整整齐齐。

问题1：为什么炊事员觉得钱学森看得起他？

**提示：**礼仪的本质是尊重。钱学森每次下楼吃饭都要穿戴整齐，表明他很重视，这不仅是对炊事员劳动成果的尊重，也是把炊事员当作同事一样尊重。所以，炊事员觉得钱学森“看得起咱”。

问题2：为什么钱永刚改变那么快？

**提示：**钱永刚从炊事员表达的感受中悟到了礼仪的本质——尊重。注重仪容仪表、行为举止，不仅仅是维护自尊的表现，也是尊重他人的表现。只有尊重他人，才能获得他人真正的尊重。钱永刚是学习能力很强的人，能见贤思齐。

## （六）学习形象提升方法

### 1. 学习形象塑造，提升“颜值”

可以从仪容、仪表、仪态三个方面着手，全面提升个人形象。

1）仪容的重点是发型

中职学生形象通常遵守以下审美标准：

**男生发型：**男生的发型发式统一的标准就是干净整洁，并且要经常修理。一般认为男生发型应做到前发不遮眉，侧发不掩耳，后发不触领。

**女生发型：**前发不遮眼，不随意披散，不戴夸张的饰物。

卫生习惯不容忽视，一般来说，要求：

- 头发整洁、无头屑，头发软者可用摩丝定型；
- 眼睛清洁、无分泌物，避免眼睛布满血丝；
- 牙齿清洁、无食品残留物，口腔无异味；
- 指甲保持清洁，定期修剪。

2）仪表的重点是着装

中职学生着装追求整洁、美观、得体，并与自身形象、出入场合及穿着搭配相协调。无论男生还是女生，穿着不舒服的衣服，肯定也不美，要学会用服饰掩盖自己的形体弱点；不符合身份、不符合年龄的衣服，穿上去肯定不合适。不同的社交场合，有不同的着装要求，否则，让人觉得很突兀，有违和感。

3）仪态的重点是姿态

**男生站姿：**双腿分开与肩同宽，以显示刚健、潇洒，双手也可执握于身后。

**女生站姿：**丁字形站立，以显示女性轻盈、妩媚、娴静的静态美。

**男生坐姿：**男生就座时，双膝可略为分开，双手放于膝上或交叉放于两腿中间。腰背挺直，给人以沉着、稳重之感。谈话时，可以侧坐，上身与腿同时转向一侧，面向对方。

**女生坐姿：**女生入座时，动作要轻稳、从容不迫、优雅大方。上身自然挺直，头部端正，两肩平衡放松，目视交谈对象。女生如着裙装，入座时应将衣裙向前稍拢一下，双肩平稳放松，挺胸立腰，双膝双脚并拢，两手自然搭握，放于两腿之间。

**男生走姿：**行走时应双肩平稳，双目平视前方，双臂前后自然摆动，摆幅以 30°为宜。步履要自然且富于节奏感，表现出青年人朝气蓬勃的精神面貌。

**女生走姿：**行走时肩膀放松，手指并拢，双目平视，下颌向内缩，以腰带动脚，步履轻盈而有节奏感，上半身保持正直，颈要直，两脚平行。

**2. 学习礼仪规范，提升“颜值”**

1）用餐礼仪

- 排队取餐，不插队、不喧哗；
- 坚持光盘行动，不浪费食物；
- 根据杠杆原理握筷，不用筷子敲击碗；
- 口中有物不说话，不狼吞虎咽；
- 注意残渣处理，关照邻桌感受；
- 用餐结束，餐盘送回指定地方。

2）在公共场所，恪守“八不要”

- 不要失声大笑；
- 不要滔滔不绝地说个不停；
- 不要说长道短，背后说他人坏话；
- 不要太过于表露自己的情绪；
- 不要老是一言不发；
- 不要旁若无人地使用手机；
- 不要随手扔垃圾；
- 不要当众挖鼻孔或掏耳朵（挠头皮、抖腿、打哈欠）。

## 第二环节　形象塑造体验

### （一）班级“走秀”活动展示最美的自己

1. 允许每个同学带两套服装，进行“走秀”，展示最美的“我”；
2. 民主投票，选出前五名最美中职生（表 4-1-1）。

表 4-1-1　评分表

| 选手 | 容貌(25 分) | 着装(25 分) | 仪态(25 分) | 才艺(25 分) | 总分(100 分) |
|---|---|---|---|---|---|
| | | | | | |

### （二）班级内评比

分别评出最有礼貌的、卫生习惯最好的、仪态最美的两名同学。

（三）请形象改变最大的同学谈感受

……

## 第三环节　活动反思

开场白：刚刚结束的一个月，我们一起开展了形象大改造活动，让我们来回顾一下，收获了什么吧！

（一）回顾

1. 事实层：回顾一下你的整个形象大改造过程，你着手从哪些方面进行改造？你发现班级同学有哪些方面的改变？哪个同学的改变给你留下了深刻印象？班级环境发生了哪些变化？

2. 感受层：形象改造学习和行动过程中，有什么感觉？形象的改变给你带来什么感觉？当你发现自己或同学变美的时候，心里什么感觉？过去有没有过这样的经历？

（二）反思

1. 发现层：这个形象大改造活动对你意味着什么？从接受观点（形象很重要）到迈出行动的第一步。再到养成新的习惯，这三个阶段你认为哪一个阶段最难？一般来说，从改变观念到养成新的习惯需要坚持三个月，你认为自己能坚持多久？

2. 未来层：对于改变，你有什么看法？对于你希望改变却还没有开始行动的方面，你打算怎么做？是有了想法立刻行动并从小处着手，还是等待合适时机？

结束语：感谢大家的积极参与和真诚分享。看见你们的改变，非常开心，希望你们越来越自信、越来越美！

## 七、活动拓展

1. 课后寻找礼仪培训网络课程，继续观摩学习，并在日常生活中实践操作；

2. 开展橱柜大变身活动，请通过网络课程（或向家人）学习如何整理衣橱，并在班级进行展示交流。

## 知识小贴士

(一) 形象是名片

形象是个体展现给大众的总体印象。“形”是形象中外在、可见的部分，而“象”是存在于心里、通过行为表现出来的内在部分。个人形象通过衣着打扮、言行举止反映出个人的态度、知识、能力等，同时，个人形象也是个人与社会沟通并被社会接受的方法和途径之一。有些青少年受年龄、认知水平、生活习惯影响，对美的理解和认识有偏差，盲目追求新潮，穿着打扮怪、露和所谓的“有个性”，不懂得根据自身的特点和年龄身份选择合适的装扮。在仪态方面，不注重坐姿、走姿和行姿，懒懒散散，没有这个年龄该有的青春活力和朝气，他们追求的所谓自由和潇洒大大降低了他们的社交吸引力。

(二) 形象塑造的方法

塑造形象可以从仪容、仪表、仪态三个方面着手，全面提升个人形象。

**1. 仪容**

仪容是指容貌，包括头发、面部、手部等方面。仪容礼仪是指人们在社交场合应注意自己的仪容，给人以端庄、大方、整洁的良好形象。

我们看一个人，首先注意的是头部，而头发通常是人的头部中面积最大的部分。所以，发型对于人的容貌非常重要，发型不好会影响个人的整体感觉。如果想改变自己的形象，那就请从头开始吧。一个好的发型能体现出一个人的精神面貌，能修饰个人脸型上的不足，甚至能改变一个人的气质。发型统一的标准就是干净整洁，并且要注意经常修理。

良好的个人卫生习惯是一个人整体素质、精神风貌的体现。光鲜的容貌总是令人愉悦的，要保持一个光鲜的容貌，要从勤洗头发，勤剪指甲，清洁眼睛、牙齿、口腔等细节做起。

**2. 仪表**

仪表礼仪，重点是着装。服饰是个人内在美和外在美的统一，体现着一个人的文化修养和审美情趣，是一个人身份、地位、气质、涵养的无言名片。穿着得体总是给人留下良好的印象，而穿着不当，则会损害个人形象。虽然个人喜好不同，成就了五彩斑斓的服饰世界，但人们的审美观及审美心理还是有一些基本的原则可循。学生着装一般遵循既简洁又展示个性的原则。

**3. 仪态**

仪态是由人的行为传递出的心理信息。由人的肢体所产生的仪态也能表情达意，因而也叫肢体语言或体态语言。肢体语言在人际交往中十分重要，一个人的站姿、走姿、坐姿都会影响人际关系。

眼睛是心灵的窗户，很多人都会通过眼神与人交流。因此，谈话时应关注对方，以表示重视、尊重、喜欢，显示热情、关切，切勿直勾勾地盯着对方或上下打量、左顾右盼。要给在场的所有人以适当的关注，切勿给对方造成被冷落的感觉。

### （三）礼仪提升形象

礼仪是什么呢？孔子说：“礼者，敬人也；仪者，形式也。”意思是说“礼”的本质就是尊重，尊重自己、尊重他人；“仪”是表达方式，表达对自己、对他人尊重的方式。礼仪，就是以得体的方式表达对自己、对他人的尊重。尊重自己的人是感觉自己有价值、值得被爱的人。一个感觉自己有价值、值得爱的人是自尊、自信的人。那么，哪些因素会影响一个人的价值感呢？个人形象、与别人的关系、拥有的能力、取得的成绩都可能会影响一个人的价值感。同时，自尊也是在尊重别人的过程中实现的，一个不尊重别人的人也得不到别人的尊重。尊重师长是一种天职，尊重同辈是一种本分，尊重弱小是一种美德，尊重客人是一种常识，尊重所有人是一种教养。

人们通过礼仪可以更好地向交往对象表达自己的尊重、敬佩、友好和善意，增进彼此之间的了解和信任。不懂礼仪往往在与他人交往的时候处于劣势。迟到、早退、公共场所抽烟、大声说话、与长辈见面不问候都被视为无礼，而对周围事物缺乏热情，对需要提供帮助的人袖手旁观、漠然处之都将降低一个人的形象。礼仪有助于促进人们的社会交往。同时，礼仪有助于提升家庭、民族形象。每个人的背后都是一个家庭、一个国家和民族。那些不拘小节、有违公德的行为举止有损国家在国际舞台上的形象。例如，某些人的不自觉排队、婴幼儿随地大小便、在公共场合大声喧哗、在名胜古迹随意攀爬和涂鸦等行为，给家庭、国家和民族造成很大的负面影响，损失是难以估量和挽回的。

## 案例示析

**面 试**

小郑是某高职院校数控专业的毕业生，学习成绩优秀，且在一家企业实习过一年，动手能力较强。由于老师的推荐，他很快就接到了一家大公司的面试通知。

面试开始很顺利，问的都是些类似兴趣爱好、是否了解公司情况这样的程序化问题，学校老师培训过，小郑对答如流。渐渐地，小郑放松下来，他习惯性地撸起袖管，“嘎吱、嘎吱”地捏着手中的矿泉水瓶，双腿不停抖动，好几次移动身体，碰响了桌子，其中一位女主管不由皱起了眉头。小郑以为对方对自己的专业学历和专业能力不满意，心里一阵慌乱，随后转为不满，面试结束时连道别一声都没有就离开了。小郑最终落选了。

企业人力资源部的主管给老师的反馈意见：虽然专业能力不错，有发展潜力，但是，在人际交往方面有较大缺陷，面对变化心理素质较差。

**点评：**

小郑平时不重视学习礼仪，看似不拘小节的习惯性动作，到了重要场合稍不注意就暴露了他在礼仪方面的欠缺，给人造成不尊重他人、缺乏人际交往能力的不良印象。更糟糕的是，他没有意识到自己的不足，及时道歉、弥补，反而心生不满，错失了一个很好的机会，令人为之惋惜。小郑不及时学习礼仪，弥补自身不足，必将影响职业生涯发展。

# 活动四 了解新任务

## 一、活动主题

开启生涯探索之旅

## 二、活动背景

进入青春期的中职学生，身体和心智都在飞速发展，内心有着丰富的情感体验，自我意识不断增强，对外界及内心思考越来越多。这个阶段的学生试图解决“我是谁”的问题。他们想要了解自己是什么样的人，自己与他人之间的异同，对未来生活有自己的期望。他们不再被动地听从父母、老师的教诲和安排，而更渴望用自己的眼睛看世界，参照标准也逐渐由父母和老师转向同伴。当家庭和社会的要求与他们对生活的期望产生冲突时，就会感到困扰和迷茫甚至愤怒。这是青少年在寻求自我的发展中，对自我的确认以及对有关自我发展的一些重大问题如理想、职业、价值观等问题的思考。但是，与上述情形相矛盾的是，中职学生普遍存在探索意识不强、探索动力不足的情况，这使得他们对自我、对社会环境的认知严重偏离真相，并逐渐变得偏执。许多中职学生由于在义务教育阶段学业成绩不够理想，内心挫败感较强，缺乏成功体验，普遍存在学习动力不足、缺乏自信的现象。教师需要创设情境引导学生认识生涯探索，激发学生的内在需求和生涯探索意识，在生涯探索活动中促进对自我和社会环境的知觉和构建，形成生涯规划意识和生涯规划能力。

## 三、活动目标

1. 了解生涯发展任务，激发生涯探索使命感；

2. 理解生涯探索价值，激发生涯探索动力感。

## 四、活动准备

向长辈了解或通过网络查询 20 世纪 80 年代比较常见的某些职业是如何一点点萎缩直至消失的。

## 五、活动时间

四周

## 六、活动过程

### 第一环节　生涯探索认知

#### （一）生命与角色

1. 连线游戏——请将每个生命时段可能扮演的角色用线连接起来，看看有什么发现（表 4-1-2）。

表 4-1-2 生命时段连线游戏

| 生命时段 | 扮演角色 | |
|---|---|---|
| 成长期（相当于儿童期） | 子女 | 学生 |
| 探索期（相当于青春期） | 休闲者 | 公民 |
| 建立期（相当于成年前期） | 工作者 | 夫妻 |
| 维持期（相当于中年期） | 持家者 | 父母 |
| 衰退期（相当于老年期） | 退休者 | |

**教师点拨：**人一生会扮演多种角色。大多数的生命时段，要同时扮演多种角色，每个角色都有需要承担的责任，这些角色可能会产生冲突。例如，工作和休闲、工作和家庭难以兼顾，这些角色的冲突和变化会影响到生活和职业的发展。

2. 讨论与思考：未来 3～5 年，你可能面临的最大任务是什么？

……

**提示：**选学（是否继续升学，考什么学校、读什么专业）择业（做什么工作、去哪个单位）。

**教师点拨：**生命过程中也经常面临各种选择，有些是我们为了满足内心的追求主动选择，有些是周围环境迫使我们选择。有些选择带给我们好运，有些选择可能带来不好的结果。

### （二）探索是人类本质特征

人与动物的本质区别——以喝水为例。

乌鸦与水牛喝水：不了解水、不明白为什么要喝水——喝水是出于一种本能；

人类喝水：了解水、知道怎么喝水（找水源、储存水）、知道自己为什么要喝水。

**教师点拨：**人类天性是好奇的，充满活力的，自我激励的。人在最佳状态下，充满活力和激情，努力学习、扩展自己、掌握新技能。哲学家冯友兰先生认为“觉解”是人区别于动物的本质特征。“觉解”是觉悟、了解。生涯探索就是认识自我、了解社会的探索过程，是一种觉解活动。

（三）生涯探索是终身发展任务

述说改革开放 40 年就业变迁（表 4-1-3）。

表 4-1-3　改革开放 40 年就业变迁

| 改革开放前 | 改革开放 40 年 |
| --- | --- |
| 70.5%就业人口务农 | 73%从事工业和服务业 |
| 就业观念崇尚“铁饭碗” | 就业越来越灵活 |
| 传统职业消失 | 新职业不断出现 |
| 几乎没有数字类职业 | 数字职业不断涌现 |

数据来源：央视网。

**教师点拨：**随着社会的进步、人民生活水平的提高、人们对生活质量的追求，发现、发展自我变得越来越重要。而我国退休制的改革、工作的时间越来越长，职业生涯面临各种变数的可能性更大，生涯探索不仅仅是探索期阶段性任务，而是终身发展任务。

（四）探索赋能生命力

1. 生涯探索发现生命的各种可能。生涯探索发现自己真正喜欢的事物、发现自己擅长的事情、发现自己内心的需求、解开自己性格的密码。我们对自己了解越多，困惑越少，心理越健康。同样，我们对自己生活的社会环境了解越多，我们对环境的适应性越好，机会也越多，生命越有意义。

2. 生涯探索提升人生价值。生涯规划可以挖掘个人潜能，增强发展的目的性与计划性，提升生命价值意义。生涯探索是生涯规划的前提和基础，没有深度和广度的生涯探索，生涯规划难以实现生涯目标，生涯规划就变得没有意义。

## 第二环节　生涯探索体验

（一）访谈体验

1. 访谈亲友长辈，了解他们一生扮演了哪些角色，什么时候可能遭遇角色冲突？听听他们对自己扮演的每个角色的感受和评价。

2. 以自己感兴趣的某个职业为对象，以小组为单位开展生涯访谈，访谈的对象可以是此职业的从业者，也可以是某企业人力资源管理部门的 HR。

第一步：接受老师的指导，梳理自己想了解的问题，形成访谈提纲，选择记录考察内容的工具和呈现考察结果的表现方式，如图片、观察日记、表格等。

第二步：分组考察，并及时记录考察结果。记录时可以采用图片、日记、录音等形式。

（二）展示

考察结果的交流、展示。

### 第三环节　活动反思

开场白：这几周，我们开展了几项有趣的活动。让我们一起来回顾、梳理一下，我们收获了什么？

（一）回顾

1. 事实层：回顾一下整个探索体验过程，我们探讨了哪些方面的问题？探索过程中的哪个环节给你印象深刻？访谈对象说过的哪些话、传递的哪些信息给你留下深刻印象？探索过程遇到了什么困难？后来是怎么解决的？

2. 感受层：探索过程中有什么感受？有让你感到有趣、意外、喜悦或失望甚至产生畏难情绪的体验吗？这让你联想到什么？

（二）反思

1. 发现层：过去对生命角色、对学习与生命角色之间的联系是否有过思考？有过怎样的思考？过去对职业与社会环境之间的相互联系是否有过观察？从哪些角度观察？通过这次生涯探索体验，你对上述问题是否有新的认识？有怎样的认识？

2. 未来层：你从这次探索经历中学到了什么？未来3～5年你可能又一次面临选学择业的问题，你觉得下一次的选择你会做得更好吗？怎么保障？你将从哪些方面改进？

结束语：感谢大家的分享，作家纪伯伦（Gibran Kahlil Giban）说：“智慧的基础——就是认识自己。”让我们一起开启自我探索之旅，为人生赋予智慧！

## 七、活动拓展

请根据学到的知识对生涯探索内容进行梳理，然后，根据自己的情况进行比对，列出生涯探索任务表，想想看，要从哪里开启生涯探索之旅？

### 知识小贴士

（一）冯友兰境界说与生涯探索

哲学家冯友兰提出了人生境界说。在冯友兰看来，所有的人都是有“觉解”的，人与人的不同不在于有无觉解而在于觉解程度的高低。觉解，不仅使人的活动与动物的活动区别开来，而且使人生有不同的意义。冯友兰认为，人能与一般动物区别开来就是人始终是有觉解的，并且由于个人主观觉悟程度不一，其人生境界也不相同，并且宇宙人生对于不同的人所蕴含的意义也不相同。他认为，每个人对于自己人生的觉解不同，则人生对每个人的意义也就不一样。如果一个人对自己的人生毫无觉解，则此人的人生必将处于蒙昧状态，那么，他的生活就毫无意义。由此，人的觉解程度决定着生命的价值意义，只有提高觉解程度才能提升人生价值。“解”是对事、对物的理性认知，而“觉”是一种心理活动、一种对自己外在行为的内心体悟。所以，中职生要开展生涯探索。通过生涯探索提高对自我的认识和对社会的理解，并在探索活动中获得丰富的情感体验，锻炼内省和自觉，增强生涯规划的意识与能力，发展积极的自我概念，促进健康成长与终身发展。

（二）生涯彩虹图与生涯探索

舒伯用生涯彩虹图来表示他的生活广度、生活空间生涯发展观。他把生涯发展阶段与角色彼此间交互影响的状况，描绘成一个多重角色生涯发展的综合图形，并将它命名为“生涯/生命的彩虹图”。横向层面代表的是横跨一生的生活广度，包含成长期（相当于儿童期）、探索期（相当于青春期）、建立期（相当于成年前期）、维持期（相当于中年期）和衰退期（相当于老年期）。纵向层面代表的是纵贯上下的生活空间，由一组职位和角色所组成。舒伯认为人在一生当中必须扮演六种主要的角色，依次是子女、学生、休闲者、公民、工作者、持家者（夫妻、父母）。各种角色之间是相互作用的，一个角色的成功，特别是早期角色的成功，将会为其他角色提供良好的基础；反之，某一个角色的失败，也可能导致另一个角色的失败。舒伯进一步指出，为了某一角色的成功付出太大的代价，也有可能导致其他角色的失败。

生涯彩虹图是一个引导学生对未来时间透视的最佳工具。通过彩虹图，可以引导学生具体而清晰地了解到，不同的角色构建出个人独特的生涯发展模式；不同的角色组合在不同的发展阶段出现。只有进行广泛而深入的生涯探索，即开展自我探索、职业探索和角色探索，学习如何对自身未来的各阶段进行调配，做出各种角色的计划和安排，才能成为自己的生涯设计师。生涯彩虹图的运用不仅可以启发学生的生涯意识，还可以激发学生的生涯探索动机。

## 案例示析

### 小雅的故事

小雅是卫生学校的学生，生性开朗活泼。她的父母都是医务工作者，平时工作都很忙。小雅从初三开始，感觉学习压力大，难以适应，对学习丧失信心。为此，经常与父母产生不愉快。在父母的包办下选择了护理专业，但她不想做护士，她不喜欢那样的工作环境，更不喜欢跟父母待在一个工作环境里，靠父母的庇护度过一生。她认为自己适合做销售，想做化妆品销售。但她的想法立刻遭到了父母的反对，觉得她脱离家庭的帮助根本难以在社会立足。小雅没有公开和父母对着干，而是利用假期悄悄地去各个大商场了解产品、了解市场，课余时间利用网络课程学习营销知识，还报名参加礼仪培训班。毕业前的一个暑假，她应聘去了一家化妆品公司实习，实习期间，她的努力和能力得到了实习单位的好评，她信心大增，更坚定了自己的想法。毕业后，她说服父母，到一家合资化妆品公司做了销售。

虽然她学的不是营销专业，但懂医学、护理专业毕业的她对美容之道颇有研究，她对产品的专业介绍很能打动对方，而她开朗活泼的个性也为她的朋友圈添色不少。她很快小有成就，她的销售额逐月上升。小雅高效率的销售业绩得到公司的认可，公司还将她送往公司总部培训，回来不久被提拔为销售主管。

**点评：**

1. 小雅和多数人一样，在青春期出现自我同一性问题。当自我发展与家庭期望、学校要求发生冲突时也产生过困惑和迷茫。但她没有放弃自己，也没有盲目和家庭、环境做消极对抗，而是以开放的心态去认识自我、观察市场、体验职业、认识客户。她选择做销售时，或许是凭感觉，但是，职业目标的确立是以信息为导向，是在积极地深入社会去寻找和评估相关信息后做出的决定。她在以实际行动开展生涯探索的过程中锻炼了人际交往和人际沟通能力，增加了对产品、对市场、对职业的了解，从而逐渐增强了自信。同时，她也理解自己的角色任务，用语言和平说服父母、用坚持感动父母、用骄人的业绩证明自己，最终得到父母的理解和支持。她之所以能取得较好的发展是因为她具备一种追求成功的信念，她不管别人如何“泼冷水”“讲怪话”，对认定的目标敢于坚持，因为她了解自己和自己的选择，愿意、敢于为自己的选择承担风险和责任。

2. 中学时期是人生观、世界观形成的关键时期，也是职业理想孕育的关键时期。这个年龄爱做“梦”，富有朝气、憧憬未来、渴望成才，对人生有各种各样的思考。但是，受社会阅历、知识和身心发展水平等条件的限制，思维具有片面性，容易偏激，往往把坚定与执拗、勇敢与蛮干混同起来，认为只要树立理想就能实现个人成才。同时，这个年龄段的学生心理状态很不稳定，容易摇摆，模仿心理明显。他们需要开展生涯探索，认识自我、了解社会，将个人理想和社会发展及要求联系起来，在生涯探索过程中逐步培养自己的思维能力，学会在生涯探索的基础上确立自己的职业理想。

# 模块二　探索自我

## 活动一　我是谁

### 一、活动主题

不识庐山真面目

### 二、活动背景

处于青春期的中职生，身体和心智都在飞速发展，他们内心有着丰富的情感体验，自我意识不断增强。他们对生活有自己的期望，他们试图按照自己的意愿选择生活。当自己的期望与父母等人的要求相冲突时，心中充满了困惑、迷茫，甚至激愤，自我同一性矛盾日益凸显。但是，受认知水平和人生经验的影响，他们往往只从眼前的角度看待问题，不能正确地认识自己、理解社会环境。发展是人生永恒的主题，认识自我是发展的基础和前提。了解自我的人将获得更多对自己生活的掌控，从而更容易获得职业发展，实现职业成功与满足。他们需要提供大量机会去探索同一性问题，去了解自己是怎样的人，去学习怎样评价自己的优点和缺点。他们需要教师正确引导去认识自我、接纳自我、塑造自我。

### 三、活动目标

1. 了解认识自我与生涯发展之间的关系；
2. 掌握认识自我的途径和方法；
3. 增强探索自我的动力和使命感。

### 四、活动准备

以调查问卷的方式了解班级学生对自我的认识度和对探索自我的关注度。

## 五、活动时间

两周

## 六、活动过程

### 第一环节　自我认知

**（一）情境导入**

情境：唐僧师徒经历八十一难，终于完成取经任务。唐僧自然继续当和尚，三个徒弟还要继续生活，他们来到人才中心求职。公司知道他们兄弟仨本事了得，纷纷抛出橄榄枝。面对这么多选择，他们晕了。你觉得他们仨适合做什么工作呢？请大家思考，分小组讨论，然后，派代表交流分享。

第一组：……

第二组：……

第三组：……

第四组：……

**教师点评：**有的小组从能力角度对他们进行了分析，有的从性格角度进行了分析，并根据分析结果给他们匹配了工作。同学们真是热心肠！可惜，我们不是他们，不了解他们自己的兴趣、不了解他们期待从工作中得到什么，所以，我们给他们匹配的工作，他们未必能接受，或者即使接受了，未必有发展。

**（二）我是谁**

1. 围绕兴趣爱好、能力特长、性格特点、价值倾向、向往的生活，请用五条信息描述自己。

我喜欢：______________________________。

我擅长：______________________________。

我看重：______________________________。

我的性格特点：________________________。

我向往的生活：________________________。

2. 请同学分享描述自己时的感受。

……

**教师点评：**我们曾经以为我们最熟悉的是我们自己，现在发现，原来我们并不那么了解自己。“我是谁”探索的不是某一个身份，也不只是一个社会角色，探索的是我想成为什么、我能做什么、最后能做成什么？这个探索过程是不断充实并成长的过程。这个探索过程，对每个人都不一样，而且答案也不是孤立静止的，是不断发展的过程，只有不断探索才能发现、完善自我。

（三）案例思考

**假如爱因斯坦接任总统**

1952 年，爱因斯坦的好朋友——以色列首任总统魏茨曼先生去世。在困境之下，以色列人想到了在美国的爱因斯坦。于是，以色列驻美国大使联系爱因斯坦，甚至以色列总理古里安亲自发电报，希望爱因斯坦接任总统。但是，爱因斯坦拒绝了。他说:“我整个一生都在同客观物质打交道，因而既缺乏天生的才智，也缺乏经验来处理行政事务以及公正地对待别人的能力。所以，本人不适合担此重任。”同时，他还再次引用他自己的话:“方程对我更重要些，因为政治是为当前，而方程却是一种永恒的东西。”

案例来源：《拒绝当总统的爱因斯坦》(lishixinzhi. com)。

问题 1：爱因斯坦是什么人？他接到了一个什么邀请？

**提示：**爱因斯坦是美国犹太人，世界顶级科学家。他被邀请回以色列担任总统一职。

问题 2：爱因斯坦拒绝的理由是什么？

**提示：**对于很多人来说，总统这份荣耀难以拒绝，但是，爱因斯坦毫不犹豫地拒绝了，他给出的理由让人无法反驳。爱因斯坦拒绝接任总统的理由有四个：第一，兴趣不合。爱因斯坦关注客观事物。他一生的兴趣都在与客观物质打交道，兴趣在物，而不在人。第二，能力不匹配。因为他既缺乏先天智能优势，又缺乏后天能力训练以及管理经验。第三，性格不适宜。爱因斯坦是科学家，典型的 NT 人格类型，重视灵感，应用信息前要弄清理论，用逻辑思维解决问题，希望所有人享有平等权利。第四，价值不相符。他更看重科学价值，认为科学的价值是永恒的，政治业绩不是永恒的，只是服务于当前的，科学价值优于政治业绩。

问题 3：你怎么看爱因斯坦的决定？

**提示：**爱因斯坦对自己的兴趣、能力、性格、价值观有非常清晰的了解，对总统这个职位的能力要求也很了解。管理岗位一般要求具有很强的分析能力，在信息不充分或情况不确定时，判断、分析、解决问题的能力；管理岗位要求具有较强的人际能力，即影响、监督、应对与控制各级人员的能力；管理岗位必须具备很强的情绪控制能力，面对危机事件时，不沮丧、不气馁，具备承担重大责任的能力。所以，爱因斯坦断然拒绝在别人看来很有诱惑力的总统职位。

设想爱因斯坦接任了以色列总统一职，会是一种什么结果？那将对爱因斯坦个人、对以色列这个国家都是一种伤害，是不负责任的选择。联系爱因斯坦的成长经历，爱因斯坦从一个被认为特"傻"的孩子成长为伟大的科学家，孩提时代幸亏有一位理解自己的伟大母亲，长大之后，他找到了自己的学习、研究兴趣，通过努力获得了长足发展，取得了辉煌成就。所以，认识自我很重要。

## 第二环节　自我探索体验

### （一）自我观察

请就"生理我（身高、体重、容貌、体态等）""心理我（兴趣、特长、性格、重视什么）""社会我（在家人、集体中的位置、相互关系）"进行自我观察，然后，用简单的文字描述自我观察结果。

### （二）纳入他人评价

分别请家人、同学、朋友谈谈他们眼中的"你"——他人关于你的兴趣、擅长、性格、看重的四方面对你的评价，并简单记录他们的评价。

### （三）进行社会比较

通过社会比较促进自我认识。请将自己和班级同学进行比较，看看你和同学对哪些事物的看法持不同观点？和同学比较一下，看看你比较擅长哪些活动、哪些科目？

### （四）自我反思总结

请对通过上述三个途径进行自我探索得出的结果给予反思、总结，看看你对自己有怎样的总体认识？（表 4-2-1）

表 4-2-1 认识自我

| | 认识自我的内容 | 认识自我的途径 | 认识自我的方法 |
|---|---|---|---|
| 认识自我 | 生理我（生理特点） | 1. 自我观察<br>2. 纳入他人的评价<br>3. 进行社会比较（比较能力和观点）<br>4. 社会实践活动<br>5. 自我反思总结 | 1. 经验法<br>2. 测量法（未成年人谨慎使用，需在专业人士指导下使用） |
| | 心理我（兴趣爱好：喜欢的活动和学科；能力特长：擅长的活动和学科；性格特点：态度、意志、情绪/情感等特点；价值观：比较看重的人、事、物） | | |
| | 社会我（在家庭、在集体中与他人相互关系的认识和评价） | | |

## 第三环节 活动反思

开场白：“横看成岭侧成峰，远近高低各不同。不识庐山真面目，只缘身在此山中。”“我是谁?”这是人类的千古之谜。法国思想家蒙田（Michel de Montaigne）说：“世界上最重要的事情就是认识自我。”梳理一下我们的探索活动，看看收获了什么?

### （一）回顾

1. 事实层：你从哪几个角度对自己进行了探索？接收到什么知识？接受了什么观点？

2. 感受层：在自我探索过程中，你有什么感受？体验到自豪、开心、沮丧、惊讶或兴奋吗？过去有过这样的自我探索吗？

### （二）反思

1. 发现层：这个探索活动对你意味着什么？关于自我探索，你有什么新的发现？如何理解我眼中的“我”和家人、朋友同学眼中的“我”的不同？

2. 未来层：这个自我探索体验让你收获了什么？获得了某种见识或认识还是提高了某种能力？下一步你打算做些什么来促进自我认识？

结束语：感谢你们的分享。自我是一个不断发展的概念，未来随着你的成长，可能变得更积极。期待你们在未来的岁月里，遇见更美好的自己！

## 七、活动拓展

请亲友、老师引荐，访谈几个职业发展比较好的从业者（表 4-2-2），了解他在“自我探索”方面做了些什么，看看从他们身上能得到什么启发？

表 4-2-2　访谈记录表

| 访谈问题 | 访谈结果 |
| --- | --- |
| 你觉得你了解自己吗？ | |
| 你平时用了哪些方法来了解自己？ | |
| 什么原因促使你进行这样的探索？ | |
| 你比较关注自己哪些方面的特点？ | |
| 你觉得工作中个人哪一方面的特质比较重要？ | |
| 你觉得你周围的人，他们了解自己吗？为什么？ | |
| 你了解自己之后的心理感受怎样？ | |

### 知识小贴士

#### （一）关于自我

“自我”这个词在生活中使用的频率很高，如“活得很自我”“以自我为中心”“自我批评”等。这里的“自我”是指“自己”，在汉语言学上，它是一个代词。而接下来要讨论的是一个心理学概念。“自我”是指一个人对自己身心状态以及对自己与客观世界的关系的意识。包括对自己的生理状况、自己的心理特征，以及自己与他人的关系的认识。

#### （二）认识自我的重要性

生涯教育学特别强调积极的自我概念的发展，认为了解自己的人将获得更多对自己生活的控制，从而更容易实现生涯成功与满足。

如**兴趣探索**。兴趣是无论能力高低也无论外界评价如何，依然乐此不疲的事情。兴趣是内在驱动力和快乐的来源，兴趣与工作满意度、职业稳定性和职业成就感之间都存在着明显的关联。搞清楚自己的兴趣所在可以帮助自己明确自身愿意充满热情投入其中的活动，并以此为基础确定一个职业选择范围，最终找到自己满意的职业。

如**能力探索**。能力是完成某项任务、实现某个目标的必备条件。能力直接影响活动的效率，是活动顺利完成的最重要的内在因素。通过能力探索，不仅可以发现自身具备的能力，找出目前能够胜任的职业，还可以和理想职业需要的能力进行比较，并有针对性地提升职业能力，以符合职业要求。当一个人的能力和职业的要求相匹配时，最容易发挥自己的潜能，并且获得一种满足的感觉。相反，当一个人去做自己力所不及的工作时，就会感到焦虑，甚至产生挫败感。

如**性格探索**。性格是在社会生活中逐渐形成的，同时也受生物学因素影响。性格是职业素质中核心的、稳定性的内容。性格决定着一个人的职业适应性和职业成就，决定职业之路有多宽、多长可走。性格与职业要求越匹配，工作越有效率。通过性格探索，可以帮助理解自身的行为习惯，在进行职业规划和求职时可以更好地发挥优势，避免劣势。

职业价值观影响着一个人对职业方向和职业目标的选择，决定着一个人的工作态度和劳动绩效水平，从而决定了职业发展。价值观在人们的职业生涯发展中起到极其重要的、决定方向的作用，甚至往往超过了兴趣和性格对一个人的影响。价值观探索能够帮助自己理清自己的内、外需求，当人生走到岔路口时不至于迷失自我。

### （三）如何认识自我

认识自我的途径有多种，常用的途径有五种：第一种，通过自我观察来认识自我；第二种，纳入他人对自己的评价，如参考家人、老师、同学的评价；第三种，通过社会比较来认识自己，如通过比较能力和观点的不同来认识自我；第四种，在社会实践活动中认识自己，通过观察自己在社会实践活动中的表现来认识自己；第五种，通过回顾自己的各种经历来反思总结，深刻认识自己。

认识自我的方法主要有两种：一种是经验法，是由自己或他人对自己进行主观的分析和评价的方法。上述五种途径开展的自我认识都是凭借经验进行的主观评价，属于经验法。另一种是测量法，运用测量工具来协助认识自我，常用的如霍兰德职业兴趣测评工具、MBTI职业性格测试工具、柯赛人格气质量表等。中职学生正处于人生高速发展期，所以，一般不建议对未成年人采用测量法，即便是采用测量法，也需要在专业人士指导下进行，以免误导。

### （四）如何看待差异

在认识自我的过程中，由于采用不同的途径和不同的方法，产生的结果可能有差异。例如，别人对自己的认知、评价与自己对自我的认识、评价有很大差异或者通过科学测试测出的结果与自己的认知有很大不同，从而引起疑惑或者困惑。这是为什么呢？心理学有个“周哈里窗”模型解释了这种现象。这个模型把一个人的内在比喻成一扇“窗”，并分成四个部分：公开我、盲目我、隐私我、潜能我。公开我：自己知道而别人也知道的部分，如生理特征或者一些特别的习惯。隐私我：自己知道而别人不知道的部分，如过去的经历和内心体验。盲目我：指自己不知道而别人却知道的部分，如自己不经意的一些做事习惯和风格。潜能我：自己不知道，别人也不知道的部分，如自己从未有机会表现的一些潜能。由此，关于自我认知、行为举止与他人对自己的认知之间在有意识或无意识的情况下形成了差异。详见表4-2-3。

表4-2-3　“周哈里窗”模型

| | 自己知道 | 自己不知道 |
|---|---|---|
| 别人知道 | 公开我 | 盲目我 |
| 别人不知道 | 隐私我 | 潜能我 |

另一个原因是测试的时候，有多重因素影响测试的结果，如测试者的情绪、测试环境受到的干扰以及测试者对测试题目的理解等。

虽然，不同的认识途径和方法产生的结果不一样，让人产生疑惑或困惑，但是，这种差异也有助于多角度认识自我。因此，面对不同的认识结果，需要冷静分析，正确对待。首先，要客观、全面地评价自己，包括自己的优点与缺点、优势与不足；其次，要用发展的眼光看待自己。人是不断变化发展的，尤其是正处于人生高速发展阶段的青年人，未来有许多发展的机遇与平台。认识自我的目的就是不断发现、挖掘自己的潜能，不断完善自己。

## 案例示析

### 挪就活了吗？

小张同学，中考成绩不理想，家长基于学一门实用技术的考虑，让她报考了一所公立大专的信息管理与计算机应用专业。她自己也没什么主意，就听从了父母的建议。但是，进入大专后，她发现自己并不喜欢这个专业。毕业后，她应聘做了销售代表。半年后，她发现自己文静的性格不太适合销售代表的岗位。随后，她又应聘了客户服务岗位。不到半年，她发现这个岗位也不适合自己。因为，客服的工作需要翻班，而且，整天忙于接听各类投诉咨询电话，既枯燥又没有什么技术含量，她又想辞职。但是，她不知道辞职后，要选择什么岗位？迷茫之中，她想起了班主任刘老师，刘老师建议她去区就业中心找职业指导师咨询一下。

职业指导师和小张深入沟通后发现她的性格并不属于内向，不愿从事销售岗位的真正原因不是不善于与人打交道，而是不愿意在外面奔波。她的逻辑思维能力较好，思路非常清晰。职业指导师建议她尝试销售助理岗位。销售助理主要负责销售人员的单证归档处理和跟踪联络客户，小张正好有计算机专业特长和做过客服的工作经历，比较有优势。职业指导师建议她在一个合适的工作岗位坚持几年，积累一定的工作经验、锻炼较强的工作能力后再考虑以后的发展。小张觉得这次咨询收获很大，愉快地接受了职业指导师的建议，经过不懈努力，成功应聘到一家公司做销售助理。

**点评：**

问题 1：小张同学在选学择业过程中遇到了什么问题？给生涯发展带来什么影响？

提示：选学时，不知道自己喜欢学什么、不喜欢学什么；择业时，既不了解自己擅长什么（她其实掌握一定的信息技术，有较好的沟通能力、逻辑思维能力），也不知道自己适合做什么（她以为自己很文静，做不好销售），更不了解自己在工作中追求什么（她其实追求工作稳定）、看重什么（她其实看重工作有一定的技术含量），只是没有方向地不断跳槽。反复跳槽的结果是没有在某个固定的领域中有经验的积累和职业能力的提升，更谈不上核心竞争力，就业的路越走越窄。

问题 2：小张同学做得好的地方是什么？

提示：小张做得好的地方是她对自己的行为有所反思，虽然反思的方向不正确。难能可贵的是，她遇到麻烦会寻求帮助，而且执行力比较强。她遇到困惑知道去咨询老师，并听从老师的建议去找了职业指导师，接受了职业指导师的建议后，通过努力找到了满意的工作。

# 活动二　我喜欢的

## 一、活动主题

兴趣赋能生命之花

## 二、活动背景

兴趣是个体重要的内部属性，是激励和推进人们进行某种活动的内在动力。有的中职学生因各种原因，一直没有发展一种稳定的兴趣爱好（即使有，兴趣发展水平也比较低），没有体验到学习的快乐，更没有在兴趣活动中建立学习自信和发展能力。有的把一般兴趣（如玩游戏、唱歌）当作职业兴趣，不愿意学习专业知识和技能。生涯决定社会学习理论学者认为，教育、经济、社会环境在全面急速改变，各行各业的工作内容不是一成不变的，人的兴趣、能力、价值观也在不断改变。生涯决定不能仅仅基于现存的特质，人们必须不断探索新的兴趣爱好，不断接受新的教育、学习新的事物以扩展其能力。学校要对学生进行有步骤、有计划的兴趣探索引导，帮助学生辨析自身兴趣，鼓励学生广泛体验，在活动中发现和发展兴趣，并在兴趣活动中体验学习乐趣，提高自信，在兴趣活动中发展能力、磨炼意志，发展积极的自我概念。

## 三、活动目标

1. 辨析自身兴趣爱好，增强发现和发展兴趣的动力；
2. 辨析一般兴趣和职业兴趣，激发探索职业兴趣的动力。

## 四、活动准备

1. 课前调查了解班级同学的兴趣爱好，并搜集兴趣活动照片；

2. 课前观察或向亲友了解会计、警察、医生、教师、机电工程师等职业工作内容。

## 五、活动时间

六周

## 六、活动过程

### 第一环节　辨识兴趣与职业兴趣

（一）辨识兴趣

1. 请准备纸和笔，想一想，对自己感兴趣或令自己感到愉快的事件、事物或活动进行梳理，把它填写在小贴纸里。

2. 然后，将他们进行分类，放在不同的层级里面，如图 4-2-1 所示。

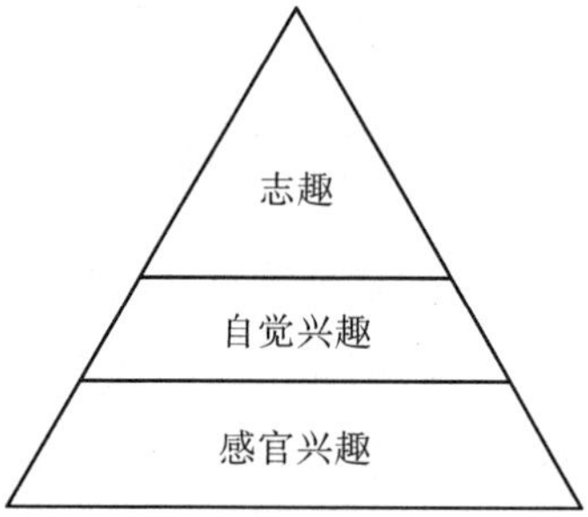

图 4-2-1　兴趣塔

第一步：把你喜欢的事物，如某种美食、某段音乐、某个运动项目或游戏、某个演出节目都找出来，放在最底层。

第二步：挑出你不仅喜欢，而且还主动去了解、学习了较长时间，对它有较多认知的事物或活动放在第二层。

第三步：把不仅很喜欢也很擅长已经寻找到了发展平台并获得了价值的兴趣活动放在第三层（像姚明把打篮球变成了一种内在驱动力，成为了一种最有力量的生涯管理技术）。

3. 你的兴趣塔的底层里有多少个兴趣？你的第二层里还剩多少个？有没有人把兴趣修炼到了最高层？

（二）交流感受

1. 看看你的兴趣塔，上面两层还剩多少？有什么感受？

……

2. 感受兴趣活动的价值：请有兴趣爱好的同学展示兴趣活动照片，介绍他们是如何发展兴趣爱好的，并分享参加兴趣活动时的感受、收获。

……

3. 发现、发展兴趣的意义

（1）健康的兴趣活动可以让生活充实、精神愉悦，还可以结识朋友、建立友谊，促进身心健康。

（2）广泛的兴趣活动可以丰富知识、培养能力，如学习能力、人际交往能力、专注力等。

（3）持续的兴趣活动可以挖掘潜能，促进发展。有些同学可能在学业上不够突出，却在兴趣活动中展示了一定的潜能，如抗压能力、动手能力、领导力等，这些能力对生涯发展同样重要。

**（三）认识职业兴趣**

请你根据自己的认知，将下面十种职业进行分类，看看你能把它们分成几类？

会计、警察、医生、教师、机电工程师、建筑设计师、演员、电工、厨师、汽车维修工……

**提示：**

（1）主要与人打交道的职业：警察、教师、医生；

（2）主要与物打交道的职业：电工、维修工、厨师；

（3）主要处理工作信息的职业：会计、机电工程师；

（4）主要是创新、表达一种理念的职业：演员、建筑设计师。

**教师点拨：**美国职业指导专家霍兰德（John Holland）教授根据他在实务经验上的观察，发现个人职业兴趣特性与职业之间应有一种内在的对应关系（图4-2-2）。根据兴趣的不同，他将职业兴趣分为研究型、艺术型、社会型、企业型、常规型、现实型。这个六边形的兴趣结构下，其实存在两个双极维度：一个是与物接触和与人接触，一个是信息处理和思想理念。请观察、思考，自己比较倾向哪一类工作或职业。

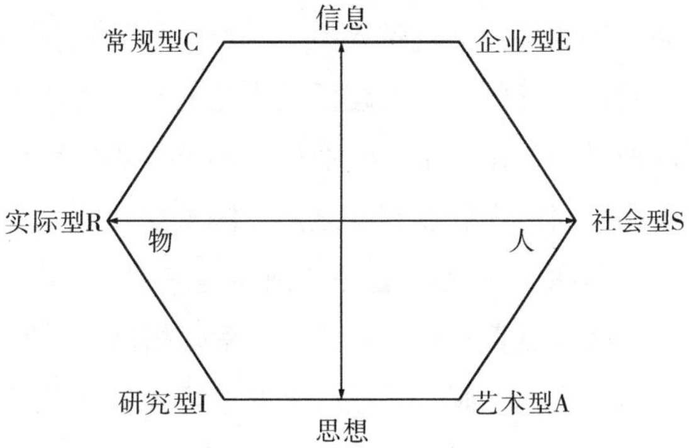


**图4-2-2　霍兰德职业兴趣模型**

### （四）案例思考

**迷茫的小宋**

小宋从小喜欢画画，也喜欢动漫。读中学时成绩一般，高考填志愿按照父母的意见，选了会计专业。毕业后，他顺利找到了一份助理会计的稳定工作，但对于这种天天对着 Excel 表格的枯燥工作实在提不起兴趣。他不顾家人的反对，辞职去寻找动漫设计的工作。可是，由于他没学过动漫专业知识，也没有动漫设计工作经验，找工作的过程很艰难。最后，经人介绍总算入职了一家动漫公司，虽然职位很低，他还是欣然接受。可好景不长，他发现动漫设计工作没想象得那么容易，动漫设计不仅需要绘画基础，还需要丰富的文化知识、超前的审美意识。而且，设计工作上班时间不固定，单子来了，加班熬夜是家常便饭，收入不高，工作时间还这么长。他很灰心，也很迷茫，不知道要怎么办。

问题 1：小宋遇到什么麻烦？

**提示：**按照父母的意愿，选择了会计专业、找到了助理会计的工作。之后，发现工作与自己兴趣不合，辞职找到了自己期盼的工作，但是，发现没有想象中顺利，自己能力不够。

问题 2：为什么会遇到这样的麻烦？

**教师点拨：**把一般兴趣当作职业兴趣。他把自己喜欢的画画、动漫当作自己的职业兴趣。当在工作中遇到挫折时，认为跳槽转行可以解决一切问题。小宋遇到这样的麻烦主要缘于他在选学择业之前没有进行深入的职业探索，结果，感觉从一个坑跳入另一个坑。他虽然从小喜欢动漫，但是，他没有把这个兴趣深入发展，在兴趣活动中培养自己的职业能力。所以，他虽然如愿找到了动漫设计工作，由于专业能力不够，难以胜任工作，职业发展必然不顺利。他不明白兴趣和职业兴趣之间还隔着职业能力和社会责任。

问题 3：一般兴趣和职业兴趣有什么不同？

**教师点拨：**和一般的兴趣爱好相比较，职业兴趣 = 兴趣 + 能力 + 责任。小宋虽然喜欢画画、动漫，但是，不等同于他就可以凭着一腔热血从事动漫设计工作。一般兴趣是娱乐自己，而职业兴趣关联的是一份谋生持家的工作，它对从业者有工作能力（专业能力、可迁移能力）和工作责任（对企业、对客户的责任）的要求。

问题 4：小宋现在怎么办？没希望了吗？

**教师点拨：**小宋还很年轻，只要认准了目标，愿意为了自己的目标付出努力，一切皆有可能，毕竟，后面还有几十年的职业生涯。人生是长跑，不在乎这么几年的得失。但是，世界上没有完美的工作，任何选择都需要承担风险和责任。

小宋如果要继续从事动漫设计工作，还需要耐心，继续努力在动漫设计工作中摸爬滚打几年，以时间换空间，逐步提高自己的专业能力。

小宋也可以重新考虑会计工作，寻找间接兴趣，如会计工作生活稳定、专业知识和工作经验有一些积累。通过间接兴趣提高职业能力，寻找综合职业价值，获得生涯发展。

## 第二环节　兴趣、职业兴趣探索体验

### （一）兴趣探索体验

“趣”字由“走”＋“取”组成，多走走、多尝试，自然会有所收获（取），会发现新的兴趣。

1. 多尝试、去感受。如参加学生社团、学校拓展课。或者，观察有兴趣爱好的同学、朋友，看看他们的兴趣活动自己是否喜欢。

2. 选择一两项自己比较感兴趣的活动，主动去向已经在学的人了解相关方面的知识，提高学习兴趣。

3. 寻求学习资源。可以通过家人、朋友了解学习资源或者通过学校拓展课、网络课程学习；还可以和有相同兴趣的同学组成社团，大家互相学习、互相鼓励、共同进步。

4. 寻找交流平台展示自我，激励自己坚持学习，在兴趣活动中结识志同道合的朋友，发展社会交往能力。

### （二）职业兴趣探索体验

1. 请教专业老师，了解自己所学专业对应的职业/岗位群，看看这些职业/岗位的工作对象、主要工作内容，看看主要是与物接触还是与人接触，主要是信息处理还是思想理念（设计、策划类）产出，借助老师和亲友的帮助，去工作现场体验一下。

2. 想一想，有没有特别想从事的与所学专业无关的职业/工作，借助亲友帮助或别的渠道去工作场所感受一下，看看对工作技能、责任有什么要求。

### 第三环节　活动反思

开场白：兴趣爱好是一种令人愉快的体验，但发现、培养兴趣爱好并不容易。六周的兴趣探索，相信你有不少的发现和收获，让我们一起来梳理一下我们的探索活动，看看我们收获了什么？

#### （一）回顾

1. 事实层：回顾一下你的整个兴趣探索过程，你对自己的兴趣爱好有什么新的发现？你对兴趣和职业兴趣做了哪些方面的探索？给你印象最深的是什么？

2. 感受层：在兴趣探索过程中，你有什么感受？体验到自豪、开心、沮丧、惊讶或兴奋吗？过去是否有过这种感觉呢？

#### （二）反思

1. 发现层：这个兴趣探索活动对你意味着什么？兴趣爱好活动让你体验到什么？发展了哪方面的能力？你会考虑将自己的兴趣爱好和未来职业直接对接吗？为什么？兴趣爱好和职业兴趣之间有哪些不同？二者之间有没有联系？有哪些联系？

2. 未来层：假如你还没有发展一门兴趣爱好，你打算做些什么来发现和发展自己的兴趣爱好？假如你已经找到了自己的兴趣爱好，你打算往更高层级提升还是再拓展一门新的兴趣爱好？怎么做呢？

结束语：感谢大家的分享。有健康爱好的人生必定是有趣的人生。用青春和热情诠释你们的热爱吧！

## 七、活动拓展

1. 假如你还没有找到一门兴趣爱好，请拟出一个发现和发展自我兴趣的行动计划，然后，按计划去发展兴趣爱好。

2. 如果你已经在学习和生活中找到了自己感兴趣的活动，看看你在兴趣活动中形成的能力可以与哪些工作相关联？

## 知识小贴士

### （一）兴趣的类别

人们常说兴趣是最好的老师，是开发智力的“金钥匙”。兴趣作为一种非智力因素，是激励和推进人们进行某种活动的内在驱动力。兴趣与爱好经常被相提并论，其实，兴趣和爱好是有区别的。有兴趣不一定能成为爱好，而爱好某项事物就一定是对其有兴趣。爱好是兴趣的深化，从兴趣到形成爱好，是认识上的一次飞跃。

有的学者根据兴趣的形成和发展可将其分为感官兴趣、自觉兴趣和志趣三个阶段或称为三个层级。第一层级是感官兴趣的产生。感官兴趣是通过感官刺激产生的兴趣。它的特点是不稳定、不长久，主要受外部因素影响，外部影响因素消除了，兴趣就减退甚至消失了。第二层级是自觉兴趣，自觉兴趣是在感官兴趣的基础上发展而成，有了思维的参与，较前一阶段深入。不仅喜欢，而且还主动去了解、学习，对它有一定的认知。自觉兴趣持续时间较长，比较稳定，不受外部因素的影响，达到了爱好的程度。兴趣发展成爱好需要知识、能力、意志力等多种因素共同发挥作用，所以，不是所有兴趣都可以发展成爱好。第三层级是志趣，是兴趣发展的最高层级，不仅仅是爱好，已经通过学习，把爱好变成了一种很高的能力，这种能力已经寻找到了发展平台，并获得了价值，可以成为一种很高的职业能力，变成了一种内在驱动力。大多数人发展到自觉兴趣（爱好）就停滞不前了。志趣是个人价值观与个人目标和远大理想相结合的产物，具有方向性、自觉性和社会性，是人类兴趣的最高等级。如画家黄永玉、篮球运动员姚明等，他们的职业和兴趣已经完全融为了一体。

有的学者根据兴趣的指向，将兴趣分为直接兴趣和间接兴趣。直接兴趣是指对事物或活动本身的兴趣，由事物或活动本身的特点引起，往往没有具体的目的和明确的目标。例如，对网络游戏、对唱歌的兴趣。间接兴趣主要指对事物或活动过程所产生结果的兴趣，带有一定的目的性。例如，有的人起初对马拉松运动不感兴趣，但是认识到运动的结果可以增强体质，可以结识很多新朋友，因而会坚持长跑运动，参加“半马”运动项目。直接兴趣和间接兴趣相互联系、相互促进，如果没有直接兴趣，很难吸引个体去主动从事或参与某种活动；而没有间接兴趣的支持，没有目标和目的，过程也很难持久下去。

### （二）培养兴趣的意义

为什么要发展广泛而健康的兴趣爱好？培养兴趣有什么重要价值意义呢？

首先，健康的兴趣活动可以丰富生活，愉悦精神，促进人的身心健康和生活品质的提升。一个人在从事感兴趣的活动时会带着愉悦的心情积极主动投身其中，享受活动所带来的快乐，这对人的生理、心理、情感和精神的健康发展都有促进作用。

其次，广泛的兴趣活动可以丰富知识，培养能力。当对某个事物或活动保持长久、稳定的兴趣，经过学习、钻研，必然会获得系统的知识，也有利于磨炼专注力和意志力。同时，参加兴趣活动可以广泛结识朋友，建立友谊，有利于培养社会交往能力、团队协作能力。

再次，持续的兴趣活动可以挖掘潜能，促进发展。每一种职业要求的能力都是多种能力的组合，如快递员，要求有基本的沟通能力、信息能力、应变能力以及与道路交通相关的技能。兴趣活动培养的能力可以迁移到职业能力上来。当社会经济发展引起就业市场发生变化时，许多人把兴趣发展成职业兴趣，给自己多准备了一个选项。

### （三）培养兴趣的途径

心理学家认为 11～12 岁的少年，兴趣嗜好为其行为方向的主要决定因素，是发现和培养兴趣的关键期。许多中职学生受主客观条件的限制，还没有找到健康而有价值的兴趣。即使已经找到了一门兴趣，也不要局限于现有的兴趣，我们要不断去接受新生事物，缺乏接触经验的地方，也许正是兴趣有待开发的地方。怎么才能找到自己的兴趣呢？要怎么培养自己的兴趣呢？

首先，多尝试、去感受。开阔自己的视野，接触众多的领域。唯有接触才能尝试，唯有尝试才能找到你的最爱。第一，从自己的社交生活圈里去寻找。例如，看看同学、邻居、亲戚朋友的爱好，自己是否也感兴趣。第二，去看看学校社团有没有自己喜欢的活动。学校学生社团活动一般包括文艺活动、体育运动、科技活动、学科学习拓展类活动。例如，探究自然现象，参观植物园、动物园，学习栽培植物、饲养动物，参观科技博物馆和制作航模；参加艺术文化活动，学习创作美术、音乐作品；参加体育运动，如球类、棋牌类等；还可以参加社会实践活动，通过这些活动寻找兴趣。第三，去社会慈善公益活动看看，有没有自己感兴趣的活动。

然后，从广泛接触的活动中，选择一两项自己比较感兴趣的活动，主动去了解相关方面的知识。如上网查询或者向内行的人了解。在选择兴趣活动时，注意主次之分，如果同时参与多种兴趣活动，必然会造成时间、精力分配上的困扰。

接着，寻求学习资源、寻求支持（包括物质上、情感上的支持）。学习资源有线下学习资源和线上学习资源。现在互联网发达，线上课程资源非常丰富，也是一种不错的选择。兴趣活动要发展成爱好也是要付出努力的，也需要有意志力才能坚持。当新鲜感过去后，也会进入倦怠期。有些兴趣活动可能需要一定的费用，为了让自己的兴趣活动顺利进行，可以去寻求支持系统，争取家庭的支持。同时，可以联合一些有共同兴趣爱好的伙伴，相约一起练习，一起切磋，共同进步。

最后，要寻找发展平台。当自己的兴趣活动发展到一定程度，能力提升到一定水平后，可以去寻找平台展示自己、证明自己、激励自己。更重要的是结识良师益友，以求更好地发展。

### （四）关于职业兴趣

什么是职业兴趣？和一般的兴趣爱好有什么不同？职业兴趣是兴趣在职业方面的表现，是对某种职业活动具有的比较稳定而持久的心理倾向。和一般的兴趣爱好相比较，职业兴趣 = 兴趣 + 能力 + 责任，是个人兴趣、能力和责任的集合体。例如，爱好打篮球、爱好唱歌，这是个人兴趣爱好，从事爱好活动带来快乐，也培养了一定的能力，如团队合作能力，也培养了韧性和顽强的意志等。从事这些爱好活动时没有太多的责任要承担。但是，如果要把打篮球、唱歌发展成职业，那对打球、唱歌的技能要求就非常高，也需要承担一定的社会责任。每个职业人的职业行为既要为自己负责，又要为单位、为客户负责。

霍兰德根据兴趣的不同，将职业兴趣分为研究型（喜欢观察、学习、研究、分析、评估和解决问题的人）、艺术型（有艺术、直觉、创造的能力。喜欢运用他们的想象力和创造力，在自由的环境中工作的人）、社会型（擅长和人相处。喜欢教导、帮助、启发或训练别人）、企业型（喜欢和人群互动。自信、有说服力和领导力。追求政治和经济上的成就）、常规型（喜欢从事资料工作的人。有文书或数字的能力，能够听从指示，完成细琐的工作）、现实型

（有运动或机械操作的能力，喜欢机械、工具或植物、动物。偏好户外活动）六个维度。每个人的性格都是这六个维度不同程度的组合。

## 案例示析

### 兴趣成就职业

各位老师、学弟学妹：

大家下午好！我是12级汽修1班的范同学，2015年毕业的学生。很高兴今天有机会和大家一起分享、交流我的经历，也希望通过这次机会和大家认识一下。

中考结束后，我就陷入了迷茫：读高中吧，英语太差，估计考不上大学；出去打工吧，年龄这么小，没有一技之长，找不到什么工作。正巧，上海有一个对口援助政策，就和两名同学来到了上海一所中职学校学习汽车维修专业。2012年9月，我刚到上海的时候，说出来不怕大家笑话，我普通话说不好，性格内向，不爱和别人说话，一点都不自信。一个人在上海人生地不熟的，有些失落、无助，有些后悔当初的选择。

因家在外地，双休日无处可去，也有充裕的时间可以支配，班主任推荐我参加学校广播影视社团。我看到社团同学拿着相机和摄像机到处拍摄的样子很酷，就高兴地参加了。刚进社团的时候，我的电脑基础几乎为零，拍摄技术也不如别人。我就利用课余时间，把学校近几年的音视频资料全都翻阅了。一有拍摄活动，我就主动要求参加，并努力学习影视后期的制作，不断请教老师和同学。慢慢地，我从一名新手发展成为一名熟手，能独立制作学校美育节、体育节、技能集训活动及学校年会的DV。我利用课外时间制作一些记录生活点滴的作品，送去参赛，我的作品在上海市甚至全国比赛，获得了很好的成绩。就这样，在一次次的活动中我不断成长，性格变得开朗了，变得喜欢和别人沟通了，自信心也增强了。

二年级的时候，我有幸被指导老师选为上海市星光计划汽车运用与维修项目的种子选手。凭借我的努力和在社团训练的动手能力，最终取得上海市星光计划该项目的二等奖。比赛结束后，我分配到了浦东的一家4S店里实习。实习工资待遇不高，也很辛苦。我每天早上6:12坐上106路公交车，在上海西站换成11号线，到了江苏路换乘2号线，再到世纪大道换乘6号路，最后在6号线的博兴路下地铁，出地铁再走 15 分钟才能到公司。我觉得这些都不算啥，能学到知识、学到技术才是关键。坚持了三个月，我又被选中代表上海市参加 2015 年全国职业院校职业汽车运用与维修技能大赛。我给自己制订了一张训练作息表贴在墙上。凭借在 4S 店里实习的经历，我把汽车整车全部拆了个遍：发动机、各个传感器、线速、仪表盘都被拆了下来……

在训练过程中我借用社团的摄像机，我一边操作一边全程录像。然后，反复地看录像，看自己有哪些地方做错了、哪些地方不对、哪个动作不规范，并及时改正。每天早上训练前先去指导老师办公室汇报一下前一天训练的进程、做总结，不懂的地方及时向指导老师请教。最终不负众望，我在比赛中荣获了全国二等奖。

比赛结束后，在老师的推荐下，我破例被吸纳进入了一家上市科技企业实习，并顺利被录用了。现在，我在公司担任汽车教学软件的售后技术主管，由于有影视后期制作技术，我还同时负责公司项目的影视后期制作工作。在这人才济济的上市科技企业，我这个中职毕业生凭借自己的努力磨炼出了自己的核心竞争力。我没有停止前进的步伐，我一边工作，一边进修。我现在已经专科毕业了，最近，我在考本科，希望将来的自己考完本科后继续不断地提升。当然，最希望的就是自己能在上海立足，获得更大的发展……

**点评：**

这是范同学受母校邀请在开学典礼上的发言。他像许多中职学生一样，在进入中职前，受主客观条件的限制，没有什么爱好。由于学业不够优秀、见识不够广，感受到自己许多的不足，因而有些自卑。

一个偶然的机会，他进入学校广播影视社团，因此找到了自己的兴趣，生活发生很大的改变。经过自己的努力，他把间接兴趣——扛着相机到处拍摄的样子很酷——发展成为直接兴趣，靠着不懈的努力，又把兴趣发展成爱好。通过这个爱好活动，他学到了摄影和后期制作的系统知识和技术，又通过作品参赛，让自己的爱好找到了更大的发展平台，成为一种能力特长。而且，通过兴趣活动，他的人际交往能力得到很大提高。同时，兴趣活动也间接提高了他的专业能力。通过兴趣活动，他的性格发生了变化，变得开朗、自信。借助兴趣活动，他发现和发展了自己的潜能，职业生涯获得了突破性发展。

# 活动三　我擅长的

## 一、活动主题

尺有所短，寸有所长

## 二、活动背景

能力是自信的基石，是成功的必要条件。随着年龄的增长，能力的重要性逐渐增加。传统上，学校教育比较强调学生在数理逻辑和语言（主要是读和写）两方面的发展，形成了比较成熟的评价手段，而在其他方面的能力评价手段和评价工具不够成熟，容易给学生造成“操作能力和社会交往能力”不重要的错觉，也容易造成部分数理逻辑和读写方面不占优势的学生心理上的自卑感，影响生涯发展。其实，每一种智能都是平等的，都是同样重要的。因为现实生活中有各种各样不同的问题需要各种不同的能力去解决，不同职业要求的能力也各有侧重。基于霍华德・加德纳（Howard Gardner）多元智能理论设计自我探索活动，引导学生在日常学习、生活中用心观察、反思和总结，努力去发现自己的智能优势，注意在学习、生活劳动中挖掘潜能，扬长避短，发展自己的能力，尤其是要注意发展可迁移能力和自我管理能力。

## 三、活动目标

1. 了解智能类型，辨识智能和技能的不同；
2. 尝试在生活和学习中发现、发展自己的特长；
3. 树立对自己潜能的认可，激发发掘潜力的动力。

## 四、活动准备

以小组为单位，搜集不同行业（心理学、外交家、相声演员、音乐家、设计师、数学家、运动员、生物学家）的标杆人物的成就，了解他们在哪方面有特殊才能。

## 五、活动时间

四周

## 六、活动过程

### 第一环节　智能类型认知

（一）认识智能类型

各小组展示搜索结果，介绍各行各业标杆人物的才华和成就：

外交人员——人际

作家——语言

音乐家——音乐

建筑设计师——空间

数学家、物理学家——逻辑

运动员——运动

生物学家——自然

心理学家——内省

**教师点拨：**根据加德纳多元智能理论，人的智能发展是不均衡的，每个人都是多种不同智能不同程度的组合，都有自己的优势智能，每一种智能在人的认知结构中都同等重要（图 4-2-3）。只要找到了发挥自身智慧的最佳点，使智能得到充分施展，便可取得惊人的成绩。

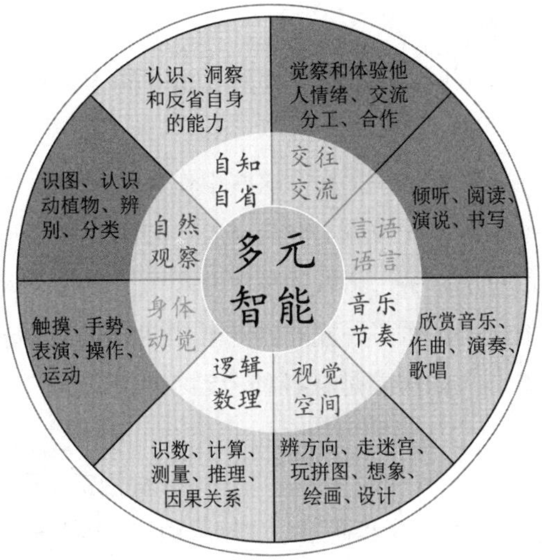


图 4-2-3　加德纳多元智能结构图

### （二）案例思考

**案例壹　岳云鹏是如何被发现的**

著名相声演员岳云鹏在《可凡倾听》节目中接受曹可凡先生的访谈时，谈到自己早年因家境贫寒，很早辍学去北京打工，做过保安、清洁工、电焊工、洗碗工、餐馆服务员。19 岁那一年，他在餐馆遇到一位老先生，是一位京剧票友，他建议岳云鹏去找郭德纲学相声，岳云鹏既不认识郭德纲，也不了解什么是相声，就谢绝了老先生的好意。但是，老先生没有放弃，逮住机会坚持劝说岳云鹏，劝了几回后，岳云鹏抱着试试看的心理去找郭德纲。一开始，郭德纲也没看好他，但是，他不放弃，经过多年的努力，命运发生大逆转。在相声界成名之后，岳云鹏又受朋友之邀跨界拍起了电影，拓展自己在另一个领域的能力。

问题 1：岳云鹏的潜能是什么时候被发现的？怎么被发现的？

**提示：**是 19 岁时被一位与他并不相识的老先生发现的。岳云鹏做过保安、清洁工、电焊工、洗碗工、餐馆服务员。这位老先生通过观察岳云鹏的工作表现，根据人生经验观察到年轻的岳云鹏在人际和语言方面的优势，坚持劝说岳云鹏，并推荐他去找郭德纲学相声。其实，岳云鹏也应该能感受到自己在语言方面的能力，只是没把这能力和相声联系起来，老先生“慧眼识英雄”，发现了岳云鹏。

问题 2：智能优势是不是等同于技能？

**提示：**智能不是永久不变的，而是一个动态的发展过程。岳云鹏“北漂”时，做过多种工作，这些工作都是基层服务工作，大多需要与人沟通、交流，这些工作不仅锻炼了他沟通表达的能力和察言观色、随机应变的能力，还磨炼了他的意志。岳云鹏虽然有幸进入郭德纲的团队，但也是付出了超常的努力才有后来的成绩。而多种职业经历，也为他的艺术表演奠定了很好的基础。劳动创造智慧，人的潜能是在各种劳动实践中发现、发展的。

**案例贰　招聘启事**

我厂是集研发、生产、销售、服务于一体的、国内领先的高端煤机装备供应商。现因业务壮大，需向社会招聘以下人员：

职位类别：技工数名

任职要求：
1. 中专以上文化程度，车工、铣工或机械专业毕业生；
2. 会识图、磨刀，领悟、学习能力强，执行能力强；
3. 工作细致认真、热情、积极主动、有责任心；
4. 有相关经验者优先。
薪酬待遇：
1. 底薪+绩效薪金+工龄薪金+全勤奖，月工资 4 000～6 000 元；
2. 公司员工享有国家规定的社保，提供免费食宿。
联系方式：有意者请将简历投至邮箱：123456@163. com

*****设备有限公司

****年**月**日

问题：这则招聘启事招什么岗位？它对岗位有什么要求？

**提示：**招聘技工。这则招聘广告中对“技工”这个岗位的要求分三类：

第一类是知识，“中专以上文化程度”指具备某种程度的基础文化知识，“车工、铣工或机械专业毕业”指具备某种专业基础知识。知识是我们知道和理解的东西，广度和深度是评价标准。

第二类是技能，技能指我们能操作和能完成的某种技术，熟练程度是评价标准。技能分专业技能和可迁移能力。“会识图、磨刀”和“有相关经验”指必须具备的专业技能。术业有专攻，一种专业技能发挥的范围受到限制，换一个专业就用不上了，需要重新学习。“领悟、学习能力”是可迁移能力。可迁移能力就是从某种环境中获得，并可以有效转移应用到其他环境的、个人能够持续运用和依靠的基本能力，如学习能力、语言能力、计算机能力、社会交往能力等。

第三类是才干，才干是我们无意识使用的某些能力、品质和特质。如“执行能力”和“细致认真、热情、积极主动、有责任心”属于才干的范畴。这些自我管理能力是最重要的能力，是核心能力。

任何一项工作的完成，都离不开能力三核，每一项工作都是三项要素的综合体现，如图 4-2-4 所示。

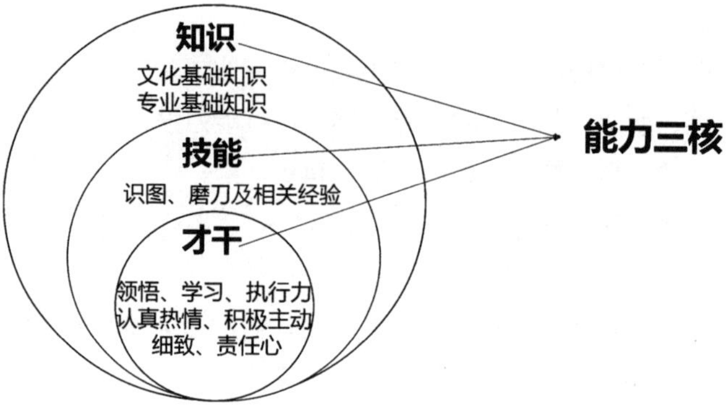


图 4-2-4　能力三核图

## 第二环节　能力发掘体验

### （一）反观自我

想一想，自己在哪门学科或者在哪种活动中，比较有优势或相对劣势？你可能拥有哪些方面的智能优势？

我感觉比较容易的学科：________________________________。

我感觉比较占优势的活动：______________________________。

我感觉自己在________、________、________、________等智能类型上占优势；在________、________、________、________相对弱势。

### （二）盘点技能

盘点一下你已经掌握的知识、技能，看看哪些可能发展为专业技能，哪些可发展为可迁移能力，你在日常学习生活中培养了哪些核心能力？

在学校课程（实训课）学到________________________________；

在工作（包括实习和假期打工）中学到________________________；

从课外培训、辅导班学到________________________________；

从志愿者活动中学到__________________________________；

从爱好、娱乐休闲中学到________________________________；

从社团活动中学到____________________________________；

从日常生活劳动中学到________________________________。

### （三）能力训练计划

人际沟通能力是一项非常重要的通用能力，无论在生活中还是工作中，拥有良好人际沟通能力的人，更容易把控局面、占有优势。请给自己制订一个人际沟通能力训练计划，通过一段时间的实践，人际沟通能力得到提高。

学习知识 ⟶ 练习技能 ⟶ 不断实践 ⟶ 积攒才干

**学习相关知识**：通过学校课程或网络课程以及课外阅读学习礼仪知识、人际沟通相关知识。

**练习说话技能**：首先，要做到说话流利，可以通过朗读诗歌、散文和复述故事来训练。其次，训练针对性讲话的能力，关注三个要素——讲清事实、阐述观点、逻辑性强。例如，上课主动发言表达观点，积极参加学校各种活动，在活动中抓住机会主动交流、表达，还可以参加辩论会、专题讨论等活动。

**不断实践＋积攒才干**：才干典型的特点是自动自发地综合素养体现。才干是通过知识和技能的反复操练、内化于心而形成的。才干需要不断在社会实践中磨炼，慢慢形成。例如，竞选班干部、宿舍长，参加社团活动，在协助老师管理、服务同学的过程中积攒才干；参加演讲比赛、主持人竞赛等活动，在高压下训练，提高自己的沟通表达能力和人际交往能力。

## 第三环节　活动反思

开场白：人的潜能是一座无法估量的丰富矿藏，只等着我们去挖掘。让我们一起来梳理一下能力（特长）探索活动，看看我们发现和收获了什么？

### （一）回顾

1. 事实层：在探索过程中，给你印象最深的是什么？你觉得自己的智能优势在哪些方面？相对弱势在哪些方面？你是怎么发现的？你认为自己有哪些可迁移能力？自我管理方面，你形成了哪些能力或品质？

2. 感受层：在能力探索过程中，你有什么感受？体验到自豪、开心、沮丧、惊讶或兴奋吗？让你联想到什么？是什么让你产生这种感觉呢？

### （二）反思

1. 发现层：这个探索活动对你意味着什么？对自己有哪些新的认识？你认为专业技能、可迁移能力、自我管理能力方面，哪一项最重要？为什么？就你目前的情况，哪一项最容易提升？

2. 未来层：下面我们来讨论一下，我们可以通过哪些途径和方法来形成自己的可迁移能力、核心能力？

结束语：有人说：才能的火花，常常在勤奋的磨石上迸发。让我们以此共勉！感谢大家的积极参与，让我们一起继续生涯探索之旅！

## 七、活动拓展

（一）下面是关于“报关员”的岗位职责描述，请把报关员需要的能力要求找出来。

> 岗位职责：
>
> 1. 熟悉所申报货物的基本情况，对申报内容和有关材料的真实性、完整性进行合理审查；
>
> 2. 提供齐全、正确、有效的单证，准确、清楚、完整填制进出口货物报关单，并按有关规定办理进出口货物的报关手续；
>
> 3. 海关商检现场新的政策和要求的及时反馈；
>
> 4. 应当由报关员办理的其他报关事宜；
>
> 5. 完成工作相关报表。
>
> 任职资格：
>
> 1. 熟悉进口一般贸易流程（肉类冻品、生鲜食品、危险品），有海关现场磋商经验的优先；
>
> 2. 熟悉海关相关法律政策，熟悉关务相关系统；
>
> 3. 大专以上学历，3～5 年以上相关工作经验为佳；
>
> 4. 工作积极主动，计划性强，接受能力强，反应快；
>
> 5. 有较好的沟通能力、较强的服务意识，可塑性强，工作能独当一面；
>
> 6. 有冻品行业的经验，有报关员证的优先。

知识：________________________________________________；

技能：________________________________________________；

才干：________________________________________________。

（二）企业最看重的七种能力——请对今年某时间段的网络招聘启事和报刊招聘启事列出的招聘条件进行筛选，然后，进行数学上的统计、排序，看看排名前七位的能力有哪些？写一份简单的调查报告。

## 知识小贴士

### （一）智能和能力

能力是顺利完成某种活动所需要的心理条件，是一个人完成一项目标或者任务所体现出来的综合素质。那么，一个人的能力来自哪里？能力是怎么发展的？能力来自一个人的先天具有的天赋和后天学习训练获得的技能。谈到天赋，令人联想到的是科学家、发明家这样的伟大人物，普通人似乎可望而不可即。事实如何呢？美国哈佛大学教育研究院的心理发展学家霍华德·加德纳教授根据心理学的研究成果和实践观察，提出了多元智能理论。该理论认为人人都有天赋，每个人都在不同程度上拥有七种基本智能，智能之间的不同组合表现出智能的显著差异，不同的人形成了不同的优势智能和弱势智能组合（表 4-2-4）。如爱因斯坦在逻辑—数理和音乐有优势智能，而在人际智能和语言智能方面相对弱势。

表 4-2-4　智能类型与典型职业

| 智能类型 | 智能特征 | 表现突出的职业 |
|---|---|---|
| 语言智能 | 善于利用语言描述事件、表达思想，并与人交流 | 记者、编辑、作家、节目主持、客服、主播、营销人员等 |
| 逻辑—数理智能 | 对事物关系，如类比、对比、因果和逻辑等敏感，善于数理运算和逻辑推理 | 侦探、律师、工程师、程序员、统计员等 |
| 音乐智能 | 对音乐包括节奏、音调、音色和旋律敏感，善于作曲、演奏和歌唱 | 作曲家、指挥家、歌唱家、演奏家等 |
| 肢体—动觉智能 | 善于控制自己的身体和利用身体语言表达自己的思想和情感 | 运动员、舞蹈家、外科医生、赛车手、民间各类工匠等 |
| 视觉—空间智能 | 对线条、形状、结构、色彩和空间关系较敏感，并善于用平面图形和立体造型表现出来 | 画家、雕刻家、建筑师、民间艺人等 |
| 内省智能 | 善于认识、洞察和反省自身 | 哲学家、作家、律师、心理学家等 |

（续表）

| 智能类型 | 智能特征 | 表现突出的职业 |
|---|---|---|
| 人际智能 | 善于觉察、体验他人情绪、情感和意图，善于与人相处和交往 | 推销员、节目主持人、管理者、外交人员等 |
| 自然观察智能 | 善于观察自然界中的各种形态，善于对物体进行辨认和分类 | 生物学家、探险家、地理学家、渔民等 |

加德纳的多元智能理论还强调，智能不是永久不变的，而是一个动态的发展过程。每个人的智力在最初阶段都只是一种潜能，只有在适当的环境和恰当的教育下，通过个人努力，智能潜力才能够发展到一个很高的水平。

### （二）如何发展能力

那么，如何发现自己的智能优势，并将其发展成为一种能力呢？一般来说，可以遵循下列步骤来实现：

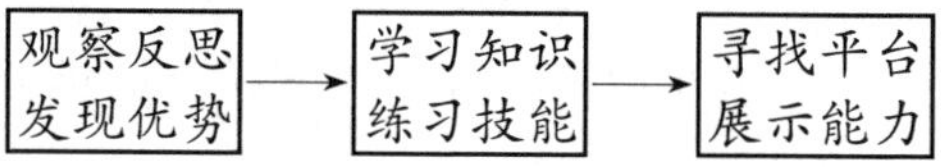


第一步，观察、反思自我，发现自己的优势智能。想一想，自己对哪一门学科的学习感觉比较容易，稍作努力就容易取得更好成绩？或者自己在哪种活动中，经常占有优势？这些让你感到容易、占优势的学科和活动就和你的优势智能有关联。有时候自己觉察不到，可以听听别人的看法，所谓“旁观者清”。

第二步，学习知识、练习技能。通过学习、训练挖掘自己的潜能，发展自己的能力。对于中职学生来说，一般可以通过学校课程（如英语、数学、语文、历史、地理等）、专业技能训练、课外培训（如绘画、体育运动）、辅导班（电脑制图等）、志愿者服务、社团活动（摄影、手工制作）以及各种网络课程（如弹奏乐器）等来学习、训练。虽然，很多人在某项智能方面有天赋，但是，由于主客观原因，潜能并没有被挖掘和得到发展。拥有天赋的人就像一块玉石，玉不琢不成器，不经过学习、训练，潜能是不会自动变成技能的。训练技能一定枯燥、单调，遇到困难，需要有意志力，不断练习，反复实践，才能将潜能挖掘出来，发展成技能。

第三步，寻找平台，展示技能。当技能发展到一定程度时，可以寻找一些平台去交流展示，促进技能的发展，所谓“山外有山楼外有楼”。这种促进有心理上的互相支持，有技能上的相互交流与学习。例如，可以参加专业技能等级考试，评估一下自己的技能掌握程度；还可以参加各种机构组织的技能评比活动；也可以参加各种技能表演活动，结识更多的“圈”内朋友，互相鼓励，互相学习。

### （三）关于职业能力

职业能力是人们从事某种职业的多种能力的综合。职业能力是一个人在后天环境和教育中，通过不断学习、训练、实践发展而来。知识、技能与才干组成了能力的三核。知识包含文化基础知识和专业基础知识；技能是体现职业能力的关键，技能需要不断练习才能掌握，实训车间是中职生练习、提高专业技能的最佳场所；才干是自动自发地综合素养体现。才干需要在工作实践中通过对知识和技能的反复操练，内化于心而形成。

## 案例示析

### 生涯访谈

问：请问学长，您是哪一年毕业的？你现在的工作岗位是什么？

答：我是 2010 年考入中职校，2013 年考入大专，2016 参加工作的，现在的工作岗位是后勤兼动车员。

问：这个岗位每天的工作内容是什么？

答：写日常报告、收发邮件、计划新车资源、管理车辆配件，负责开具新车发票以及将新车发票录入主机厂数据系统。

问：这个岗位对学历有什么要求吗？

答：一般要求大专或大专以上，能力强的可以降低到中专学历。学习的专业须与汽车相关，如汽车销售、汽车保险、汽车定损、汽车装潢等。

问：对技能证书有要求吗？

答：一般要求有汽车维修高级证书、计算机一级证书；能熟练掌握电脑操作，如熟练运用 Excel 和 Word。

问：强调有工作经验吗？

答：一般要求有仓库管理工作或者行政管理工作方面的经验。

问：部门主管或单位领导经常对员工讲的要求是什么呢？

答：第一，认真、负责。首先，为自己的岗位工作负责，为结果负责；其次是严谨、仔细，如管理新车、新车钥匙、文档，开票，录入主机厂发票数据，协助计划员匹配新车订单等都必须做到严谨、细致。否则，工作容易出差错。

第二，主动积极、善于自我反省。以积极主动的态度去配合完成每一项工作，能够主动去发现问题，查漏补缺。例如，新车管理工作，仓管员要求每日多次巡检外仓新车、厂区新车；要多次清点、检查新车是否在外观、安全性能方面存在异常情况，并且能够及时反馈问题及妥善解决问题；不仅要善于发现自己在工作中存在的疏漏，还要反思自己容易在哪些环节疏漏，以后要如何避免类似问题发生。

第三，强调团队的配合，每一个部门员工在各自工作中除了自我完善，还需在同事之间相互帮助，遇到问题一起解决，遇到困难一起克服。

问：部门主管或单位领导经常对员工提什么工作要求？

答：遵守职业规范和规章制度。例如，仓管员的工作就是按照公司制度规定进行操作，如收车、入库、出库、配订单，需要按照规范做好仓管工作，否则，出了差错，大大降低工作效率。企业有些工作是要求严格保密的，例如，销售或仓管随意将公司车辆价格私自泄露给同行，就会受到严厉处罚。

问：一般哪些员工容易得到领导赏识？哪些员工经常受到领导批评？

答：除了上面提到的遵守职业规范外，拥有较强的职业技能、具有上进心的员工容易得到领导赏识。特别是在平时工作中会察言观色、“眼里有活”的员工会得到领导的赏识。没有职业理想、没有清晰可见的奋斗目标、过一天算一天、不求上进、眼高手低、缺乏脚踏实地精神的员工得不到领导欣赏。工作中除了专业技能、专业知识等，最重要的就是做人和态度问题，良好的工作态度肯定会得到领导的赏识，而工作态度较差、缺乏自我反省、缺乏技能、缺乏团队合作意识的必定会经常受到领导的批评直至淘汰。

**点评：**

几位同学通过访谈学长，了解到与自己所学的汽修专业相关的一个工作岗位——“动车员”的岗位要求。包括学历要求（文化基础知识、专业基础知识，如具备仓库管理知识）、相关工作经验、可迁移能力（如计算机应用技术、基本的写作能力、团队合作）及自我管理能力（如工作态度、奋斗目标、自我反省等）。

通过职业能力探索活动，不仅能在活动中发现、发展自己的能力特长，同时还能通过与相关岗位能力要求相对照，扬长避短，在未来学习中有针对性地提高专业技能。职业能力探索活动还有利于在未来日常生活以及各种专业学习活动和实践活动中提高自己的可迁移能力（如掌握信息技术、应用写作、听说等）和自我管理（如时间管理、情绪管理、健康管理、人际关系、人际沟通）能力。

# 活动四　我适宜的

## 一、活动主题

破解性格的密码

## 二、活动背景

常言道“性格决定命运”。可见，性格对人的生涯发展的重要影响。人，作为一种高级动物，既有生物属性，也有社会属性。性格更多体现了人格的社会属性，具有可塑性。职业心理学的研究表明，不同的职业对从业者有不同的个性要求。教师需要创设情境引导学生在日常生活和实践活动中了解自己的性格以及比较适宜的岗位或职业。同时，指导学生在接纳自我的基础上，根据自己的职业倾向不断去调适自己的性格，不断完善自我，提高人—职适切性，促进职业生涯发展。

## 三、活动目标

1. 理解性格内涵及其特征表现；
2. 辨析职业性格类型及其特征；
3. 增强接纳自我和完善自我的动力。

## 四、活动准备

1. 观察医生、警察、艺术工作者、教师等从业者，看看他们处事风格有什么特点；

2. 准备一些卡片，背面写上描述性格的词语或短语。

## 五、活动时间

四周

## 六、活动过程

### 第一环节　性格及职业性格认知

#### （一）感受个性不同

播放《西游记——孙悟空三打白骨精》片段，讨论分析师徒四人个性特征，如表 4-2-5 所示。

表 4-2-5　唐僧师徒四人的性格特征、气质特征比较

| 人物 | 性格特征 | 气质类型与表现 | |
|---|---|---|---|
| 唐僧 | 认真、谦虚、坚韧、自制、温和 | 黏液质 | 悲观、愁思的，内向，举止平和，踏踏实实，注意力易集中，交际适度 |
| 孙悟空 | 勤劳、自尊、勇敢、易怒、坦诚 | 胆汁质 | 精力旺盛，直爽热情，外向，心境易变，脾气暴躁 |
| 猪八戒 | 个人主义、圆滑、懒惰、怯懦、放任 | 多血质 | 乐观，满怀希望，活泼外向，适应性强，兴趣多变，注意力容易分散 |
| 沙和尚 | 诚实、自制、谦虚、随和、冷静 | 抑郁质 | 迟钝的、冷漠的，内向，多疑多虑，敏感，孤僻 |

**教师点拨：**个性的不同主要体现在能力、性格和气质上，而性格的特征主要表现在态度、意志、情绪和理智四个方面。其中，性格的态度特征是性格的核心。性格更多体现了人格的社会属性，具有可塑性。气质特征主要体现在动力来源和判断事物两个维度。气质是人生来就具有的典型的、稳定的心理活动的动力特征，气质更多地体现了人格的生物属性，不容易改变。气质没有好坏之分，而性格有好坏之分。

但是，性格不是一成不变的，可以在日常生活和工作环境中磨炼、完善。而态度是性格的核心特征，有“态度决定一切”的说法，态度也是性格中最容易改变的因素。所以，完善性格从改变态度开始。

#### （二）性格与命运

从态度、意志力、情绪和理智四个维度比较刘邦和项羽性格上的不同，分

析性格如何影响命运，如表 4-2-6 所示。

表 4-2-6　刘邦和项羽性格比较

| 比较点 | 刘邦 | 项羽 |
| --- | --- | --- |
| 态度 | 对他人生命财产宽厚仁爱，对辅佐他的人豁达开明、知人善用 | 对老百姓的生命很残暴，对辅佐他的人嫉贤妒能、刚愎自用、心胸狭窄 |
| 意志力 | 能忍、有韧性、决断如流 | 缺乏耐心、抗挫折能力差、优柔寡断 |
| 情绪 | 自控能力强，遇事沉着、冷静 | 脾气暴躁、果敢刚毅、意气用事 |
| 理智 | 大局思维 | 局部思维、感情用事 |

**教师点拨：**楚汉之争不单是军事实力的较量，更是一场政治斗争。从刘邦和项羽的性格特点看，刘邦更具有政治家特质，而项羽更具有军事家的特质。所以，刘邦胜、项羽败是这场争霸的必然结果。不同的工作岗位/职业对人的性格有不同的要求，从刘邦、项羽两个典型历史人物的命运演变中，可以清晰地看见性格对一个人的生涯发展的影响。

### （三）职业性格

根据下面这则招聘广告，思考以下问题：

1. 从岗位职责和任职要求看，对主持人的能力有哪些要求？

**提示：**沟通能力、组织协调能力、项目策划与管理能力、较强记忆力、应变能力。

**主持人职位描述**

岗位职责：

（1）负责视频、直播类访谈节目的主持、录制工作；

（2）参与节目策划、组织、准备及维护；

（3）按照计划，控制节目进程，为节目表现效果负责；

（4）助力于后期宣传推广活动。

任职要求：

（1）本科或以上学历，形象好、气质佳，普通话标准，口齿伶俐，思维敏捷，较强的记忆力和应变能力；

（2）播音主持、新闻传播、电视编导、中文等相关专业；

（3）1 年以上大型电视、视频节目主持工作经验，有车评编辑工作经验，熟悉主持人工作的具体内容，能根据主持现场的气氛，即兴发挥，调动全场的气氛，有直播经验的优先；

（4）具备稳健、大方得体的台风，较高的综合素质和职业道德；

加分项：主持风格大气稳健，幽默、风趣，可随意切换，有直播节目或短视频 IP 主持经验，喜欢汽车，且对不同车型有个人独到见解，有较好的英语听说能力。

2. 从岗位职责和任职要求看，对主持人的性格有哪些要求？

**提示：** 稳健、大方、自信、幽默、思维活跃、灵活性（可随意切换）。

**教师点拨：** 职业心理学研究表明，职业也有拟人化的心理和性格，不同的职业具有不同的性格特质，不同的职业对从业者有不同的性格要求。由此可见，性格和职业（或者工作岗位）有密切关系，所以，有“职业性格”一说。

## 第二环节　性格探索体验

（一）请从下列词卡中找出符合要求的卡片放在相应的地方：

| | | | | | | | | | | |
|---|---|---|---|---|---|---|---|---|---|---|
| 外向 | 内向 | 热情 | 真诚 | 友爱 | 善良 | 友善 | 忠诚 | 体贴 | 和气 | 开朗 |
| 活泼 | 可亲 | 温和 | 豁达 | 稳重 | 幽默 | 豪爽 | 耿直 | 冷静 | 独立 | 果断 |
| 机敏 | 深沉 | 坚强 | 率直 | 毅力 | 风趣 | 沉静 | 谨慎 | 严肃 | 乐观 | 坦率 |
| 勇敢 | 自信 | 独立 | 沉着 | 执着 | 容忍 | 积极 | 有趣 | 知足 | 勤劳 | 无畏 |
| 务实 | 含蓄 | 认真 | 细心 | 专注 | 好动 | 耐心 | 忍让 | 谨慎 | 老实 | 平和 |
| 有韧性 | | | | | | | | | | |

| | | | | | | | | | | |
|---|---|---|---|---|---|---|---|---|---|---|
| 虚伪 | 自私 | 轻浮 | 刻薄 | 冲动 | 幼稚 | 依赖 | 任性 | 自负 | 拜金 | 暴躁 |
| 倔强 | 孤僻 | 莽撞 | 易怒 | 轻率 | 善变 | 狡猾 | 易怒 | 多疑 | 懒惰 | 专横 |

顽固　猜疑　挑衅　冷漠　虚荣　冷淡　跋扈　鲁莽　固执　脆弱　自卑

害羞　敏感　迟钝　畏缩　顺从　胆小　安静　寡言　保守　被动　抑郁

胆怯　迁就　忸怩　乏味　散漫　迟缓　啰嗦　悲观　消极　拖延　烦躁

妥协　武断浮躁　反复无常

1. 我现在具有的性格特点：________________。

2. 亲友认为我具有的性格特点：________________。

3. 我讨厌的性格特点：________________。

4. 我希望自己具有的性格特点：________________。

（二）以态度为例，你认为可以尝试改善的请在表 4-2-7 中打√。

表 4-2-7　态度改变计划表

| 我的性格 | 现在的表现 | 我想尝试改变的 |
|---|---|---|
| 态度（对现实的） | 对社会： | |
| | 对集体： | |
| | 对他人： | |
| | 对劳动： | |
| | 对工作： | |
| | 对学习： | |
| | 对自己： | |

（三）请就你所学专业对应的岗位群（或者与你所学专业无关，但自己特别感兴趣的岗位/职业），向从业者咨询或网络查询了解这些岗位对从业者性格方面的要求，然后，根据你对自己性格的了解情况分析，你可能比较适合哪些岗位？

岗位 A 对职业性格方面的要求：________________。

岗位 B 对职业性格方面的要求：________________。

岗位 C 对职业性格方面的要求：________________。

岗位 D 对职业性格方面的要求：________________。

初步判断我的性格适宜的岗位是：________________。

### 第三环节 活动反思

开场白：人的性格就像迷宫，难以捉摸却又魅力无穷。关于性格，看看我们发现了什么。

（一）回顾

1. 事实层：你对自己的性格有什么新的发现？对于性格和气质，你有哪些了解？认识自己或他人的性格，你主要从哪个角度观察？从气质类型看，你认为自己的气质比较接近什么类型？

2. 感受层：在性格探索过程中，让你感到意外或惊奇的是什么？探索过程中让你联想到什么人、什么事？

（二）反思

1. 发现层：这个探索活动对你意味着什么？你是否同意“气质没有好坏之分，性格有好坏之分”的说法？能举例说明吗？

2. 未来层：对于性格，你还有哪些方面想要继续探索？对还没有了解的问题，你打算做些什么？如果要调适自己的性格，做更好的自己，你打算从哪方面着手？

结束语：感谢大家的积极参与！性格既不坚固也不是一成不变的。认识自我、塑造自我、完善自我是我们终身发展任务。愿你们未来遇见更好的自己！

## 七、活动拓展

华为，中国的一家高科技民营企业在中美贸易战中被推上了风口浪尖，也让全世界了解了一向行事低调的华为创始人任正非。请搜集任正非的个人资料，分析华为任正非的个性特征对他的发展有哪些影响？你最钦佩的是他的哪一种性格品质？

**知识小贴士**

（一）性格描述

性格是心理学名词。人与人之间的人格差异的核心是性格的差异。观察一个人的性格特征可以从静态和动态两个方面进行。性格的静态特征主要表现在四个方面：态度特征、意志特征、情绪特征和理智特征。其中，性格的态度特征是性格的核心。性格的动态特征需从不同生活情景或者性格结构的相互联系上来考察。性格各个方面是彼此关联、相互制约的。性格各个特征并不是机械组合，常常是在不同场合下显露出一个人性格的不同侧面。详见表 4-2-8。

表 4-2-8　性格描述

| 静态特征 | 常用词语 |
| --- | --- |
| 态度 | 激进或保守，集体主义或个人主义，正直或圆滑，热情或冷漠，诚实或虚伪，善良或奸诈，浪费或节俭，自尊或自贱，自信或自卑，谦虚或自负；对劳动、工作、学习：勤劳或懒惰，认真或马虎，进取或退缩 |
| 意志 | 自觉或盲目，主动或被动，理智或冲动，果断或优柔寡断，勇敢或怯懦，顽强或脆弱，持之以恒或虎头蛇尾，自制或任性 |
| 情绪 | 暴躁或者温和，稳定或波动，外显或内隐，持久或短暂，平静或烦躁，祥和或苦恼，乐观或悲观 |
| 理智 | 观察的整体型或观察的细节型，形象记忆型或抽象记忆型，整体记忆型或局部记忆型，形象思维型或抽象思维型，直觉型或分析型，直线型或发散型 |

### （二）性格类型

瑞士心理学家荣格（Carl G. Jung）第一次指出人的行为并不是随机无序的，实际上是可以预测的，同时又是可以分类的。荣格解释说，不同的行为是由于我们在执行大脑功能时有不同的偏好，而这些不同的偏好构成了我们的人格，伴随着我们一生。这些偏好就成为我们一生中对人、对事的重要取向。后来，美国一对母女心理学家母亲凯瑟琳·库克·布里格斯（Katherine Cook Briggs）（1875—1968）和女儿伊莎贝尔·布里格斯·迈尔斯（Isabel Briggs Myers）根据荣格的心理类型理论和她们对于人类性格差异的长期观察和研究，开发了一种性格测试理论模型——MBTI，现在已经成为全球最为著名和权威的性格测试工具。这个理论模型主要从四个维度探寻性格偏好，见表 4-2-9 所示。

表 4-2-9 MBTI 模型

| 观察维度 | 类型 | |
|---|---|---|
| 对待环境 | 外向 | 内向 |
| 接收信息 | 辨识 | 直觉 |
| 判断事物 | 感性 | 理性 |
| 做事风格 | 决断 | 理解 |

### （三）职业性格

职业性格是指人们在长期特定的生活中所形成的与职业相联系的、稳定的心理特征。职业心理学研究表明，职业也有拟人化的心理和性格，不同的职业具有不同的性格特质，不同的职业有不同的性格要求。例如，同属于某汽车 4S 店的两个岗位——汽车销售员和汽车维修工，对员工的人格特质要求就很不相同。销售员的工作是尽可能把产品或服务提供给顾客，使其接受或购买。一个好的销售员需要有良好的态度、良好的执行力（沟通、说服、谈判、解决问题的能力）。汽车维修工作则需要较强的动手能力，做事认真、细心，遇事冷静，属于抽象思维型。性格影响着一个人对职业的适应性，让一个性格内向、不善言谈的人从事销售工作，必定会影响他的职业发展。所以，从认识自己的性格开始，逐步认识自己的职业性格，对生涯发展具有重要意义。

职业性格的内涵非常丰富，了解职业性格是一个相对比较复杂的过程，不是单纯靠做几套测验可以判断的，需要在生活实践中不断观察、了解、思考，可以结合职业特点、职业要求来进行了解。但是，无论什么职业，它们都有共性，对职业人具有一些共性要求，如态度、意志、情绪等，可以从完善自我性格开始，不断完善自我，使得自己的性格更能适应职业。例如，当一个人变得更友善、更主动时，与人交往会得到更多的社会支持；当一个人变得做事更认真、更有责任心时，更容易取得好的工作成绩，因而也变得更自信、更坚定；当一个人变得更坦诚、更能体谅别人、更愿意帮助别人时，会发展出更高质量的人际关系和友情，整体情绪更稳定；当一个人变得以更积极的态度去处理压力、而不是回避逃避时，关系中的冲突会更少，焦虑、抑郁情绪和强迫性的冲动也会更少。

### （四）性格对生涯发展的影响

常言道“性格决定命运”。性格是如何影响人的命运的呢？可以通过两个历史人物的人生命运来看性格是如何影响一个人的发展的。项羽和刘邦都有远大志向，都把做皇帝视为最高目标。但是，楚汉之争持续四年，最终以刘邦的胜利和项羽的失败而宣告结束。他们的胜败与他们各自的性格密切相关。

在对待生命财产的态度方面，项羽轻视他人生命，非常残暴。“巨鹿之战”后，坑杀二十万秦国降军。进入咸阳后屠城、烧阿房宫，大火烧了三个月不灭。项羽的残暴，使他逐渐失去民心。相比之下，刘邦则宽厚仁爱。刘邦进入咸阳后，与关中父老约法三章，全部废除秦法，顺从人民的意愿，获得人民的拥护。在对待辅佐自己的贤臣策士上，项羽嫉贤妒能、刚愎自用、心胸狭窄，听不进劝谏。“鸿门宴”就是典型事件。刘邦则豁达开明、知人善用、富有远见。一位成功的帝王，必然少不了贤臣策士的辅佐，项羽和刘邦对待人才的不同态度导致两个军事阵营的力量发生变化，最终导致二人不同的命运结果。

在意志力方面，项羽缺乏耐心、抗挫折能力差，刘邦却集“忍”“韧”于一身。项羽起兵八年，经历了七十几场战争，所向披靡，但是，垓下一战就丧失斗志，不考虑集结力量、卷土重来，反而自刎乌江。刘邦在与项羽的几次军事较量中都一败涂地，如彭城之败、荥阳之围等，但是，刘邦有屡败屡战的勇气和意志，他从来没有丧失对成功的渴望。

在情绪方面，刘邦的自我控制力较强，遇事沉着、镇定，冷静分析，很少做出不利于自己的事情。刘邦也经常大怒，但一经暗示，他便能立即控制自己的情绪，改变策略。而项羽却常常在盛怒之下失去控制，干出许多失策之事，造成很大的负面影响。

分析项羽和刘邦性格形成的影响因素，项羽出生于楚国的贵族，刘邦出身卑微的农家。不同的出身、不同的生活经历，形成他们不同的性格。性格具有稳定性，在生活中形成的某些性格特征会迁移到工作或职业中的方方面面。正是他们性格特征的种种不同表现，导致他们不同的命运结局。项羽是一位“高绩效”的将帅，但不适合做皇帝。项羽是位成功的军事统帅，但也是一位失败的政治领导。所以说，性格决定命运。

### （五）性格调适

影响一个人性格的形成和发展的因素有家庭教育、后天的经历以及所处的外部环境。父母是孩子的第一任教师，父母的教养方式、对生活的态度、遇到事情时的反应都会深深地影响孩子的性格养成；生活经历或生活转折也会对人的性格产生影响，例如，有的人因为经历一次成功或失败的体验，变得自信或自卑；学校教育中校风、班风、同学关系、师生关系等都会对一个人的性格形成产生影响。

性格具有稳定性，但不是一成不变的，性格更多体现了人格的社会属性，受后天影响较多，具有可塑性。有的人受到他人的教育引导或经历一些事情，经过自己的努力逐渐改变不良性格特征，形成良好性格特征。例如，由懒惰变得勤劳，由粗心变得细心，由自卑变得自信，由懦弱变得坚强，由骄傲变得谦虚，由暴躁变得沉稳。可以通过一些历练，不断完善自我性格。同样，也有的人可能经历过较大的挫折，性情发生消极变化。

## 案例示析

### 他为什么烦恼

小齐性格内向、性情温和、彬彬有礼、不善言谈，很小就在动手操作方面显示了一定的天赋。他在一家高级技工学校的钳工专业毕业后，进入了一家大型企业工作，这家企业有 1 000 多名员工，管理非常规范。从进厂那一天起，小齐就喜欢上了这家企业，决心在这里好好地发展。他被分配到了机修车间的钳工班，当上了一名普通钳工。经过三年的工作锻炼，小齐已经成为钳工班技术过硬的顶梁柱，当上了班长，还通过培训考取了技师，成为全厂最年轻的钳工技师。正当他为自己庆幸进入了一家好公司的时候，公司业绩却进入低迷时期。小齐不希望看到公司垮掉，他工作更加努力，带领班组不断提前完成任务，为公司做出了很大贡献。小齐因此从原来的班长晋升到车间主任，管理将近 40 人的车间。

晋升到管理岗位后，小齐的工资、待遇也都有了相应的提高，小齐工作更努力了。家人、同学都替他高兴，都称赞他不简单、前途无量。可是，他从早到晚地努力了三个月，常常是顾此失彼、身心疲惫，业绩却总是上不去。他习惯做好自己的事情就可以了，不喜欢征服任何人，不喜欢处理复杂的人际关系，只喜欢维修机械设备，他觉得他已经从征服设备上得到了很大的满足。他做事喜欢亲力亲为，不习惯指挥别人。带领十来个人的班组搞生产，他觉得已经足够了，有什么技术上的事情他还可以“兜底”，做了车间主任，他觉得处处、事事找他，他实在无力应对。提拔做车间主任，高兴不到一个月，工作已经变得烦恼无尽。

小齐告诉父母他不想做车间主任，想继续当班长，好好钻研技术。他从小到大，都是父母的“乖孩子”，从报考学校、选择专业，到找工作，基本上都是听从父母的安排。跟朋友在一起，他也是安安静静的，非常随和，所以，人缘特别好。父母虽然觉得很惋惜，但是，看到儿子那么辛苦和烦恼，支持了小齐的选择，并建议他找领导沟通，得到领导的理解和支持。小齐的诚恳立即得到了领导的谅解。他报了电大，利用业余时间，继续深造，提高自己的文化基础和学习能力。

**点评：**

1. 作为一个技校毕业生，小齐能够在较短时间内得到领导的认可，得到提拔，获得发展空间，得益于他对自我的清晰认识。性格内向、不善言谈在职场上并不占优势，小齐在职业选择上注意扬长避短，选择了能充分发挥他动手操作能力的工作。当然，小齐得到发展机会主要得益于他良好的个性品质。对待工作，他刻苦努力、善于学习，很快就成了公司技术过硬的顶梁柱；对待公司，他忠心耿耿、不离不弃，公司发展低迷时，他用高业绩表达对公司的支持；对待公司领导、对待父母和朋友，他温和而彬彬有礼，懂得尊重。当自己遇到困难、困惑时，他不自我封闭，也不会自以为是，而是用沟通的方式去解决，所以能得到家人和领导的理解和支持。

2. 小齐没有受一时的名利诱惑，选择了适合自己个性的职业发展路线，并且立刻行动，提高自己的文化基础和学习能力，足见其具有很强的执行力。一般来说，像小齐所在的生产企业的员工，有两条职业发展通道：一是管理线，即操作工—管理员—副领班—领班—副主管—主管；另一条是技术线，即操作工—技术员—助理工程师—工程师—主管工程师。只要能够兼顾个人发展和公司发展需要，通过努力就会获得良好的发展机会。小齐明确了自己的发展路线，也看到了未来市场对技术发展的要求。可以预见的是，小齐只要坚持努力，一定会获得较大的职业发展。

# 活动五　我看重的

## 一、活动主题

不要活在别人的世界里

## 二、活动背景

职业价值观对人的职业行为具有重要的驱动、制约和导向作用。职业价值观和内心需求紧密相关，探索自我绕不开对职业价值观的探索。青春期是价值观形成的关键期，也是职业价值观形成的关键期，学校需要创设情境引导学生从辨识内心需求和辨识职业（劳动）价值着手，引导学生认识职业价值观类型。根据马斯洛需求层次理论和埃德加·施恩（Edgar H. Schein）的职业锚理论创设情境，引导学生结合自己的成长经历探索自己的内心需求；从认识工作的价值意义开始，认识职业价值观。同时，引导学生树立独立自主意识，思考如何将个人需求和社会需求相结合，通过自己的双手，通过实实在在的奋斗，努力实现自己的人生价值。

## 三、活动目标

1. 认识工作的多重价值，树立劳动光荣信念；
2. 辨析职业价值观的类型；
3. 增强探索内心需求和职业锚的动力。

## 四、活动准备

1. 观察或咨询父母或重要他人的工作，了解他们从工作中有哪些收获；
2. 准备一些卡片，背面写上与人的心理需求相关的各种词语或短语。

## 五、活动时间

四周

## 六、活动过程

### 第一环节　认识职业价值

（一）游戏

1. 请每位同学拿出一张纸，然后，在纸上写上 10 个你希望能得到或能满足的心愿。

……

2. 请同学来分享你的 10 个心愿。

……

3. 将大家的心愿进行分类。

4. 搭建基于马斯洛需求层次理论的需求层次塔，如图 4-2-5 所示。

最底层：生理需求，如衣食需求；

第二层：安全需求，如医疗保障需求；

第三层：归属需求，如结识朋友、组建家庭；

第四层：尊重需求，如得到认可、尊重；

最高层：自我实现需求，如做出一番成绩、对社会有贡献。

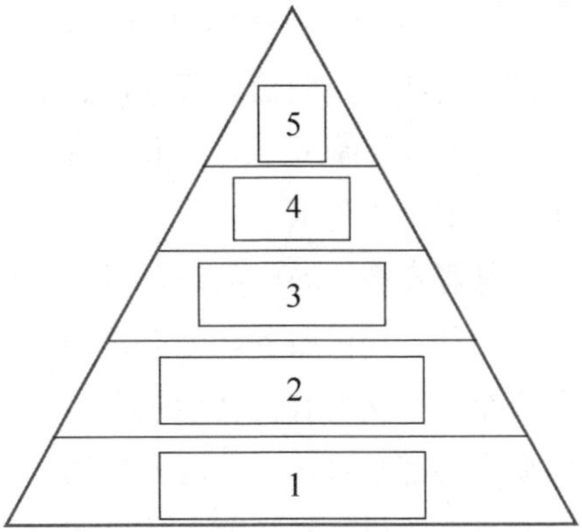


**图 4-2-5　需求层次塔**

### （二）讨论

满足需求的途径……

**教师点拨：**通过劳动以及交换劳动。人人为我，我为人人。

### （三）认识职业劳动价值——以厨师为例

详见表 4-2-10。

表 4-2-10　工作是满足需求的重要手段

| 工作的价值 | 满足的需求 |
|---|---|
| 用劳动获取报酬，是谋生持家的重要手段 | 满足生存需求 |
| 自食其力，生活稳定，是成长独立的标志 | 满足安全需求 |
| 有机会接触人群，融入社会，结识朋友 | 满足归属（社交）需求 |
| 服务社会，创造价值，获得自信和他人尊重 | 满足自我尊重需求 |
| 通过不懈努力，取得成绩，实现人生价值 | 满足自我实现需求 |

1. 厨师通过付出劳动获得劳动报酬，解决个人和家人的衣食住行问题；

2. 自食其力，生活稳定，能够独立自主，不需要处处依赖他人；

3. 能够广泛接触人群，认识朋友、融入社会；

4. 厨师通过自己的专业技能为客户提供饮食服务，让客户享受美食，得到别人的尊重，因而，很自信、很自尊；

5. 厨师勤勤恳恳，工作上精益求精，取得骄人的成绩，那么，他就实现了自己的人生价值。

**教师点拨：**厨师的职业劳动不仅为自己、为家人的生活提供保障，也为他人、为社会提供服务，创造价值。工作（职业）既有自我价值又有社会价值，既有个人意义也有社会性意义，是自我价值和社会价值的统一。每个人需要的物质利益都来自社会，而社会的一切财富都是由个体所创造出来的。因此，社会与每个成员之间是哺育与反哺的关系，只有满足社会发展的需要，社会才能为个人提供个人所需的一切。许多不工作或不努力工作的“啃老族”不仅给家庭和社会增加经济负担，他们自身的各种层次的需求也无法得到满足，体验不到价值感，难以获得健全、独立的人格，变得颓废而不够自信，得不到别人的认可和社会的尊重，更谈不上实现人生价值。可以说，各种形式的工作是保障一个人获得幸福生活的最重要、最根本的手段。

### （四）认识职业锚

详见表 4-2-11。

表 4-2-11 职业锚

| 分类维度 | 职业锚类型 | 特点 |
| --- | --- | --- |
| 基于能力（重视发挥个人能力） | 技术型 | 追求在技术领域的成长及应用这种技术的机会 |
| | 管理型 | 追求承担更大的责任，有挑战性、多变和综合性的工作 |
| | 创造型 | 追求建立或设计某种完全属于自己的东西 |
| 基于需要（关注工作和生活相协调） | 安全型 | 关心的是职业的长期稳定性与安全性 |
| | 自主型 | 不愿意在组织中发展，或在大公司里彼此依赖，喜欢可以自主安排自己的时间 |
| | 生活型 | 关注组织文化是否尊重个人和家庭的需要 |
| 价值观（对职业和组织文化的认同） | 服务型 | 追求工作能够体现个人价值观，不在意是否能发挥自己的才能或能力 |
| | 挑战型 | 工作允许他们去战胜各种不可能，新奇、变化和困难是他们的终极目标。 |

（五）案例思考

梳理小李的跳槽经历，看看小李的职业价值追求是什么？对他的职业生涯发展有什么影响？

**他为何频繁跳槽**

小李是“90 后”，毕业于某大专中高职贯通班信息管理专业。连续五年的专业学习，基础非常扎实，由于所学专业比较热门，毕业后很顺利地在一家大型商场找到了一份管理机房的工作。刚开始，小李干得很认真，但是，不到两年就产生厌烦情绪，觉得工作单调、无聊。每天待在一个封闭的机房里，对着机器，非常沉闷。喜欢与人交流的他觉得难以忍受，毅然决然辞职了。辞职后，他找到了某会展公司的市场营销工作，可是不到一年，他又辞职了。市场营销工作虽然不单调，很有挑战性，有很多机会与人交流，但是，由于他不懂营销知识，也没有经验，只能打打杂。虽然是打杂的活，工作强度却很大，经常加班，甚至双休日都要加班，他承受不了这样的工作压力。不久，他找到了一份人事招聘助理的工作，这个岗位既满足了他喜欢与人打交道的期望，工作时间又相对固定，生活比较有规律。但是，几个月下来，他觉得学不到什么东西，工作也没有什么吸引他的地方，由于他做的是基础性工作，工资待遇并不高，他又辞职了……

**1. 梳理小李跳槽经历**

详见表 4-2-12。

表 4-2-12　小李跳槽经历

| 工作经历 | 岗位名称 | 选择原因 | 放弃理由 | 坚持时间 |
|---|---|---|---|---|
| 第一份工作 | 管理机房 | 专业对口 | 单调、无聊、沉闷 | 不到 2 年 |
| 第二份工作 | 市场营销 | 喜欢与人交流 | 打杂、工作强度大、加班 | 不到 1 年 |
| 第三份工作 | 招聘助理 | 工作时间稳定 | 学不到东西、待遇不高 | 几个月 |

**2. 挖掘小李跳槽的深层次原因**

**提示：**同时追求多个职业锚。第一份工作追求发挥专业技能；第二份工作追求生活型；第三份追求工作与生活的协调。没有哪一种工作能够同时满足多种价值追求，小李必须冷静思考，做出选择。否则，像跳跳鱼那样没有方向地盲目跳槽，到最后必然没得选择。

**3. 对生涯发展产生的影响**

**提示：**每一次跳槽之后，都要从头开始技能学习，没有延续性，工作技能得不到提高，在某个行业的工作经验也缺乏连续积累，影响生涯发展。一旦过了探索期还不能稳定下来，随着年龄的增长，选择的机会将越来越少。

## 第二环节　职业价值观探索体验

### （一）游戏体验

你的桌上有很多张卡片，卡片的背面写了工作或职业可以给你带来的价值意义。

1. 请从里面挑出五张你觉得最不重要的卡片，放在一边；再从剩下的卡片里挑出你认为最不重要的五张卡片，放在一边……直到只剩下最后三张卡片，看看你剩下的是哪几张？

2. 想一想为什么是这三张？结合个人经历、家庭环境、学校教育、社会环境的影响等四个方面来分析。

3. 结合所学专业对应的职业（岗位）群，看看哪些职业（岗位）可能满足你所选三张卡片的内容。

稳定　安全　乐趣　成功　名誉　地位　竞争　家庭　朋友　健康　信仰

自由　归属感　高收入　创造性　多样性　变化性　新鲜感　被认可

受尊重　成就感　挑战性　冒险性　人际关系　团队合作　工作与生活平衡

物质保障　自主独立　拥有权力　亲密关系　工作环境　能帮助他人

有学习机会　有发展机会　有益于社会　有成长的机会　能发挥自己的才能

符合自己的道德观　拥有影响他人的力量

时间、工作任务<br>自由独立

### （二）交流与分享

……

### （三）实践体验

同一份职业，对于每个人来说都有着不同的意义。例如，同样喜欢做销售工作，对于把薪酬排第一的人来说，做销售是因为它可以赚大钱；对于喜欢人际交往的人来说，做销售有机会结识各类人群；对于利他主义的人来说，热爱销售是因为可以把好产品推荐给他人。请你就自己感兴趣的职业，去寻找三位以上的从业者，了解他们选择同一个职业的价值追求有什么相同点和不同点，填写表 4-2-13。

表 4-2-13　职业价值列表

| 职业名称： | | | |
|---|---|---|---|
| 受访者 | 追求价值 1 | 追求价值 2 | 追求价值 3 |
| | | | |
| | | | |
| | | | |
| 他们的共同点： | | | |
| 他们的不同点： | | | |

## 第三环节　活动反思

开场白：让我们一起来梳理一下我们的职业价值观探索活动，看看我们发现和收获了什么？

### （一）回顾

1. 事实层：你从哪几个角度对职业价值观进行了探索？你对职业劳动和职业价值获得了哪些认知？你是怎么完成职业价值观探索体验任务的？遇到过什么困难？是如何克服这些困难的？

2. 感受层：你过去是否关注、反思过自己的内心需求？整个探索过程，哪一部分是最难的？探索过程中让你联想到什么人、什么事？

### （二）反思

1. 发现层：这个探索活动对你意味着什么？你认为影响一个人的职业选择

的诸多因素（例如兴趣、能力、性格、价值观等）中，哪个因素占比最高？为什么？你期望未来职业能满足你哪些方面的需求？以你现在的情况，选择工作时，你比较倾向于哪一种职业价值观？为什么？

2. 未来层：通过这一段时间的探索，相信你对职业价值观（职业锚）有初步了解。关于职业价值观的许多未解决的问题，你打算做些什么去解决呢？

结束语：感谢大家的参与和分享！不同的生涯阶段有不同的追求，希望你们保持一份好奇心，时刻关注自己的需求，并通过努力满足自己的需求，做一个幸福的职业人！

## 七、活动拓展

分别选择不同年龄段（30 岁以下未婚、40 岁以下已婚、50 岁左右）、不同性别、职业发展比较好、不同岗位类别的六位职业人，向他们了解他们选择职业时，追求哪种职业锚？看看他们的选择对你有什么启发？

## 知识小贴士

### （一）职业价值观

著名的社会心理学家马斯洛（Abraham H. Maslow）把人的需求分成生理需求、安全需求、社交需求、自我尊重需求和自我实现需求五类，依次由较低层次到较高层次。生理需求是基本的生存需求，如对食物、水、空气和住房等的需求；安全需求包括对人身安全、生活稳定以及免遭威胁或疾病痛苦等的需求；社交需求包括对友谊、爱情以及归属感的需求；自我尊重需求既包括对成就或自我价值的个人感觉，也包括他人对自己的认可与尊重；自我实现需求的目标是实现自我价值或是发挥个人潜能。职业劳动正是满足人的各种层次的需求的重要手段，也是职业的价值和意义所在。

那么，通过什么来满足自己的需求呢？满足自己需求的途径有很多种，而工作是满足内心需求的最佳途径。工作价值观就是人们无论从事什么工作，都会努力在工作中追求的东西。有的人追求报酬优厚、得到社会承认与尊重、拥有影响别人的能力；有的人追求工作中良好的人际关系，与他人和谐相处、与他人一起有效地工作；有的人追求工作符合个人的个性与能力，在工作中不断地提升自我和完善自我，促进个人全面发展；有的人追求工作具有多样性、提供革新创造的机会、创造新想法和新发明；有的人追求为他人服务、对社会有益；有的人追求工作能够提供独立性和自立能力；有的人追求工作有计划、结果直观、有监督；有的人追求工作能为其他活动（家庭、娱乐和学习等）留下充裕的时间以及不需要体力上的刻苦努力。

中外很多学者都曾致力于职业价值观探索及测评研究。比较著名、被广泛接受的是职业锚理论。职业锚的概念是美国麻省理工学院埃德加·施恩教授提出的。所谓职业锚，是指当一个人不得不做出职业选择的时候，无论如何都不会放弃的职业中的那种至关重要的东西或者价值观。埃德加·施恩从三个维度（基于能力的、基于需要的和基于价值观的），提出八种职业锚类型。基于能力的职业锚是以个人的能力为基础，重视发挥个人能力，包括技术职能型、管理型和创造型三种类型；基于需要的职业锚主要是关注个人如何将他们的工作角色和个人生活相协调，包括安全稳定型、自主独立型和生活型三种类型；基于价值观的职业锚主要专注个人对职业和组织文化的认同，包括服务型和挑战型两种类型。一种职业往往能满足多重需求，具有多重价值。所以，现实中往往存在一个人既具有一个基于能力的职业锚同时又具有一个基于需要或价值观的职业锚的现象。拥有多种维度的职业锚的人可能会在多个同样有诱惑力的职业目标之间犹豫不定，因此，具有多种职业锚的人的职业成就有可能会比那些具有单一职业锚的人要差一些。

### （二）职业价值观对生涯发展的影响

职业价值观在人的职业生涯发展中起到极其重要、决定方向性的作用，甚至超过兴趣的影响。职业价值观根植于内心，潜移默化人的工作状态与职业生涯选择，指引一个人不断澄清自己的内心需求，使其把工作和生活调整到最适合自己的状态。当今，许多职业人的职业价值观较为现实，重视个人需要、个人利益的实现，看重的是职业能否给自己带来丰厚的收入，能否使自己具有较高的声望或地位，或者能否实现家长对自己的期望等等，形成了以个人需求为中心、以功利为标尺的价值取向，而对职业所包含的社会性意义（如职业的社会价值与社会责任等）则考虑相对较少。他们择业时单纯地只考虑自身的需要以及自我价值的实现，把个人的一切放在了首位，不重视国家和社会的需要，忽视了自我价值和社会价值的统一，导致他们在职业价值的取向以及未来择业过程中定位不准，把握不住各种机遇，不能主动适应社会需要，而使自己选择的职业与社会需要相吻合，最终错过真正适合自己发展的工作（职业）。一个人要获得成功至少需要三个条件，即个人能力、资源支持、机遇。机遇取决于大环境和小环境。大环境是由国家政治、经济、制度方面带来的社会需要和社会支持。小环境是由组织、团体给予个人的需要和资源支持。

### （三）如何探索职业价值观

职业价值观如此重要，怎么来探索自己的职业价值观呢？了解职业价值观，需先了解职业价值观的影响源，即有哪些因素影响一个人的职业价值观的形成和发展。许多研究表明，影响一个人职业价值观的形成和发展的因素有个人因素、家庭因素、学校因素、社会因素。个人因素，如能力、性别、年龄、受教育程度、个人经历等；家庭因素，如父母的文化背景、价值观、家庭的经济状况等；学校因素，如校园文化、培养目标等；社会因素，如社会文化背景、经济发展状况等。由于影响一个人的职业价值观的许多因素是变化的，所以，一个人的职业价值观不是固定不变的。例如，不同的年龄段，发展任务、显著角色任务不同，对职业价值的追求也会产生变化。如女性职业人，由于社会分工和传统文化的影响，女性需要考虑照顾家庭，女性的职业价值观往往偏向于安全稳定型和生活型。例如，当一个人生活发生很大变化时，对职业的价值追求也会不同。如经历过疾病痛苦折磨的职业人，往往会放弃挑战性大的工作。

在了解了职业价值观的影响源之后，可以从个人经历、家庭因素、学校因素、社会因素四个方面来探索职业价值观。首先，静下心回顾以往经历，与家人、朋友聊天等方法梳理自己的成长轨迹，以时间或者重要事件分段，列出所有重要事件；然后，一一分析曾经做出的每个选择的原因、实际做了什么、当时的感受，列出一张成长历程表，两边分别标明“做此选择的原因”“放弃此选择的原因”；最后，从原因出现的频次便可一目了然地总结出在成长中反复放弃又拾起的核心价值观，从而真正了解自己的价值观是什么，为自己做出正确的职业选择提供依据。

## 案例示析

### 职场“跳跳鱼”

“90后”文丽，毕业于上海某卫生学校。她的外貌如同她的名字一样，非常美丽。她性格活泼、开朗、健谈。卫校毕业后，她去某著名三甲医院当了一名护士。她感觉护士工作繁重、辛苦，工作环境不好，还要三班倒，非常不适应，她不顾家人反对，辞职了。凭着她美丽的外表和医学基础知识，她很快应聘到一家化妆品公司做起了销售代表。爱美、爱时尚的她对自己的选择十分满意。两年过去了，一切都很顺利。但是，一次同学聚会打破了她内心的平静，看着以前的两个同学，都在外企做行政，出入高档写字楼，同事都是高素质、高收入人群……她羡慕极了。于是，她又辞职了。她又很顺利地入职了一家颇具规模的外资医药公司，做的是行政文员工作。虽然级别不高，但公司知名度高，待遇也不错，所以，她很庆幸自己的“英明决策”。但是，工作不到半年，她发现行政文员工作完全不是她想象的那样，每天坐在电脑前打文件，工作程序化，没有什么挑战，生活圈子其实很小，她又想跳槽。为了慎重起见，她这回没有直接辞职，而是先去招聘会场摸摸情况。来到招聘现场，凭着年轻、美貌，她顺利拿下了一个职位，但是，她心中很犹豫，不知道去了以后还会不会像以前一样失望。她不知道自己这样跳来跳去，什么时候才能找到自己真正满意的工作。

在朋友的推荐下，她去找了就业促进中心的首席职业指导师，把毕业后的工作经历和心中的困惑全盘告诉了职业指导师，请职业指导师指点迷津。经过充分交流，职业指导师看出了文丽频繁跳槽背后的原因是对自我认识不够，特别是职业价值观不够清晰。职业指导师让文丽认真回顾了自己的几次跳槽经历，梳理跳槽背后的原因、做了些什么、当时的感受，列出一张跳槽历程表，注明选择的原因、放弃的原因。经过梳理，文丽发现“工作环境”“企业知名度”“薪资”“挑战与变化”出现的频次较多，这些频繁出现的词语基本上代表了文丽内心对工作的追求。然后，职业指导师引导文丽认真分析目前的工作满足了她内心哪些追求？哪些追求还没有满足？最后，职业指导师提醒文丽：频繁跳槽对职业信誉度影响很大，不容易获得新雇主的信任。

经过职业指导师的专业指导，文丽不再困惑了。她已经清楚地知道自己在工作中追求的是什么，心中有了目标，工作也不再觉得那么枯燥难忍了。她现在的目标是继续深造学习，通过脚踏实地的工作，朝心中的目标靠近。

**点评：**

1. 文丽和许多频繁跳槽的年轻人一样，对自我和市场认识不足，遇到挫折总是用频繁跳槽来解决问题。他们跳槽的理由是工作和自己的兴趣不相符或者工作报酬和自己的工作能力不匹配，要寻找到适合自己的发展平台。他们在用一种错误的方法去解决一个虚假的问题，越跳槽越糟糕。文丽第一次跳槽是基于需要的职业锚，考虑工作角色和个人生活相协调，追求生活型；第二次跳槽是基于价值观的职业锚，追求职业和企业的社会认同感。文丽拥有基于需要或价值观的两种类型的职业锚，所以会在两个同样有诱惑力的职业目标之间犹豫不定。当然，文丽跳槽还有另外一个原因就是爱攀比的心理，这也是许多人难以战胜的心魔。文丽如果不及时澄清自己的职业价值观，她的职业生涯发展必定会受到影响，职业成就有可能会比那些只有单一职业锚的人要差一些。

2. 无论是什么职业，不可能满足所有的需求，选择职业时，必须做出取舍。职业价值观不像职业兴趣、职业能力那么容易觉察和判断，往往容易被忽视，但是，它对一个职业人的影响无处不在，尤其是面临选择时，往往是判断的依据。所以，需要学习、掌握一定的方法来探索。在进行职业价值观探索时，既要认识到职业不仅仅是一种生存手段，同时也具有为他人服务的道义性的要求，要从利益价值与道义价值相统一的高度来认识自己的职业需求和职业活动。案例中的文丽频繁跳槽，不但容易失去雇主的信任，而且，更关键的是不利于个人核心竞争力的形成，因为过硬的专业技能需要有持续的时间、努力来磨炼。而一个人没有核心竞争力就没有发展，容易被市场淘汰。

# 模块三　探索环境

## 活动一　我在哪儿

### 一、活动主题

把握现在，关注未来

### 二、活动背景

社会学原理告诉我们：人是社会的人，任何人的生存和发展都离不开环境的影响。环境，包括外部大环境和内部小环境。外部大环境是由政治、经济、科技、制度方面给就业和职业带来的机遇或局限。小环境包括家庭环境、学校教育、组织或团体的情况和条件。信息技术尤其是互联网的高速发展使得人们生活空间的界限日益模糊（例如，在家工作或在同一地点学习和工作），职业正在转变为一个相互联系的概念，新的职业观念趋于主观性和个性化。环境或多或少具有信息性。中职学生需要提供机会学习有方向地搜集信息，并透过各种信息正确地认识自己所处的社会环境，遵循社会发展的规律，进行合理的目标定位和生涯规划，充分连接资源，脚踏实地地朝着自己的目标努力，逐步实现人生价值。

### 三、活动目标

1. 理解环境探索的积极意义；
2. 了解环境探索的内容，能尝试选择一个角度开展环境探索；
3. 增强探索环境的动力和使命感。

### 四、活动准备

将班级同学分成两组，分别以 2020 年全球新冠肺炎疫情给某行业及就业市场带来的影响和以2021年教育部的“双减”政策给教育培训行业及就业市场带来的影响为主题，开展信息搜集，要求包括企业案例、从业者案例，并将搜集结果以PPT的形式展示。

## 五、活动时间

四周

## 六、活动过程

### 第一环节　环境探索认知

#### （一）小组展示结果

1. 请第一组展示调查结果……

2. 请第二组展示调查结果……

3. 请第三组展示调查结果……

**教师点拨：** 重大社会事件往往给某些行业带来巨大的影响，有的行业走向萎缩，有的行业从幕后走向前台，行业的变化必然导致就业市场也产生变化。有的人失去了工作，有的人遇到了更好的发展机会。可见，个人的职业发展受各种环境因素的影响，有诸如政治、经济、科技、制度方面的，也有诸如家庭环境、学校教育、组织或团体的情况和条件方面的。

#### （二）职业发展变化趋势

详见表4-3-1。

表4-3-1 《中华人民共和国职业分类大典》比较

| 版本 | 比较 | | | |
|---|---|---|---|---|
| 1999版 | 8个大类 | 66个中类 | 413个小类 | 1 838个细类（职业） |
| 2015版 | 8个大类 | 75个中类 | 434个小类 | 1 481个细类（职业） |
| 2022版 | 8个大类 | 79个中类 | 449个小类 | 1 636个细类（职业） |

**教师归纳：** 我国改革开放四十多年来，逐渐从农业大国转变为工业大国，正朝着工业强国发展，就业市场发生了巨大的变化。第一，许多传统职业已经消失。新的职业不断出现，永久性职业日益减少。第二，职业要求不断更新。

以教师职业为例，多媒体技术成为教师必备的职业能力。第三，职业劳动脑力化。我国已进入信息社会，单纯的体力劳动职业日益减少。

### （三）美国企业寿命比较

详见表 4-3-2。

表 4-3-2　不同企业“寿命”对照表

| 企业规模 | 企业寿命 |
| --- | --- |
| 大约 62%的企业 | 不超 5 年 |
| 中小企业 | 不到 7 年 |
| 跨国公司 | 10～12 年 |
| 全球 1 000 强企业 | 平均 30 年 |
| 大企业 | 不足 40 年 |
| 全球 500 强企业 | 40～42 年 |

资料来源：据美国《财富》杂志关于企业存活时间的报道。

**教师点拨：**信息社会的到来，将加速企业、职业的变化。随着我国延迟退休政策的可能推行，大多数人不能再期望在同一个环境中度过他们的职业生涯。我们必须为自己的终身发展承担更多的责任和风险。

### （四）头脑风暴——普通人如何应对变化

……

**教师归纳：**①养成信息意识。关注社会、行业、企业及职业发展变化趋势，做到未雨绸缪。②掌握探索性技能。能够及时获取相关信息，了解社会环境变化趋势。③有目标地接受职后再教育。掌握职业新技能，形成核心竞争力，尤其注重形成工作中的可迁移能力。④不断学习。做终身学习者，强化环境适应能力。

### （五）环境探索的内容、途径与方法

详见表 4-3-3。

表 4-3-3　环境探索内容表

| 探索项目 | 具体内容 | 探索途径 | 探索方法 |
|---|---|---|---|
| 职业世界 | 职业本身相关信息（工作内容、能力要求、适宜的性格、报酬）及从业者生活方式 | 1. 媒体（行业协会网站或公司网站、招聘网）<br>2. 咨询（家人、朋友、老师及就业指导中心）<br>3. 观察、询问（招聘会）<br>4. 社会实践（兼职打工、实习、志愿者服务） | 1. 观察法<br>2. 访谈法<br>3. 问卷调查法 |
| 与职业相关的大环境 | 1. 宏观经济环境和地域经济环境<br>2. 所学专业对应行业发展情况<br>3. 行业内公司发展及其择人情况 | | |
| 与职业相关的小环境 | 1. 所学专业可能的就业方向，整体工作机会<br>2. 需参加的各种职业定向培训情况<br>3. 竞争对手（同学/同辈） | | |
| | 父母家庭期望及家庭经济状况 | | |

## 第二环节　环境探索体验

1. 以所学专业所属行业或自己感兴趣的某个行业在本地的发展情况，例如是否支柱产业、发展前景如何、企业在本地多不多（本地知名企业有哪些）、就业机会多不多等，尝试通过媒体搜索或向专业老师咨询或去学校合作企业参观考察等途径去探索。

2. 将探索结果以 PPT 形式在班级展示交流。

3. 教师点评。

## 第三环节　活动反思

开场白：历时四周的环境探索，相信你有不少的发现和收获，让我们一起来梳理一下探索活动，看看收获了什么？

（一）回顾

1. 事实层：回顾一下环境探索过程，给你印象最深的是什么（人或事或信息）？你们是怎么完成探索任务的？有没有遇到什么困难？后来是怎么克服的？你从其他同学的展示交流中获得什么信息？

2. 感受层：在环境探索过程中，你有什么感受？体验到害怕、开心、沮丧、惊讶或兴奋吗？过去有没有类似的经历？让你联想到什么？

（二）反思

1. 发现层：同学的观察角度有什么不一样？通过这次活动，你对自己、对同学有什么新的认识？你怎么评价这次环境探索活动？达到了预期效果了吗？达到（或没达到）预期效果，归因于什么？

2. 未来层：你对哪家企业或哪个岗位有兴趣做进一步的了解？对于还没有想清楚或了解清楚的问题，你打算做些什么来解决？下一次组织这样的探索活动，你会做哪些改进？

结束语：感谢大家的分享！人无远虑，必有近忧。我们生活在信息社会，形成信息意识、掌握探索技能才能与时俱进。

## 七、活动拓展

请亲友、老师引荐，访谈几位职业发展比较好的从业者，了解他们在就业或跳槽前对“环境”方面做了哪些方面的探索？从他们身上能得到什么启发？访谈提纲详见表 4-3-4。

表 4-3-4　访谈提纲

| 访谈问题 | 访谈结果 |
| --- | --- |
| 你一般通过哪些途径来了解外部世界？ | |
| 是什么原因促使你去探索外部世界？ | |
| 外部世界的哪些方面让你觉得感兴趣？ | |
| 你了解的职业世界的信息量怎么样？ | |
| 你觉得哪种探索活动对你找工作影响最大？ | |
| 你在做了环境探索后有什么思考？ | |
| 探索之后，知道自己更适合什么样的工作吗？ | |
| 你的职业目标是什么时候确立的？ | |

### 知识小贴士

（一）环境与生涯发展

按照《现代汉语词典》，环境指的是周围的情况和条件。影响一个人的生涯发展既有个体内在因素，也有环境因素。生涯发展理论专家强调个体内在发展因素（如个人兴趣、能力、价值、人格和性向及个人的努力程度等）是主要影响因素。社会学家则强调环境因素（如社会经济地位、性别、种族、文化和教育机会等个体自己不能控制的因素）在个人选择职业的过程中扮演着主导角色，从而影响一个人的生涯发展。

进入 21 世纪以来，世界迎来百年未有之大变局。中国作为发展中国家，力图通过发展科技带动产业升级，实现跨越式发展。2020 年，在全球暴发的新冠肺炎疫情因各国应对措施的不同对各国经济造成的影响也不同，加速了世界经济格局的变化。这种不确定的外部环境也给我国的经济带来不确定性，经济环境的变化必然也给我国的就业市场带来影响。

外部环境的变化对职业人来说既是威胁也是机遇。例如，新冠肺炎疫情导致了世界经济的衰退，但是，加快了我国以 5G、人工智能、工业互联网、物联网为代表的新型基础设施即“新基建”（本质上是信息数字化的基础设施）的推进。而这些行业的发展必然促进一批高科技企业的发展和传统制造业的转型，由此催生了大量新的工作岗位。同时，新冠肺炎疫情也给劳动力密集型的服务行业（例如旅游、餐饮业）带来负面影响，有的企业倒闭，有的企业被倒逼改革。如此，造成这些行业就业岗位的减少和另一些岗位职业能力要求的提升。

俗话说：时势造英雄。一个英雄的出现是由其当时所处的社会客观环境造成的。没有外部环境的推动和提供的机会，再努力也发挥不出他的聪明才智。我国在改革开放前没有“的哥”“快递小哥”“码农”等这些职业代号，任何人的发展都离不开环境的影响。

小环境包括家庭、学校教育、组织或团体的情况和条件。小环境可供利用的资源的优劣和多寡也是将个体引向不同发展方向的重要因素。

家庭环境是影响一个人生涯发展的重要因素。家庭环境中家庭的社会经济地位、父母的职业及教育程度、父母的期望等将影响一个人的生涯选择和生涯发展。例如，家庭潜移默化形成的价值观和行为模式及家庭传授的知识和技能，都会影响一个人的职业理想和职业目标及职业选择。

教育程度是影响一个人生涯发展的另一个重要因素。教育是掌握知识、增长才干、获得良好的职业选择和发展机会的重要条件。一个人所受的教育水平越高，职业选择的机会越多，职业竞争力及再选择的能力也越强。同时，其所学专业、就读学校的知名度、学校的教育理念都将影响一个人的职业选择和职业发展。

职业是满足人的物质需求和精神需求的重要手段，要获得职业的发展直至取得职业成功也有许多条件，如个人和职业的匹配度、企业和企业所在行业的发展阶段都将影响一个人的职业发展。俗话说“三百六十行，行行出状元”，但同时“隔行如隔山”，不同的行业有不同的发展轨迹，不同的职业有不同的工作内容和要求。

综上所述，环境探索就是通过一定的途径和方法去了解与个人职业生涯发展密切相关的内外环境。包括政治、经济、科技、制度影响下的就业环境，组织与团体环境（行业、企业、职业环境），以及与个人生涯发展密切相关的家庭环境（父母家庭的期望、家庭经济状况等）。环境探索是认识世界、完善自我的重要手段，它赋予个体在整个生命周期和人生角色中不断重新认识自己、调整自己、完善自己的动力，同时，环境探索过程中形成的开放态度和探索技能（包括沟通、搜集、观察能力）也为个体适应不断变化的社会环境提供了可能。

环境探索促进自我和环境的互动。环境探索与自我探索之间并不是相互孤立的，而是相互促进的。自我探索主导下的探索必然会引发环境探索；同时，环境探索主导下的探索也会引发自我探索。人是社会的人，任何人的发展都离不开社会环境。所以，自我探索一定是在社会环境下进行，由此引发环境探索。例如，对职业兴趣、职业能力、职业性格和职业价值观等内部属性的探索必定离不开对行业、企业和职业环境及所需教育的探索；而环境探索过程中对社会制度、企业文化、职业要求的理解也一定会促进个人为自己设定准确的社会定位。遵循社会发展的规律，设定自己的行为规范，不断完善自我，这一过程促发更自主、更主动的探索。此外，环境探索的经验可以提高个人社会感知的能力，也会激发主动获取信息、把握动态、更新知识的动机。

### （二）环境探索的途径与方法

那么，如何了解环境呢？通过什么途径去了解呢？通常，有三大搜集信息、探索环境的途径。第一，媒体。如电视、广播、报纸、杂志、互联网等。

互联网容量大，既快捷又便利。如果你想了解某公司的情况，可以浏览公司网站；如果你想了解某一所学校可以浏览学校网站或进入学校论坛。某些电视节目的专题报道也是环境探索的重要渠道，如有关某个行业发展的专题报道或有关就业市场的专题报道等等。第二，咨询。要充分调配家庭、学校资源，如向亲友、学长或专家咨询，或者由他们推荐去寻找相关从业人员咨询。政府设置的就业促进中心、职介所等都是很好的咨询渠道。第三，社会实践活动。要获得最真实的信息，最好的途径就是社会实践活动。俗话说："百闻不如一见。"可以通过学校组织的社会实践活动或顶岗实习亲自去体验和感受。

有了了解的途径还需要有好的方法来完成探索任务，取得满意的结果。一般说来，比较实用的了解环境的方法有四种：观察法、生涯访谈法、问卷调查法和媒体信息搜集法。

## 案例示析

### 条条道路通罗马

小雅是某职校会展策划与管理专业一年级中高职贯通班的学生。小雅来到职校有些灰心，觉得前途黯淡，学习动力不足。班主任观察到她的情况，找她谈心，指出"条条道路通罗马"，职业教育一样能成就精彩人生。随后，老师鼓励她约上班级两名同学去找一位学长咨询，顺便去学长任职的公司参观一下，多了解一些情况，回来跟同学交流。小雅和同学在老师的指导下做起了功课，她们通过网络搜索了解到一些基本信息，对有兴趣和有疑问的问题，列了一个访谈大纲。然后，与学长约定时间就去了。学长热情接待了她们，带着她们参观了公司所有部门，并请相关部门的老员工为她们做了讲解。由于准备充分，小雅收获很大，可以说满载而归。访谈回来，小雅和同学把了解到的信息进行了整理，随后以 PPT 的形式向同学介绍了她们的收获。

表 4-3-5 行业考察内容

| 项目 | 具体情况 |
|---|---|
| 公司主营业务 | 为公司、企业、机构等提供会务服务、展览服务、礼仪服务及体验式培训和团建服务。 |

（续表）

| 项目 | 具体情况 |
| --- | --- |
| 行业前景 | 包括会议、展览、假日旅游和节事活动等行业，是现代服务业的重要组成部分，被誉为“朝阳产业”。 |
| 人才需求情况 | 人才可分为三个层次：第一层是专业的会议或展会组织者人才，包括策划、现场管理、招展招商人才；第二层是场馆管理人才和参展商方面的会展人才；第三层是服务人才，如翻译、物流、广告、旅游、饭店和搭建人才等。目前市场较为紧缺的是前两类人才。 |
| 素质要求 | ①广博的知识，需要各方面的知识，懂得许多技巧；②社会交往能力，较强的沟通能力和营销能力，同时具有较高的外语水平；③项目策划和管理能力；④适应性要强，尤其是快速应变的能力。 |
| 职能职位 | 会展项目策划、会展销售人员、会展项目管理、现场管理专员、场馆管理人员、参展企业会展服务专员、会展特装工程管理人员。 |
| 薪资情况 | 在上海等会展业发达的城市，会展专业人才的月薪可达 8 000 元，高级车展、房展人才年薪一般在 16 万元左右，最高可达 40 万元。会展专才的身价还有较大的上升空间。 |

小雅的访谈经历激发了班级另几位同学的访谈兴趣，在学长的帮助下，她和几位同学又参观了另一家与会展业务相关的公司，并进行了访谈。

经过两次参观访谈后，小雅变得积极、乐观了。她感觉职业教育一样可以有所作为，她也找到了未来努力的方向，学习目标更明确了。

**点评：**

1. 小雅在老师的指导和帮助下，利用学校资源对学长进行了访谈，对自己所学专业进行了初步的探索，并将访谈收获和同学进行了分享。参观、访谈不仅消除了小雅对职业教育的消极看法，而且还让小雅看到了自己未来努力的方向。更重要的是访谈激发了小雅和同学的探索意识，慢慢养成一种积极的探索态度。而且，小雅和同学在拟写访谈提纲、参访公司、整理信息、班级宣讲的过程中锻炼了观察能力、思维能力、搜集信息能力和表达能力，这次探索活动具有积极的意义。

2. 两次的参访当然不足以对自己所学专业有全面的了解，这只能算是一次有意义的尝试。小雅将来还可以在老师的指导下继续开展更深入的探索。例如，她可以在这次参访的基础上选择一个自己感兴趣的职位进行深入了解。包括工作内容、工作要求、工作报酬、适宜的人格特质、发展的路径、需要接受的教育（学历及技能培训）等。国家大力发展职业教育，职业教育的上升通道已经打通，小雅可以去了解一下高一级学校的情况，如晋升本科的要求和条件，并了解家庭对自己晋升本科的态度，家庭经济状况可能给予的支持度等。

# 活动二　认识职业

## 一、活动主题

实现人生价值的舞台

## 二、活动背景

职业是人们谋生持家的手段，也是融入社会、实现自我价值的途径。通常情况，中职学生要比高中生较早进入社会，开始工作。由于年龄小、社会经验不足，缺乏对职业世界的了解，往往表现出两种极端状态：一无所知或想当然。这两种状态都将导致中职生在求职时屡屡受挫，在生涯决策时陷入被动，因而影响职业发展。所以，学习如何探索职业世界以达成对职业世界的了解，可以帮助中职学生消除对职业世界的刻板印象和不合理信念，进行更合理、更准确地职业定位和更科学、更务实的生涯规划。同时，在探索职业世界的过程中慢慢形成自我管理中的“对自己负责”的责任意识，在探索过程中，逐渐形成探索性技能和社会交往能力，并更为主动地把握个人生涯的发展。

## 三、活动目标

1. 能从职业四大要素中了解职业；
2. 掌握获取职业信息的方法，能自主进行职业探索；
3. 增强职业探索的动力和信心。

## 四、活动准备

请向家人或亲朋了解他们眼中的职业世界，看看他们从哪些角度看待职业世界、对职业世界有什么样的看法。

## 五、活动时间

六周

## 六、活动过程

### 第一环节　职业探索认知

#### （一）对职业世界的看法

下面是一些同学对工作世界的看法，请选出能代表你的看法的句子，你也可以用自己的语言描述你眼中的职业世界。

1.“就业竞争太激烈了!”

2.“中职生不好找工作。”

3.“工作必须和自己的兴趣、价值观等完全相符合。”

4.“我最羡慕白领工作了，工资、待遇比干体力工作的高。”

5.“我最讨厌事务性的、打杂的工作了。”

6.“我必须找到一个和专业完全相关的职位。”

7.“第一份工作非常重要，它关系到一生的职业发展，宁缺毋滥。”

8.“我没有背景，没有关系，肯定找不到好工作。”

9.“中职生学历太低了，只能打杂，只要考个大专文凭就可以改变。”

10.“工作就必须去单位上班。”

11.“要多试几份工作才能知道自己喜不喜欢。”

……

**教师点评：**许多同学对工作世界保持着刻板印象或者很不了解工作世界。工作世界到底如何，需要用自己的眼睛去观察或者找机会去亲身体验。

#### （二）职业信息分享

请同学将课前向家人或亲朋了解到的职业信息进行分享。

同学 A：……

同学 B：……

同学 C：……

同学 D：……

**教师点拨：**从宏观角度看职业，需要联系行业、企业来看它一般属于什么行业、在企业中属于什么部门，市场需求如何。从微观角度看职业，与职业相关的信息包括职业描述、职业对从业者的要求、职业的回报。职业描述是指工作的内容、职责、工作环境（如，物理的、组织的）、每天工作时间等；职业对从业者的要求（包括一般要求、核心要求）是指必备的知识、技能、教育背景、适宜的个性等；职业回报是指价值满足、职业发展路径，如工资、福利、社会地位等。如图 4-3-1 所示。

**图 4-3-1　职业四大要素**

（三）教师讲授

1. 随着我国进入信息化社会，工作世界也发生了很大的变化。主要体现在以下几个方面，如表 4-3-6 所示。

表 4-3-6　职业世界的变化

| 特征 | 工业化社会 | 信息化社会 |
|---|---|---|
| 环境特征 | 相对稳定 | 职业变化成为一种常态 |
| 职业选择 | 在职业早期选择一次 | 在不同发展阶段多次选择 |
| 职业责任 | 主要由组织承担 | 更多由个人承担 |
| 工作地点 | 一个组织内 | 多个甚至在家办公 |
| 雇主给予 | 工作安全保证 | 寻求更多的弹性，以适应变化 |
| 升迁通道 | 按工作任期、结果或知识 | 没有预期的工作序列 |
| 成功标准 | 获得升迁 | 内心感受 |
| 教育培训 | 学什么做什么 | 工作之间的界限越来越模糊，知识更新快，需要不断培训 |
| 价值观 | 稳定、社会地位、报酬 | 主观性、个性化 |

我们要对职业世界保持积极探索的态度，及时把握职业世界发展动态，适时调整自己的行动计划，以适应社会职业发展。

2. 教师用表格形式从信息类别、搜索途径与方法及搜集流程方面进行梳理、指导，如表 4-3-7 所示。

表 4-3-7 职业信息搜集

| | 特点 | 举例 | 搜集途径、方法 | 搜集流程 |
|---|---|---|---|---|
| 职业信息 | 显性共性 | 岗位职责、岗位要求、工作环境 | 媒体查询、现场观察 | 1. 准备<br>2. 实施<br>3. 整理<br>4. 展示交流 |
| | 隐性个性 | 职业感受、决策时的思考、职业文化 | 访谈、咨询 | |

## 第二环节 职业探索体验

### （一）生涯访谈

1. 请老师或亲友帮助你联系所学专业所在行业内比较成功的从业者，拟好访谈提纲，带上访谈需要的工具，约定好访谈时间，然后进行访谈。访谈内容详见表 4-3-8。

表 4-3-8 生涯访谈内容

| 访谈项目 | 说明 |
|---|---|
| 职业的抉择 | 什么机缘巧合进入这个职业的，借助了什么平台、得到过什么帮助、做了哪些准备？ |
| 职业价值 | 这份职业给你带来什么？从事这个职业最大的乐趣是什么？职业所反映的价值、社会地位如何？ |
| 职业难度 | 职业生涯中遇到的最大困难或挑战是什么？采取了什么行动解决、解决问题的自由度如何？ |
| 职业生活形态 | 工作对象和工作同事、工作时数和天数及一次轮班的时间幅度，因工作必须出差的频次。 |
| 职业发展路径 | 职业发展有几种发展模式、一般经过哪些过程？回顾自己的职业发展历程，认为哪些发展条件（打好哪些基础）非常重要？ |
| 就业和升迁机会 | 就业形势和稳定性、职业的升迁机会，升迁至较高职位所需的时间。回头看自己的发展历程，认为自己的哪些优良品质成就了今天的自己？ |
| 发展趋势 | 如何看待该领域将来的变化趋势、对职业发展有什么影响？ |
| 如何准备 | 对未来要进入这个职业的后来者有什么建议？ |
| 相关的职业 | 和该职业相类似的其他职业或者可能转换的职业有哪些？ |

2. 访谈结束后，将记录的信息整理好，准备分享交流。

### （二）企业参观

结合自己的性格、兴趣，选择自己有意要从事的职业或工作，到工作场地去参观、咨询。结束后，将参观咨询所见所闻所思记录下来。职业考察内容如表 4-3-9 所示。

表 4-3-9 职业考察内容

| 考察项目 | 说明 |
|---|---|
| 工作性质、内容 | 工作的主要职责或要完成的任务，所制造的产品和所提供的服务，所使用的设备、工具、机械或工作辅具。 |
| 工作环境、地点 | 包括室内和室外温度、湿度、噪声、照明及工作危险性等，职业常出现或聚集的地区，创业的机会。 |
| 所需教育、培训、经验 | 工作人员需具备怎样的学历？需要掌握哪方面的专业知识？应接受怎样的培训，以及所应具备怎样的实际工作经验。 |
| 所需资格、技能 | 工作人员需具备的资格证、执行工作的主要能力（如沟通能力、动手操作能力等）及对体能状况的要求（视力、听力、体力等）。 |
| 职业报酬 | 从业者一般的起薪、平均收入、最高收入、一般公司可提供的福利（各种津贴、医疗保险、休假、病假、进修教育补助、在职训练）。 |
| 职业所需特质 | 什么样的性格特点对本工作的成功来讲是重要的？如耐心、细心、责任心等，男女工作者的比例、平均年龄和年龄范围。 |
| 就业机会和发展前景 | 就业机会多不多，是否容易被替代。 |
| 进修和升迁机会 | 需不需要经常进修，主要通过什么通道进修？升迁的机会多不多，一般需要什么条件？ |

### （三）展示交流

班会课时间，组织展示交流，和同学分享探索结果。

## 第三环节 活动反思

开场白：过去六周，我们参观企业、访谈从业者，深入体验了一把记者的工作。梳理一下我们的探索活动，看看我们对职业有哪些新的认识？

（一）回顾

1. 事实层：回顾你的整个职业探索过程，准备、实施、整理、分享四个环节，印象最深的是什么？遇到哪些困难或问题？你们是怎样合作克服困难的？访谈对象给你的印象如何？访谈对象的哪些经历、说过的哪些话最打动你？实地参观所见所闻与你之前对职业的认识有没有不同，反差在哪里？你从同学展示交流中得到哪些信息？

2. 感受层：在职业探索过程中，你有什么感受？体验到自豪、开心、沮丧、惊讶或兴奋吗？过去有没有类似这样的经历？让你联想到什么？

（二）反思

1. 发现层：你认为此次探索活动对你未来的学习和求职择业有什么意义？你觉得访谈对象身上哪些特点成就了他？同学的观察角度有什么不一样？通过这次活动，你对自己、对同学有什么新的认识？此次探索活动如此顺利（或不顺利），源自哪几个方面？

2. 未来层：你认为自己对职业已经很了解了吗？对于还没有想清楚或了解清楚的问题，你打算做些什么来解决？你们认为下次活动可以从哪些方面加以改进？

结束语：感谢大家的分享！职业是我们实现人生价值的舞台。职业信息搜索可以帮助你逐渐建立起对职业/工作世界的了解，在信息搜索的过程中促使你进一步了解自己，帮助你做出正确的决策和制订出可行的计划，并以积极的心态面对工作世界。

## 七、活动拓展

围绕“企业最看重的七种能力”这个主题，进行信息搜集，并将搜索结果用 PPT 展示（**提示：**可以进行企业问卷调查、招聘启事抽样统计调查）。

### 知识小贴士

（一）职业探索

职业是安身立命之本。对于两三年之后就要踏入社会、走向工作岗位的中职生来说，应该对它有一定的了解，才能有方向地做好准备。对职业世界不了解的中职学生，通常在进行职业选择、职业规划时表现出一种模棱两可的态度和不确定状态，对重要生活决策往往持回避甚至逃避态度。当在职业生涯中遇到挫折时，不能以开放心态去面对或者缺乏应对变化的经验而陷入被动。中职学生开展职业探索可以消除对职业及工作世界的刻板印象和不合理信念，看到未来发展趋势，做出正确的决策和制订出切实可行的计划，从而更为主动地把握个人职业生涯的发展，并学会承担责任。

中职学生不可能也没必要将所有职业探索一遍，可以依据职业教育的培养目标——培养生产、服务第一线的高素质劳动者和实用人才，将探索范围锁定在与专业对应的职业群，并在自我了解的基础上，根据个人的兴趣、能力、性格、职业价值观将探索范围缩小至3～5个职业。这样，可以集中精力和资源对目标职业做深入探索。

### （二）职业探索流程

职业信息有显性和隐性两种。这些显性信息有共性，可以通过媒体查询获取，如岗位职责、岗位要求；还有些职业信息通过亲自到工作场所观察、体验获得，如工作环境，这些信息最真实可靠。有些隐性的职业信息，没有共性，难以获取，如从业者的心理感受、决策时的思考、企业/职业文化等，这些是需要通过访谈、咨询职业人才能获得的。所以，为了获得较为全面、真实的职业信息需要多渠道、多方法去获取。

职业探索过程一般要经过准备、实施、整理阶段，而为了提高信息价值，还可以和同学进行分享交流，以获得更全面、深入的了解。

**准备阶段：**这一阶段主要做好“问题”的准备和记录工具的准备。“问题”准备就是事先要想清楚需要了解哪方面的职业信息，并以提纲的形式列出来；职业信息以多种方式存在，有的需要拍摄、有的需要录音、有的需要用笔记录（在不允许拍摄、录音的情况下）。

**实施阶段：**实施阶段主要是用心观察、认真记录。准备得越充分，实施就越顺利。实施阶段要注意处理主次问题。有的忙于记录、拍照，却忘了用心观察、聆听、思考，结果本末倒置，影响活动效果。

**整理阶段：**对搜集到的职业信息进行加工处理。信息整理过程具有十分重要的意义。通常，我们搜集到的大量的、零散的职业信息，只能反映职业的表面现象或职业的一个侧面，不能说明职业的全貌及总体情况，必须进行加工整理。整理、加工是实现由对职业信息某个侧面的认识过渡到对总体、全貌的认识，由对职业表象的认识过渡到对其本质与内在联系的全面深刻认识，由感性认识上升到理性认识的过程。信息加工处理可以实现以集中、简明的方式反映职业总体情况。

**分享阶段：**分享是一种非常好的学习方式。分享的过程也是帮助自己加深理解职业信息的过程，还是帮助自己发现不足的过程。分享职业信息的时候，往往会得到意想不到的反馈，因为不同的人理解和思考职业信息的角度不同。分享可以促进各种思想的碰撞以及相互启发，使认识和情感得到提升。

中职学生要大胆走出校园，深入社会、深入工作场地进行考察，通过职业探索活动加深对专业的认知程度和对职业及其发展动态的了解，还能发展多种能力。

## 案例示析

### 案例壹　企业（某4S店）考察实施方案

一、活动目的

通过企业考察，正确认识未来从业环境，了解当前工作世界的基本事实和趋势，消除对工作世界的刻板印象。了解用人单位对员工的职业素养要求，尤其是职业规范和职位要求，为后续的顶岗实习做准备。了解企业文化特点，感受校园文化和企业文化的异同，增强职业意识，为未来求职择业及职业发展做准备。

二、活动内容

1. 企业参观：包含展厅、售后、车间等，了解汽车专业相关职位日常工作内容及职业规范、职位要求，感受企业文化。

2. 生涯访谈：访谈人力资源主管，了解企业主要职能部门和主要招聘岗位及招聘流程；访谈部门经理或主管，近距离接触职业成功人士，了解专项岗位职业发展模式，并切实感受技术人员身上的工匠精神；访谈学长，了解求职准备、职业适应情况。

三、参与人员

1. 教师（领队）：两位教师带队。

2. 学生：30人。

四、活动流程

1. 活动准备：

(1) 事先搜集和分析相关的背景资料，选择搜集职业信息的方法。

(2) 进行企业考察活动的动员与教育，阐明企业考察活动的积极意义和重要性，制订活动纪律。

(3) 进行观察方法、生涯访谈培训，包括观察引导、访谈提纲的编写、信息记录等，下发考察任务单。

2. 活动实施：

(1) 参观、访谈。

(2) 展示交流。

五、活动时间

2019. 02—2019. 06，每次考察时间 2 个小时，一般 15：00—17：00。

六、活动评估

学校评价和企业评估相结合，总结经验和不足，为后续的专业调查寻找努力的方向。详见生涯访谈提纲表 4-3-10 至表 4-3-12。

表 4-3-10　生涯访谈提纲 A

访谈时间:　　访谈地点:　　访谈人物：技术总监

| 访谈问题 | 记录 |
| --- | --- |
| 从普通员工升到技术总监，经历了多长时间？做过哪些岗位？ | |
| 你认为取得今天的成绩归因于什么？ | |
| 技术岗位是否需要经常进修？主要通过什么通道进修？升迁的机会多不多？ | |
| 技术岗位有哪些技能要求？对从业者的个性有什么特别要求？有没有性别优势？ | |

表 4-3-11　生涯访谈提纲 B

访谈时间:　　访谈地点:　　访谈人物：人力资源部 HR

| 访谈问题 | 记录 |
| --- | --- |
| 你们一般通过什么渠道招聘员工？什么样的招聘流程？ | |

（续表）

| 访谈问题 | 记录 |
| --- | --- |
| 你们经常招聘哪些岗位？哪些岗位比较缺人？哪些岗位供过于求？ | |
| 你们的员工一般分为哪些序列？每个序列的平均收入一般是多少？ | |
| 除了工资薪酬，你们还会给员工提供哪些福利？ | |
| 你们经常给员工培训吗？一般给员工提供哪些培训？ | |

表 4-3-12　生涯访谈提纲 C

访谈时间：　　　　访谈地点：　　　　访谈人物：入职两年的从业者，如学长

| 访谈问题 | 记录 |
| --- | --- |
| 你对目前的工作满意度如何？感觉适应吗？ | |
| 这份工作与你入职前的想象偏差大吗？（如果回答偏差大，继续追问原因） | |
| 你觉得自己适合这份工作吗？为什么？ | |
| 回想一下当时找工作的过程，如果有机会，你会采取怎样的方法更多地了解这份工作？ | |
| 你做了哪些求职准备？有没有遇到什么困难？ | |
| 你在求职准备阶段有没有寻求过一些帮助？ | |
| 如果从头再来，你觉得可以在哪些方面进行改进？ | |
| 你周围同学的职业适应情况如何？ | |

**点评：**

学校利用合作企业资源组织学生到工作场地进行参观考察，以获得对专业、职业的感性认识，有利于加深学生对专业的认知程度，有利于培养职业意识、了解企业文化、提高对职业道德和规范的认识。同时，发展主动获取知识和信息的能力，也培养了社会实践能力、社会交往能力，学会与他人共事、共处。考察活动目的明确，操作性强；考察内容具体清晰，采用不同角度，既有现场参观，又有生涯访谈；考察活动准备充分，在指导学生进行背景知识搜集后，还有具体的考察任务单，对学生的考察有引导作用；考察活动组织有序，考察结束后有展示交流，为学生提供了表现机会；考察结束后指导学生整理考察结果，并提供了交

流展示平台，极大提高了活动价值。

### 案例贰 失落的“学霸”

小张从小就是同学眼里的“学霸”，毕业后听从父母的建议，顺利考上了北京大学医学院临床医学专业，准备将来当医生，过上稳定的生活。由于成绩优秀，他取得了直升博资格，一切看起来顺风顺水。但是，在研究生一年级去医院实习后，他做出了一个让家人、同学匪夷所思的决定：主动放弃读博。原因是他实习期间发现他完全不适应医生这个职业：晚上经常要值夜班，起夜好几次，严重影响睡眠；查房经常一查就一上午，然后写病历，琐碎、辛苦、枯燥……总之，他无法想象、无法忍受这种生活方式。他想考公务员，或者去企业找别的工作，遭到父母的坚决反对。老师和同学也替他可惜，多少人梦寐以求的好事，他就这么轻易放弃了，等于浪费了6年时间。其实，他自己也不知道自己究竟喜欢从事哪个领域、喜欢什么职业，心里一片茫然。

无独有偶，小郭也有类似的经历。小郭从小就喜欢汽车，每当电视画面出现汽车就会目不转睛地盯着看。走在大街上看见满地奔跑的汽车，尤其是绚丽的跑车都会忍不住多看两眼。过后，他心里还会默默幻想着自己早晚有一天会拥有一辆心仪的车。小郭成绩虽然很一般，但脑子灵活，动手能力强。于是，小郭中考时很自然地选择了某职业学校的汽修专业。他的选择也得到了家里的支持。父母、亲戚都认为汽车行业非常有前景，不容易被淘汰。汽修是一门技术活，学好一门手艺就不怕没饭吃。小郭顺利完成了两年在校的专业学习，实习时也很顺利，分在一家汽车4S店，跟着师傅学习机修。但是，实习半年后，他感受到的和自己之前想象的完全不一样。他用心学习了近一年，只学了小保养、大保养，其他稍微有点技术的活都只能给师傅打下手。他的同学跟师傅学汽车美容，从裁（剪）膜开始，到贴膜、烤膜，然后学装踏板、记录仪，工作没有什么技术含量。为了学习技术，他换了一家修理厂，认真跟着师傅学习修理技术。不久，他发现汽车维修工工资待遇低，工作环境恶劣。如果，将来自己开维修店，街边小店利润很低，生存艰难。加盟4S店吧，早期投入对他来说是个天文数字，他彻底放弃了。在一个亲戚的邀请下，他转行跟着亲戚做起了服装批发，从头学起。未来如何他不知道，只能走一步看一步……

**点评：**

1. 学什么和做什么是两个不同的概念。案例中的小张和小郭在选学时都选择了自己认为喜欢的专业，但是，对专业和职业的关系了解非常少，以至于最后都放弃了最初的选择，走了弯路，浪费了宝贵的时间，对未来陷入迷茫。小张喜欢学医，因为成绩优秀被推优直博，他很自然地认为医生这个职业和医学专业一样适合自己，他其实对医生的职业生活形态并不了解。直到学习了六年后的医院实习，他有机会去体验医生的职业生活，他才发现自己很不适应医生的职业生活方式。而小郭因为喜欢汽车就想当然认为自己适合做汽车维修工作。其实，小郭并不了解汽车维修工作，他真正喜欢的是拥有汽车的生活形态，很多男孩都喜欢拥有汽车、憧憬拥有汽车的“酷”生活，这和以汽车维修为职业的生活差距很大。小郭对汽车维修工作的内容和任务、报酬、职业发展路径、职业发展前景都不了解，所以，入职不久就陷入困境。

2. 小张选择职业时做出了改变，小郭也认清现实，做出了转行的选择。如果他们在重新选择时能吸取经验教训，养成判断、选择建立在信息基础上的思维习惯和行为方式，那么，他们的改变是有意义的；如果，他们的选择并不是建立在充分了解的基础上，只是回避了一个自己不喜欢、不合适的职业，他们很有可能在未来职业生涯中会再次陷入迷茫或者因为盲目选择造成时间成本、经济成本的浪费，影响个人职业生涯的发展。

3. 每一个专业都对应一个职业群，学医并不意味只能选择当医生。医学专业的毕业生可以在医疗卫生机构从事临床各科的医疗、预防工作及医学教学和研究工作。学习汽修也不是只能做汽车维修工，可以选择做汽车营销、二手车评估师，也可以做汽车零配件销售方面的工作。小张、小郭并不是不喜欢自己的专业，只是对专业有刻板印象。他们可以缩小探索范围，考虑在不脱离专业基础知识的范围里选择职业，这样可以避免因缺乏专业基础而职业发展受到限制的风险。同样的道理，错选了专业未必就前途黯淡，只要善于搜集信息、分析信息，也可以“亡羊补牢”“逢凶化吉”，获得职业发展。

## 活动三　认识企业

### 一、活动主题

成就事业需要平台

## 二、活动背景

职业是一个人谋生持家的主要手段，是服务大众的社会角色。而企业为个人谋生持家、服务大众提供了机会和平台。由提供同类型产品和服务的企业组成的是行业，行业实际上包含了企业和职业。探索职业离不开企业，而探索企业离不开行业。中职学校需连接各种社会资源，组织诸如参观合作企业、访谈学长、媒体信息搜集等活动，引导学生认识职业、企业和行业的关系。认识到职业人和企业之间是一种交换的关系，是很现实的商业关系。职业人付出劳动为企业效力，换取物质回报，用自己的贡献获得个人的职业发展，实现个人价值。中职学生如果在进入职场前对职业（人）与企业的关系一无所知，可能在职业适应过程中陷入困境，影响职业生涯发展；同时，如果在选择企业时，不对企业以及企业所属的行业进行探索，未来职业发展路上也可能会陷入困境。

## 三、活动目标

1. 认识企业一般构架，了解企业主要职能部门；
2. 了解行业基本常识，能结合行业来认识企业；
3. 激发认识企业、行业的动力。

## 四、活动准备

向父母、家人咨询或亲自参观考察，了解他们服务的单位有哪些部门、主要功能是什么、有什么样的规章制度和优良传统等，以 PPT 形式展示考察结果。

## 五、活动时间

四周

## 六、活动过程

### 第一环节　企业认知

#### （一）校园生活与职业生活比较

详见表 4-3-13。

表 4-3-13　校园生活与职业生活的不同

| 校园生活 | 职业生活 |
|---|---|
| 固定的时间安排 | 经常延长工作时间 |
| 请假较容易，没有严重后果 | 请假有损失，更不能无故请假，有惩罚 |
| 长时间、自由的法定休息日 | 没有寒暑假，节假日休息很少 |
| 问题有标准式答案 | 问题很少有标准答案 |
| 老师布置明确的学习任务 | 任务比较模糊、不清晰，靠责任心 |
| 围绕分数的个人竞争 | 围绕业绩的奖金、职位竞争 |
| 男女学生势均力敌 | 男性通常更占优势 |

### （二）认识企业的观察点

企业是职业人谋生持家、融入社会、实现自我价值的重要平台，也是人生重要舞台，认识这个人生舞台有利于我们扮演好自己的角色，发挥我们的聪明才智。我们可以从三个角度来观察企业：企业的一般组织架构、企业文化、企业所属行业及行业所处发展阶段。

1. 某汽车 4S 店组织架构如图 4-3-2 所示。

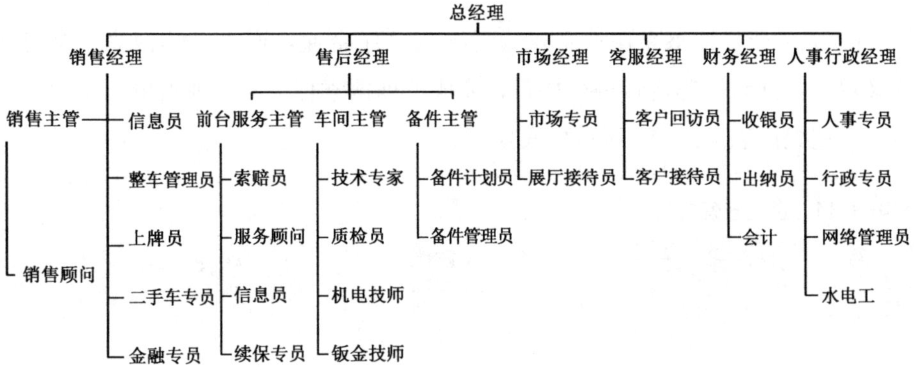


图 4-3-2　某汽车 4S 店组织架构

2. 某汽车 4S 店企业文化理念如下。

价值观——讲究诚信，崇尚业绩，奉献社会

企业精神——居危思变，励志卓远
工作理念——诚信，和谐，求实，高效，创新
用人理念——品德为尊，能力为贵，绩效为重
质量理念——以人为本，一丝不苟，让用户更满意
营销理念——感动用户，赢得忠诚
合作理念——平等互信，携手共赢

3. 某汽车 4S 店所属行业：汽车服务行业，并在快速发展中。随着汽车行业服务内容的不断拓展，汽车服务岗位不断细化，对汽车服务行业人员的经验、知识结构、能力、沟通技巧、管理水平有更新、更高的要求。

**教师小结：**了解企业的职能部门对将来适应企业、了解职业机会很有帮助。每一个专业都对应一个职业群，通过了解企业，可以拓宽自己的职业选择视野，给自己多一个选择的机会。企业文化是企业的一个重要属性。结合行业来认识企业，能够更全面地了解企业。当然，行业、企业信息是不断变化的，关键是要有信息意识、形成搜集信息的能力。

## 第二环节　企业探索体验

（一）请选择你感兴趣的企业或者学校合作企业，通过媒体搜集、亲自前往参观、生涯访谈等途径进行探索，完成下列探索任务：①画出单位组织架构图；②完成如表 4-3-14 所示探索项目。

表 4-3-14　企业考察内容

| 探索项目 | 探索结果 |
| --- | --- |
| 公司类型 | |
| 公司规模、员工人数 | |
| 公司主要业务 | |
| 所属行业、处于什么发展阶段 | |
| 公司有哪些职能部门，这些部门设置了哪些主要岗位 | |

（续表）

| 探索项目 | 探索结果 |
|---|---|
| 哪个部门是核心部门 | |
| 哪些岗位最（不）缺人 | |
| 公司发展状况 | |
| 企业的核心价值观是什么 | |
| 强调了哪些行为规范 | |
| 强调了什么用人标准 | |
| 招聘程序如何 | |

（二）将探索结果以 PPT 形式表达，并在班级展示探索结果。

## 第三环节　活动反思

开场白：历时四周的企业探索，相信你有不少的发现和收获，让我们一起来梳理一下我们的探索活动，看看我们收获了什么？

### （一）回顾

1. 事实层：说说你们是怎么完成探索任务的？通过什么途径？借助了什么人的帮助？探索过程中印象最深的是什么？遇到哪些困难或问题？你们是怎样合作克服困难的？企业哪些场景、哪些制度给你留下深刻印象？你对企业的哪些部门、哪些岗位有进一步了解的兴趣？

2. 感受层：在企业探索过程中，你有什么感受？体验到自豪、开心、沮丧、惊讶或兴奋吗？探索过程中让你联想到什么？过去有没有类似这样的经历？

### （二）反思

1. 发现层：你之前想象中的企业和进入企业后看到的企业最大的不同是什么？此次探索活动对你未来的学习或求职择业有什么意义？你认为本次探索活动是否顺利？顺利（或不顺利）的原因是什么？这个探索活动对你意味着什么？你最大的收获是什么？

2. 未来层：你还有想了解的企业吗？如果有，你打算做些什么来满足自己的好奇心？通过企业探索活动，你对自己有哪些新的认识？你们认为下次活动还应从哪些方面加以改进？

结束语：不看不知道，世界真奇妙！原来职业世界也有很多奥秘待我们去探索。与你同行，一起开启下一次的探索之旅！

## 七、活动拓展

请选择你所学专业主要对应的行业，通过媒体搜索或向专业老师或相关资深人士咨询，完成表 4-3-15 中的探索任务。

表 4-3-15 专业—行业探索内容

| 探索项目 | 说明 |
| --- | --- |
| 你所学专业主要对应什么行业 | |
| 这个行业有哪些基本分类 | |
| 行业处于什么发展阶段 | |
| 行业内有哪些代表性的企业 | |
| 你所在城市该行业的企业多不多 | |
| 有哪些职能职位，需求情况如何 | |
| 行业受什么影响比较大 | |
| 行业发展趋势怎么样 | |

### 知识小贴士

（一）企业架构及其职能

企业，在《现代汉语词典》中的解释为：从事生产、运输、贸易等经济活动的部门，如工厂、矿山、铁路、公司等。根据这个解释，企业是一种通过为社会提供产品或服务满足社会需要、以取得经济收入为目的的社会组织。企业有很多属性，与职业相关的属性包括企业的类型、企业所属行业、企业的规模、企业的职能部门、企业文化等。通过了解这些企业属性，可以对一家企业有大概的认识。

按企业所有制形式划分可以划分为中资企业、外资企业和合资企业。我国企业类型有国有企业、集体所有制企业、合资经营企业、私人企业。按规模大小分，企业一般可分为大型企业、中型企业、小型企业、微型企业等。

下面来认识企业架构。企业一般根据生产运营的需要，会在内部划分不同的职能模块，有些企业对这些职能模块的称呼可能是职位，而这些称呼也可能会不同。一般来说，企业按照职能分为八个基础职能模块：销售、市场、研发、生产和服务、客服、财务、人力资源及行政。由于企业的类型、主营业务、规模不同，它的组织架构会不同，有的将销售、客服和市场合并为一个职能模块；有的将行政和人力资源合为一个职能模块；也有的将研发和生产（服务）划为同一个职能模块。以某工厂为例，该企业的组织架构如图 4-3-3 所示。

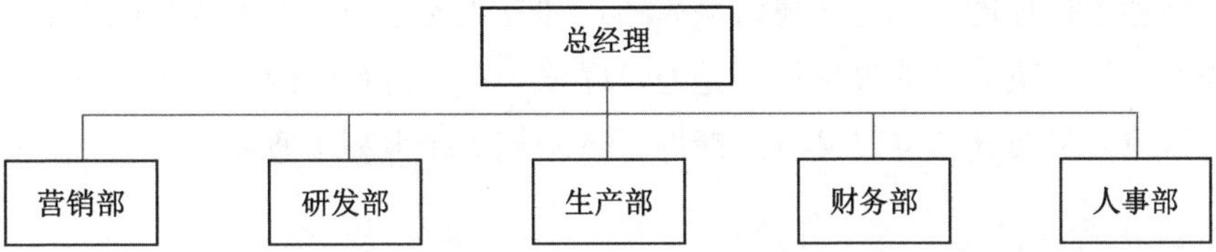


**图 4-3-3　企业组织架构图**

营销部包括销售和市场。营销部是企业的经济命脉，直接影响企业的生存发展。销售是将某种物品价值的相关信息传递给客户，从而激发客户购买、拥有或认同。市场负责拉近产品与消费者之间的心理距离，如广告、促销活动、产品介绍等，通过这些手段不断激发市场需求。营销需要从业者有较好的市场分析与开发能力、管理能力、较强的沟通能力、抗压能力、策划能力和应变能力。

研发部是公司的核心部门，肩负研制、开发新产品和完善产品功能的任务。为了满足客户的不同需求，通过产品和服务给企业带来收益和利润，使得企业保持竞争优势。产品研发需要较强的专业能力，想进入这个领域需要有深厚的专业功底作为基础。

生产/服务部对制造类的企业来说，以产品生产为主，主要职责是组织生产、降低消耗、提高生产率，按时保质为客户提供所需产品。对服务类的企业来说，以服务为主，主要职责是服务客户、满足需求，达成外包的任务。生产和服务需要具备一定的专业能力，对执行力、组织协调能力要求高。

财务部的职能主要包括筹资管理、财务管理和投资管理。会计相关专业和金融专业的人都可以进入财务领域。财务需要较强的专业能力、思考能力和判断鉴别能力。

人事部一般包括行政和人力资源。人力资源包括六大模块，即人力资源工作规划、绩效管理、薪酬与福利管理、招聘与配置、培训及劳动关系管理。行政负责行政事务和办公事务，包括制度的制订与执行推动、日常办公事务管理、文书资料管理、会议管理、财产设备、生活福利等，需要较强的管理和组织协调能力。

了解企业的职能部门对将来适应企业、了解职业机会很有帮助。如果要申请某个特定职位，这些信息将有助于调整自己的努力方向，使自己更符合职位的要求。了解企业的渠道有三个：一是亲自去参观考察，感受一下职业人的工作状态和工作环境；二是寻找访谈人物，和专业人士聊天，了解职业人的感受和职业选择、决策时的思考；三是通过媒体，主要是互联网了解相关信息。这样，既可以搜集到信息，又可以锻炼自己的社交能力和沟通能力。

### （二）企业文化

企业文化是企业的一个重要属性。一个成熟的企业在建立、发展过程中逐渐形成自己的文化。企业文化是指在一个企业内，在长期的生产经营中形成的特定的文化观念、价值规范、道德规范、礼仪风俗、传统习惯，以及与此相联系的生产观念。企业文化由三个因素构成：物质文化，称为企业的“硬文化”，包括厂容厂貌，机械设备和产品的造型、外观、质量等；制度文化，包括领导体制、人际关系及各项规章制度和纪律等；精神文化，称为“企业软文化”，包括各种行为规范、价值观念、企业的群体意识、职工素质和优良传统等，是企业文化的核心，被称为企业精神。

那么，通过什么渠道了解一个企业的企业文化呢？一个渠道是媒体，如互联网搜索，或企业/个人传记，还有企业官网、企业宣传册、企业宣传片等；另一个渠道是生涯访谈，如访谈该企业员工或企业管理者，他们的感受和理解最真实。也可以去企业参观，亲自去感受一下企业的文化氛围，这也是对你从书上看到的、媒体报道的、道听途说的和自己想象的信息进行一次实践的检验，是非常有益的。

### （三）行业发展阶段

企业一般多归属某个行业。由提供同类型产品和服务的企业组成了行业，一般的表述是在什么行业的某某企业，如海尔、格力、美的都属于家电制造业，新东方属于教育培训行业。企业的发展与行业的发展紧密相连，行业的发展能带动企业的发展，而企业的发展将带来新的就业岗位。所以，行业的发展可以促进行业内企业及从业者的职业发展。比如，华为5G手机的正式发布为手机产业链释放了新的发展空间，华为上下游产业链企业，如智能制造，有望迎来新一轮增长周期，而智能制造业的发展必然会为技术工人带来职业机会并促进其职业发展。同样，行业的衰退也会影响企业的发展及从业者的职业生涯发展。

根据《国民经济行业分类（2017版）》（GB/T 4754—2017），我国行业分类共有20个门类、97个大类、473个中类、1380个小类。如同自然界的生命一样，行业也有它自己的生命周期。根据行业的市场需求和时间发展，一般可以分为曙光期、朝阳期、成熟期和夕阳期。

**曙光期：**在行业的曙光期，市场需求似乎爆发，企业纷纷建立，但是经过一段时间后，很多企业赚不到钱，纷纷倒闭。这个时期，虽然产品需求看起来很大，但人才需求刚刚起步，没有明显的爆发，如我国的无人驾驶汽车、国产游戏行业。行业曙光期存在许多不确定性，这种不确定性必然也会带来就业市场的不确定。

**朝阳期：**在经过了曙光期的竞争和洗牌之后，少数企业活了下来，摸索到了比较成熟的商业模式，开始带动行业进入朝阳期。这个时期，行业快速发展，人才需求大，如我国的智能家居、电商直播行业，2020年的新冠肺炎疫情助推了电商直播业快速发展，给许多从业者带来发展机会。

**成熟期：**经过若干年的发展后，一个行业会进入相对稳定的成熟期。这个时期，市场需求稳定，人才需求也稳定。有些行业的成熟期相对较长，如日常生活消费品行业等。

**夕阳期：**大多数行业经过一段时间的发展都会进入衰退期。这个时期，市场需求下降，出现大量裁员的情况；也有的企业通过资源整合或转型，获得二次成长机会，带来新的就业岗位。例如，上海纺织等劳动力密集型制造业的衰退造成大批纺织工人下岗，而像恒源祥这样的企业则通过资源整合和部分转型获得了持续发展。职业人如果有忧患意识，与时俱进，不断学习，更新知识和技能，就能获得同步发展机会。

那么，去哪里了解行业发展情况呢？可以通过两个渠道了解：一个是媒体，如产业信息网（www. chyxx. com）、应届生求职网（www. yingjiesheng. com）、行业协会的网站等，行业趋势的最佳来源是麦肯锡（Mckinsey & Company）之类的管理咨询公司做的行业分析；另一个渠道是通过咨询专家/行家、猎头公司或本行业的资深从业人员，对行业进行更客观、更真实的了解。

## 案例示析

### 案例壹　被“优化”的小陆

小陆是某中专学校电子商务专业的学生，学校推荐去了一家商务公司实习，四个月后被退回，未能完成实习任务。实习单位给学校发了“优化报告”，对这名学生进行了评价。

优化报告

实习生×××于2016年9月6日进入公司实习，岗位为前台接待。经过四个月的带教，个人业务知识及工作技能提升较慢，无法胜任公司高标准的要求，主要表现为以下几方面：

1. 个人沟通交流能力欠佳。与他人交流时，目光斜视、专注力较差。早上碰到其他部门领导及员工，未能主动招呼示意。部门主管多次要求，无明显改善。

2. 个人语言表达能力欠佳。上班期间时不时地翻看手机，显得心不在焉。在部门合作及与他人交流时，无法一次性表达清楚其含义，影响日常工作效率。

3. 个人学习能力欠佳。在前台实习期间，一个月时间的带教，其连接听电话、前台接待的基本程序和规范都记不住，影响公司形象。后公司调整进入文员助理岗位实习，其将资料整理和归档工作搞得凌乱不清，事后自己也说不清楚东西摆放在哪儿，影响工作效率。日常工作中，师傅们的带教也是前学后忘。

4. 个人融会贯通能力缺乏。部门主管要求环境卫生清洁时，点到某个角落时只单单搞某个角落卫生，其他部位的环境卫生不管不顾。个人主动意识严重缺乏，无法胜任稍有难度的事情。

四个月的带教，其各方面能力未见长进，无法胜任公司高标准高效率的要求。结合近期该员工的工作表现及综合评估，该员工无继续带教的意义，故建议对该员工进行优化。

×××公司　人力资源部

2017年2月6日

**点评：**

1. 小陆在实习过程中遇到环境（企业文化）不适应问题，小陆所在公司是以提供服务为主的电子商务公司，企业员工的职业形象很重要。主动、热情、礼貌、微笑几乎是所有服务型企业共同的文化特征。小陆性格内向，不善言辞，与人交流较拘谨，主动性较差。面对陌生的工作环境，难以与上司、同事交流沟通，无法融入团队。

2. 企业文化和校园文化的不同表现在两个方面：在学校，问题有标准答案，老师会布置明确的学习任务；在企业，问题很少有标准答案，工作任务比较模糊、不清晰。小陆不能及时察觉两种文化的不同，显得非常被动。

3. 服务型企业对员工的沟通、表达能力有一定的要求，比较注重团队协作，同事之间要能够积极交流和沟通，营造和谐愉悦的工作氛围。小陆遇事不愿多请教、多沟通，工作能力难以提高。而且，上班时间时不时翻看手机，自我管理能力很差。更糟糕的是，小陆学习意愿、学习能力不强，不愿意主动调适性格去适应环境。

4. 企业员工每天都会有不同的工作任务，且都有完成的时间节点，在面对繁芜的工作时，小陆缺乏应对的条理性，造成工作任务不能在规定时间内完成。

小陆需要在今后的求职路上主动了解企业文化，主动适应企业和岗位。不然，职业机会、职业发展必然会受到影响。

## 案例贰　寻找多种可能

小文是某高职计算机科学与技术专业的毕业生。毕业前，她曾在一家企业实习过，实习的岗位是设计师助理，她不喜欢这个岗位。毕业后，她在一家企业从事经理助理的工作，做了一段时间，又辞职了。小文虽然学的是计算机科学与技术专业，但她不愿意从事本专业岗位，既枯燥又辛苦，而且她认为自己在这个专业没有天赋，她想跳出专业限制求职，但是又不知所措，失业在家几个月了。在街道居委会的帮助下，她走进了就业促进中心职业指导室。

职业指导师根据小文的情况，给小文列出了五个求职方向：行政文员、前台文员、销售助理、财务助理、人事助理。然后，根据小文的情况进行排序：行政文员、前台文员这类岗位替代性较高，容易再次失业；销售助理技术含量较高，不仅需要完成销售合同、销售报表的制作等文档管理，还要与客户保持良好的关系，压力最大；财务助理的专业性最强，如果没有财务基础知识，今后的发展方向有局限性；人事助理可以充分发挥她的专业基础，为今后的发展提供了更多选择空间。

最后，小文选择了人事助理这一求职方向。她先去人力资源部见习，主要协助招聘工作。她一边工作一边培训，一年后，考取了上岗证。见习结束后，小文成功应聘上人事专员岗位。

**点评：**

小文在求职、择业过程中遇到了困惑，走了一段弯路。所幸，她在街道居委会和职业指导师的帮助下走出了困境，找到了适合自己的职业方向，并顺利就业。搜集信息的能力和利用社会资源或政府专门机构寻求帮助的能力同样重要。我们国家非常重视就业问题，各个城市都设有类似就业促进中心这样的机构提供免费服务。有的学校也有专业的老师提供这样的帮助，发达一点的城市也有类似公司提供咨询服务业务。这些机构里的职业指导师出于工作的需要，与企业接触较多，手上掌握了大量企业及就业市场的职业信息，服务了很多职业人，拥有一定的指导经验，虚心求教，一定会有所得。关键是职业指导师在职业选择、职业生涯规划方面的思维模式值得学习。总之，寻求帮助解决问题的能力也是非常重要的生存能力，需要在日常学习、生活中注意培养这一能力。

# 活动四　认识继续教育

## 一、活动主题

追赶时代，不做“弃儿”

## 二、活动背景

人类进入 21 世纪，迎来了信息社会，加速了技术发展和变革。而人工智能技术的发展带来了家庭、职业和社会生活多方面的变化，也改变了人们对职业固有的看法，新职业的不断出现和传统职业的消亡，警示我们——人的一生必须不间断地接受教育和学习，用新的知识、技能和观念来武装自己，才能保持与之相适应的应变能力。同时，延迟退休已成为一种国际趋势，我们国家是发展中国家，存在“未富先老”的问题，延迟退休是必然的趋势。中职学生毕业进入社会的年龄一般不到 20 岁，在未来近半个世纪的职业生涯中，社会、经济、职业将发生怎样的变化是无法想象的。只有不断接受职后培训，不断学习才能跟上社会发展的步伐，才不至于终身陷入失业的困境或处于失业的边缘。许多中职毕业生认识到自己学历低，在职场上没有优势，接受继续教育的愿望比较强烈。但是，因没有明确的职业目标或对职业培训缺乏全面了解，进修学习和职业培训存在盲目性，造成时间和金钱的浪费。教师需提供学习机会，引导学生正确认识继续教育，逐步打造自己的核心竞争力。

## 三、活动目标

1. 理解继续教育对生涯发展的重要性；
2. 尝试根据自己的实际情况选择继续教育；
3. 树立终身学习的信念。

## 四、活动准备

组织同学以小组为单位，以自己感兴趣的某制造业为主题，通过媒体搜集反映该制造业不同阶段发展水平的图片或数据。

## 五、活动时间

四周

## 六、活动过程

### 第一环节　继续教育认知

#### （一）各小组派代表展示搜集结果

小组 A：……

小组 B：……

小组 C：……

师生点评：……

## （二）教师讲授

用表4-3-16说明改革开放四十多年来我国制造业的发展历史和发展趋势。

表4-3-16 制造业发展水平与人力资源特点

| 发展时期 | 特点 | 发展阶段 | 人力资源 |
|---|---|---|---|
| 20世纪80年代 | 改革开放 | 作坊 | 农民工 |
| 20世纪90年代 | 加入WTO | 工厂 | 农民工 |
| 2000年后 | 制造大国(机械化) | 公司 | 中专、技校、职高 |
| 2008年后 | 制造大国（自动化） | 集团 | 大专 |
| 新冠肺炎疫情过后 | 制造强国（智能化） | 产业平台 | 劳动脑力化，更高要求 |

改革开放后，我国逐渐从农业大国发展为工业大国，未来将发展为工业强国。随着我国工业的发展，劳动大军的构成也发生了变化，由早期进城务工的农民慢慢变为受过正规职业教育的职业院校毕业生。进入信息化社会后，工作之间的界限越来越模糊，对技能型人才的知识、技能结构提出了综合性要求。技术工人必须不断进修、培训，才能适应社会发展。

## （三）继续教育的渠道

1. 学历教育：获得国家承认的学历证书的教育，如专科（高职、高专、高技）、本科等。

2. 非学历教育：证书不被国家承认的各种培训、进修、研修，如各种资格证书培训、行业内举办的各种证书考试。

学历教育与非学历教育的比较详见表4-3-17。

表4-3-17 学历教育与非学历教育的比较

| 比较点 | 学历教育 | 非学历教育 |
|---|---|---|
| 学习内容 | 专业延续学习或新专业学习 | 职业技能培训或工具性技能培训 |
| 特点 | 耗时长，学习综合基础知识，见效慢 | 在职不脱产学习，耗时短、针对性强、技能提高快 |

（续表）

| 比较点 | 学历教育 | 非学历教育 |
|---|---|---|
| 学习渠道 | 普通高等教育、成人教育、自考、开放教育、网络教育 | 培训机构、网络课程 |
| 学习形式 | 全日制、业余学习、函授、自学、上网课 | 面授或在线培训 |

**教师小结：** 随着科技的高速发展，知识、技能结构的换代率越来越高。从业者需不断接受继续教育培训才可以更符合专业标准，获得更好的发展；继续教育培训还可以拓展自我兴趣、能力，寻找更多的可能性；同时，继续教育培训还提供了一个结识新朋友的平台。但是，没有明确学习目标的教育培训可能是一种精力、资源的浪费。为了提高教育培训价值，选择前需要认真搜集信息，谨慎选择。

（四）如何选择继续教育

1. 目标明确：坚持学习固然值得点赞，但是，要问问自己学习的目标是什么，是想全面夯实自己的文化和专业基础还是想提高自己的职业技能（包括工具性技能），要根据目标来选择。

2. 重视真才实学：学历和技能证书不是竞争力的代名词。职场上拼的还是真才实学、过硬的职业技能和吃苦耐劳精神。选择继续教育要考虑学习兴趣和工作需要。

3. 平衡利弊：选择什么样的教育还要全盘考虑利弊。考虑时间成本、费用成本、机会成本及职业延续性。

## 第二环节　继续教育探索体验

（一）信息是决策的基础

1. 选择一个自己感兴趣的技能培训项目，通过媒体搜集、电话咨询或亲自前往考察，完成表 4-3-18。

表 4-3-18　培训机构考察内容

| 探索项目 | 说明 |
|---|---|
| 培训机构概括 | 成立时间、主营业务、规模、知名度等 |

（续表）

| 探索项目 | 说明 |
| --- | --- |
| 过去的培训成果 | 培训过多少人，成功概率 |
| 培训的课程体系 | 有哪些课程，课程的安排是否得当？ |
| 教师资质 | 教师来源（专职和兼职的比例）、资历、资质 |
| 办学条件 | 培训场地、培训设备能否保障实际操作训练 |
| 有哪些后续服务 | 有没有补考机会，是否提供见习岗位 |
| 认证的权威性 | 证书由什么机构颁发，是否受到业内认可 |
| 培训时间 | 培训多久，考试间隔时长 |
| 培训价格 | 各个级别的培训价格，有没有奖励或补贴 |

2. 选择一所自己感兴趣的高职院校，通过媒体查询或教师访谈，完成表4-3-19中的探索任务。

表 4-3-19 高职院校考察内容

| 信息搜集主题：认识高职 |
| --- |
| 问 1：学校概况？（地址、建校历史、基本办学条件等） |
| 问 2：学院专业设置情况？师资情况？校内外实践机会？ |
| 问 3：这个专业在高职阶段主要有哪些核心课程？有哪些技能大赛？ |
| 问 4：高职学校更看重学生的哪些素质？ |
| 问 5：学生社团情况？有什么特色？ |

（续表）

| 信息搜集主题：认识高职 |
| --- |
| 问 6：毕业生就业去向主要有哪些？发展情况怎样？ |
| 问 7：有没有机会升本科？需要什么条件？专升本的比例大致多少？ |
| 问 8：做好中—高衔接，要注意什么？ |
| 问 9：学校有没有专业转换政策？如果有，要具备什么条件？ |

（二）生涯访谈

请老师帮助联系优秀校友，了解他/她的从业经历和继续教育经历，听听校友对继续教育的看法。

## 第三环节　活动反思

开场白：在“追赶时代，不做‘弃儿’”的探索活动中，相信大家收获不少。让我们一起分享吧！

（一）回顾

1. 事实层：说说你们是怎么完成信息搜索任务的？印象最深的是哪个环节？通过什么途径、借助了什么人的帮助？访谈对象说过的哪些话、做过的哪个选择给你留下了深刻印象？你最大的收获是什么？关于继续教育你有什么新的发现？探索过程中遇到哪些困难或问题？你是怎样克服困难的？

2. 感受层：在教育探索过程中，你有什么感受？在咨询过程中，你体验到自豪、开心、沮丧、惊讶或兴奋吗？过去有没有类似这样的经历？

（二）反思

1. 发现层：这个探索活动对你意味着什么？你现在怎么看“终身学习”？怎么理解当前的学习和终身学习之间的联系？假如你选择继续教育，一般会考虑哪些要素？

2. 未来层：对于继续教育，你还有什么想了解的，如果有，你打算做些什么来解决？通过教育探索活动，你对自己有哪些新的认识？你们认为下次活动还应从哪些方面加以改进？

结束语：学习是人类生存和发展的重要手段，终身学习是信息化社会的人生理念和必备的基本能力。感谢大家的分享，期待下一个探索之旅！

## 七、活动拓展

“寻找身边的大师”活动：从他人的成长、成才轨迹中吸取经验教训可以让我们成长得更快。请通过家人、老师、学长引荐，访谈一两位技能大师，了解他们继续教育学习的经历；或者通过网络搜索、实地走访等了解继续教育的渠道，对不同继续教育的渠道优劣势进行比较，然后思考如何选择、规划自己的继续教育学习路径。

## 知识小贴士

### （一）继续教育是生存之道

有文章说，人类近30年的知识容量超过了以往300年的知识容量。而且，有些行业知识的淘汰率，每年达到20%，甚至更高的比例。数据的准确性无法查证，但有一个观点得到了全世界的认可，那就是：专业知识的折价率会越来越高。一个人如果不及时更新知识结构和技能结构，将无法跟上社会进步的步伐。国际21世纪教育委员会在向联合国教科文组织提交的报告中指出：“终身学习是21世纪人的通行证。”终身学习理念已经深入人心。

在我们国家，随着信息技术和计算机服务、金融、电子商务等现代制造和服务业的迅速发展，传统产业加速转型升级，企业对员工的文化素质要求提高，对高素质、复合型人才的需求日益迫切。对职业人来说，只有终身学习才能掌握最新的工作技能，保持较好的竞争力。今天你拥有的一技之长，若干年后就只不过是一项普通的技能而已；今天成就你的核心竞争力，也许明天就成为你发展的羁绊。例如，传统的车工、钳工、刨工，在传统的作坊式工厂中，确实有用武之地。但是，当传统制造业走向自动化、智能化时，那些同时拥有数控技术、计算机技术和具有一定英语水平的人才能真正称得上是数控行业的技术工人。又如，一个很普通的物业管理岗位，现在很多大型商场和小区物业就要求兼具保安、电路维修、管道维修和基本计算机技术。

中职学生必须要有强烈的进取意识、长远规划的发展意识，在中职毕业后做好继续学习安排，趁着个人精力最旺盛、学习能力最强的黄金年龄段努力学习文化知识、苦练专业技能，为未来职业发展奠定坚实的基础。虽然，继续教育不能完全消除企业裁员带来的风险和压力，但在一定程度上提高了自身重新就业的能力。例如，一个烹饪专业的中职毕业生，在工作几年、积累了一定的工作经验后继续进修学习，全面提高文化素养，再参加公共营养师的职业培训，就有利于开阔视野，提升职业竞争力，获得更大发展。许多中职毕业生离开校园走入社会后，深刻感受到了教育的重要性，也意识到终身教育的必要性，纷纷寻求继续教育，以提高自己的竞争力。

### （二）继续教育的渠道

近几年，我国加大力度发展职业教育，2019 年，全国扩招 100 万，从这个扩招规模可以看出国家对职业教育的重视，作为职业人也可以从这个扩招数字看出一种趋势。一般说来，中职毕业生接受继续教育的渠道有两种：学历教育和非学历职业技能培训。

学历教育也有全日制学习和业余学习两种途径：一种是考入全日制高职或本科院校学习。全日制学习可以保持专业学习的延续性，有的大专院校可以凭借学业水平考试成绩 + 技能证书免试入学。另一种是通过成人高考或自学考试进行业余学习。一边工作，一边进修，既能积累工作经验，又能有方向地学习。许多技术能手就是在业余学习中成长的。全国各区县设有业余大学，为职业人继续教育提供了非常便利的条件，而且学费不高，通常有奖学金。脱产学习的优势是可以系统地学习三至四年，全面提高文化基础和专业理论水平，劣势是耗时太长，费用较高，时间成本和经济成本投入较大。而业余学习要兼顾工作，压力比较大。

非学历职业培训耗时较短，培训费用相对较低。非学历职业培训的内容主要有职业培训和工具性技能培训，如计算机技术、语言培训。培训的方式也有两种，一种是面授培训，一种是在线培训（互联网教育）。在线培训的出现降低了人们接受教育的成本，同时互联网教育具有数据化、个性化、便利化等优势，不受时空限制，非常灵活。不管是选择何种继续教育形式，都要将学习和未来职业生涯规划紧密联系起来，谨慎选择专业和院校。中职毕业生已经经历了一次专业选择，对专业和学校选择的重要性体会较深。

### （三）信息是选择的基础

那么，选择学历教育需要了解什么信息、如何了解呢？中职毕业生继续教育的选择，无非是两种情况：一种是不脱离原来学习的专业或当前工作涉及知识技能范围，一种是重新选择专业学习。如果以专业为了解重点，可以通过大学或学院网站进行查询，也可以通过咨询他人了解表 4-3-20 中的信息。

表 4-3-20　专业考察内容

| 调研项目 | 说明 |
|---|---|
| 专业方向 | 目标专业包括哪几个学习方向 |
| 学习内容 | 目标专业主要设置了哪些课程 |
| 有关职业 | 毕业生主要从事哪些工作 |
| 毕业出路 | 毕业生一般流向哪类单位 |
| 就业情况 | 该专业毕业生就业如何、发展情况如何 |
| 上升通道 | 有没有机会继续上升（本科）、比例多少 |

如果已经确立了专业方向，以大学（高职）为了解重点，可以通过教育部、各级教委、学院网站，围绕表 4-3-21 中的信息开展查询，也可以向他人咨询。

表 4-3-21　高职院校考察内容

| 调研项目 | 说明 |
|---|---|
| 大学/学院基本情况 | 学校类型（文/理/工科）、属性（公/私立）、所在地、师资、教学设备情况 |
| 学院排名情况 | 学院、专业等排名情况 |
| 院、系类设置情况 | 办学特色、重点专业情况 |

（续表）

| 调研项目 | 说明 |
| --- | --- |
| 院系招生情况 | 招生政策、专业转换政策 |
| 毕业生就业情况 | 毕业生就业去向和发展情况 |

也有职业人考虑个人职业发展的延续性及家庭经济状况，或者想通过技能培训重新选择职业，选择非学历职业技能培训进行自我提升。

那么，通过什么途径去了解、参加职业培训呢？一般可以通过四种途径：第一，人力资源和社会保障部局下属各区县的职业介绍中心。这些中心一般专门设有培训窗口，可以通过这个窗口了解相关信息。第二，政府推出的优惠政策。例如，上海市有一个青年职业见习计划，直接在工作岗位上学习技能，还可以享受政府补贴。第三，行业协会。职业资格类的培训项目，大多是由行业协会牵头组织，可以向行业协会了解相关信息。第四，企业岗位培训（内训）。规模较大的企业或公司集团一般都有岗位培训、岗位技能练兵，有些企业甚至提供出国学习培训机会。另外，还有一些民营培训机构，这些机构一般都是与当地有关部门合作开办。

### （四）如何选择继续教育

选择非学历职业培训要避免两个误区：第一，重证书，轻能力。现在有证书找不到工作的大有人在，能力才是提升就业竞争力的根本。2019 年 1 月，“第十届上海市杰出技术能手”评选揭晓，脱颖而出的 20 位杰出技术能手都不是高学历的“本本族”。他们都是在岗位上踏踏实实苦练技能，培训、考取证书是根据工作的实际需要和工作技能的熟练程度自然而然地进行。第二，重数量，轻质量。有的人抱着“多一张证书多一条路”的想法，到处报名培训，似乎是一个“多面手”“复合型”人才，实际上，各种技能只不过学了点皮毛，根本谈不上职业技能，这样的培训浪费金钱和时间。

选择非学历职业培训首先要有清晰的职业生涯目标，只有确定了职业生涯目标，有清晰的职业发展方向，才能设计适合自己的职业培训方案。否则，盲目选择职业培训，就像出行搭错车一样，越行越远。其次，要注意选择自己能力所能及的培训，否则，学习太难而达不到要求。例如，一位会计专业的中职毕业生，他的职业生涯发展以 10 年为规划，分 1 年、3 年、6 年、10 年四个阶段，分步实现职业生涯目标。他的职业发展路径一般是出纳—会计基础岗位—成本会计—会计。相应地，他的职业培训路径一般是会计上岗证—助理会计师—会计师。工具性技能培训是计算机技术和一门外语。同时，他的继续教育路径一般是大专—本科。无论选择何种形式的继续教育，都要目标明确，树立学习第一、证书第二的理念。

如今，非学历职业培训机构五花八门、鱼龙混杂，各种宣传攻势令人眼花缭乱、无所适从。选择一个名副其实、适合自己的培训机构需要有“火眼金睛”。一般来说，可以从五个方面去衡量：一看品牌（业内排名情况）、二看课程体系（是否实用，实训课多少）、三看师资力量（教师来源、稳定性）及办学条件（固定的培训场地和实操设备）、四看认证的权威性（发证部门）、五看就业网络（是否提供见习机会或推荐工作）。总之，要擦亮眼睛，谨慎选择。

## 案例示析

### 案例壹　迷茫的小李

18 岁的小李，某中专汽车维修专业，由学校推荐到某 4S 店机电装潢部实习。因其工作表现不错，实习结束后顺利被录用。但是，干了不到半年，他辞职了。他觉得汽修工作很辛苦，机电装潢这个职位发展空间相对较小。于是，他选择继续深造读大专。由于他文化基础不扎实，他选择了分数相对要求低一点的学校和专业——某工商外国语学院的工商企业管理专业。经过三年的学习，他终于拿到了大专文凭。毕业后，本想依靠大专学历这块敲门砖找到自己理想中的工作，结果，他发现用人单位最看重的是实际工作经验，而这正是目前自己所缺少的。是继续专升本还是降低求职要求，他感到很迷茫，不知道应该从何着手……

**点评：**

1. 小李当初想通过学历教育来提升自我，摆脱辛苦又没有什么发展空间的工作、寻求更多发展机会的想法无可厚非。但是，他在选择学历教育的时候比较盲目，没有确立一个职业生涯发展目标并围绕目标选择继续教育。这样的学历教育时间成本和金钱成本的投入太大，可以说得不偿失。

2. 小李即便是拿到了大专文凭，在我国仍然不属于高学历人才。低学历求职者的优势是职业技能和工作经验，小李恰恰两样都缺乏。工商企业管理这个专业对于一个没有工作经验、缺乏社会阅历的年轻人来说，课程内容太空泛而不实用，对就业帮助不大。假设小李在汽修工岗位坚持干几年，在专业技能方面有了一定的提高，文化素养成了他职业发展的瓶颈，这个时候去学习企业管理专业，学历才能真正提高他的职业竞争力。

3. 选择教育的过程其实已经是职业生涯规划的开始。自己喜欢什么、擅长什么、将来要做什么，这些问题应该先考虑清楚。否则，学历教育并没有达到提升自我的目的，不仅浪费时间也浪费有限的精力。

## 案例贰　盲目的本本族

小路是某高职计算机信息管理专业的毕业生。他在毕业前找到了一家计算机公司电话客户服务员的工作。起初很兴奋，但是干了半年后，他发现这份工作不仅要上晚班，今后的发展空间也相对较小。他有的同学凭着一技之长拿着比他高的薪水，甚至连他技校毕业的邻居晓东也在一家外资企业干得有声有色，他坐不住了。听说这两年数控专业很吃香，他想自己好歹也是个大专生，考一张技能证书肯定没问题。于是，他辞职去报名参加了数控机床工的技能培训。

凭着较好的学习能力，小路半年后通过了考核，拿到了数控机床工的中级证书。他信心满满地前往一家知名企业应聘，并顺利通过了初试，但复试时却被刷下来。之后的几次应聘也被用人单位拒之门外。无奈之下，小路只好“重操旧业”，再次应聘去做了电话客服。此后，每次在抽屉里看到那本中级证书，心里涌现的那种挫败感令他很不舒服。

**点评：**

1. 小路这样的青年，我们似曾相识，在我们周围，或多或少都有像小路这样的“本本族”，他们手里拿着多张技能证书，但仍不知何去何从。他们有想法，能付诸行动，希望通过为自身充电、加码来获得就业和职业发展机会。但是，由于缺乏职业规划意识，他们的行动多少有点盲目。

2. 小路在辞职或报名参加培训前需要冷静分析自身的兴趣、能力特长，结合自己的专业及就业环境，确立职业目标，然后，一步一步朝着目标努力。小路辞职前应该问自己：电话客服工作是没有技术含量还是他不喜欢信息技术这个专业？如果是因为电话客服工作没有技术含量限制了发展，他可以一边工作，一边思考选择信息技术领域内自己感兴趣的某个方向，如支持与维护服务、网络服务，通过职业技能培训，获得职业发展机会，脚踏实地地干起来。完全脱离原专业基础，重新选择专业，增加了人力资源成本。

3. 小路既然已经获得了数控机床中级证书，也确定自己喜欢，就要摆正求职心态，降低期望值，从基层岗位做起，在实践中积累工作经验，不断提升专业技能，成为名副其实的中级操作工，为今后的职业发展打下坚实的基础。

## 案例叁　从中专生到技能大师

46 岁的刘源，是长安汽车渝北工厂设备维修电工。长期奋斗在一线的刘源，从一位“拜”父亲为师的电器维修工，成长为长安汽车副总裁级待遇的“技能大师”。不仅如此，他还通过大师工作室，培养出了 5 名全国技术能手。

从普通工人到“全国技术能手”有何窍门？“学习！”刘源如此回答。15 岁时，刘源正式“拜”父亲为师，系统学习电器维修，从（最）基础的认识电阻、电容、晶体三极管学起，后来中专选择了电子电器专业，继续进行更加专业的学习。毕业后，刘源进入长安汽车成了一名普通的维修人员。

带着问题学，在实际工作中学，反复学习知识点。在维修故障设备时，刘源常常一边查资料一边针对故障进行拆绘，查找故障原因。此外，刘源还自费参加“全国电子产品维修”和“电子电器”班学习，无论严寒还是酷暑，从未懈怠。

1999 年，因为工作突出，刘源被破格晋升为维修电工技师。此后，他又通过自己的不断努力，获得了“三级技能师”“高级技师”“兵装技能带头人”，并在各类大型比武中“摘牌”。

他撰写的“探伤机电路控制快速维修”方法，被重庆市“国防邮电工会”评为职工“绝技、绝活、绝招”，填补了国内维修资料空白。近年来，刘源主持或独立完成的各类技术攻关、改造数量多达上百项，还在多个技术领域不同程度地打破了国外垄断。

正是因为出彩的表现，他最终赢得了“中华技能大奖”（国家对工人技术技能水平的最高奖励）。

现在，刘源将工作的重点放在了培养人才上，依托“刘源国家级技能大师（劳模创新）工作室”，与瑞士 ABB（中国）有限公司、日本 SMC（中国）有限公司共建培训中心，培训学员超过 2 000 人/次，其中包括全国技术能手 5 名、公司技能专家 8 名。在为长安汽车及合资企业输送高级人才的同时，刘源也在 2015 年获得“国家人才培养突出贡献奖”。

据重庆市人社局介绍，重庆市现有技能人才 350 万人，年均增长 6.7%。全市共有“中华技能大奖”获得者10人，享受国务院政府特殊津贴专家45人，全国技术能手158人，重庆技能大师10人，重庆市具有突出贡献中青年专家10人，重庆市杰出人才突出贡献奖30人，重庆市技术能手50人，重庆市杰出技能人才80人，重庆市优秀技能人才720人。参加第42届、第43届、第44届世界技能大赛，获得2金3银6优胜的优异成绩，金牌数、奖牌数位居全国各省市前列。

案例来源：他从普通工人成长为“技能大师”　还培养出5名全国技术能手，上游新闻（2018-12-25），上游新闻·重庆晨报记者罗薛梅。

**点评：**

刘源虽然只有中专学历，但是，在46岁就取得如此骄人的成绩，非普通工程师能企及。他之所以能在这么年轻的时候就成为大师并为国家培养多位高级人才得益于他的不断学习。他的学习有几个特点：

第一，拜师学习，少走弯路。师傅言传身教，把多年摸爬滚打积累的技术和经验“倾囊相授”，徒弟踏着师傅的肩膀攀登，走的是捷径。

第二，带着问题学习，目标明确。理论基础是许多一线工人的短板，带着问题去学习理论，可以利用有限的时间学到最实用的理论。

第三，在实际工作中学，学以致用。一线工人的核心竞争力是解决问题的能力，在实际工作中学习，理论和实践相结合是提升核心竞争力的最好的途径。

第四，在挑战中学习，压力变动力。山外有山楼外楼，借助技能大赛这个大平台不仅可以展示自己，更重要的是可以向高手学习。孔子说：“三人行，必有我师焉。”

在职业学校，活跃着一群起点不高的双师型教师。他们在中专学习期间，各方面表现突出，被留校担任教师。有的一开始可能只是做一些辅助教学工作。由于他们有强烈的进取意识和长远的职业发展规划意识，通过在职学历教育全方位提升个人文化素养。同时，他们通过个人的不懈努力，用突出的工作业绩得到了学校的认可，获得多次在岗专业技能培训，有的甚至被派到国外进修学习，成为学科带头人。有的因为出色的管理能力和较强的责任心，被提拔担任行政领导。随着我国成人教育和职业教育制度的日益完善，许多年轻人都可以通过努力实现自己的职业梦想。“不要输在起跑线上”的论点被越来越多的事例证明是个“大忽悠”。

# 模块四　定位目标

## 活动一　探索目标

### 一、活动主题

众里寻它千百度

### 二、活动背景

有人说：没目标的人生叫流浪，有目标的人生叫远航！还有人说：当一个人知道自己想要什么的时候，整个世界都在为他让路。可见，目标对生涯发展的重要性。可是，在义务教育阶段，许多学生把考试当成学习的指挥棒和运动力，“好成绩、好名次”似乎成了唯一目标，也是终极目标。习惯了为考试学习的学生，进入中职学校后，没有了高考的压力，处于灰色的茫茫然无目标状态。有的虽然树立了一个目标，但是缺乏实现目标的原动力。因为这个目标并不是自己真正的梦想，是父母、家人的梦想，或者说是一种中考失利后的无奈选择。因此，许多中职生进入中职校以后出现“一年级不知学，二年级不会学，三年级来不及学”的现象。教师需要创设情境引导学生在认识自我和了解环境的基础上确立生涯发展目标，在目标指引下，努力实现自己的人生价值。

### 三、活动目标

1. 认识生涯目标的主要功能；
2. 学会运用五步法设置职业目标；
3. 激发探索生涯目标的动力和使命感。

### 四、活动准备

思考并与家人讨论：中职毕业后是选择升学还是就业？如果升学，考什么专业、选哪个学校；如果选择就业，你希望在什么行业、选择什么工作？

## 五、活动时间

四周

## 六、活动过程

### 第一环节　生涯目标认知

#### （一）畅想未来

1. 常言道：三十而立。请闭目冥想：30 岁的时候，你在做什么？生活怎么样？工作怎么样？然后，请在心里默默描述一下。

2. 交流分享……

**教师点拨：**我们对未来生活有不同的期待，就可能会有不同的目标，如学习成长目标、职业目标、情感生活目标、人际关系目标、财富目标、健康休闲目标等。

#### （二）游戏——盲人行路

1. 将同学分成三组：第一组同学蒙上眼睛，由向导带领在教室绕圈走，不知道要走几圈，也不知道要走多久；第二组同学同样蒙上眼睛，由向导带领绕圈走，知道只要走过五圈就能到达目的地，但是，不知道什么时候走过了一圈，只能猜或推测；第三组同学同样蒙上眼睛跟着向导走，但是，每走完一圈向导会提示已经走过一圈了。

2. 请三组同学分别交流感受……

**教师点拨：**当行走没有明确的目标时，感觉行走没有意义，很快就失去耐心，焦躁情绪容易产生；虽然有目标，但是看不见目标，不能与目标进行对照时，也很难坚持；当行走时能看见目标，行走就像被赋能，会坚持到底。由此可见，目标具有定向、激励、调节、赋能作用。人生有目标，人生就像在航行，积极而富有意义；如果人生没有目标，人生就像流浪，被动而缺乏价值感。

#### （三）今年我 18 岁

18 岁意味着我们将告别依赖，挑起自己命运的重担而独立前行。18 岁，我们即将或已经中职毕业，何去何从？请考虑毕业后继续升学的同学坐成A圈；毕业后准备就业的同学坐成B圈；还拿不定主意的同学坐成C圈。

1. 请A圈同学说一说选择继续升学的思考……

2. 请B圈同学说一说选择就业的思考……

3. 请C圈同学谈谈自己在犹豫什么……

**教师点拨：**拿不定主意的同学可能还有许多事情需要考虑清楚或者还有许多信息不够明朗需要去搜集。升学或者就业都只是生涯发展历程中的一个阶段性目标。美丽人生就是由一个个美丽的小目标成就的。

### （四）五步目标确立法

**1. 目标确立前需认真思考的问题**

第一步：认清“我是谁”？

第二步：我想做什么？

第三步：我能做什么？

第四步：环境支持我做什么？

第五步：我最终确立的目标是什么？

**2. 目标确立的一般原则**

1）发展自我、服务社会

发展自我要以社会需要为前提，要服从社会发展的总体要求和需求，社会没有需求，或者个人发展与社会需求相矛盾，就没有长远发展平台。

2）考虑目标的明确度和难度

明确的目标可使人清楚地知道要怎么做，要付出多大的努力才能达到目标，而模糊的目标则不利于引导人的行为和评价自己的成绩。同时，目标的难易度也要把握，难以达成的目标容易放弃，没有挑战性的目标没有价值。

## 第二环节　目标探索体验

### （一）五步法确立目标

1. 我是谁？请认真回顾、总结自己。

我的优点：________________________________。

我的缺点：________________________________。

我看重的或在工作中追求的：________________________。

2. 我想做什么？请写出三个你对未来升学或就业的打算与设想。

很想从事________________________________。

其次可以从事________________________________。

也可以考虑从事________________________________。

3. 我能做什么？职业的定位归结于一个人的能力，而职业发展空间的大小则取决于他的潜力。请对自己的能力与潜力进行全面的总结。

我能做________________________________。

我也能做________________________________。

还可以做________________________________。

4. 环境支持我做什么？环境分主观环境和客观环境，主观环境如家庭支持（经济的、情感的、人脉的），客观环境如经济发展、行业和企业发展提供的职业机会、职业空间等。请对环境进行主客观分析。

家长希望我________________________________。

我自己希望________________________________。

主观有利条件________________________________。

客观不利条件________________________________。

5. 我最终选择的生涯目标是什么？请列出每一种选择的利与弊，试比较哪种选择自己想做而且又能够做、不利条件最少。

A 选择的利与弊：________________________________。

B 选择的利与弊：________________________________。

C 选择的利与弊：________________________________。

6. 最终确立的目标：__________________________。

### （二）SWOT 目标确立法

请用 SWOT 分析模型梳理信息，自助探索职业目标，如表 4-4-1 所示。

表 4-4-1　SWOT 分析职业目标

| | | |
|---|---|---|
| 内部个人因素 | 优势优点（strength）：包括性格优点、能力特长、兴趣爱好、知识经验等。 | 弱势缺点（weakness）：如尝试改变的态度，可优化的习惯，可提高的技能、知识、经验等。 |

（续表）

| | | |
|---|---|---|
| 外在环境因素 | 发展机会（opportunity）：包括行业发展，区域经济及其发展重点，学校拥有的无形和有形的条件及便利，家庭可提供的物质、情感、人脉等支持。 | 阻碍威胁（threat）：如可以避开的竞争，可以通过努力慢慢提高的职业能力等。 |
| 我最终确立的目标： | | |

## 第三环节　活动反思

开场白：目标是学习、生活和工作的方向。人生如果没有目标，去哪个方向都是逆行。让我们一起来回顾一下我们探索生涯目标的过程，看看我们收获了什么？

### （一）回顾

1. 事实层：在目标探索体验环节，你体验了哪一种目标确立法？你确立的目标是什么？确立目标的过程中，遇到哪些困难？后来是怎么克服的？

2. 感受层：在目标探索过程中，你有什么感受？在你以往的学习生活中，你有为自己树立目标的经历吗？

### （二）反思

1. 发现层：你觉得强化目标意识对你的学习和生活有什么意义？对你来说，学会五步目标确立法和SWOT模型分析法有什么意义？为什么？经过一个月的探索，你认为自己在目标意识和目标确立方法上，哪一方面改变比较大？

2. 未来层：①对于目标探索过程中遇到的困惑，你打算做些什么来解决？②作为一种很实用的工具，SWOT模型除了可以用来确立目标，还可以用它来做什么？

结束语：爱尔兰剧作家萧伯纳（George Bernard Shaw）说："人生的真正欢乐是致力于一个自己认为伟大的目标。"但是，很多人一辈子也没有找到这样的目标。或许是因为双眼被蒙蔽，或许是因为站的位置太低。当你还未找到目标的时候，个人成长就是你的方向，成长是目标探索的基础。

## 七、活动拓展

请根据小文的想法和老师提供的信息，为小文做一个 SWOT 模型分析，协助小文理清思路。

> 小文是某中职学校酒店服务专业的学生，性格活泼，外表清丽，父母是普通工人，家境一般。在校学习期间不愿意苦练技能，上课经常玩手机，课外热衷于参加学校的各种文体活动。班主任为此找她谈话，希望她重视学习和技能训练，她说她将来不会做伺候人的宾馆服务员，她的职业理想是当幼儿园老师，她喜欢和孩子一起唱唱跳跳。班主任告诉她如果要当幼儿园老师，首先必须接受幼师专业训练，考取幼师资格证。

## 知识小贴士

### （一）关于生涯目标

美国一家研究“成功学”的机构曾经长期追踪 100 个年轻人的生长、发展，直到他们年满 65 岁。追踪调查结果发现，这 100 个人当中，只有 1 个人很富有、5 个人有经济保障，剩下 94 人情况不太好，晚年生活拮据，应该算是失败者。而这 94 人之所以晚年拮据，并非年轻时努力不够，主要是因为没有选定清晰的目标。这个调查结果说明一个什么道理呢？说明一个人要获得成功，光靠努力还不够，还要有清晰的生涯目标。

那么，什么是生涯目标呢？根据舒伯对于“生涯”的概念界定进行引申，生涯目标是指一个人在一生成长发展的某个阶段内，在职业或个人角色范围所设定要达到的某种成就，如学习成长目标、职业目标、情感生活目标、人际关系目标、财富目标、健康休闲目标等在内的一切个人目标的总和。

为什么要树立生涯目标？生涯目标有什么功能呢？

确立目标对生涯发展具有重要意义。首先，目标具有定向作用。目标的定向作用表现在目标可以吸引人的注意力，使人不受与目标无关的事物的影响，专注于自己的活动。

其次，生涯目标具有激励作用，它是人的内心需要和行为动机的转换器，它能把人的需要转变为动机，促使人的行为朝着一定的方向努力。生涯目标能促使一个人不断努力以满足内心的需要。

再次，目标具有调节作用，有目标的人会将自己的行为结果与既定的目标相对照，调节自己的努力程度，目标难度越大，付出的努力越多；同时，也会对照目标及时进行调整和修正自己，摒弃无效策略，提出新的、有效的策略。

最后，目标具有生命赋能作用。目标的赋能作用就体现在当一个人遭遇各种挫折时，它也会赋予战胜困难的勇气和力量，坚持自己的选择。当一个人有明确的任务目标时，也就有了一个明确定义的成绩标准，只有在达到了这个成绩水平时，才会停止努力。所以，目标影响一个人对活动的坚持性。几乎所有成功的故事都在强调勇气和坚持，勇气和坚持从哪里来？只有当你知道目标在哪里的时候，你才能真正有勇气，才能真正做到坚持。

### （二）如何确立生涯目标

那么，如何确立生涯目标呢？一般来说，确立生涯目标有一个原则，即发展自我、贡献社会。有的人把证明能力、超过他人作为生涯目标，注重他人评价和社会比较的结果，认为成功的意义在于超越他人、证明自己。当他遭遇挫折时，往往产生焦虑、厌倦和羞耻感等消极情绪，表现出一种无助、无奈，进而放弃努力。因为一个人很难在频繁的社会比较中保持高度自信。而以发展自己、贡献社会为目标的人把掌握技能（如专业技能）、提高能力（如自我管理能力、可迁移能力）作为目标，认为成功的意义在于提高和超越自我，关心的是“提高能力、获取技能的最佳途径”。这样的人喜欢富有挑战性的任务，当遭遇失败时，他会朝着“策略是否正确、努力够不够”的方向反思，能够保持积极的情绪，专注于目标，坚持不懈。同时，个人要生存和发展也必须在社会范围和条件下才能实现。发展自我要以社会需要为前提，要服从社会发展的总体要求。离开社会需要的自我发展是没有发展空间的，也是没有意义的。例如，有些计算机人才，他们的生涯目标不是发挥自己的才能去服务、贡献社会，而是为了赚钱或追求名声或追求刺激变成邪恶黑客，给社会造成危害，他们的生涯发展是没有价值也没有空间的。

确立生涯目标的另一个原则是考虑目标的明确度和难度。例如，谈到生涯目标，很多人马上就想到当老板、赚钱、让自己和家人过上好日子。这样的目标既没有具体的内容，也没有具体的时间期限，这样的目标形同虚设。如果将生涯目标分解为一个个具体的学习目标、技能目标、能力目标，再把实现的时间期限设定为三至五年，这样的目标更有利于目标设定者了解自己的行为结果，并能减少行动的盲目性。从目标的难度来看，目标的难度对一个人的努力程度影响比较大。目标太低或太高，都可能导致没有足够的动力去追求、去实现。一般来说，有挑战性的目标更容易激发一个人的“斗志”，目标的达成度更高。但是，同样的目标对某个人来说可能是容易的，而对另一个人来说可能是难的，这取决于他们的能力和经验。“尽最大的努力去做”这样的目标表面看起来有难度，却没有什么标准来衡量自己到底怎样算是尽了最大的努力。所以，这样的目标虽有挑战性，但导致的结果并不理想。

虽然，目标对生涯发展非常重要，但是，要找到它却不是一朝一夕的事情。目标应该怎么确立呢？有没有什么规律可循呢？如果我们把目标比喻成藏在深宫中的宝藏，那么，通常你需要通过五道关，才能找到自己的目标。这五道关就是需要解决的五个问题，也称“五步法”。这五步指：我是谁、我想做什么、我能做什么、环境支持我做什么、我最终确立的目标是什么。“我是谁”是指对自己性格及优缺点的全面认识；“我想做什么”指自己内心需求或看重的东西或想要什么样的生活、从事什么职业；“我能做什么”指要清楚知道自己掌握的知识、技能，拥有的经历或经验以及在哪些方面有发展潜力，这是定位目标的根基；“环境支持我做什么”，环境包括国家政策制定、地域经济发展、行业发展、职业机会及发展空间等客观因素，也包括家人支持、家庭经济条件、社会人脉等主观因素。“我最终确立的目标是什么”，这个问题是建立在前四个问题的基础上，确立自己的目标。

我们还可以借助 SWOT 分析模型来帮助自己理清思路，如表 4-4-2 所示。

表 4-4-2　SWOT 分析模型

| | | |
|---|---|---|
| 内在个人因素 | 优势优点（strength）：你可控且可利用的内在积极因素。例如：<br>你喜欢做的事情？性格优点？<br>你的能力体现：曾经学习了什么？<br>曾做过什么？有哪些成功体验？ | 弱势缺点（weakness）：你可控制并努力改善的内在消极因素。例如：<br>你的性格有什么弱点？<br>经验或者经历上还有哪些欠缺？ |
| 外在环境因素 | 发展机会（opportunity）：你不可控制，但可利用的外部积极因素。例如：<br>社会环境对你想做的事情的支持，地理位置优越、专业发展带来的就业机会增加等。 | 阻碍威胁（threat）：你不可以控制但可以弱化的外部消极因素。例如：<br>高职专业或职业要求？主要的竞争者？<br>家庭经济、家人支持度？ |
| 最终选择的目标： | | |

生涯目标的确立是一个长期探索的过程，并非一蹴而就的，需要大胆地去探索、去尝试，并且也允许自己在这个过程中出现失误。重要的是要在实践的过程中不断地认识自己，发掘自己的潜能，不断地调整和完善生涯目标，更重要的是要脚踏实地，从一个个小目标开始，逐步通向大目标。

## 案例示析

### 明智的选择

江先生出生在福建一个贫困山区，小时候个子比较矮，在同龄人中很不起眼，父母都是农民，家里还有两个姐妹及一个患有疾病的弟弟，日子过得十分艰难。虽然，他的数理化成绩不错，中考时他还是没有选择高中，而是选择了地处省城的交通学校，希望早一点参加工作，跳出农门，挣钱养家。

进入中专，他制订的第一个职业生涯目标就是毕业留校。因为按照当时的政策，如果不留校，就意味着毕业后得回家乡工作。为了这个目标，他刻苦学习，苦练技能。经过四年的刻苦学习，江先生终于以全年级第一名的成绩留校任教，实现了他的第一个职业目标。由于学校重视提高教师专业水平，鼓励教师进修培训，工作第二年，他又给自己制订了第二个目标，考取本科。一年以后，他考取了省城的一所本科大学。由于交通学校的培养目标是培养桥梁、隧道工程技术人员，英语是“副科”，大家都不重视。但是，江先生认为随着我国改革开放的深入，英语必将逐渐成为一门必备的交际工具。他考入大学后，苦练英语口语。刚开始他找班上英语最好的同学互相对话练习口语，一个月以后，那位同学已经跟不上他了。毕业后，他又回到原单位工作。同年，他听说一些大型国企开始投标海外工程，需要一批既懂业务又懂英语的翻译，他到处打听，终于等到机会，他主动报名作为随队翻译派往东南亚。到了东南亚以后，由于他的特殊身份，他经常有机会参与公司的技术和管理决策，他发现自己在工程工地方面更能发挥自己的潜能。于是，他制订了自己的第三个职业目标，成为一个既有技术又懂管理的综合型管理人才。三年后，他毅然决然从交通学校申请调动，留在公司成为一名工程师。在45岁时，他达到了个人职业的巅峰，成为某集团有限公司的副总经理。他摆脱了贫困，并把父母接来城里同住，实现了个人和家庭的和谐发展。

**点评：**

1. 江先生在制定目标时，综合考虑了三个因素：自我因素、外在因素、自我与环境关系因素。中考时，受家庭经济条件的限制，他选择读中专，可以早一点就业，减轻家庭经济负担。但是，他选择时也结合了自己擅长的科目选择工程专业，这为他最后进入国家重点发展的工程建设行业奠定基础。同时，为了给自己争取更大的发展平台，他选择留校，这为他后来继续深造创造了有利条件，得到了单位提供的经费、时间上的支持。而且，地处省城，地理位置比较优越，学习资源、信息资源较丰富。

2. 江先生在进行职业目标定位时，目标明确、难度适中，时空跨度不大。从选择留校、进修本科到当随队翻译，每一个职业角色的跨度并不是很大，投入成本不高，在可承受的压力范围内，所以，达成度较高。

3. 江先生在制定目标时，将个人发展和单位、社会需求紧密结合起来。无论是学历进修、技能扩展（英语学习）还是跳槽到工程建设单位，都顺应了单位、社会发展需求，没有将个人发展与单位发展、社会需求对立起来，所以才有个人发展的空间。

# 活动二　规划职业

## 一、活动主题

千里之行，始于足下

## 二、活动背景

目标有定向和激励作用，目标不仅指明了前进的方向，还不断地提供动力，就像太阳给地球提供热量一样。但是，确立目标只是成功迈出了第一步，如何达成目标还有很长的路要走。其中，准确理解达成目标需要的条件以及如何创造达成目标条件是关键。处于青春期的中职生充满活力，他们憧憬未来并勇于行动，在老师的激励和引导下，热情地探索和确立生涯目标。但是，由于认知水平有限、人生经验不足，对现实困难预估不足，一旦在现实中遇到挫折，容易沮丧、放弃。教师需要创设情境，指导学生通过搜集、评估信息，分析达成目标的必备条件和要求，制订切实可行的行动计划，脚踏实地，一个一个地创造达成目标的条件，一步一步地靠近自己的生涯目标。否则，随波逐流，漂到哪儿算哪儿，永远到达不了目的地。

## 三、活动目标

1. 认识生涯规划，理解其重要意义；
2. 学会从五个要素考虑制订行动计划；
3. 增强生涯规划意识和生涯规划能力。

## 四、活动准备

1. 请准备毕业后继续求学的同学思考如何达成他们的升学目标；
2. 请准备毕业后直接就业的同学思考如何达成他们的职业目标。

## 五、活动时间

四周

## 六、活动过程

### 第一环节　生涯规划认知

（一）我的求学路

请准备继续求学的同学回答表 4-4-3 中的问题。

表 4-4-3　目标具体化步骤

| 问题 | 说明 |
| --- | --- |
| （明确）升学目标 | 报考学校、专业 |
| （澄清）目标意义 | 如果目标实现带来什么价值？他人会如何评价？自己如何评价？ |
| （了解）达成条件 | 考核科目、分数线、考录比例 |
| （盘点）拥有资源 | 需要什么资源，如心理支持、考试动态信息、复习指导、备考资料？已有资源？还需要挖掘的资源？ |
| （明晰）行动措施 | 信息收集（有关考试动态、复习资料、复习方法） |
| | 人际关系（多认识已经考上的学长，建立或加入备考群） |
| | 科目学习的精力分配（盘点优势、劣势科目，合理分配精力） |
| | 时间管理（学习管理方法，留出锻炼身体时间） |

**教师点评：**通过上述五个方面的梳理，可以让目标更明确，看到实现目标的价值，提升内在动力；评估目标与现实的距离，盘点资源，做好科学合理的规划，落实行动，创造条件达成目标。

（二）生涯规划的意义

**1. 准确评估达成目标的条件和要求**

生涯规划可以明确自我现状与目标的距离，了解达成目标需要完成的任务（这些任务也可以理解成一个个小目标，如图 4-4-1 所示），预估可能遇到的困难，寻求可调配的资源，并有针对性地提升、完善自我。

图 4-4-1　目标分解

**2. 强化完成计划的责任感和动力**

生涯规划对行动时间和行动内容做出安排，便做出了承诺，在完成目标的过程中会变得更有责任感。所以，生涯规划还能起到自我监督作用。

### （三）六步职业规划制订法

第一步：明确职业目标。例如：经过探索，确立职业目标是将来做酒店大堂经理。

第二步：理解需要达到的条件，详见表 4-4-4。

表 4-4-4 宾馆大堂经理岗位条件

| 条件 | 说明 | |
|---|---|---|
| 学历 | 一般大专及以上学历 | |
| 经验 | 数年酒店的从业经验，熟悉酒店业服务的运作和管理 | |
| 个性 | 具备良好的气质，有很强的服务意识和责任心，能承担较大的工作压力 | |
| 能力 | 组织管理能力 | 大堂经理肩负着管理、监督酒店工作质量的职责，因此大堂经理的组织能力和领导能力格外受到关注 |
| | 应变协调能力 | 大堂经理需维护大堂秩序，处理客人投诉，处理突发事件。需要较强的人际沟通能力和调动相关资源的能力 |

第三步：采用的策略。例如，为了达成职业目标——酒店大堂经理，一边从事酒店服务工作以积累工作经验，一边业余进修以提升学历，全面提高职业素养。

第四步：预计可能遇到的挑战以及将采取的应对措施。例如，可能遇到的挑战是学历低，在求职时没有优势；文化基础薄弱、见识浅，人际沟通能力受限。应对的措施是提升自我管理能力，针对性地提高职业能力，以时间换空间。

第五步：需要用到的资源及可供支配的资源。例如，家庭的支持、品牌学校效应、优秀团队合作学习经验、优秀企业的管理经验……

第六步：列出完成短期目标和长期目标的时间表。例如，以第一个五年计划为例，做如下安排——

第一个五年计划：大专毕业，成为“一专多能”的优秀毕业生（表 4-4-5）。

第二个五年计划：进入酒店行业

第三个五年计划：成为宾馆大堂经理。

第七步：评估与调整。计划执行一段时间后要进行检验，看看效果如何？是否需要做适当调整？如何完善？

表 4-4-5　全面提升行动计划

| | 目标 | 措施 |
| --- | --- | --- |
| 第一个五年行动计划 | 夯实文化基础 | 1. 学业成绩达到优良，广泛阅读（名著、专业书、大众类畅销书）<br>2. 考取大学英语四级、情景英语 A 级证书<br>3. 学好信息技术，通过考证督促自己全面提升信息能力<br>4. 加入文学社、读书社，开阔视野，提升写作能力 |
| | 苦练专业技能 | 1. 充分利用高职专业实训资源，强化专业技能<br>2. 利用寒暑假去打工，提高人际沟通能力和实践能力<br>3. 运用酒店管理专业技能，参加志愿服务，提升服务意识、责任意识<br>4. 利用实习机会，熟悉工作流程，了解岗位要求，积累工作经验 |
| | 自我管理 | 1. 坚持美术特长，继续学习素描，考取十级证书<br>2. 每周坚持两天打羽毛球、三天游泳来增强自己的体能<br>3. 利用网络课程学习礼仪课程、形象塑造<br>4. 从学长开始，多结识酒店行业的从业者，建立人际关系 |

## 第二环节　职业规划体验

（一）中职毕业后，或升学或就业或创业。请写下自己确立的职业目标或求学目标或财富目标，然后，综合运用网络搜索、咨询、访谈等途径搜集相关信息，按照要求完成以下任务。

1. 我的目标：________________________________。

2. 写下达成目标需要具备的条件：

条件（1）：________________________________。

条件（2）：________________________________。

条件（3）：________________________________。

3. 将采取的策略：

策略（1）：________________________________。

策略（2）：________________________________。

4. 预计可能遇到的挑战：

可能遇到的挑战（1）：＿＿＿＿＿＿＿＿＿＿＿＿＿＿＿＿＿＿＿＿＿＿＿＿。

可能遇到的挑战（2）：＿＿＿＿＿＿＿＿＿＿＿＿＿＿＿＿＿＿＿＿＿＿＿＿。

可能遇到的挑战（3）：＿＿＿＿＿＿＿＿＿＿＿＿＿＿＿＿＿＿＿＿＿＿＿＿。

5. 将采取的应对措施：

措施（1）：＿＿＿＿＿＿＿＿＿＿＿＿＿＿＿＿＿＿＿＿＿＿＿＿＿＿＿＿＿＿。

措施（2）：＿＿＿＿＿＿＿＿＿＿＿＿＿＿＿＿＿＿＿＿＿＿＿＿＿＿＿＿＿＿。

6. 已有可供支配的资源：

可供支配的资源（1）：＿＿＿＿＿＿＿＿＿＿＿＿＿＿＿＿＿＿＿＿＿＿＿＿。

可供支配的资源（2）：＿＿＿＿＿＿＿＿＿＿＿＿＿＿＿＿＿＿＿＿＿＿＿＿。

7. 行动时间安排表：

由同学们根据个体情况自行绘制。

（二）请将生涯目标确立为求学目标、职业目标、财富目标的同学分别交流他们的探索结果。

……

## 第三环节　活动反思

开场白：“千里之行，始于足下”。让我们来看看，迈出第一步后，我们收获了什么？

### （一）回顾

1. 事实层：回顾整个探索过程，给你印象最深的是哪个环节？你是通过什么渠道了解达成目标必须达到的条件和要求的？你依据什么来制订策略？这个过程你考虑了哪些可调用的资源？你从同学交流的探索结果中获得什么或者发现了什么？

2. 感受层：你有什么感受？联想到什么？过去有没有类似的制订计划的经历？

### （二）反思

1. 发现层：这个探索活动对目标和规划的关系有什么体会？都说计划赶不上变化，你认为计划有用吗？为什么？你认为一个好的行动计划具备什么特点？

2. 未来层：以后制订行动计划，你会考虑哪些问题？在执行行动计划时，你会注意哪些问题？

结束语：感谢大家的参与和分享！我为你们的表现感到骄傲！让我们用李大钊先生的名言“不驰于空想，不骛于虚声”共勉！

## 七、活动拓展

请根据学到的知识，写一份生涯规划书。生涯规划书一般包括序言、自我分析、环境分析、目标定位、行动计划和评估调整。

### 知识小贴士

#### （一）关于生涯规划

通俗地解释，职业生涯规划就是一个人在对自己职业生涯的主客观条件进行测定、分析、总结研究的基础上，确定其最佳的职业奋斗目标，并为实现这一目标做出具体可行、行之有效的安排。而这个为实现目标做出的具体的安排也叫行动计划。没有行动计划支持的生涯目标往往成为水中月、镜中花。制订行动计划是决定行动步骤的过程，是生涯规划的重要组成部分，有时也称规划。

为什么要做职业生涯规划？我们经常会听到这样的感慨：这个世界变化太快了，计划赶不上变化，计划有什么用呢？的确，个人不断成长，环境因素也在不断变化，漫漫人生路充满了不确定性。我们无法预测明天会发生什么，但是，生命中毕竟还有许多东西是我们可控的，比如，职业意向是受个人支配的，职业能力是可以通过努力达到的。生涯规划不只关注个人本身，也关注职业世界的各种现象，通过探索发现自我理想与职业环境之间的矛盾。只要把握这些可控的因素，主动调节自己的行为以顺应世界的变化，在人生的各个拐弯处抵制住诱惑，消除迷茫，通过不断努力，在人生的不同阶段都可以活出自己的精彩。而没有规划的人生就像一只单调乏味的钟摆在无聊与痛苦之间来回摆动。

每个人都有或大或小的梦想，但是，真正能实现自己梦想的人少之又少。究其原因，一是通往梦想的道路处于一片混沌之中，难以辨别；二是自身能力和资源匮乏，无法支持自己追逐梦想。生涯规划通过对生涯目标进行分解、对现状进行评估，找到自己欠缺的部分，寻求可供调配的资源，并有针对性地提升自我，不会过度偏离梦想，确保以最小的损耗达到最好的效果。

行动计划在促成行为变化方面至少有两个作用。首先，行动计划要求清楚地说明希望完成的任务以实现目标。当一个人有特定的、具体的目标时，更容易做出努力，产生明显的行为变化。当把为实现目标而需要完成的任务写下来，便做出了承诺，在完成目标的过程中会变得更有责任感。其次，行动计划能够预见问题和确定资源。行动计划通过预先想到可能的挑战，进行分解评估，找到自己欠缺的部分，有针对性地提高和完善。同时，努力建立起支持系统，以便在需要时能够为自己提供帮助。

### （二）制订行动计划

如何制订行动计划？行动计划应包含哪些要素？行动计划的内容可能千差万别，但有些要素是所有行动计划都具备的。一般说来，行动计划包括五个要素，即要实现的目标、为实现目标需要完成的任务和采取的策略、可能面临的挑战及解决办法、需要用到的资源和可供支配的资源、进度安排时间表，详见表 4-4-6。

表 4-4-6　行动计划表

| 要素 | 特征说明 |
| --- | --- |
| 目标 | 目标要明确而富于挑战，但不至于太难，应当通过努力可以实现。<br>目标最好设定在掌握技能、提高能力方面。 |
| 任务和策略 | 任务其实就是创造实现目标所需达到的条件。<br>策略就是为创造所需达到的条件制订的若干应对方案。 |
| 挑战及解决办法 | 明确可能遇到的困难。确认哪些是可以改变的，哪些是不能改变的，不能改变的就随它去。列出可以改变的，从难到易排列其困难度，可以立即采取行动解决容易的，然后，再解决难度大的。 |
| 资源 | 思考自己有过哪些成功的经验可以迁移到当下任务？谁可以帮助自己达到目标？什么人已经达成目标，可否向他/她学习？而获得家人的支持也是快速达成目标的有效动力。 |

（续表）

| 要素 | 特征说明 |
| --- | --- |
| 进度安排时间表 | 为行动计划的实施制订一个进度安排时间表，是获得成功的基础。<br>时间表至少应该包含每个任务的完成时间，把重要的日期记录在电子或纸制日历上，有助于行动计划按计划实施。 |
| 评估与反馈 | 按照目标和计划采取行动一段时间后，需要评估行为的效果，看看是否达到了预期效果？看看目标是否可行？是否现实？看看遇到了什么问题和障碍？如果执行不顺利，可以做适当调节应对策略和制订新的行动方案。 |

制订计划的第一步是明确目标，并把目标写下来。写下目标有助于促进目标制订者去做他们想做的事情。“目标十问法”帮助自己明确目标：为什么要达成这个目标？达成这个目标使我更快乐吗？会使我更加健康吗？会使我富足吗？会使我更有安全感吗？会使我和别人相处得更愉快吗？如果未达成目标有什么后果？试着回想那些半途而废的经历，是什么阻碍了你？如果失败了，可能会发生的最糟糕的事情是什么？如果它们发生了你应该如何应对？这种做法可以帮你建立信心，让你相信，自己对可能发生的后果有了掌控感，打破自己总是半途而废的恶性循环。

第二步，将达成目标需要达到的条件一一写下来。例如，假设你的目标是三年后做到某个职位，年薪达到某个数量，接下来便把这个职位需要具备的知识和能力等所有条件详细列出来；然后，对照这些条件，看看自己具备哪些条件，还缺乏哪些条件。

第三步，仔细想想，如果要实现这些条件，最大的障碍是什么？需要用到哪些资源？障碍有些来自自身，有些来自外界。这些资源一般是指信息、知识方面的。而个人、团队、组织也可以成为可利用的资源。环视周围，看看家庭、学校、亲朋好友谁能提供帮助？

第四步，把每一个需要完成的任务写下来，针对每一个任务，制订具体措施，包括所需完成的所有任务的时间进度安排表。

第五步，评估与反馈。计划虽然是经过个人深思熟虑制订的，但是在执行的过程中，可能会发现有些不合理的地方或者还有完善的空间。而且，计划赶不上变化，这里的变化既有人的变化也有环境的变化。所以，要不断对自己的行动计划进行评估和修订，使行动计划更合理。

## 案例示析

### 让梦想插上翅膀

……

三、自身条件与高级导游（职业要求）的差距

经过三个学期的学习，我进步很快，学习主动性增强了，语言表达能力有了很大的提高。但是，想成为一名合格尽责的高级导游，我还有很多不足。

1. 学历和证书。做一名高级导游一般要大专以上学历，并要有高级导游证书、二级甲等普通话证书、英语导游证书，这是“标配”。我需要努力迈进通往目标的门槛。

2. 不能吃苦耐劳。导游虽然可以在工作之余欣赏到大自然的美景，但往往夏天要暴晒冬天要受冻，常常要连续工作，不能正常休息。我在这方面还不够，需要历练。

3. 管理协调能力弱。导游要保证所有的游客安全顺利，让顾客跟上导游的节奏，满足客户个性化的需求，遇到问题要能协调解决。

4. 随机应变能力不强。带团出游，可能会出现各种突发情况，导游要能在第一时间快速反应并把事情妥善解决，不要让游客有不满情绪。

5. 心理素质要加强。导游的工作即使很努力，也不可能让所有游客都满意，在工作中会遇到不同程度的困难和挫折，需要保持良好的心态来应对。我还需要在生活中有针对性地磨炼自己，提高心理素质。

6. 人际交往能力。导游还要学会推销，才能保证有团可带，完成业绩。高级导游需要会建立和维护人际关系，有较强的人际沟通能力。

四、制订发展措施

第一阶段：完成中专学业行动计划如表 4-4-7 所示，参加对口高考，考上本科院校。

表 4-4-7 中专学业行动计划表

| 年级 | 任务 | 主要措施 |
|---|---|---|
| 一年级 | 加强夯实文化基础，语、数、英每科成绩达到优良；增强体质，提高人际交往能力。 | 上课专心听讲，课前预习，课后及时复习，按时完成作业，虚心请教；每天花 1 个小时学习英语，练好普通话；加强体育锻炼，积极参加第二课堂等活动。 |

（续表）

| 年级 | 任务 | 主要措施 |
| --- | --- | --- |
| 二年级 | 巩固、提高文化课和专业课，增强自己的职业技能。 | 制订学习周计划和月计划；加强职业礼仪和形体训练；积极参加学校社团活动和志愿者服务活动，丰富知识结构，增强人际交往和沟通能力。 |
| 三年级 | 复习对口升学考试课程，加强技能测试课程的实际操作。 | 上好复习课，强化知识重点，针对薄弱知识环节，查缺补漏，不随意上网，熟悉考试题型，熟练掌握导游技能测试的各项要求。 |

第二阶段：获得大学文凭，取得初级导游证。

进入大学，我要融入新的学习环境，学习专业知识丰富自己，学好《旅游政策法规》《旅游心理学》和《旅行社经营与管理》等基础专业课程，苦练技能，通过大学英语四级考试，获得初级导游证书。积极参加课外活动和技能大赛，假期在旅行社实习，听取游客反馈意见，总结得失，积累工作经验，毕业后更好地在工作岗位上服务游客。

第三阶段：进入社会，努力工作。

大学毕业到旅行社当一名导游，用渊博的学识、风趣的语言、微笑周到的服务赢得客户的满意和同行的赞许。在工作中学习，虚心向同行请教，和他们建立良好的人际关系，丰富自己的社会阅历和经验，尽快考取高级导游证书。

第四阶段：40 岁后，开一家小型旅行社。

40 岁后，利用积累的工作经验和当导游时建立的人际关系，开设一家能为广大游客提供全方位服务的优质的小型旅行社，把满意的服务和游玩的快乐带给大家。

五、规划的评估与调整

在目标实现的过程中，我会根据自己的计划，制订阶段评估方案，督促自己不断努力，力争实现目标。但是，现实是未知多变的，制订出的目标计划随时会遭遇问题而不能如意，如果某一阶段目标不能实现，我会仔细分析原因，找出差距，遵循实事求是、与时俱进、客观、全面、细致的原则，及时做出调整。做到每学期一小结，及时弥补，一年一次总结，做出调整，每三年全面检查评估，增减难度。

案例来源：http：//www. moewmfc. org/cms/shtml/8/news/201805/n3049. shtml，引用时进行了改写。

点评：

《让梦想插上翅膀》的作者制订的行动计划思路清晰，操作性很强。首先，目标非常明确，有激励性和现实性。这个目标是建立在对自我和环境有了非常清晰的了解的基础之上的，既有长远目标又有阶段性目标。其次，发展措施具体可行。作者通过比较自身条件和目标职业要求的六个方面的差距，制订发展措施。发展措施针对性强，发展措施切实可行，既有知识积累、能力训练、社会实践，又有个性调适、体能提高。再次，作者围绕职业能力要求的同时，对规划有管理、有调整。不足之处是对可能面临的挑战认识不够，需要的资源及可供支配的资源都认识不足，所以，规划管理的措施就不够具体。

规划赶不上变化，生涯之学是应变之学。写规划不是只看规划写得有多规范、合理，关键是要培养规划意识、应变能力和寻求发展资源的能力。

# 活动三　备战实习

## 一、活动主题

未雨绸缪，完胜实习

## 二、活动背景

顶岗实习是中职学生到企业相应实习岗位相对独立参与实际工作的活动。顶岗实习是中职学生走出校门、踏入职业世界的第一步。顶岗实习作为学习与工作的缓冲，往往被看作是一个人职业生涯的起点，在职业生涯中具有非凡的意义。一般情况，学生去企业顶岗实习实行双向选择。所以，一次实习岗位的落实也是一次求职的演习。学校需要开展任务引领式的求职培训活动，指导学生从心理、信息、展示三方面做好充分的准备，提高求职能力，为找到发展自我、服务社会的舞台和促进职业发展打下良好的基础。

## 三、活动目标

1. 认识顶岗实习及其重要意义；

2. 学会从心理、信息、展示三方面做好实习准备；

3. 增强顺利完成顶岗实习任务的信心。

## 四、活动准备

向学校实习管理部门或者学长了解实习岗位落实流程，如是否双向选择、有多大选择自由度、是否需要面试，一般有哪些企业过来招人，企业一般怎么评价、有哪些要求等。

## 五、活动时间

四周

## 六、活动过程

### 第一环节　实习认知

（一）看图说话

图 4-4-2　招工—求职

1. 从图 4-4-2 你想到什么？

**提示：**

（1）一边是求职难，找不到合适的工作；一边是招工难，招不到合适的员工。求职者和雇主之间信息渠道不通畅，互相不了解。

（2）求职者没有学到实用的知识和技能，人—职不匹配。

（3）求职者职业定位不准确，高不成低不就。

（4）求职者求职能力（主要是自我展示能力）不强。

2. 如何避免遭遇此种现象？

**提示：**在工作实践中认识自我和环境，准确定位；在实践中提高自己的求职能力；在工作实践中学习，在职业世界中摸爬滚打，逐步形成自己的核心竞争力。

### （二）认识顶岗实习的价值意义

1. 增长知识，扩大视野；
2. 岗位实践，历练技能；
3. 适应社会，学会交往；
4. 认识自我，清晰定位。

### （三）顶岗实习前的准备

1. 心理准备：积极重视、独立思考；
2. 信息准备：个人信息、岗位信息、求职信息及法规政策信息；
3. 展示准备：书面展示（简历、求职信的写作与制作）和面对面展示。

## 第二环节　求职体验

### （一）顶岗实习求职简历

基于“人—职匹配”理念，主要通过简历表达清楚我是谁、我想做什么、我能做什么、我能做到什么程度及我是怎么做到的，目标是让招聘者多了解，找到合适的岗位。详见表 4-4-8。

表 4-4-8　顶岗实习求职简历

| | | | | | | |
|---|---|---|---|---|---|---|
| 基本信息 | 姓名 | | 性别 | | 出生年月 | |
| | 民族 | | 籍贯 | | 政治面貌 | |
| | 身高 | | 健康状况 | | 联系电话 | |
| | 家庭地址 | | | | 邮编 | |
| 应聘岗位 | | 岗位 1 | | | 岗位 2 | |

（续表）

| | | |
|---|---|---|
| 获得证书情况 | 专业技能证书 | |
| | 其他技能证书 | |
| 社会经历 | 学生社团活动 | |
| | 社会实践活动 | |
| | 兴趣爱好活动 | |
| | 学生管理活动 | |
| 奖惩情况 | | |
| 个性描述 | | |

### （二）求职信

求职信的功能是运用简洁流畅的语言概述求职愿望、对职位的理解及展示礼仪素养。它是对简历的一个补充，从另一个角度展示自己的表达和思维能力。请在简历内容基础上，撰写一封求职信（表 4-4-9）。

表 4-4-9　求职信

| 求　职　信 |
| --- |
| 称呼：<br>　　1. 交代应聘缘由（信息来源）和写信目的（应聘岗位）。<br>　　2. 介绍自己的身份和基本情况。<br>　　3. 介绍学业成绩和所获荣誉。<br>　　4. 介绍自己的能力、特长和性格特征。<br>　　5. 陈述获准录用后的打算。<br>　　6. 结尾再次强调求职愿望或希望对方给予答复的期盼，一定要告知对方自己最佳的联系方法。<br>　　此致<br>敬礼<br>求职者姓名<br>年　月　日<br>附件：<br>…… |

（三）面试模拟训练

面试准备基本准则——STAR 原则，即 Situation（情景）、Task（任务）、Action（行动）和 Result（结果）。创设情境，明确所执行的任务与角色，通过提问—回答模式，表达自己的态度、价值观，证明自己完成过岗位相关任务并具备该岗位所需要的相应能力。

1. 分组、分角色——面试官、求职者、观察者。
2. 准备面试——情景设定、任务分配、解构问题。
3. 实施行为面试——尽可能维持可信性，观察事实记录。
4. 报告面试情况——什么是容易的？什么是不容易的？什么让你觉得不舒服？你学到了什么？

**参考问题：**①请用三分钟自我介绍一下？②谈谈你的家庭情况？③你的优势和劣势是什么？怎么应对挫折？④你对加班持什么态度呢？⑤你有什么业余爱好？⑥你参加过什么社会实践活动？你打过什么工？有什么收获？⑦你期望什么样的待遇？

## 第三环节　活动反思

开场白：过去的四周，我们体验了求职—招聘，你们的表现非常棒！相信你有不少的发现和收获，让我们一起来梳理一下探索活动，看看收获了什么？

（一）回顾

1. 事实层：回顾你的整个实习准备过程，给你印象最深的是什么？心理调适、信息收集、展示准备，你做了哪些准备工作？遇到什么困难？你是如何克服这些困难的？团队是如何合作的？

2. 感受层：在实习准备过程中，你有什么感受？哪个环节体验到自信或沮丧？过去有没有类似的经历？

（二）反思

1. 发现层：这个实习准备过程对你意味着什么？你在准备过程中对自己有没有新的发现（如有哪些优势或不足）？你认为哪个环节的准备工作你做得比较好？做得不够好的是哪个环节？原因是什么？

2. 未来层：这个活动过程让你对求职准备有什么新的看法？将来面对重要选择或者承担重要任务你会怎么做？对于还没有想清楚或了解清楚的问题，你打算做些什么来解决？

结束语：求职能力是信息社会职业人必备的基本技能，求职能力是认识自我、了解环境以及表现自我能力的综合体现。机会往往是留给有准备的人，准备得越充分就越有希望！

## 七、活动拓展

请班主任老师推荐一两个优秀学长，向他们了解顶岗实习前做了哪些准备，了解他们对顶岗实习经历的评价。

### 知识小贴士

（一）认识顶岗实习

大多数三年制中职学校实行“2.5+0.5”教学模式。顶岗实习中的学生具有学生和企业员工双重身份。学校组织学生顶岗实习的目的是将学到的理论知识运用于实际工作中，以便检验其学习效果，锻炼实践能力和工作能力。其实，顶岗实习的重要意义远不止这些，它还有如下重要意义。

第一，增长知识，扩大视野。在实习过程中，学生可以清楚地看到书上的理论是如何应用于实践的，加深专业认识。通过实习，学生可以熟悉工作环境，为以后走上工作岗位积累一定的知识与经验，也可以比较全面地了解公司的组织架构、职能部门和经营业务。

第二，适应岗位，历练技能。学生经过顶岗实习，了解了职业技能要求，增强了岗位意识、职业责任感、磨砺提升职业技能水平。同时，了解了企业的管理模式和企业文化，为日后就业奠定基础。所以“顶岗实习”兼顾“教学”和“就业”两大功能。

第三，适应社会，学会交往。通过顶岗实习，可以结识很多同事和朋友，了解同事之间、员工与上司之间人际关系的特点，在工作中提高人际交往能力。同时，还可以在工作中接触到各种各样的社会人，更深入地了解社会，并慢慢融入社会，增强对社会的适应性。

第四，丰富体验，认识自我。通过顶岗实习有助于辨别自己对于一个工作及其环境是虚拟的幻想还是真实的喜欢，这有助于职业方向的选择。同时，也有助于认清自身与职业化要求的差距，对个人职业生涯规划和职业生涯发展起着重要的作用。

### （二）认真准备实习

实习前主要做好心理、信息、展示这几个方面的准备。

#### 1. 心理准备

面对顶岗实习，中职生一般有三种心理状态。

（1）积极心理：有的中职学生心态比较平和，生活态度比较务实，接受自己在文化基础学习上的弱势。但是，他们思想活跃，动手能力较强，期待走出校园后，在另一片天地里实现自己的价值。他们接受老师的指导，认真做好实习准备，顺利地找到比较满意的实习岗位，在职业世界为自己赢得新的起点。

（2）依赖心理：有的中职生，在学业上缺乏成功的体验，不够自信，对自我认知和自我发展缺乏独立思考，把选择权交给学校、老师，有的甚至由家长出面与实习单位洽谈。当在实习岗位上遇到挫折或者发现自己的岗位不如同学的“好”时，不反省、不积极寻求改变，而是采取消极抵触的态度，导致职业生涯发展之路越走越窄。

（3）冷漠心理：有的中职生在成长过程中因各种原因多次受到挫折而感到对自己的未来无能为力，经常出现得过且过、不思进取、情绪低落等反应。他们对待生活的变化从来不主动去适应、主动去选择，当失败成为常态时，他们变得对任何事情都抱着冷漠、无所谓的态度，这样的人是没有未来的。

心理准备是战胜挫折的重要精神支柱，良好平和的心态、奋斗不止的信念、坚持到底的毅力对克服困难有着极其重要的支撑作用。学会正确把握自己，处理好自我与环境的关系是迈好职场第一步的关键。

**2. 信息准备**

信息是实习准备的方向。信息包括个人信息和企业/岗位信息及相关的法律信息。

梳理个人信息与搜集企业/岗位信息同等重要、同时进行。顶岗实习是双向选择，学生既要向企业展示个人信息，便于企业了解自己，同时也要尽可能多了解企业和岗位信息，便于双方做明确的选择。个人信息主要包括个人基本状况（如年龄、性别、家庭、专业）、个人动力特征（所能、所有、所想，包括职业兴趣、职业能力、职业性格、职业价值观等）、社会经历（主要指课外参与的社会实践活动、学生社团活动，或者参与的班级或学生管理活动）。企业信息包括企业文化、发展历程、管理规范、考勤纪律等。岗位信息主要指目标岗位的职位描述。

了解法规政策信息。学生在顶岗实习过程中兼具学生和劳动者双重身份，要乐于接受学校和企业的双重管理。根据权利义务对等的原则，实习生需要了解与自己相关的法律法规。主要包括《职业教育法》《保险法》《未成年人保护法》《劳动与社会保障法》及教育部颁发的《职业学校学生实习管理规定》中与个人相关的规定，增强自我保护意识。

怎样收集和分析信息？实习前，学校一般会组织开展实习教育，这是同学们获取有关实习信息的最好机会。同时，还可以向实习管理部门老师、专业部主任、班主任老师及家人、朋友、学长校友等咨询。

**3. 展示准备**

向实习单位展示个人的特点和优势，以获得满意的实习岗位。展示包括书面展示（简历、推荐表、自荐信）和面对面交流展示。

1）简历的一般制作

（1）制作简历前的准备

制作简历之前要先了解企业选人的基本条件，这样制作简历就有了方向和原则。一般说来，企业选人有三个标准，即态度、能力、适应。

态度：考察做事、做人是否积极、真诚、有责任感、有合作精神等。而为了确保态度的真实性，企业还要了解个人对企业和岗位、工作环境等是否了解。

能力：考察个人有没有能力完成该职位应该承担的任务。企业会从知识、学历、专业技能证书、培训、实习、实践活动、校园管理经验（如班干部经历）等方面进行考察。

适应：考察个人的适应能力、应变能力、独立能力、合作协调能力等。企业会从性格、个人目标、人际沟通能力、情绪控制等方面进行考察。

当对上述问题有清晰的认识后，就可以根据目标岗位的要求，有针对性地把自己介绍给企业，帮助企业认识、了解自己。

（2）简历的基本内容

一般而言，简历内容通常包含以下项目，如表 4-4-10 所示。

表 4-4-10　实习简历内容

| 内容项目 | 说明 |
| --- | --- |
| 我是谁 | 个人信息、联系方式，如姓名、性别、年龄、通信地址及联系电话 |
| 我想做什么 | 求职目标（不超过 2 个），如什么类型公司、什么部门、哪类职位 |
| 我能做什么 | 教育背景（学校、专业、培训情况） |
| 可以做到什么程度 | 技能证书、获奖情况（作品或竞赛成绩） |
| 佐证我是做得到的 | 兼职、打工、社团活动、学生工作经历、志愿者服务等 |
| 兴趣与休闲活动 | 日常休闲、娱乐活动 |

2）求职信的一般写法

（1）求职信的功能

求职信是对简历的一个补充，能够表现求职者的文法、写作能力。

（2）求职信内容

一份标准的求职信应包括以下几个方面的内容：

① 写求职信的理由，得悉招聘信息的途径，加入该单位的原因，申请的职位；

② 自我介绍，说明自己为什么适合申请该职位，能为未来雇主做些什么；

③ 简明突出自己的相关实力，即为什么比别人更适合这个职位；

④ 强调自己所受过的培训、经历、技能和成就；

⑤ 结尾段落留下联系电话或地址，并对阅读者表示感谢。

（3）写求职信的注意事项

① 求职信要短，言简意赅；

② 不宜有文字上的错误；

③ 要有针对性和个性化；

④ 语义明确，不会产生歧义；

⑤ 如果书法很美，就不要用电子版。

3）面试的技巧

（1）面试者的选人原则

一般来说，面试选人的依据有三个：

① 做得了这个工作吗？对应聘者的知识（包括专业知识、综合知识）、能力（包括专业技能和非专业能力）的了解；

② 愿意做这个工作吗？了解应聘者的态度、应聘者的要求、应聘者对岗位和企业的了解；

③ 和其他人比较起来如何？优胜劣汰、优中选优。

（2）影响面试成效的因素

包括准确清晰的自我定位，以及形象、礼仪、谈吐等。

**外观形象**：第一印象很重要，要注意个人的容貌和服饰。容貌方面，重点关注合适的发型并保持全身干净整洁。服饰方面可以考虑穿正装，衣服熨整齐，不要皱巴巴的。

**礼仪素养**：总体要给人落落大方、脚踏实地的印象，不要毛毛糙糙的。一要注意站立等待、商谈的姿势；二要注意座位的入座方法；三要注意递交简历的方式，要双手递交。

**人际沟通：**沉着、冷静回答问题，回答问题时要从容不迫，眼睛保持一定的对视交流，脸上始终保持微笑。对面试官提出的问题要先思考再回答。为了确保面试时有个良好的表现，需要进行模拟训练。

（3）面试的沟通准备

一般情况，面试可能会涉及这几个话题，可以提前准备。

**自我介绍：**这是面试官最喜欢提的问题，因为这个问题能快速了解应聘者，同时，也成为更深入面谈的开场白。首先，这个问题能测试出应聘者的自我认识能力；其次，这个问题还能测出应聘者的表达能力和思维的条理性；最后，这个问题还能测出应聘者的抗压能力。

两分钟的自我介绍，犹如商品广告，应聘者要在有限的时间内，针对“客户”的需要，将自己最美好的一面，毫无保留地表现出来，不但要给对方留下深刻的印象，还要即时引发起“购买欲”。

应聘者自我介绍的内容要与个人简历相一致，但避免像编年史那样重复；表述方式上应尽量口语化，要切中要害，强调相关内容，不谈无关、无用的内容；条理要清晰，层次要分明；事先最好以文字的形式写好背熟，以免紧张时语无伦次。

**独特性：**考察应聘者对自我的认识能力和自信心。例如，了解一个人是如何对待自己的缺点的，能否认识并接纳自己的缺点，是否愿意积极改善自己的缺点；在面对挫折时又是如何表现的，能否正确看待挫折，是否从挫折中吸取教训。中职毕业生在学历和社会经验上没有优势，则可以向企业展示个性上的优势和动手操作能力。例如，有坚持比较长久的业余爱好，尤其是球类运动、社团活动这样的群体活动，业余爱好能在一定程度上反映应聘者的性格、潜能。还有课外参加的工学活动、假期打工，也能展示一定的适应能力和积极的生活态度。

**待遇问题：**这是一个非常敏感的问题，作为实习生，应采取保守的态度为妥，以学习技能、积累经验为重，薪资不是最重要的考虑。但是，人身安全与生命健康需要有保障。至于其他事项，企业一般在招聘前就会事先说明生活补贴、工作时间等，没有多少讨价还价的空间，工作时间只能了解，作为选择的参考。当然，还可以了解一下上班地点、具体岗位要求等。

总之，成功的面试取决于准确、清晰的自我定位，有针对性的、充分的准备，成功展示最真实的、最好的自我。

## 案例示析

### 一波三折的顶岗实习

小刘毕业于上海某职校会展专业。在校期间她表现非常出色，不仅成绩名列前茅，而且担任学生干部。她经常参加学校组织的各种活动，社交能力得到了很大提高，老师们都很喜欢她。临近实习，有的同学忐忑不安，有的同学认真准备。小刘一开始也有些紧张，同学都说：你成绩这么好，又是班干部，你要是不行，我们恐怕都没“活路”了！她听了同学们的话以后，觉得有道理，变得淡定了，认为凭着自己的条件，肯定能挑一挑实习单位。学校推荐她去市里一家有名的会展服务公司实习，实习岗位是销售助理，很快她就收到了这家公司的面试通知。

小刘如约参加了面试。面试一开始，主管就请她首先做自我介绍，小刘只用了不到半分钟时间介绍自己的姓名、学校、专业，就说不下去了。经理接着说：“我看你简历上写着你参加过很多活动，请给我们说说吧。”小刘回答：“就是简历上写的那些。”经理稍微皱了皱眉说：“你认为自己有什么优点和缺点？你对会展企业员工的工作状态了解吗？”小刘本来就对经理的这两个问题思考、了解不多，看到经理皱眉，心里一慌张，更是语无伦次，面试结果可想而知。老师在替她感到惋惜的同时，又推荐她去应聘另一家会展公司的销售助理。小刘接受教训，认真准备起来，最后终于如愿以偿。

小刘很珍惜这个实习岗位，非常努力，上手很快，她的努力也得到了同事的认可。半年后，小刘发现销售这个职业门槛很低，但不是人人都适合做，它对社交能力和人际沟通能力要求很高。而自己在社交方面并不是很突出，她开始思索自己的职业前景。她把自己的思考告诉了老师，老师推荐她去找区就业促进中心的职业指导师咨询。通过深度交流和分析，职业指导师发现小刘在逻辑数字方面的倾向性比较明显，分析、规划方面有比较强的能力。之后，小刘找机会接触公司的策划助理，向她了解工作情况，有时候还搭把手做点额外的打杂的活。终于，她抓住一个合适的机会转到会展策划部门实习。

一年后，小刘报考了高职，她知道要做与策划相关的工作，她还需要增长知识、开阔视野。毕业后，小刘终于应聘到一家化妆品公司做策划助理，她很快就适应了新的工作，潜能逐步显示出来，并取得了不错的成绩，从而建立了自己的职业核心竞争力。

**点评：**

小刘的顶岗实习可谓是一波三折。小刘成绩优秀，又是学生干部，参加过很多活动，人际沟通能力和实践能力也有一定的基础，应该比很多同学有优势。面试过程是一个展示自己的过程，需要在有限的时间里展示符合岗位要求的各方面素质，帮助面试官了解自己。小刘自身条件虽然不错，但准备不够充分，错过了一个很好的机会，令小刘懊恼不已。但是，难能可贵的是，小刘能吸取教训，认真准备，再次赢得机会。更难得的是小刘善于观察、思考，并懂得向老师请教，接受专业人士的指导，说明她的行动力很强。顶岗实习，不仅让她体会到“机遇属于有准备的人”这句话的深刻含义，还让她理解了“实践是检验‘真理’的唯一标准”这句话的深刻含义，只有多经历、多体验，才知道自己适合做什么。

# 活动四　适应职场

## 一、活动主题

做职业世界的仙人掌

## 二、活动背景

接受了十多年的学校教育，“十年磨一剑”，终于有了“用武之地”。大多数中职学生都怀着激动、期待的心情来到企业顶岗实习，准备凭借一技之长为自己开辟新的天地。但是，经历短暂的新奇之后，发现“理想很丰满，现实很骨感”。中职生走出校门、进入企业顶岗实习，兼有学生和职业人双重身份，而职业人角色特征更明显。中职生进入企业顶岗实习将面临三大困难：劳动强度、岗位技能、人际关系。如果能正确认识、积极面对，努力提高自己，中职学生就一定能克服这“三座大山”，度过职业适应期，顺利完成职业角色转换，成功把自己塑造成一个职业人。反之，中职学生难以适应，轻则频繁离岗换岗，重则擅自离职当了“逃兵”，彻底放弃顶岗实习，导致无法正常毕业，严重的甚至会产生职场“恐惧症”。为帮助学生顺利完成从学生角色到职业角色的转换，避免引起强烈的挫败感，影响身心健康和生涯发展，学校需要开展岗前培训，增强学生职业适应能力。

## 三、活动目标

1. 从理解角色转换为起点，掌握职场适应策略；
2. 了解顶岗实习常遇挫折，学会应对方法；
3. 增强顺利度过职业适应期的信心。

## 四、活动准备

教师向学校实习管理部门了解往届学生实习相关信息，主动做好岗前培训准备。

## 五、活动时间

四周

## 六、活动过程

### 第一环节　职场适应认知

(一) 看图说话

图 4-4-3　沙漠里的仙人掌

图 4-4-4　丛林里的小草

1. 仙人掌为啥多肉又多刺（图 4-4-3）？

**教师点拨：**适者生存的法则。仙人掌的“祖先”身上并没有刺，但为了适应沙漠干旱的环境，储存水分，减少水分蒸发，它的叶片逐渐变成多肉又多刺。不仅没有被沙漠环境淘汰，还为沙漠增添了生机。

2. 为什么小草和大树可以各自安好？

**教师点拨**：平台法则。乌龟在地上跑不过兔子，可在水里比兔子游得快，各自找到自己的位置，坚持互惠互利，发挥自己的长处，与丛林（团队、企业）一起成长，如图 4-4-4 所示。

### （二）理解角色变化

理解学生与职业人的角色变化如表 4-4-11 所示。

表 4-4-11 学生与职业人的比较

| 比较点 | 学生 | 职业人 |
| --- | --- | --- |
| 身份不同 | 学生。人际关系简单，只有师生、同学二维关系。老师比较宽容，能获得老师的谅解与帮助。 | 劳动者。人际关系复杂，雇佣、同事、对外合作等多维关系。靠自己独立处理人际关系。 |
| 任务不同 | 输入型任务。学校以育人为目标，学生在老师指导下学习（以书本知识为主），努力使自己成长为合格人才。 | 输出型任务。企业以盈利为目的，劳动者依靠自身知识和能力，独立完成工作。在劳动实践中学习技能。 |
| 要求不同 | 生活上完全依靠家庭，在学业上有老师的指导，完全处在一种被人扶助的环境之中。 | 工作有一定的报酬，要求工作上能够独当一面，学习上会自我安排及发展提高，生活上会自己照顾自己。 |
| 规范不同 | 遵守学生守则、学校管理制度。有固定的作息时间表，长时间的法定休息日，请假容易，没有严重后果。 | 遵守企业管理制度、职业规范。节假日少。不能随意请假，有惩罚（扣钱或辞退），经常延长上班时间。 |
| 责任不同 | 学习是个人的事情，对自己负责。个人过失，往往有家庭、学校共同承担。 | 工作在更大程度上是对他人、对社会负责。个人过失，要自己独立承担。 |

### （三）案例思考

**破茧之痛**

小齐被学校推荐到一家四星级酒店做后厨工作。一开始，实习很顺利，带教他的师傅挺喜欢他。但是，最近一个多月，师傅总是让他在休息时间额外切一大筐菜，自己却跑去和别人打牌。小齐觉得很累，有时候累得快坚持不下去了。更可气的是任务完不成还要挨师傅训。小齐心情很郁闷，感觉压力很大，每天都不想起床，害怕上班。同学知道了他的遭遇，愤愤不平。有的劝他去投诉那位不像话的师傅，有的劝他跟师傅顶着不干，也有的劝他忍一忍，有的劝他去跟师傅好好说道说道……

1. 小齐遇到什么问题？

**提示：**劳动强度大、人际关系处理问题。

2. 小齐要怎么办？

**提示：**分析同学提出的四种建议的利弊。

3. 假如小齐选择和师傅沟通，他将怎么沟通？

**提示：**

（1）先说感受、讲事实、提要求。

（2）“三明治”建议法：先肯定对方、再希望对方做出改变、相信对方会考虑自己的感受做出改变。

### （四）适应策略

详见表4-4-12。

表4-4-12　实习适应小妙招

| 实习可能遇到的问题 | 应对措施 |
|---|---|
| 劳动强度太大 | 提高自信，主动适应 |
| | 保持规律的生活，养精蓄锐，保持体力 |
| | 锻炼身体，提高体能 |
| 岗位技能远不够 | 勤于沟通，了解显性要求 |
| | 用心观察，了解隐性要求 |
| | 拜师学艺，寻求指导，建立支持系统 |
| 人际关系处理难 | 老板心态（为自己做事）对待工作 |
| | 合作心态对待同事 |
| | 重视礼仪，主动融入 |

## 第二环节　活动体验

1. 请负责学生实习工作的老师来班级宣讲，了解实习相关事宜及注意事项，做到有备无患。

2. 向学校负责学生实习工作的老师了解“最不受欢迎的实习生”和“最受欢迎的实习生”有哪些特点。

3. 请老师推荐优秀学长，向优秀学长请教如何顺利度过职业适应期。

## 第三环节　活动反思

开场白：常言道：“有备无患。”让我们一起来梳理一下准备工作，看看收获了什么？

（一）回顾

1. 事实层：我们从哪几个角度探索了“备战实习”？遇到了什么困难？你是如何克服这些困难的？团队合作得如何？

2. 感受层：在实习准备过程中，你有什么感受？哪个环节体验到自信或沮丧？让你联想到什么？

（二）反思

1. 发现层：这个探索过程对你意味着什么？你认为适应新环境可能遇到哪个共性问题？在这个适应策略的探索过程中，你对自己或同学有哪些新的发现？

2. 未来层：这个活动过程让你对“适应”问题有什么新的看法？将来面对重要事情或者可能发生的变化时你会这么做？对于还没有想清楚或了解清楚的问题，你打算做些什么来解决？你打算做些什么来提高自己的适应能力？

结束语：在漫漫人生路上，变化是常态，不变才奇怪。只有接触环境，才能认识环境和适应环境。积极参加有益的社会实践活动，有意识地锻炼自己，就可以提高社会环境适应能力。

### 七、活动拓展

请亲友、学长讲述他们初入职场时遇到的麻烦或尴尬，以及如何避免或有效解决的。

## 知识小贴士

### （一）角色适应策略

**1. 了解岗位要求**

从效率角度看，把握努力的方向比努力更重要。要成为合格、优秀的职业人，首先要了解职业/岗位要求，达到职业/岗位要求是努力的方向。职业/岗位要求包括要履行的职业角色义务、需遵守的职业角色规范和应该掌握的职业技能。在学校，注重的是理论知识的学习；在职场，注重的是动手能力和累积的实践经验。实习生要立足于职业/岗位，努力学习，尽快熟练掌握所从事职业/岗位的技能要求，提高工作效率。学生进入职业角色后，作为新人，要学会“入乡随俗”，尽快适应新的环境。

那么，如何了解岗位要求呢？可以从三个方面去努力。第一，勤于沟通。实习生初次到岗，单位一般都会进行简单培训或指派老员工以师徒带教的方式指导实习生，实习生学习一段时间之后就要求能够独当一面了。工作不可能像学校作业那样有固定答案，它是处于变化状态中的。遇到自己不清楚的、没把握的事情一定要多沟通、多请教。否则，工作不仅达不到要求，还可能多做多错。第二，用心观察。每个单位都有自己的管理文化，如管理理念、管理模式、管理标准、管理制度、管理方法等，有些是白纸黑字写出来要求员工执行的，有些要求却是隐性的，如员工的衣着、谈吐、礼仪等，需要用心观察，关注这些隐性要求，这样才能被团队接纳，才能融入集体。第三，广泛学习。实习生到了企业就像到了一个全新的世界，仅仅依靠自己摸索进步很慢，如果有人指点，进步必然会快一点。对于刚走出校门的学生来说，自己就是一张白纸。面对全新的工作，保持空杯心态，虚心向经验丰富的技术人员、领导、师傅和同事学习，学习他们观察问题、分析问题和解决问题的角度和方法。

**2. 灵活看待实习任务**

顶岗实习兼有学习和就业两大功能。通过顶岗实习了解企业的管理模式、企业文化及同事之间、员工与上司之间人际关系的特点及重要性，为日后奠定就业基础。但是，在一些实习生眼里，专业对口才是理想的安排，如果专业不对口就不情愿，稍不顺心就直接离岗。其实，专业对不对口是个相对性评价。专业和职业/岗位不是一对一的关系，是多对多的关系。每个专业都对应一个职业群，而一个职业/岗位也需要多个专业基础知识。例如，物流专业对应的岗位有报关员、采购员、仓储管理理货员和货运代理员等；而物流行业也需要从事供应、采购、运输、储存、产品加工、包装、回收及物流信息处理等工作的人员。此外，职业/岗位要求的职业能力是综合能力，它包括专业技能、可迁移技能（如计算机能力、人际沟通能力等）和自我管理能力。如果频繁离岗，没有保持工作的延续性，反而增加了时间成本、人力成本。对于中职学生而言，自己所学的专业能够“学以致用”是比较理想的事情。但是，如果现实不允许，不必过于“执着”专业的对口性，应更多地考虑如何在实习期内积累工作经验，努力提高自己的综合能力。同时，还可以把顶岗实习当作一种职业兴趣尝试，在摸索中寻找自己的职业兴趣点。

也有的实习生认为，做自己喜欢的工作才有意义，自己不喜欢的岗位不可以屈就。如果一个人从小就知道自己喜欢做什么工作，那他/她就是非常幸运的人。他/她一定对喜欢的工作非常了解，因为只有尝试做过才能真正知道自己是否喜欢。真实情况是绝大多数实习生其实并不真正了解自己究竟喜欢什么工作，只是凭空想象或只有肤浅的了解。一般来说，人对于职业有四个方面的要求：喜欢的、擅长的、值得的（有价值）和投缘的（符合性格的）。职业也有四种属性：职业内容（做什么）、职业能力、职业报酬（物质与精神的）和职业所需特质。对于一个职业/岗位，即便是你喜欢的也未必适合你。也许你的能力达不到要求，也许你的性格不适合，也许它的物质回报不能维持你的生活需求。所以，实习生要抓住顶岗实习的机会去认真尝试，找到自己真正喜欢做的事情。而成熟的做法是即便在实习期间没有机会接触到自己喜欢的工作，也可以通过做自己不喜欢做的工作来磨炼你喜欢的工作所需要的职业能力。

### （二）中职学生实习中常见的认识误区

1. 实习工资待遇太低，要跳槽。有的实习生工作熟悉以后，听说有同学实习的单位工资待遇比自己的好，就急于跳槽。其实，同一个行业的薪资水平差距不大，企业一般不愿意打破市场规律，额外增加人工成本，这是市场化竞争的必然结果。而如果仅仅为了实习工资不考虑专业或职业发展，那更是鼠目寸光。实习就是学习，挣钱不是实习目标，考虑的是能否学习技能，能否多接触业务，积累经验，为下一次正式就业累积履历。实习生跳来跳去，增加跳槽成本，得不偿失。

2.“打杂”的工作没意义，要做有技术含量的工作。有的实习生被安排到基础岗位“打杂儿”，抱有消极情绪，这是难免的。但是，从长远的利益来看，“打杂儿”同样能锻炼人。“打杂儿”接触的人更多、做的事情更具体，对提高人际沟通能力、解决问题的实践能力是个很好的磨炼机会。在半年的顶岗实习期，能把“杂活儿”做好，将为未来就业奠定非常好的基础。任何事情都有利有弊，要有在不利形势中发现有利因素的眼光，要培养“反败为胜”“化腐朽为神奇”的务实精神。顶岗实习有利于实习生找准自己的职业定位，让自己的求职简历变得充实。而有计划、有针对性的实习，会帮助你了解希望从事的职业的“真面目”，提前做好继续坚持或者转行的准备，也是为毕业后的正式就业铺路。

3. 企业的要求太高、管理太严。有的实习生自律性较差，上班经常迟到，工作期间玩手机受到严厉批评产生抵触情绪；也有的因劳动强度大、工作节奏快、加班加点等原因，对工作环境和企业产生失落感；也有的在工作中出现失误，产生恐慌心理，怀疑自己的能力，畏惧眼前的工作；也有的遭遇不公平，不知如何处理，消极抵触。实习生遇到上述情况，容易出现消极挫败心理，严重影响工作效率和身心健康。

挫折是人生必修课，没有谁的一生可以避开挫折。环境的变化、自我认识不足、对现实的复杂性认识不够、个人意志薄弱等都可能带来挫败感，关键是要学会如何应对挫折。当遇到挫折时，可以先适度宣泄。例如，向至亲好友倾诉自己认为的不平和委屈或是通过体育运动、家务劳动等方式来合理宣泄。但是，要选择适当的场合和对象，以免引起意想不到的不良后果。其次，要重新认识自己、增强自信。每个人都有长处和短处，多找找自己的优点，相信自己有能力走出困境。最后，制订具体的行动计划，寻找正向资源战胜挫折。如果是身体原因，那就调整作息时间、多锻炼身体；如果是专业技能问题，那就虚心学习，苦练技能。相信只要自己不放弃，一天会比一天好。

4. 师傅、领导总是针对自己。在顶岗实习过程中，部分学生缺乏必要的沟通能力，不爱与工友交流，上班独来独往。遇到机械故障、生活问题不敢请教，抱怨工作学不到东西，领导、同事不友好。于是，自我封闭，感觉孤独。有的选择逃避，中断实习。人是群体性存在的，人与人之间都处在千丝万缕的联系中，人际沟通是不可或缺的。到了新环境要主动融入，适度加入工友的活动。同时，年轻人要主动提供帮助，类似跑腿的工作、打扫卫生、擦洗工具多做一点，一定受欢迎。当遇到困难时，就会得到别人的帮助。此外，遇到矛盾，要主动去沟通、化解。最简单的沟通就是好好说话——说事实、谈感受、提要求。

5. 安全要求、工作纪律不重要。实习生和用工单位产生矛盾，发生争议是个别现象。一旦发生，问题却很严重。为防患于未然，实习生实习前要主动与用工单位签署实习协议书和用工合同，明确实习过程中双方的权利义务、意外事故的责任承担、相关保险的配备等各个方面的问题，以使自身的实习权益得到更为有力的保护。

实习生要自主学习相应的法律法规，如《职业学校学生实习管理规定》《劳动与社会保障法》。如果发生争议或侵权事件，实习生还可以通过申诉的方式来保护自己的实习权益。

## 案例示析

### 被动“跳槽”

小铭是某职业学校汽修专业三年级的学生，性格内向，不善言辞。经学校推荐，到某4S店配件部顶岗实习。刚进入配件部，企业派了一位员工带教他。师傅在指导工作时，他几乎没有反馈，师傅以为他懂了。一个月时间过去了，他却连常用车型的三滤号码都记不住，无法进行出入库工作。虽然，公司培训时特别强调了礼仪的重要性，但是，他早上到公司上班，碰到其他部门领导和同事，不会主动招呼示意。部门主管多次要求他改进，他始终无明显改善。平时，他也不爱与工友交流，上班独来独往。午休时，他独自一人沉迷于手机游戏。

师傅带教了三个月，看他还是没有什么长进，实在受不了，就去找公司领导要求换人。公司领导就把他安排到装潢部，让一位脾气非常好的师傅带教他。他依然如故，与他人交流时，目光斜视，感觉心不在焉。日常工作，他几乎不请教师傅。一个月时间过去了，收货时连物品数量也点不清，导致后期与事业部账务核对不清。平时，师傅要求装潢用品到货后摆放到相应料位，他前学后忘，事后问他东西摆放在哪儿，自己也不清楚。更夸张的是，在与他人交流时，小铭无法一次性表达清楚其含义，影响日常工作效率。而且，他主动意识严重缺乏，师傅让他清扫车间，师傅指哪儿，他就仅仅扫哪儿，师傅没指到的地方，他绝不会主动去清扫。就这样，在公司装潢部实习了三个月，稍有难度的工作，他还是干不了。半年过去了，个人业务知识和工作技能提升非常慢，公司觉得他没有继续带教的意义，根本无法胜任公司的要求，将他辞退了。直到被辞退，他都不知问题出现在哪里。

**点评：**

从小铭的实习经历可以看出，小铭在以下方面表现得很不够：第一，自我封闭，不愿与人交流、交往。性格内向的人，不一定没有朋友。如果不善于表达，可以多倾听，倾听也是一种沟通方式。第二，主动意识不强，个人融会贯通能力缺乏。从小铭做清洁卫生的情况，就可以看出小铭工作很被动，不愿主动付出。勤能补拙，小铭主动承担一些工作，足可以弥补嘴笨、不善表达的弱点。第三，个人学习能力欠佳，这可能与小铭的学习习惯有关系。学习、做事不专心，沉迷于手机游戏，既不勤学也不好问。第四，个人沟通交流能力欠佳。这可能与小铭的性格有关系。沟通交流能力是非常重要的职业能力，小铭本该借实习机会锻炼自己的沟通能力，可惜，小铭自暴自弃了。

# 活动五 决策生涯

## 一、活动主题

我们的决定，决定了我们

## 二、活动背景

顶岗实习结束意味着中职阶段的学习任务结束了，中职毕业生将面临新的生涯选择：就业还是继续升学？如果是就业，要考虑做什么工作、去什么单位；如果是升学，要报考什么学校、选什么专业。中职生年龄较小、社会经验不足，面对选择有的凭感觉，而不考虑自己的情况和外在人、事、物的影响或限制；有的遇事拖延，虽然知道问题所在，但却一直拖延不作决定，一切到时候再说，结果陷入被动；有的顺从家人的安排或者听从好友的“指导”，没有自己的思考；有的是宿命主义，认为“人算不如天算”，自己不愿作决定，把决定权交给命运或他人。在生涯的转弯处，通常是人生的重要转折点。中职生需要学会如何全面思考，综合评估各种因素，慎重、科学做出生涯抉择。

## 三、活动目标

1. 认识不同的生涯决策类型及其特点；

2. 掌握生涯决策的一般规律及生涯决策的方法；

3. 尝试运用生涯决策法进行生涯选择。

## 四、活动准备

就你感兴趣的某个人物（如科学家、影视明星），了解他们在职业生涯中做了哪些重要选择，是怎么考虑的。

## 五、活动时间

四周

## 六、活动过程

### 第一环节　生涯决策感知

#### （一）案例思考

**他该怎么选**

小孙是某职校汽车维修专业的毕业生。顶岗实习结束后，小孙面临新的选择。由于他表现不错，实习单位愿意录用他继续做汽车维修工作。但是，他不喜欢车间工作环境和按部就班的工作内容。他喜欢与人打交道，想做汽车销售，生活比较有挑战。遗憾的是，实习单位暂时没有招聘销售的计划。他想去其他公司找销售的工作，但他担心自己年龄小没工作经验、学历低，找工作不容易。这时，他有个在物流公司上班的亲戚，推荐他去物流公司做客户服务。他拿不定主意，不知道怎么办才好？

问题：如果你是小孙，你会怎么选择？为什么？

……

#### （二）认识决策类型

你有过几次作决定的经历？你一般怎么作决定？按照作决定的快慢、信息是否充分、自主还是依赖、决定后是否改变四个维度考察，你作决定属于哪种类型？详见表 4-4-13。

表 4-4-13　决策类型及特点

| 类型 | 作决定快 | 作决定慢 | 信息充分 | 信息缺乏 | 自主独立 | 依赖他人 | 前后一致 | 前后多变 | 可能结果 |
| --- | --- | --- | --- | --- | --- | --- | --- | --- | --- |
| 犹豫型 | | √ | √ | | √ | | | √ | 错过机会 |
| 随意型 | √ | | | √ | √ | | | √ | 走了弯路 |
| 直觉型 | √ | | | √ | √ | | √ | | 冒险性大 |
| 顺从型 | | √ | | √ | | √ | √ | | 没有动力 |
| 拖延型 | | √ | √ | | | √ | √ | | 错过机会 |
| 情绪型 | √ | | | √ | √ | | | √ | 后悔不已 |
| 计划型 | √ | | √ | | √ | | √ | | 获得转机 |

### （三）五步决策法

第一步：明确决策任务。什么时候要做决策？当理想和现实相矛盾时，需要考虑做一些改变，这时候需要做决策。例如，小孙不喜欢做维修工，他自然想要改变，这时候，他要考虑做决策。

第二步：分析可能的选择。一般不要在没有选择的情况下，做出重大决策；否则，陷入被动。例如，小孙可以有三种选择：①去物流公司做客服；②去别的公司找汽车销售的岗位；③先留下来，再找机会转销售。

第三步：评估方案。首先，确定评估的选项（你考虑的重点是哪些）；然后，搜集相关选项信息；最后，进行打分评估。例如，刚进入职业世界的“小白”以学习（提升自我，增强工作能力）、职业发展机会（职业发展空间、前景）、乐趣、奖励（薪酬、开阔眼界、职业导师或团队、人脉圈）为评估选项，按照重要性程度确定权重比例；然后，搜集选项相关信息；最后进行评分。详见表 4-4-14。

表 4-4-14 五步决策法

| 评估选项 | 权重 | 自评分（满分 10 分） | 价值 |
|---|---|---|---|
| 学习机会 | 30% | A | 30×A |
| 职业发展机会 | 25% | B | 25×B |
| 满足个人乐趣 | 25% | C | 25×C |
| 奖励 | 20% | D | 20×D |
| 总分 | | =30×A+25×B+25×C+20×D | |

第四步：确定方案。按照分值高低进行排序，按照每个方案最后的分值排序，一般来说，得分最高的方案是比较好的选择。

第五步：执行方案。确定方案之后，认真执行方案。

（四）决策的风险

没有什么决策是十全十美的，有得必有失。但是，好的生涯决策一般遵循以下规律：

1. 符合个人特点，注意扬长避短；
2. 顺应环境因素，借力天时地利；
3. 连接足够资源，融入发展团队；
4. 考虑长远发展，兼顾未来志向。

## 第二环节 活动体验

（一）顶岗实习结束，意味着你已经毕业了。何去何从？请你思考可能的几种选择，如表 4-4-15、表 4-4-16 所示；然后，用五步决策法进行思考和选择。

表 4-4-15 职业发展方案 A

| 评估选项 | 权重 | 自评分（满分 10 分） | 价值 |
|---|---|---|---|
| 职业发展机会 | | | |
| 乐趣 | | | |
| 奖励 | | | |
| 总分 | | | |

表 4-4-16　职业发展方案 B

| 评估选项 | 权重 | 自评分（满分 10 分） | 价值 |
|---|---|---|---|
| 学习 | | | |
| 职业发展机会 | | | |
| 乐趣 | | | |
| 奖励 | | | |
| 总分 | | | |

（二）思考并回答以下问题：

1. 在这样的选择决策过程中，你最看重什么？

答：________________________________________。

2. 你依据什么来给评估选项评分？

答：________________________________________。

3. 哪一个职业发展方案最适合你？这一方案适合你的原因是什么？

答：________________________________________。

## 第三环节　活动反思

开场白：过去的四周，我们体验了“当家做主”，那是一种什么体验呢？

（一）回顾

1. 事实层：在生涯决策体验过程中，了解到哪些知识？接受了哪些观点？以你的经验看，你的决策风格和哪一种决策类型比较接近？在体验生涯决策环节中，哪一个步骤比较难，花费的精力相对比较多？

2. 感受层：探索过程中体验到什么情绪？纠结、沮丧还是兴奋？过去有没有类似的做决策的经历？

（二）反思

1. 发现层：这个探索活动对你意味着什么？你认为哪种决策类型比较合理？它有什么特点？

2. 未来层：将来做决策时，你会考虑兼顾哪些因素？对于还没有想清楚或了解清楚的问题，你打算做些什么来解决？

结束语：感谢大家的分享！一个好决策一定是建立在充分的信息基础之上

的，希望你们注意培养自己搜集信息的能力！

## 七、活动拓展

寻找几位职业生涯发展比较顺利的学长或亲友，了解他们当时在选学择业过程中是怎么思考的。为了确保访谈顺利，可以事先拟好访谈提纲。

### 知识小贴士

存在主义大师萨特（Jean-Paul Sartre）曾说："我们的决定，决定了我们。"不同的决定产生不同的结果。有计划面对选择，把握了天时地利人和，人生获得转机；凭感觉或者听从他人安排的，可能走了不少弯路；拖延和犹豫不定的，因为不愿或不敢承担作决定的结果，可能错过了很好的发展机会；顺从家人安排或者听从他人"指导"而没有自己思考的，或许要用很长时间的努力来为他人的错误决策买单；听天由命的，被幸运之神抛弃，经常处于困顿之中。

#### （一）生涯决策遵循的规律

影响一个人的职业生涯发展的因素有很多，有个人的、有家庭的、有社会的，而且这些因素也不是静止不变的。所以，面对同一个问题，不同的人有不同的选择，没有统一的标准。但是，一般来说，好的生涯决策有这样的共性，即符合个人特点、顺应环境因素、连接足够资源又着眼长远发展。所以，在做生涯决策时，可以把上述共性作为生涯决策的主要参考依据。

**1. 符合个人特点，注意扬长避短**

影响一个人的职业生涯发展的首要因素是个体因素。个体因素包括生理特点（性别、年龄、身高、外貌等）和心理特点（兴趣、能力、性格特点和价值观）。所以，无论是选择升学还是选择职业，都要综合考虑个人目前的学识水平、能力特长、身体（年龄）条件等，要做自己擅长的事，要扬长避短，这样较易取得成绩。其次，还要考虑自己的兴趣，做自己感兴趣的事情才有动力，才能激发创造力，遇到困难才有决心和毅力去战胜困难直至取得成绩。同时，选择时还要考虑自己的性格特点、价值观和内心需求等。

**2. 顺应环境因素，借力天时地利**

影响一个人职业生涯发展的另一个重要因素是环境。环境包括小环境和大环境。小环境，如父母期待、家庭经济地位、公司人际环境等。大环境，如行业发展、地理位置、经济环境、人事制度、社会需求、就业形势等。任何人的发展都离不开环境的影响。如果环境不支持，那么，做事就可能遇到许多障碍，职业发展就不顺利。所谓天时地利人和，说的就是这个道理。所以，在做生涯决策时不仅要考虑个人因素还要考虑环境因素，要借力天时地利。

**3. 连接足够资源，融入发展团队**

资源对人的发展也有着非常重要的影响。拥有的资源越多，发展的平台越广阔。许多重要资源往往是无形的，如技术、知识、组织、社会关系等。对年轻人来说，能否学到技术、能否增长知识是选择的重要因素。升学也好，就业也好，都要以培养技能、增长知识为目标。而能否进入一个好的组织或团队、能否建立或支配人脉资源也是需要考虑的重要因素。而升学时选择了高职（校）某个实力较强的专业，可能会带来较多、较好的就业和发展机会。在专业评估时，就业质量是一个很重要的评估选项。

**4. 考虑长远发展，兼顾未来志向**

做生涯决策时，还要考虑两个方面的发展：一个是职业本身的发展，经济发展越快，职业的迭代更新也越快，要选择有发展前景的职业；另一个是个人自身在职业中的发展空间。各行业的工作内容并非一成不变，人必须扩展自己的能力和兴趣。兴趣有直接兴趣和间接兴趣，能力有优势和潜能之分。例如，某个岗位的工作内容可能不是自己喜欢的，但是，工作待遇、社会声望却是自己认可的，也是自己有能力做好的，那么，可以通过挖掘潜能来实现自己期待的职业价值，在实现职业价值的过程中逐渐培养兴趣。

### （二）生涯决策的步骤

生涯决策任务出现的时机因人而异。当现实和理想保持一致时，没有决策压力。例如，有的实习生在理想的实习岗位做得很好，单位和个人互相认可，顺利就业。但是，当理想和现实差距很大时，生涯决策的压力就越来越明显。例如，有的实习生没有达到用人单位要求或者实习生不适应单位人际关系或工作环境，就有“何去何从”的生涯决策压力。一般来说，理性的生涯决策会经历这样几个步骤：明确决策任务—分析可能的选择—评估和确定方案—执行方案。

1. 明确决策任务。这是一个识别矛盾存在的过程。在实习过程中，当强烈感觉到自己的知识、能力达不到工作的要求或与工作环境不适应的时候，就会有寻求改变的欲望。或者，当工作单位一直抱怨工作没做好或者通过各种途径暗示没有录用的可能时，就应该意识到要做决策了。

2. 分析可能的选择。对自我条件和环境因素进行分析，找出几种可能的选择。然后根据上述因素进行分析，确定三个方案。例如，第一种方案是升学，考本专业还是换专业？考什么学校？家里是否支持？中职毕业生年龄普遍较小，独立能力有限，家庭的支持非常重要；第二种方案是就业，是以专业为考虑重点还是以单位（知名度）为考虑重点？通过什么渠道去寻找工作？第三种方案是边工作边进修，选择什么样的工作和进修方式可以兼顾工作和进修？这些因素都要考虑。否则，做好的决策难以实施也会半途而废。

3. 评估和确定方案。对方案进行排序，评估每个方案的得失利弊，主要是考虑每种选择对自己和家庭的影响。这种影响主要是指自己和家庭可能要付出的代价和未来可能获得的收益。然后，对三个方案进行排序，排出最佳方案、备选方案和最坏打算。虽然，计划总是赶不上变化，但是，由于有几种备选方案，即使遇到变化，不至于乱了阵脚而无所适从。

4. 执行既定方案。按照既定的方案采取行动，为实现既定目标而努力奋斗。执行力是影响方案结果的主要因素。再好的决策没有执行力，也只能空谈。执行的关键一步是盘点资源，这些资源包括自身拥有的（如知识技能、成功经验）和向外寻求的（如信息资源、人脉资源）。在执行既定方案的过程中，可能还会出现新的情况，需要及时微调，确保目标实现。

## 案例示析

### 院士的求学择业路

2020 年 11 月 28 日上海电视台纪实人文频道“可凡倾听”栏目播出节目《“赤脚”走出的国士》。曹可凡先生选择了李兰娟院士人生中的几个横断面，希望从李兰娟院士的成长中，找出她成为国士的“因”。在曹可凡先生温和而又充满智慧的提问下，李兰娟院士完成了一次对自己人生的回望。李院士人生经历中做过三次重大选择：15 岁读初中时做了一次选择、当回乡知青时做了一次选择、当医生时做了一次选择。正是这三次重大选择成就了李兰娟院士不平凡的一生。

15 岁那年，李兰娟家里实在困难，她不得不离开学校。临行前，班主任让她别急着退学，先请一个月假，行李还留在学校，回家想想办法。她听从班主任的意见，回到家中，一边自学，一边帮母亲干活。一个月后，她重返校园。

李兰娟高中毕业后回乡做了代课老师。几个月后，村里组建农村合作医疗，因为李兰娟会针灸，村民们都希望她来做“赤脚医生”，大队干部争着要她。公社挺为难，让她自己选。当时，代课老师每月工资 24 元，而“赤脚医生” 每天只有 5 工分，相当于每月 3 元。凭着对医学的挚爱，她选择当了“赤脚医生”。后来，23 岁的李兰娟被推荐到浙江医科大学深造。

大学毕业后，她被分配到浙江大学附属第一医院做眼科医生。眼科被称作“金眼科”。不久，她又面临生涯选择。她有点远视，估计到四十几岁就要老花，职业黄金期必将缩短。她的老师建议她到传染科当医生，并答应送她再去进修一年。因为有机会学习，她毫不犹豫地放弃了“金眼科”，去了有危险的传染科。而且，传染科是一个小科，没有大的疫情，一般不太会被关注。

**点评：**

在李兰娟的生涯发展路上，她的三次重大选择体现了她的选学择业观：重视学习机会，关注社会需求，考虑自我兴趣。正是这三次明智的选择，成就了她辉煌的人生。

在 20 世纪五六十年代，受社会环境影响，农村女孩求学意识一般不是很强烈，尤其是经济困难的家庭，女孩子最容易放弃学业。但是，少女李兰娟克服重重困难，重返校园坚持求学。如果她向命运低了头，就没有了之后当代课老师还是当“赤脚医生” 的选择机会，更没有之后的发展机遇。而当物质利益和个人兴趣难以兼顾时，尽管家庭贫寒，她坚定地选择了个人兴趣。而当社会需求、学习机会和个人兴趣难以兼顾时，她毫不犹豫地选择了学习机会和社会需求，这也促使她舍弃了“金眼科”，选择了传染科，为自己争取了更大、更长远的职业发展空间。

# 模块五　提升素养

## 活动一　自我管理

### 一、活动主题

做自己命运的构造师

### 二、活动背景

改革开放以来，我国经济发展迅速，但伴随而来的社会问题也较多。网络信息的负面冲击、社会多元文化的并存等诸多社会因素对中职学生迷惑性较强。正值青春期的中职生，在义务教育阶段学业成绩不佳，挫败感较强，普遍存在四个方面的矛盾：自我意识不断增强，但自控能力不足；自信心不足，但反抗意识比较强；思想意识活跃，但是学习动机不强；内心渴望被认可，但是人际关系存在障碍。中职学生在家庭经济支持、生涯发展引导和自身学历方面处于劣势，如果不具备良好的自我管理能力，很难适应发展迅速、竞争激烈的社会环境。教师需要创设情境，引导学生认识自我管理的重要性，掌握提高自我管理的方法，学会在日常学习生活中逐步提高自我管理能力，逐渐形成自身核心竞争力以谋求职业发展，实现自我价值。

### 三、活动目标

1. 了解自我管理的内涵和意义；
2. 学会从时间、心态管理开始，提升自我管理能力；
3. 培养自我管理意识，养成自我管理习惯。

### 四、活动准备

分别从科学家、制造业、娱乐圈选出十名代表人物，然后通过问卷形式各筛选出五名典型人物，以“我钦佩的职业人”为主题，将同学分成三组，搜集、整理他们的资料，寻找他们的共同点，以 PPT 形式介绍给大家。

## 五、活动时间

四周

## 六、活动过程

### 第一环节　自我管理认知

#### （一）推介“我钦佩的职业人”

同学 A（科学家组）：……

同学 B（制造业组）：……

同学 C（娱乐圈组）：……

**教师点评：** 同学推介的“我钦佩的职业人”来自完全没有交集的三个圈子，他们或取得了骄人的成绩，或拥有优秀的品格，或拥有非同寻常的能力。他们有一个共同的特点——拥有超强的自我管理能力。他们一般具有良好的心态，善于管理自己的时间和情绪，不仅如此，有的还善于规划自己，或善于与环境互动。

#### （二）教师阐释自我管理理念

自我管理体现在三个方面：一是自我优化，如时间、心态、情绪、压力管理；二是职业生涯管理，如生涯目标的管理和生涯规划管理；三是与环境的互动，如人际关系、人际沟通。自我管理能力是核心职业能力，它对一个人的职业发展起着决定性作用（图 4-5-1）。用工单位在招聘、考核员工时，也很注重考查应聘者的自我管理能力。

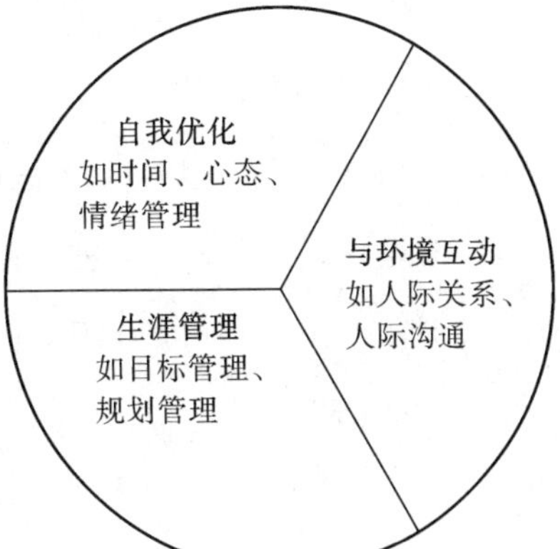


图 4-5-1　自我管理理念

#### （三）测试游戏

| 测测你能合理利用自己的时间吗？ |
| --- |
| 1. 设立有挑战但可实现的目标。 |

2. 设定所有工作的完成期限。
3. 在精力最充沛时做最耗脑力的工作。
4. 不推迟不喜欢但重要的事情。
5. 不重要的事迟一点做。
6. 确立不希望被打扰的时间。
7. 一次只做一件事。
8. 如果开始做一件事，尽可能做完它。
9. 在工作效率低时安排几次小休。
10. 当自己确实难以承担时，有选择、会拒绝。
11. 弄清问题再去做。
12. 养成记笔记组织思路的习惯。

这个测试游戏只是帮你了解自己的时间管理情况，符合的情况越多，说明你的时间管理能力越强。

### （四）心态决定行动

回顾一下，你有过哪些心态，一般什么时候表现出来？或者，你观察到他人有过哪些心态？如表 4-5-1 所示。

表 4-5-1　心态面面观

| | 心态 | 表现 | 结果 |
|---|---|---|---|
| 1 | 积极心态 | 自信、主动意识 | 能把坏事变好事 |
| | 消极心态 | 自卑、被动意识 | 能把好事变坏事 |
| 2 | 老板心态 | 感觉为自己做事 | 勇于付出，容易成功 |
| | 打工心态 | 感觉为别人做事 | 省心、省力、省事，把成功省了 |
| 3 | 坚持心态 | 坚持到底，不服输 | 突破瓶颈，获得发展 |
| | 放弃心态 | 动摇、半途而废 | 后悔、懊恼 |
| 4 | 学习心态 | 乐于接受变化和新生事物 | 善于学习，能适应职业要求 |
| | 保守心态 | 迷恋舒适区，不愿意改变 | 不能适应环境变化 |

（续表）

| | 心态 | 表现 | 结果 |
|---|---|---|---|
| 5 | 合作心态 | 善于取长补短、优势互补 | 实现共赢，成就他人也成就自己 |
| | 竞争心态 | 把他人当作竞争对手 | 失去支持，孤掌难鸣 |
| 6 | 感恩心态 | 知足、谅解、负责任 | 不轻言放弃，易得到支持 |
| | 抱怨心态 | 一切理所当然，持戒备心 | 影响人际关系，路越走越窄 |

**教师点评：**心态是一种催化剂，有什么样的心态就会有什么样的行为，有什么样的行为就会有什么样的结果。所以，心态决定行动，行动决定结果。

## 第二环节　自我管理体验

### （一）时间管理诊断

1. 请记录自己一周的活动，了解自己的活动规律，看看哪些活动是必须的，哪些活动是可有可无的？有没有浪费时间？哪些活动时间可以压缩？哪些活动可以停止？请把自我诊断结果写在表 4-5-2 中。

表 4-5-2　时间都去哪儿了？

| | 活动 | 花费的时间（小时） |
|---|---|---|
| 自我诊断 | 睡眠 | |
| | 吃饭 | |
| | 学习 | |
| | 交通 | |
| | 娱乐 | |
| | 运动 | |
| | 休闲 | |
| 结果 | 可有可无的活动时间： | |
| | 可压缩的活动时间： | |
| | 可利用的零散时间： | |

2. 可压缩和可利用的时间准备做什么？怎么安排？

准备用来：________________________________________。

具体安排：________________________________________。

3. 请将你今天（或明天）需要完成的任务和自己安排的活动写下来，按重要又紧迫、重要不紧迫、紧迫不重要进行分类，然后进行排序。

一天需要完成的任务：________________________________。

自己安排的活动：____________________________________。

重要又紧迫的是：____________________________________。

重要不紧迫的是：____________________________________。

紧迫不重要的是：____________________________________。

准备先完成：________________________________________。

看情况早做：________________________________________。

抽空完成：__________________________________________。

### （二）体验心态管理

当遇到困难、遇到难以坚持或不开心的事情，尝试换一种心态去看待，看看结果如何？

## 第三环节　活动反思

开场白：成就更好人生，从自我管理开始。渔网撒在哪里，收获就在哪里。让我们一起来看看收获了什么？

### （一）回顾

1. 事实层：回顾整个自我管理体验过程，给你印象最深的是哪个环节？你从哪些角度探索了自我管理？学到了哪些知识？接受了什么观点？在自我管理体验环节遇到了什么困难？后来是怎么解决的？

2. 感受层：在自我管理探索过程中，你有什么感受？有什么让你感到自豪、开心、沮丧、惊讶或兴奋吗？过去有没有类似这样的经历？

### （二）反思

1. 发现层：这个探索活动让你对自己有哪些新的认识？你在探索过程中发现自己在自我管理的三个方面，哪一方面做得比较好？哪一方面最欠缺？

2. 未来层：你将从哪里开始着手提高自我管理能力？对于还没有想清楚或

了解清楚的问题，你打算做些什么来解决？

结束语：感谢大家的分享！谁若游戏人生，他就一事无成；谁不能主宰自己，他将是命运的奴隶。让我们以此共勉！

## 七、活动拓展

1. 向优秀、成功人士学习是提升自我的重要途径之一。请运用掌握的探索技能搜集关于钱学森、袁隆平或你自己感兴趣的某位人物的成长故事，了解他的自我管理特点。

2. 寻找身边的一位职业成功人士，了解他/她的自我管理特点，比较分析自己与他/她的相似之处和不同之处。搜集和分析信息可以单独完成，也可以邀请同学一起完成。

### 知识小贴士

（一）关于自我管理

自我管理，顾名思义，是指一个人主动调控和管理自我的心理活动和行为过程。自我管理的目标是通过自我管理，获得全面发展，实现个人的生命价值。自我管理通过充分了解自己的优势、劣势，进行准确的目标定位和精心的自我规划，将有限的时间和精力投入到最容易发挥自己能力的工作中，以减少不必要的时间和精力浪费。自我管理是一种非常重要的发展能力，它对一个人的发展具有重要意义，它是自我实现的途径。

不同的发展阶段，自我管理的重点不同。青少年时期的自我管理重点培养自我管理意识，养成自我管理习惯，在老师的教导和指引下，对自我的心理行为及主要涉及的生活、学习、时间和人际交往等方面进行管理。详见表 4-5-3。

表 4-5-3　自我管理

| 自我管理 | | 说明 |
|---|---|---|
| 职业生涯管理 | 生涯目标管理 | 设置合理的阶段性目标 |
| | 生涯规划管理 | 制订和实施行动计划 |

（续表）

| 自我管理 | | 说明 |
|---|---|---|
| 自我优化 | 健康管理 | 身体和心理健康（心态、情绪、压力）管理 |
| | 时间管理 | 做正确的事和正确地做事 |
| | 学习管理 | 知识储备和当前需要相结合，善于利用互联网学习、向他人学习、在实践中学习、终身学习 |
| | 自我效能管理 | 了解和发挥自己的优势、善于合作、创新思维 |
| 自我与环境优化 | 人际交往 | 人际关系建立与维护 |
| | 人际沟通 | 人际沟通技能 |

### （二）自我优化

#### 1. 心态与情绪管理

心态是人的心理对各种信息刺激做出反应的趋向，而这种趋向对人的思维、选择、言谈和行动具有导向和支配作用。正是这种导向和支配作用决定了一个人拥有的环境和世界，决定了一个人的人生和未来。心态和态度互相影响。人们所拥有的态度会惯性地处理事情，而这类事情在处理过程中所形成的每一个结果都会反过来影响到这个人的心态。美国心理学家马斯洛说："心态若改变，态度跟着改变；态度改变，习惯跟着改变；习惯改变，性格跟着改变；性格改变，人生就跟着改变。"

情绪是我们对环境的一种反映，不光外界是环境，自己对自己也是一种环境。情绪也是一种对生涯发展具有显著影响的非智力因素。情绪有正面情绪和负面情绪之分。正面情绪，如爱、感恩、好奇心、振奋、热情、毅力、信心、快乐、活力、奉献、服务等，可以提高人体的机能，能够促进人的活动，能够形成一种动力，促进创造性的学习，养成良好习惯，从而不断健全人格。负面情绪，如恨、冷酷、嫉妒、愤怒、抑郁、紧张、狂躁、怀疑、自卑、内疚等，会减弱人的体力与精力，使人意志消沉、兴致低落，妨碍人们的健康成长和生活学习。情绪还影响人际关系，影响生涯发展。情绪如此重要，要学会管理情绪。

那么，情绪是可以管理的吗？情绪当然可以管理，它比其他的事情自主性更高。第一步，觉察自己的情绪。可以通过记日记来记录和梳理自己的情绪，增加对情绪的认识和觉察。第二步，分析不良情绪的形成原因。一般来说，影响情绪的因素有生理的、遗传的、认知的、环境的。第三步，缓和与转换情绪。例如，身心松弛法（如听音乐、散步）、寻求帮助法（遇到情绪困扰的时候，告诉能帮助你的人）、活动转移法（如体育锻炼、旅游）。

**2. 时间管理**

时间管理就是运用科学的方法和技巧，提高时间的利用率和有效性。现代管理学之父彼得·德鲁克（Peter F. Drucker）说，时间管理就是“做正确的事”（to get the right things done）和“正确地做事”（to do things right）。其中，“做正确的事”是指要把时间用在有意义的事情、值得做的事情上，尽量减少时间浪费。“正确地做事”是指在实施过程中尽量提高时间的利用效率。所以，时间管理的关键首先要分清哪些是有意义的、有价值的、必须做的“正确”的事情，哪些是可做可不做的甚至无意义、没价值的事情。而要能“做正确的事”必须对时间进行科学、合理的分配与利用，减少时间浪费，以便有效地完成既定目标。

第一，自我诊断时间，选择做正确的事。大千世界充满着诱惑，我们要擦亮眼睛，分辨是非与美丑，在我们有限的生命里尽可能做有意义的事情。例如，为自己确立一个目标，为实现自己的目标做事，这是自我管理的基础。回顾刚刚过去的一周时间，自己的生活、工作轨迹，看看自己的时间去哪儿了？找出自己的时间消费规律。例如，每天分别花多少时间睡觉、吃饭、交通、工作、娱乐、健身、学习；然后，分析、识别有没有不必要做的事情，即纯粹浪费时间而不会有结果的事情？如看/发微信朋友圈、聊天、打游戏、追剧之类的。像这类活动如果变成了每天必须进行的项目，学习、工作、睡觉的时间可能被挤占了。

第二，发现自身时间管理的障碍。有一种浪费叫低效率，生活中这样的现象随处可见。例如，工作没有计划，分不清轻重缓急，到了任务最后期限时，手忙脚乱的，一片混乱。又如，办事拖拖拉拉，做事不专心，过度疲劳影响效率等。还有一种情况是由于不善拒绝、揽事太多造成的。找到自身时间管理的障碍后，要认真思考如何清除障碍。

第三，统筹分配时间，学会正确做事。要想在工作学习生活中拥有高效率，必须养成科学合理分配、管理时间的好习惯。

（1）将要做的事情根据优先程度分先后顺序。例如，可以将一天需要完成的事情分为三类：A是重要而且紧迫的；B是重要而不紧迫的；C是紧迫而不重要的。那么排序的方法是先做A，视情况早做B，见缝插针抽空做C。

（2）减少混乱，善于整理思路，不要盲目瞎做。养成专心做事的习惯，不管做什么事都要全身心投入，切忌一心多用，最好一次只做一件事。同时，学会避免打扰，根据工作具体情况，尽量选择免受打扰的工作环境。

（3）确定适当的期限。年轻人对时间不敏感，很容易在不知不觉中放走了时间。为了抓住时间，需给要完成的事情确定适当的期限。改掉犹豫不决的习惯，避免消极拖延。

（4）遵循生物钟，把握恰当的时间。每个人的身体内都有一个生物钟，了解你体内的生物钟，遵循生物钟，将优先办的事情放在最佳时间内处理。

（5）学会拒绝。一般情况，能力强、好说话的人深得他人信任，容易被要求做很多大大小小的事情，牵扯很多精力，结果该做的事情没做好。还有一种情况是被邀请去参加一些娱乐活动，如打游戏、看电影。当自己能力不够、体力不足、时间不充裕的时候要敢于拒绝、善于拒绝。

第四，充分利用零散时间。很多人说：我知道学习很重要，但是没时间。其实很多学习不需要整块时间，每天只需要半小时甚至一刻钟就可以，关键是坚持。根据一些事情和任务只需零碎时间就可以完成的特点，充分利用日常工作和生活中的零散时间，诸如过渡时间、交通时间、等候时间。

第五，养成好习惯，好习惯提高时间质量。英国哲学家培根说："习惯真是一种顽强而巨大的力量，它可以主宰人生。"

（1）养成整洁和有条理的习惯。有一家公司对员工的行为习惯进行问卷调查，统计结果显示，有公司职员每年因不整洁和无条理的陋习，找寻物品的时间要占用近20%的工作时间。起源于日本的5S现场管理法（整理、整顿、清扫、清洁、素养，最早只推行了整理、整顿）成为世界管理的新潮流而受到追捧。企业通过推行5S现场管理法，大大减少了生产的辅助时间，提升了工作效率。

（2）改善睡眠质量。保障必要的睡眠，充分的体力有利于保证良好的工作效率。睡眠时间的节省主要是睡眠要有规律并要提高睡眠效率，当实在睡不着时，干脆起来做事或看书。不要似睡非睡地将时间浪费在床上，注重睡眠质量，不求长短。

（3）要具有灵活性。一般来说，只将时间的 50%计划好，其余的 50%应当属于灵活时间，用来应对各种无法预期的事情。

## 案例示析

### 案例壹　自律成就了李嘉诚

李嘉诚 14 岁时还是个穷小子，只是个小工，但他必须赚取足够一家人存活的费用。他对自己的管理方法很简单：一方面，他坚持把每样交托给他的事做得妥当、出色；另一方面，绝不浪费时间，把剩下来的每一分钱都用来购买实用的旧书籍。他知道没有知识就改变不了命运，没有本钱更不能好高骛远。22 岁时，李嘉诚用平时省吃俭用积蓄的 7 000 美元在筲箕湾创办长江塑胶厂。经过多年奋斗，取得非凡的成就，成为有世界影响的华人富商。从早年创业直至 80 多岁，李嘉诚一直保持着两个习惯：一是睡觉之前，一定要看书，非专业书籍，他会抓重点看，如果跟公司的专业有关，再难看懂他也会把它看完；二是晚饭之后，一定要看十几二十分钟的英文电视，不仅要看，还要跟着大声说，因为“怕落伍”。

点评：

超凡的自我管理能力成就了李嘉诚的事业。14 岁时，他的奋斗目标就很明确——养活一家人。这个目标对一个自身还需要父母呵护的少年看似沉重，却促使他把所有力量整合到一个方向，带出希望，活出意义。从14 岁到 22 岁创业前，他的自我管理就是两个方向：第一，踏踏实实做事，做得出色，挣钱养家；第二，省钱买书，通过自学获取知识。

22 岁创业以后，随着生命角色的增多，承担的责任更大，自我管理能力的重要性凸显。已经形成很强的时间管理意识和能力后的李嘉诚，时间管理的方向也随之改变了。他抓住饭后睡前的零碎时间继续阅读学习，而时间管理的方向变成阅读内容上的轻（非专业有选择看）重（与专业相关的）缓（坚持看英文电视，防止落伍）急（再难懂的知识也会去搞懂）。

### 案例贰　时间都去哪儿了

刘伟告诫自己：从今晚开始，要好好学习，争取考出好成绩。他准时于晚上六点三刻走进房间准备学习。但他并没有立刻开始学习，因为他突然想到不如先将桌子和房间整理一下，以便为自己提供一个干净、舒适的环境。他总共花了三十分钟的时间，把房间整理得有条不紊。他虽然未能按原定计划在七点钟开始学习，但他丝毫不感到后悔，因为三十分钟的清理工作不但已获得显然可见的成就，而且还有利于学习效率的提高。他高兴地坐下来准备学习，手机传来震动声，打开手机看见是自己好朋友发了一个链接，于是情不自禁地点开……等他放下手机，时间又过了大半小时。这使他略感不自在，因为他已自食诺言。不过朋友圈的文章毕竟是精神食粮，那也是一种学习。这样自己一开脱，心也就放宽了。于是他准备埋头学习，还没进入状态，感觉需要上洗手间。在回房间途中，他闻到水果的香味。妈妈招呼他：学了一个多小时了，休息一下，吃点水果！他犹豫了一下，终究抵不住诱惑，坐下来一边看电视一边吃水果。回到房间后，他果然感到精神奕奕，以为可以开始“正式学习”了。可是，一看表，已经快九点了！距离平常的睡觉时间只剩下一个小时了，他还没洗漱。他想，反正这么短的时间也不太适合做比较耗精费神的复习，干脆把复习留待明天算了。

**点评：**

刘伟在时间管理上还有很大的改进空间。刘伟身上有许多人的影子，尽管刘伟明确了晚上要重点完成的任务，但他最后还是因时间管理意识不强，随性做事而没有完成学习任务。他虽然准时进入房间，但没有准时开始学习，而是临时把整理房间排在最前面，在主次排序上不够合理，应该把重要的事情——学习先完成，利用中间休息时间进行整理和清理。其次，刘伟经不起诱惑，没有排除干扰，对要做的事情一味地拖延。最后，不仅没有想办法补救，反而找理由随意把学习任务放弃，没有完成预定的目标。多数缺乏自律的人都是没有意识到做事习惯（分清楚轻重缓急）对做事效率的影响和做事效率对职业发展的影响。莎士比亚有句名言：“放弃时间的人，时间也会放弃他。”若是时间放弃了你，等待你的将是无限的恶性循环，如果不及时醒悟，后果将不堪设想。一个人要么做时间的主人，要么被时间管理，成为时间的奴隶。

# 活动二　人际交往

## 一、活动主题

交往是人类的必然伴侣

## 二、活动背景

马克思说：人是各种社会关系的总和。人总是生活在各种各样的人际关系中，如家庭关系、邻里关系、同乡关系、师生关系、同学关系和同事关系。市场经济从某种意义上讲，可称为人际经济、关系经济。拥有良好的人际交往能力不仅是青少年身心健康成长的需要，也是社会立足之本和职场生存之本。随着科学技术的发展、互联网的普及、信息社会的出现，人们的人际交往范围扩大，交往目的多元化、交往方式多样性。许多中职生因学业成绩不佳没能升入普通高中学习，而选择了职业教育，这个转向和我国传统观念——望子成龙和望女成凤相冲突。这个被动的转向过程导致亲子交往出现隔阂、师生交往缺乏信任、同伴交往行为偏差等现象。人际交往能力是个人可持续发展的重要能力，如何让这些学生走出人际交往的困境，是中职教育要思考的问题。学校需要引导学生树立正确的人际交往理念、学习建立和谐人际关系的方法、学会正确对待和处理人际冲突，促进学生健康发展、终身发展。

## 三、活动目标

1. 认识人际交往能力对生涯发展的影响；
2. 学会建立和维护人际关系，提高人际交往能力；
3. 在学习、实践社交礼仪过程中体验自尊、自信。

## 四、活动准备

设计人际交往状况调查问卷，了解班级同学对亲子关系、师生关系、朋辈关系的自我评价及交友途径、交友方式、处理人际冲突方式等人际交往状况。

## 五、活动时间

四周

## 六、活动过程

### 第一环节　人际交往认知

（一）认识人际交往的意义

1. 展示调查问卷结果……

2. 分享对人际交往的看法或感受……

**教师点拨：** 存在主义心理学认为，人是在关系中追求“意义”的存在。意思是说，人们需要依据他人对自己的回应，觉知和定位自我的存在。人际交往可以交流信息、互惠互助、充实自我。人际关系是生命意义的重要影响因素，建立和维护良好人际关系的能力是影响人生幸福感的重要能力。

（二）探讨影响人际交往的因素

问题：人际交往中，哪些行为令人反感？

……

**教师归纳：**

（1）自我中心意识太强。凡事以自我为中心，不会换位思考，不能体谅别人，这样的人不受欢迎，朋友很少。

（2）说话随意。常言道：祸从口出。一些学生心态浮躁，说话随意，为矛盾冲突埋下祸根。还有的在言语或行为上总是咄咄逼人，带有强烈的攻击性。其实，这种攻击行为背后隐藏着内心的强烈自卑。

（3）好胜心太强。有的在父母的庇护中成长，没有经历过挫折，形成了自私自利、唯我独大的个性，不服输、不服软。凡事争强好胜，好自我表现，不给自己、别人留有余地，也会影响人际关系。

（4）缺乏包容心。心胸狭隘、待人苛刻的人，大家都会避而远之。现在是多元价值社会，每个人都应学会包容。

（5）情绪不稳，喜怒无常。让人捉摸不透，经常令人尴尬；或不能合理释放负面情绪，不自觉地迁怒于人；或容易冲动，不计后果。

### （三）检验名人名言

问题：戴尔·卡耐基（Dale Carnegie）关于人际交往的说法：成功 = 15% 专业技能 + 85% 人际交往能力。你相信他的说法吗？

……

**教师点拨：**成功需要一些条件，大成功需要天时地利人和，小成功也需要能力、人脉、关系支持等。首先，拥有超强的能力，靠自己在实践中磨炼远远不够，需要有高人传授、指点。凭什么得到高人指点？凭的是和谐的人际关系和处世技巧。其次，拥有强大的“背景”或“关系”（上一代人留下的人际关系）与人脉人缘（自己通过人际交往建立的）。再次，追随成功人士，得到栽培。成功人士也不会随便让人追随的，追随者必定要获得成功人士的信任和欣赏才有机会。其实，这还是要靠人缘和人际关系的运作才能抓住机会。由此看来，卡耐基的公式也有一定的道理。

### （四）测试游戏

**小测试**

本测试共有 17 道题目，请你根据自己的实际情况，选择最符合自己特征的描述，选择时请根据自己的第一印象，不要思虑态度，在 5 分钟内完成所有题目。

答案选择标准为：A. 非常符合；B. 大都符合；C. 有点符合；D. 不太符合；E. 很不符合。

1. 我能自如地用口语表达我的感情。
2. 不同观念的人愿意与我交流感情。
3. 我不轻易对别人做出评价。
4. 在和别人发生争执时，我能克制自己。
5. 我能自如地用形体语言表达自己的感情。
6. 别人乐于向我诉说不幸。
7. 我在表达自己的感情时，能选择恰当的词汇。
8. 我明白自己在交往中的一些不好的习惯。
9. 别人能准确理解我口语和非口语所表达的意思。
10. 当和别人讨论时，我善于倾听别人的意见，而不强加于人。

11. 我能很好地识别别人的感情。

12. 当我心烦意乱的时候，我通过工作来排遣自己的心情。

13. 我能在一位封闭的朋友面前轻松自如地谈论自己的情况。

14. 当别人带着问题找我，我一般会告诉他该做什么。

15. 当我不同意一件事情时，我会说出这件事的后果。

16. 我不会盲目地暴露自己的秘密。

17. 我能与和我观念不同的人交流感情。

积分规则：选A得5分，选B得4分，选C得3分，选D得2分，选E得1分，将你所有选项的分数相加，得出你应对人际关系的总分数，总分越高，说明你的人际应对能力越强。

### （五）建立人际关系的方法

分享你自己建立人际关系的经验或者你观察别人获得的启发……

**教师归纳：**第一，与人为善，助人为乐；第二，让自己出色或有特色；第三，适度参加活动。

### （六）维护人际关系的方法

**尊重**。我们与人相处，最重要的是尊重别人。对于别人的习惯、需求、观点，要学会尊重，君子和而不同，这样才能和谐相处。

**宽容**。宽容就是宽大有气量，不计较不追究，包涵、原谅。要学会换位思考，宽容待人。宽容别人，就是善待自己；原谅别人，就是给自己生路。

**接纳**。接纳自己、接纳别人、接纳世界。一个人首先要学会接纳自己，既接纳自己的优点，也接纳自己的不足。接纳自己才能真正地爱自己。只有接纳自己、爱自己的人才可能接纳别人、接纳世界。

**关怀**。与人为善、乐于助人。要学会关心别人，一句鼓励、一句问候的话能温暖他人、愉悦自己。举手之劳的事情要多做。要保持以合作代替竞争、实现双赢的心态。

### （七）人际交往的技巧——掌握社交礼仪

1. 礼仪是社会立足之本，不懂礼仪经常被拒绝、被侧目相看（鄙视）。

2. 礼仪是职场生存之本，不懂礼仪被孤立、被质疑（能力）、不被委以重任。

## 第二环节　社交礼仪体验

### （一）称呼礼仪

称呼被看作是交际的先锋官，是建立人际关系的桥梁，是人际关系融洽的晴雨表。所以称呼一定要用对。

1. 称呼的习惯：就高不就低。

2. 称呼类型：职务性称呼、职称性称呼、行业性称呼、姓名性称呼。

避免几种失敬的做法：错误的称呼、庸俗的称呼、称呼外号。

### （二）介绍礼仪

1. 介绍类型：自我介绍、为他人介绍。

2. 介绍的内容：单位名称、职位、姓名或共同的熟人。

3. 介绍的顺序：先介绍位卑者给位尊者；先介绍晚辈给长辈；先把自己的同学或朋友介绍给别人的同学或朋友。一般先从职位高或年长的人开始介绍，如果是分为主方和客方，应该是先把主方介绍给客方，然后再把客方介绍给主方。

### （三）握手礼仪

1. 握手的时机：遇见认识的人时、与他人道别时、某人进入或离开时、被相互介绍时、安慰某人时。

2. 伸手的先后顺序：女士、领导、长辈先伸手；客人到来时主人先伸手，客人告辞时客人先伸手。

**禁忌：**戴着手套、墨镜握手，用左手握手，握手时切忌掌心向下。除非关系很亲密，不要双手握。

3. 握手的基本方法：先问候再握手；注视对方，勿旁顾他人他物；伸出右手，掌心向上，以示谦虚和尊重；与异性握手时用力轻，不可长时间握手和双手紧握。

### （四）电梯礼仪

1. 谁先上、下电梯？排队等候，排在电梯口的右侧，待电梯门打开后，先下后上。

2. 谁开关电梯？男士、晚辈或下属以及靠近电梯开关处者。

3. 站成什么形状好？站成“凹”形，方便出入，面朝电梯口，避免尴尬。

4. 电梯里也要讲究文明。在电梯里要保持安静、卫生，禁止吸烟，主动助人。

**师生互动：**教师设置情景，请学生上台表演如何乘电梯，然后请大家点评。

### （五）电话礼仪

1. 通话的时机：7：00—22：00，吃饭时间及节假日为不宜时间。

2. 接电话的步骤：铃声响起（铃响不过三声）—拿起听筒—报出名字（总机报单位）及问候—确认对方名字—询问来电事项—再汇总确认来电事项—礼貌地结束通话—挂断电话。

3. 挂电话顺序：位高者、长辈、被求者先挂。

4. 打电话的步骤：做好准备—拨出电话—自我介绍—确定对方及问候—说明来电事项—汇总确认—礼貌地结束谈话—挂断电话。

### （六）接待礼仪

1. 总规则：宾至如归，主随客便。

2. 认真准备、安排：环境卫生（个人、室内外的），待客物品（饮料、糖果、点心），膳食安排（符合客人口味），安排娱乐（符合客人趣味）。

3. 迎来送往：要主动出来迎候，不让客人乱找；施礼问候，介绍家人及在场的客人；让座——坐、请坐、请上坐（面门为上、背门为下、居中为上、并坐右高、以远为高）；上茶（先客后主、先长后幼、先女后男）；告别——起送、道别。

4. 热情友善：招待客人要专心致志（不要让客人长时间看电视或自己长时间打电话）、和客人互动、表现出开心愉快，不要当客人面与家人争吵。

### （七）拜访礼仪

拜访的规则：客随主便、有约在先、上门有礼、为客有方。

1. 客随主便：不让主人感到麻烦。

2. 有约在先：约定时间（到和离的时间）—约定人数—如约而至。

3. 上门有礼：预告准时到达时间；准时到达并问候（问候拜访对象；问候家人：先老后幼，先女后男；问候客人）；应主人要求脱外套、脱鞋，在指定范围活动。

4. 为客有方：限定交谈内容，限定交际范围，限定交际空间（长辈先坐），限定交际时间（半小时至一小时），适时告退（按时走、向在场的人告退、远道的到家后应报平安）。

（八）用餐礼仪

1. 正确使用餐具：根据杠杆原理握筷；不把筷子竖插碗里；不要用筷子敲击碗；碗匙配合嘴巴吃饭；注意使用公筷、公勺。

2. 注意用餐仪态：不要浪费食物，不要大声喧哗，不要狼吞虎咽，注意残渣处理，关照邻桌感受，顺时转送食物。

### 第三环节　活动反思

开场白：这段日子，同学们身上发生了喜人的变化。大家分享一下吧！

（一）回顾

1. 事实层：我们从哪些方面探讨了人际交往问题？在认知环节，你学到哪些知识，接受了什么观点？在体验环节，你掌握了哪些礼仪？

2. 感受层：在人际交往学习、体验过程中，你有什么感受？联想到过去什么经历？

（二）反思

1. 发现层：这个探索活动让你收获了什么？你在实践社交礼仪时对人际关系有什么改变？人际关系的改善对你的心理、情绪有什么积极影响？

2. 未来层：未来你会在日常学习生活中有意识去提高自己的人际交往能力吗？你会怎么做？从哪里着手？

结束语：感谢大家的分享！孔子说："独学而无友，则孤陋而寡闻。"人际交往是促进个性发展和自我完善的重要手段。人是社会中的一员，人际关系影响人的幸福感。"纸上得来终觉浅，绝知此事要躬行。"如何建立和维持和谐人际关系还需在未来生活实践中继续探索。

## 七、活动拓展

1. 尝试用所学知识去拓展自己的朋友圈，看看有什么收获。

2. 尝试用所学礼仪知识去待人接物，看看有什么变化。

3. 回顾自己进入职业学校的学习生活经历，有没有自己在处理与老师、与同学、与室友或与其他朋友之间人际关系的成功或失败事例，看看有什么经验教训？

## 知识小贴士

### （一）人际交往的意义

人际交往指人与人之间的交流和来往，它由人际关系和人际沟通构成。建立和维护人际关系的能力是决定人际交往能力的重要因素。马克思指出："人的发展取决于和他直接或间接进行交往的其他一切人的发展。"人际交往能力是个人可持续发展的重要能力，人际交往能力与业务能力是现代人必备的能力。可以毫不夸张地说，人际交往是促进人的全面发展的动因。

人际交往是人类必然的伴侣。首先，人际交往有利于交流信息。在信息经济时代，信息是一种非常重要的资源。一个人掌握的信息越多，抓住发展的机会便越多，所做的决策就越正确、越果断。人际交往是信息交流和传递的重要途径，人际交往越广，获得的信息越多，人际交往可以实现资源共享。

其次，人际交往促进互惠互助。人际交往过程实质是一个交换过程，而交换的基础是互惠互利，互惠互利越多，交往、交换的动机越强。人的一切活动都离不开他人的协助和支持，人际交往的关系处理得如何，会直接影响到人的活动成效。处理好人际交往关系是个人事业成功和组织顺利实现目标的一个重要因素。

再次，人际交往可以充实自我。人是情感动物，不能孤立生存。当处于封闭状态时，人的智力、情感、人性都会受到压制。当一个人和别人建立起充实、理性、合理、规范的社会交往时，生活就会变得丰富多彩。著名心理学家马斯洛指出，精神生命是人的本质的一部分，它是确定人的本性的特征，没有这一部分，人的本性就不完满。一个发展不完善的社会人，一定会在许多方面与社会格格不入，会在生活和事业中经常碰钉子，会遭遇许多的挫折，会经常体会到孤独与无助。

### （二）建立人际关系的重要途径

1. 让自己出色或有特色。有技能、幽默有趣、充满正能量的人总是受人欢迎的。而自信、阳光的个性总是充满魅力。当你有能力、有魅力或有吸引力时，自然会有人愿意认识你，想成为你的朋友。如果你什么都不会，只会苛求别人，就没有人愿意和你保持长久的友谊。

2. 适度参与社交活动或集体活动。多参加班级活动、社团活动、志愿服务、社区活动及文体活动等，在组织和活动中，大家有共同的话题、共同的任务或爱好，可以互相学习、互相促进，在共同的活动中结下友谊，成为朋友。随着新媒体技术的发展，出现了网络人际交往。网络人际交往主要是通过互联网，以手机、电脑为主要工具，运用微信、微博、QQ 等网站、App 进行社交，拓展人际交往范围。

3. 与人为善，助人为乐。平常多做好事，哪怕只是举手之劳的小事，就会让别人记住你，愿意成为你的朋友。帮助他人，成就自己。在日常学习和工作中，我们常常会进入一个集体或团队中，团队协作是团队效率的保障。在集体或团队中帮助他人获得成功，不仅充实了自己，也从此建立了良好的人际关系。损人不利己的愚蠢事情绝对不能做。

### （三）礼仪赋能良好人际关系

社交礼仪是人们在社会交际中约定俗成的律己敬人的行为准则，也是一种交际的方法和艺术，是维护人际关系的润滑剂。所以，学习社交礼仪是最直接、最有效地提高人际交往能力的方法。

## 案例示析

### 案例壹　小莉的故事

小莉虽然只有大专学历，但工作能力强，业绩也很好。她勤勤恳恳地在一家公司干了三年，可就是得不到提拔。她不明白到底为什么，于是请教办公室里的老大姐。老大姐告诉她：“你总穿着超短的裙子、露肩的衣服，从形象上就让领导感觉你不成熟；在跟上级沟通时，你每次说完就离开，也不观察上级有什么反馈或征询上级有什么指示。尤其是打电话，拿起就说，说完就直接挂电话。这让上级觉得你行为上也不成熟。两样加起来，他们怎敢对你委以重任？”

**点评：**

小莉没有得到提拔或许还有别的原因。但小莉礼仪上的失误肯定会成为她职业生涯发展的障碍。小莉不分场合地追求个性的着装容易给人造成不专业、不敬业的印象。而在与人交往上，小莉的“干脆利落”容易让人理解为不求上进、应付了事，甚至拒人千里之外，自然得不到上级领导的认可。小莉要追求职业发展，需要认真思考老大姐的建议，重视社交礼仪学习。《礼仪是一种资本》的作者李洁提出了一个非常有意思的观点：礼仪是一种资本，是个人在社会立足的资本、是个人提高身价的资本、是个人在职场生存的资本、是个人家庭幸福的资本。掌握社交礼仪，让礼仪成为提升竞争力的重要资本。

**案例贰　小邱的故事**

校友小邱在学校时很不起眼，外表普通，性格内向，表达能力不强，平常也没表现出什么特殊才干。但他的优点是比较本分，性情温和，情绪比较平稳，对老师的指导虚心接受，愿意改进自己。到了三年级实习时，由于老师的极力推荐，他进入上海一家汽车 4S 店实习。刚开始并没有受到重视，但他对人非常有礼貌，不论是遇见同事还是客户，他总是主动问好。而且，做事认真、勤快。工作休息期间，大家都在休息，他会主动跑到师傅面前帮忙，如打扫场地、递送工具、倒开水等，下班前会主动跟师傅道别。师傅觉着小伙子虽然笨一点，但很诚恳，便主动用心指点他，工作上出了小问题会罩着他，并在主管面前表扬他。在这种友善的环境里，他学得很用心、很开心，进步也明显，实习期满后马上被录用了，且最早加工资，并最早被推荐去进修。

**点评：**

小邱刚踏入社会时，没有太多的社会经验和社会关系，工作上难免会有压力。但是，他能放低姿态、调整心态，主动尽自己所能帮助别人，所以，他受到欢迎，慢慢地与同事建立良好的互助关系。小邱或许不懂得如何运作人际关系，但他懂得尊重师傅、同事、客户、职业，他掌握了礼仪的本质。他能很快得到帮助和赏识，得益于他的礼仪修养。对于一个没有什么知识、技能、经验可分享的年轻人来说，做一点力所能及的小事情，体现了最体面的社会交换规则。可以预见，只要小邱保持这种状态，他的职业能力会持续得到发展，几年之后就会甩掉“笨”的帽子，发展成为一个干练的职业人。

# 活动三 人际沟通

## 一、活动主题

耳朵是通向心灵的必经之路

## 二、活动背景

人际沟通是人际交往的起点，是人际关系建立和发展的前提和基础。人际关系则是人际沟通的结果，这种结果的形成及发展的好坏，又影响着人际沟通的频率、发展和态度。掌握人际沟通技能，有助于建立和维护人际关系。青春期的中职学生表现出独立与依赖、开放与闭锁、成熟与幼稚并存的矛盾性，人际沟通带有鲜明的情绪化色彩。相比于高中生，中职学生将较早进入社会，人际沟通对象不仅仅只有家人、老师、朋友和同学，还有同事、领导和客户等，这就对于中职学生的人际沟通能力提出了更高的要求。因此，从人际沟通目的看，中职生进行人际沟通不仅为了与人建立人际关系以满足归属感，还应出于实用动机，与客户、合作伙伴、同事、领导等进行人际沟通。了解人际沟通的一般规律，掌握实用的沟通技巧，切实提高人际沟通能力是中职生职业准备的重要内容。

## 三、活动目标

1. 了解人际沟通的特点；
2. 掌握几种实用沟通方法，提升人际沟通能力；
3. 激发提高人际沟通能力的动力和信心。

## 四、活动准备

1. 课前在班级做一个人际沟通问卷调查，了解班级同学对人际沟通能力的自我评价。

2. 每人准备一张形状、大小都一样的纸。

## 五、活动时间

四周

## 六、活动过程

### 第一环节　人际沟通认知

#### （一）撕纸游戏

第一步：推荐一名同学到讲台上来下指令，其他同学根据指令撕纸，不许提问。

指令：将纸对折一下，然后再对折一下，在右上角撕去一个角，然后转动90°，再将手中所拿纸的右上角撕去一个角，把纸打开。然后，统计一下，同学撕出多少种图形。

第二步：请这名同学再下一次同样的指令，其他同学根据指令撕纸，允许提问。然后，统计一下，同学撕出多少种图形。

第三步：讨论。

1. 同样的指令，为什么撕出那么多图形？

**提示：**单向沟通（发指令）。

2. 为什么第二次撕出的图形种类少了？

**提示：**双向沟通（可以提问、确认）。

3. 怎样才能让大家撕出统一的图形？

**提示：**规范语言、抓住关键点、示范 + 提示 + 确认。

4. 沟通的障碍来自哪里？

**提示：**语言障碍、心理因素障碍、身份障碍、文化障碍。

**教师点评：**有人类活动的地方，就存在着沟通。仅仅五个撕纸的简单动作就可以撕出那么多结果，可见人与人之间的分歧无处不在。具备人际沟通能力不仅是现代人的标志，而且是个人获得发展、幸福的一种必要能力。

#### （二）人际沟通的特点

情境：有一天，小A因为打游戏的事情跟爸妈吵架了，她难过得哭了起来。假如你是小A的朋友，你怎么办？

1. 角色扮演：请小B、小C、小D分别扮演小A的朋友上前去安慰她。

小 B：……

小 C：……

小 D：……

2. 请小 A、小 B、小 C、小 D 分别分享感受……

**教师点评：**人际沟通是一种双向交流，它具有三大特点，即人际沟通主要通过口头语言，同时常辅之以姿态、手势等非言语性质的语言（身体语言）；人际沟通不仅限于纯粹的情报、消息的沟通，同时还包括思想、感情、观点等的交流；由于每个人的知识、经历、价值观不同，同时，受性别、性格的影响，人际沟通常常导致信息失真或沟通无效。

（三）人际沟通的技巧

**1. 积极倾听：听到说者想说**

听字（图 4-5-2），表示要竖起耳朵听，当对方是王，用十目听（肢体语言、察言观色），用心、专心听。不善于倾听的人不能给他人情感上的依托，不能让他人感觉信任、感觉到情感的共鸣，甚至不能倾听他人的忠告和建议。

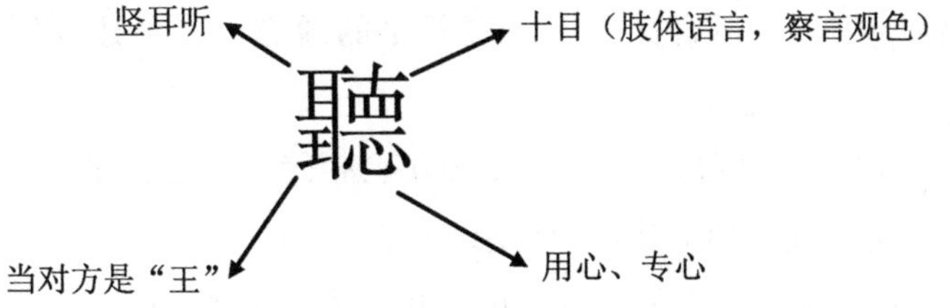


**图 4-5-2　倾听的艺术**

**2. 不要轻易挑战对方**

每个人都有本能地维护自我价值以避免遭到他人否定的倾向，都希望得到他人的尊重。认真倾听对方的述说，并对所述事件表示能理解对方的担忧、顾虑。

**3. 重视对方的观点**

沟通时要确认信息，双向沟通更有效、更准确。沟通时要适当地对对方的观点做反馈，如用关键词来做概括性解释，表示自己一直在倾听对方的谈话，并且正在积极地理解，使对方感到被重视、被理解。

**4. 积极评价**

善于发现对方的优点或积极、正面的地方，并及时予以表达。人们都希望别人能看到并肯定自己的优点和长处，从而肯定自己的价值。积极的评价会拉近彼此间的距离，促进双方进一步沟通，增进双方的友谊。

## 第二环节　人际沟通体验

（一）请尝试运用“三明治”沟通法，向你的家人或朋友、同学提建议，让其愉快地接受你的建议。

**提示：**人的内心里都有追求舒适、抗拒改变的情绪倾向，人都喜欢得到赞美和肯定，而回避被否定。所以，为了消除对方的抗拒心理，让对方接受自己的建议，最好在表达自己的核心意见之前，先对对方的相关方面表示认同，然后再提建议。提出建议之后，再给对方以肯定、期待和鼓励，让对方感到难以拒绝，并愉快地接受建议。

第一层：认可——先找出对方值得认可的地方，表达欣赏、认可，获得对方的好感以消除抵触情绪。

第二层：建议——不直接否认对方不足的地方，而是建议对方可以改进之处。

第三层：鼓励——期待、信任，对方不会拒绝，一定会做好。

例如，对父母或老师提建议或要求——

先认可：我知道您一直关心（爱护）我，我很感激……

提建议：我觉得您可以（您能不能）……

期待、信任：您一直很开明，我非常信任您，您肯定不会让我失望……

（二）请尝试用四步沟通法，化解你与他人的矛盾或者帮助家人、朋友、同学化解矛盾，改善人际关系。

第一步：说事实。先说说发生了什么？包括看到的、听到的、触摸到的等等，描述事实是确保沟通双方在处理同一件事，并且认识到事实的各个方面，避免“鸡同鸭讲”的尴尬。例如，我看到……，我听说……

第二步：谈感受。表达个人感受、情绪、记忆、联想到的等与事实有关的内在联系。表达感受是为了让沟通双方看到事实与自身的内在联系，有助于双方从情绪中走出来。例如，我很痛苦……，我很失望……，我很伤心……，同时，也要让对方觉得你理解他的感受，如我了解您的感受……，我理解您的感受……

第三步：找关联。这件事为什么会发生？这将造成什么影响？沟通的目的是让沟通双方理解事实发生的原因和事实本身的意义。例如，发生这样的事是因为……，这事对我来说……，这事可能会影响……；我之前也曾这么认为，而后来我发现……

第四步：提方案。达成共识，商讨解决方案。沟通的目的是让沟通双方如何运用前面沟通中获得的信息来做出选择。例如，我建议我们一起来找出解决办法……，我们是不是这样处理比较好……

**教师点拨：**生活中，人与人之间难免会发生不愉快的事情，其中有误解、有矛盾、有争吵。沟通的目的就是消除误解，避免矛盾冲突的升级。当不愉快的事情发生时，大家都有强烈的情绪，有效的沟通需要让大家从这些情绪中走出来，进而探讨解决的方案。在沟通的过程中，需要抱着公平、合理解决问题的态度和诚意，通过摆明事实、交换意见、取得沟通，从而找出解决分歧、达成共识的办法。

## 第三环节　活动反思

开场白：我很欣喜地发现，有同学学会用沟通解决分歧，有同学学会夸人了。让我们一起来分享一下吧！

### （一）回顾

1. 事实层：我们从哪些方面探讨了人际沟通问题？你学到哪些知识，接受了什么观点？你在体验环节学会了哪些沟通技巧？

2. 感受层：在人际沟通的学习、体验过程中，你有什么感受？印象最深的感受是什么？

### （二）反思

1. 发现层：这个探索活动对你意味着什么？对人际交往有什么改变？

2. 未来层：未来你会在日常学习生活中有意识去提高自己的人际沟通能力吗？你会怎么做？从哪里着手？

结束语：沟通无处不在。最可怕或最糟糕的事情是没有沟通，师生之间、上下属间、同事间、同学间、朋友间、家庭成员间都需要沟通。我们的语言能使自己的人生变得不幸或变得幸福。感谢大家的分享！让我们在未来的岁月里，通过驾驭语言来驾驭我们的人生！

## 七、活动拓展

提高自己的沟通能力从锻炼自己的说话能力开始，说话注意三要素，即事实、观点、逻辑。三分钟的话中必须要有一个事情的事实，事实是由大量的细节构成的；提供了事实后，要表达自己的观点，观点要客观、全面、完整；逻辑，从事实出发是否可以符合逻辑地得到你讲的结论。

### 知识小贴士

#### （一）人际沟通

人际沟通指在人际交往中彼此交流思想、感情和知识等信息的过程，是信息的双向流动。一般来说，人际沟通的目的是满足两类需要。一种是为了满足归属和爱的需要。人是社会性动物，渴望与其他人建立相互之间的联系，融入某一个群体中，成为群体中的一员。人们会去寻找适合自己的社会群体，加入其中来满足自己合群、被他人认可和尊重等心理上的需求。例如，找朋友聊天、和同学聚会、与同事结伴郊游、同家人聚会等等。另一种是为了解决问题或完成某项任务的需要。例如，推销员为销售产品与客户的沟通，上级为完成某项工作与下级的沟通，医生为诊断病情与病人的沟通，老师为了解情况指导学生与学生的沟通，警察为了调解纠纷与当事人进行沟通等等。

人际沟通的方式主要有语言沟通与非语言沟通。语言沟通又分口头沟通和书面沟通。非语言沟通指声音、语气、姿态、身体动作等。口头沟通是双向沟通，主要通过听、说、问，同时辅之以姿态、手势等身体语言进行沟通，传送者与接受者的角色不断相互转换。

#### （二）人际沟通能力

人际沟通能力，通俗说就是说话能力。说话能力的构成要素包括组织语言的能力、表情达意的能力和应变的能力。具体来说，就是说话有条理，能清楚表达观点或情感，有针对性。有针对性说话就是在与别人交流、谈话的过程中能够随时关注到对方提到的事实及结论，并能够挖掘出对方言语中的逻辑关系，从而有针对性地讲自己的话，并达到影响对方思想的目的。会说话的人一般都有这些特点：言之重礼（显示尊重对方）、言之有物（诉求或观点明确）、言之有理（说话合乎道理），以及言之有度（委婉含蓄或绵里藏针）。

说话能力可以通过练习来提高。比较有效的练习方法就是朗读、复述和演讲。例如，朗读一段2 000字左右的文章，保持每分钟160个字（如果不能，那就需要大量的练习）。然后，将文章放下，不要再看，复述以上内容。反复做这样的练习，坚持一段时间，说话能力将有所提高。演讲的训练从学习演讲范例开始，包括开头结尾练习、语音语调练习、眼神手势练习等。互联网课程的发展为大众学习提供了许多便利，可以充分利用网络课程进行说话能力的训练。

### （三）人际沟通障碍

由于每个人的知识、经历、思想观点、个性不同，人际沟通往往存在沟通障碍，使得信息在传递过程中受到干扰、失真甚至被迫中断，给人际交往带来负面影响。人际沟通一般存在四大障碍：语言障碍、心理因素障碍、身份障碍、文化障碍。语言障碍主要是指沟通双方对语义理解不准确带来的障碍；心理因素障碍是指沟通双方因个性、态度、情绪带来的障碍；身份障碍指沟通双方因身份地位不同带来的障碍；文化障碍主要指文化、性别、代沟带来的障碍。

### （四）人际沟通的技巧

**倾听**。倾听是一门技巧，是一种修养。倾听比说更重要，倾听具有一种神奇的力量，它可以让人获得智慧和尊重，赢得真情和信任。

**真诚**。意思是真心实意，坦诚相待，从心底感动他人而最终获得他人的信任。例如，当沟通一方因感到委屈而情绪激动时，道歉可以让对方平静下来，回归理性状态，让对方相信你有足够的情绪包容力。趋利避害是人的天性，没有基本信任的沟通是无法深入的。

**自信**。自信是发自内心的自我肯定与相信。只有自己相信自己，他人才会相信你，才有沟通的基础。自信的另一端是自卑，自卑的人言语或行为上经常咄咄逼人，带有强烈的攻击性。

**赞美他人**。善于赞美他人的人一般都拥有一双善于发现他人优点的眼睛。赞美往往会激发对方的自尊和价值感，从而激发出对方的友善，有利于创造和谐融洽的沟通氛围。

**善待他人**。用温和、善良的心态对待他人，如包容、理解他人。心胸狭隘、待人苛刻的人，大家都会避而远之。现在是多元价值社会，每个人都应学会包容。你善待别人，别人就会善待你。

## 案例示析

### 沟通的艺术

小秦的爷爷生病了，小秦接到父母的电话就赶紧请假回老家。第二天，他陪八十多岁的爷爷去医院看病，他到了小区门口后用打车软件叫了一辆出租车。很幸运，出租车很快就到了。他搀扶着爷爷上车，爷爷年纪大了，加上身体不好，走路只能一步一步挪。小秦打开车门，第一句就是道歉："对不起，我爷爷年纪大了，身体有些不舒服，动作慢，耽误您的时间了！"谁知出租车司机一脸不高兴："快点！快点！"车上气氛很尴尬。小秦主动搭话说："今天天气真好！师傅您看起来有些不高兴，和气生财哦！我爷爷确实年纪大了，动作慢。结账的时候我把耽误的时间折算费用给您。"出租车司机听了后，脸色立刻变缓了："不用了。刚刚接了个单，客户害我在楼下等了很久，他竟然若无其事！"小秦说："难怪呢！遇上这样的人是挺烦心的！"小秦和司机聊了起来，爷爷脸上也露出了笑容。下车时，司机还热情地帮助小秦拉车门，搀扶爷爷，叮嘱他们要注意安全。

小秦回到单位就忙碌了起来，之前请假耽误的工作得赶紧补回来。这不，一大早就接到领导电话，通知他赶到单位开会。小秦起床后匆匆忙忙吃了早点就开车上路了。一开始路上很顺利，谁知快到单位了，路上却突然堵得非常厉害。小秦着急上班，车子变道的时候，不小心把前面的车给碰擦了一小块油漆！小秦赶紧下车给车主道歉："对不起！对不起！是我的责任！"然后，小秦建议拍下事故现场后，先把车停靠到前面偏一点的地方，免得造成交通堵塞。为了打消对方的顾虑，小秦先让对方拍下现场，并主动留下电话、微信，便于随时联系。把车停稳后，小秦围着对方的车仔细观察了一遍，发现确实只碰擦了一小块油漆。接着小秦跟对方商量："我仔细看了您的车，幸亏就碰擦了一个地方。您看这样行不行？您把擦痕拍下来，发给懂行的朋友看看，维修估价大概多少，我再加您 200 元。大家上班都很忙，等交警来处理后再去定损，来回折腾很费时间。给您带来麻烦，我真是抱歉！"只见车主的脸色由愠色变成微笑，他谅解了小秦。小秦处理完事情，立刻赶到单位参加会议。对小秦来说这真是难忘的一星期。

**点评：**

小秦一星期内遇到两件不愉快的事情，由于他处理得当，没有让事件升级，产生人际冲突。小秦在处理人际关系时，有两个特点：第一，主动“出击”，掌握沟通主动权。小秦在出租车里主动打破尴尬，通过沟通了解和理解了司机的情绪，也得到了司机的理解和帮助，重要的是没有让本来身体不舒服的爷爷遭遇不良情绪的干扰。第二，小秦为人处世真诚，愿意换位思考。他能随处意识到自己给对方带来的不方便，并能主动提出补偿。表面看起来小秦似乎身段太软，容易吃亏。其实，小秦反而因此从被动变成主动。小秦开车发生碰擦事件时，态度诚恳，主动承担责任。他主动提出补偿 200 元，看起来有点吃亏，其实是主动止损，一点不吃亏，还把摩擦带来的不愉快瞬间化解。小秦变道，碰擦对方车子，理应负全责。按照惯例，如果小秦有事故记录，第二年买车险时享受的折扣会受影响。人际沟通有四大秘诀：真诚、自信、赞美他人、善待他人。小秦做到两条——真诚、善待他人，就“化干戈为玉帛”了。

# 活动四　劳动素养

## 一、活动主题

劳动是一切幸福之源

## 二、活动背景

劳动教育是中国特色社会主义教育制度的重要内容，直接决定社会主义建设者和接班人的劳动精神面貌、劳动价值取向和劳动技能水平。中等职业教育目标是培养在生产、服务一线工作的高素质劳动者和技能型人才。但是，有的中职学生缺乏学习专业知识和职业技能的动力，就业只看重眼前的物质报酬，不愿意从事生产、服务一线工作；有的在工作中缺乏主动性，缺乏吃苦耐劳精神，缺乏敬业精神；有的不能理性对待工作挫折，频繁跳槽甚至不就业，在家啃老。学校应该重视引导学生从小树立正确的劳动观，给学生提供足够的参与劳动、在劳动中形成劳动技能的机会，促进学生对劳动的本质、劳动的价值意义的认识。学校要结合生涯教育引导学生树立正确的劳动观，理解劳动对生涯发展的重要意义，引导学生在日常生活劳动、公益劳动中体验岗位职责、岗位荣誉感，为未来生涯发展打下坚实基础。

## 三、活动目标

1. 多角度认识劳动及其与生涯发展的密切联系；
2. 在实践中掌握提升劳动技能的途径和方法；
3. 树立正确劳动观，体会劳动是一切幸福之源。

## 四、活动准备

1. 搜集自2020年春节以来新冠肺炎疫情给我国及世界人民生活带来的影响，以及我国成功控制疫情付出的努力等相关资料。

2. 采访几位疫情防控志愿者，听听他们参加志愿服务的感受。

## 五、活动时间

四周

## 六、活动过程

### 第一环节　劳动认知

#### （一）说说劳动

1.“劳动”一词让你联想到什么？

……

2. 听听志愿者们怎么说？

……

**教师点拨：**我们习惯于认为，劳动提供了生活的物质财富——它带来的商品和服务使我们的现代文明成为可能。可是，工作和劳动带来的幸福和满足感要比我们意识到的大得多。我们很少意识到劳动带来的无形的、更关键的心理健康，它关系着我们的生活是充实还是空虚。

#### （二）思考与讨论

问题1：党中央当时号召十几亿人“宅”在家里不出门，“躺着”为国家做贡献的底气从何而来？

……

**提示：**

(1) 改革开放四十几年来全国人民万众一心、艰苦奋斗积累的社会财富。

(2) 我国有“一方有难，八方支援”的传统。当疫情来临，各行各业的劳动者义不容辞地付出了辛勤的劳动，有的个人、团体捐赠了自己的劳动成果。

问题 2：我国成功控制疫情，除了党中央的英明领导和全国人民的努力外，还得益于什么？

……

**提示：**高科技手段。例如，人工智能检测、无人机防控、智能消毒设备、无人驾驶配送、5G 技术（直播、远程会诊、大数据监测）。中国曾经是积弱积贫的国家，靠着几代科技工作者的辛勤劳动，取得了今天的科技成果。

问题 3：抗“疫”英雄中，给你印象比较深的是哪些人？他们有什么共同点？

……

**提示：**有来自各行各业的精英，也有普通劳动者。他们通过付出劳动或者捐赠劳动成果为社会做贡献，实现人生价值。

### （三）认识劳动

思考：我国成功防控疫情，带给我们什么启示？

……

**提示：**

1. 劳动创造财富和价值。劳动首先是我们谋生的手段，劳动更是我们实现个人价值的途径。

2. 劳动只有分工不同，没有贵贱之分。同样，职业也没有贵贱之分。

3. 职业劳动是体力和脑力的总和。随着科技的发展，职业劳动越来越智能化。没有单纯“劳心”或“劳力”的职业。

4. 劳动态度、劳动技能决定职业成就。各行各业涌现的抗“疫”英雄，他们用他们诚实、勤劳的劳动态度或高超的劳动技能为社会做贡献，赢得社会普遍点赞。

### （四）劳动与生涯发展

**劳动观影响就业**。劳动是满足我们物质需求和精神需求的途径，不就业的“啃老族”谈不上什么发展，更谈不上实现人生价值。

**劳动观影响择业**。选择职业应该考虑个人兴趣、能力、个性，考虑社会发展需要。适合自己的、符合社会需求的都是好职业。

**劳动态度和劳动技能影响职业发展**。劳动是立身之本，技能是立业之本。不劳动，难以生存；没有一技之长，难以在职场立足。

## 第二环节　劳动体验

### （一）劳动技能展示

1. 班级全员参与展示。民主投票评选各种最美劳动者。

2. 展示内容：日常生活技能。可以是厨艺展示、整理收纳技能展示、日常生活用品修理技术展示等。拍摄自己的劳动视频，配上才艺介绍，上传班级群，进行展示。

### （二）专业技能展示

1. 班级开展专业技能竞赛。由专业老师和同学共同投票评选“心灵手巧”奖和进步奖。

2. 才艺展示。将自己通过刻苦训练形成的音乐、美术等才艺，用微视频方式展示出来。

### （三）公益劳动体验

通过各种渠道参加公益活动，体验劳动价值，发展社交能力和人际沟通能力。

## 第三环节　活动反思

开场白：过去的四周，我们共同见识了大家的才艺，你们真不简单！让我们一起回顾一下，看看收获了什么？

### （一）回顾

1. 事实层：我们从哪些角度探讨了劳动这个话题？在认知环节，你学到哪些知识，接受了什么观点？你在劳动体验环节展示了哪些技能？

2. 感受层：在这个探索活动中，你有什么感受？印象最深的是什么？自豪？沮丧？兴奋？

（二）反思

1. 发现层：这个探索活动对你意味着什么？通过劳动技能展示环节，对自己、对同学有什么新的发现？你对职业、就业有什么新的认识？

2. 未来层：未来你会在日常学习生活中有意识多方面提高自己的劳动技能吗？你会怎么做？从哪里着手？

结束语：感谢大家的分享！高尔基说，劳动是世界上一切欢乐和一切美好事情的源泉。让我们以此共勉！

## 七、活动拓展

请选择自己比较钦佩的1～2名职业成功者，了解“劳动”对他们职业发展的影响。

### 知识小贴士

（一）认识劳动

2020年春节发生的新冠肺炎疫情给全中国人民的生活带来了巨大的影响：店铺商场关闭、农贸市场关闭、工厂停产或延期复工、进出农村的道路被封……对于有些家庭来说，不出去工作就没有了收入来源，房贷、车贷、房租各种生活费用带来巨大的压力。疫情在党中央的英明领导和全国人民的共同努力下，特别是医务人员冒着生命危险、超负荷奋战了两个月后终于被控制了。透过2020年春节发生的疫情，可以清晰地得出以下几点认识：

第一，劳动的目的是创造财富和价值。劳动是财富和价值的源泉，没有辛勤劳动，一切物质财富和精神财富都无从谈起，离开劳动我们必将一无所有；如果不劳动就取得收入，是在靠别人的劳动过活。劳动不仅仅是谋生的手段，也是创造价值的途径，人的生命价值只有在劳动中才得以充分体现。新冠肺炎疫情暴发期间，十多亿人“宅”在家里不出门，“躺着”为国家做贡献，这在过去的中国是无法想象的。“躺着”为国家做贡献的底气来自改革开放四十几年来全国人民万众一心、艰苦奋斗积累的财富。而科学家、医护人员、工程师、企业家、志愿者等各行各业的劳动者用辛勤的劳动（或捐献自己的劳动成果）

为抗击疫情做出了巨大的贡献，实现了自己的生命价值。我们国家现在还处于社会主义初级阶段，大多数人需要通过诚实劳动来保障自己的生存。抓住了改革开放的机遇，通过自己的辛勤劳动先富起来的人，他们的劳动由起初的谋求生存提升为谋求自我实现，由活着变成体面地生活着。还有的人，例如，被我们敬称为国家栋梁的科学家们，他们将劳动视作幸福和快乐，将劳动与人的幸福与快乐融合在一起。

第二，劳动只有分工不同，没有贵贱之分。同理，职业只有内容不同，没有贵贱之分，各行各业的劳动者都是平等的。报酬的多少、社会地位的高低不能作为劳动价值多少的尺度。社会越进步、分工越精细，人们对社会的依赖越深，没有谁可以成为“独行侠”脱离社会独自生存。所以，从事什么劳动并不重要，重要的是每个人都要诚实劳动，每个人的劳动成果都应该得到应有的尊重。我们要尊重劳动者，尊重他人的劳动成果。危难时刻，“英勇救疫”的不仅有科学家、人民公仆，还有各行各业的“小人物”。没有各行各业“小人物”的付出，十多亿人“宅”在家里的吃、喝、拉、撒、睡及安全问题根本无法解决。有社会需求的职业都应值得尊重。能促进个人的自由而全面发展的职业值得尊重，符合社会的发展、推动社会进步的职业更有价值。

第三，职业劳动是体力和脑力的总和。在现实生活中既没有纯粹的体力劳动职业，也没有纯粹的脑力劳动职业，职业劳动是体力和脑力的总和。随着科技的发展，职业劳动智能化趋势越来越明显。例如，科学家做实验、医生做手术、官员下基层等，都需要付出强大的体力劳动才能取得职业成就。随着科学技术的发展，劳动工具的技术含量日益提高，劳动日益智能化，许多看似体力劳动的职业也需要付出脑力劳动才能获得职业发展；而且，看似体力劳动的职业只要与时俱进、终身学习，紧跟社会经济和科学技术发展的节奏，同样能获得很好的发展。例如，农民掌握电商知识、快递小哥熟练运用各种 App，一样能在竞争中占据优势，获得发展。

第四，劳动态度决定职业成就。劳动态度表现为有劳动责任感，喜欢劳动，热爱劳动。无论哪种职业，要想获得发展、获得成功都必须付出艰辛的劳动，需要有工匠精神。84 岁的钟南山、73 岁的李兰娟，他们是院士，更是战士，他们在耄耋古稀之年，依旧奋战在抗击疫情的最前线。他们几十年如一日地辛勤劳动、诚实劳动、创新劳动，才获得如此令人敬佩的职业成就。而那些缺乏责任感、工作马马虎虎、得过且过的职业人，每逢社会发生重大事件或经济发生变化（如行业调整、公司转型），就有可能被问责甚至被淘汰。

### （二）几个与劳动有关的影响生涯发展的因素

第一，劳动观影响就业、择业。当前，很多年轻人将赚钱当作劳动就业的唯一目的，如果没有利益的驱动，根本就不愿意劳动，即使参加了劳动也是消极和被动的。这种观念表现在择业、就业上就是急功近利、眼高手低。有的年轻人一味追求热门、来钱快的工作而忽视自己的兴趣爱好、能力特长、性格特点，忽视劳动力市场需求和国家发展需要，选择不适合自己的、竞争激烈的职业而忽视了有发展前景的、有社会需求的职业；有的人明明有较好的动手能力，却选择清闲而没有技术含量的所谓“白领”工作，经常处于被淘汰的边缘；有的年轻人工作稍不如意就跳槽、辞职，宁愿待在家里“啃老”，也不愿意“屈就”，追求所谓的个性自由。其实，每一种职业都有其价值所在、都有成才的机会，也都有可能成功。年轻人需要客观而全面地认识自己、认识劳动市场、认识劳动价值，以获得全面而个性的发展，追求充盈而有意义的人生。从人类发展历史看，劳动创造了人类，它将人类同其他物种区别开来，从事劳动是人成为人的根本性的生命活动。在日益富足的生活条件下，劳动不是谋求生活的唯一手段，而是生活的第一需要，是不可或缺的一种生活方式，是一种自觉的享受，而不是一种被迫的行为。劳动不仅仅是谋生的手段，也是提高自我、发展自我、实现自我的必由之路。

第二，劳动习惯影响职业发展。俗话说得好，习惯成自然，良好的劳动习惯在人的一生中有着举足轻重的作用。因为，能力源于习惯，能力是一种习惯的积累。一般说来，劳动分为自理性、家务性的日常生活劳动、服务性劳动和生产性的职业劳动。劳动创造智慧，劳动不仅可以开发、提高人的智力，还可以锻炼强健的体魄，夯实做人的精神基础，形成相应的责任心和创造力。日常生活劳动不仅仅是简单的重复劳动，还与一个人的知识学习、兴趣培养、能力发展密切相关。例如，家里的门锁坏了、抽屉下面的滑轮不灵敏了、门窗或家具的部件松动了，从小学会检查维修，可以培养人的动手能力和机械方面的兴趣，使之成为一个爱琢磨的人，增强个人对周围环境的控制感、力量感与自信心。各行各业的职业劳动都有日常生活劳动成分，如服务业的自我形象管理、迎来送往提供生活服务等，又如制造业中操作台、操作车间的清理或操作工具的摆放及生产材料的采购、配送等。一个缺乏日常生活劳动技能的人连独立生活都困难重重，很难想象这样的人可以很好地完成工作任务，更别说在职场上有很好的发展。

有媒体报道说，美国哈佛大学对波士顿地区465名少年儿童所做的长达20年的跟踪调查发现，爱干家务活的孩子和不爱干家务活的孩子相比，长大后的失业率为1∶15，爱干家务活的孩子长大后平均收入要高出20%。从小爱劳动的人，在劳动中培养了解决问题的能力，而且会时常感到自己在社会上有所作为，有所贡献。劳动是幸福人生的起点。所以，有见识的家庭都会让孩子在日常生活劳动中培养良好的劳动习惯，培养孩子的动手能力、办事能力。不仅如此，还可以多参加服务性劳动，在共同的劳动中锻炼自己的人际交往能力。日常生活劳动、服务性劳动为培养自己的职业技能奠定坚实的基础，对职业生涯发展有非常好的促进作用。

第三，劳动技能影响职业成就。有谚语说：精一技者通百路。意思是说精通一门技术，可以通向多条生路。能够精通一门技术的人，其自我管理能力、可迁移能力一定很强，即使遇到职业变化，也能与时俱进，在职场上处于不败之地。年轻人要趁着自己精力最旺盛、学习能力最强、学习条件最好的时候，根据社会的需求和个人的特点去努力掌握一技之长。现在和未来，没有“一技之长”的人注定被企业淘汰。尤其是技术含量不高、分工很细、上手很快的工作最容易被替代。所以，看似“好”的工作也是最“危险”的工作。一个人长达几十年的职业生涯里很可能遇到行业下行或职业瓶颈，时刻不要忘了提升自己的实力，生活中最大的稳定就是你自身不断提高的适应能力。

中职学生可以通过三个途径来学习“一技之长”：教学和日常生活是第一课堂、活动是第二课堂、社会是第三课堂。

**教学和日常生活是第一课堂**。职业学校一般在专业课程设置中有一定比例的实训类课程。这些实训课程的目的是开展有针对性的实践实习训练，增强学生实践动手能力，培养基础性的职业技能。同时，日常生活劳动中掌握的劳动技能也有助于学习专业技能。

**活动是第二课堂**。大多数职业学校都设有专业拓展课，组织专业社团和开展工学结合活动；各个省市几乎都会组织不同种类的技能大赛，如上海的“星光杯”技能大赛；有的学校会组织集训参加竞赛；有的学校重视组织学生去企业参观见习，认知职业技能活动，感受实际工作的氛围。这些活动都有助于提升专业技能。

**社会是第三课堂**。中职校一般实行 2.5＋0.5 学制，学生在第三学年进入企业开展顶岗实习，从基础工作岗位开始，由企业带岗师傅指导。这是提高专业技能最快的阶段。对相关职业岗位的职业技能不仅要能适应，而且要达到非常熟练的程度。

要掌握一技之长，需要有踏实苦干、甘于寂寞的精气神，需要坚持和专注，需要有把简单的事情重复着做，重复的事情用心去做的耐心和毅力。年轻人要敢于去选择苦一些、累一些的工作，从中磨炼自己、积累经验。要有精益求精的工匠精神和爱岗敬业的劳动态度，才能创造成功。

## 案例示析

### 幸福是奋斗出来的

武汉的柯大勇是个“70 后”，算起来今年 45 岁了。他大学毕业后，考上了老家的公务员。不久，主动申请去当地一家大企业工作。2001 年，他下海去浙江经商。十几年做实业积攒下来的积蓄，老柯都用来购置房产。他在武汉买了 10 多套房产，住着独栋别墅，汽车有 4 台。育有一儿一女，家庭幸福。然而，在近 40 岁时，老柯突然转换人生频道，干起了快递员，而且，一干就是 7 年。老柯每周三次早班，最早一班转站车于 5 时 30 分准时到达营业部。他每次最早来到站点、最晚离开，在家里也只待了短短 8 小时。2017 年，老柯获得过京东“五星配送员”荣誉，这个称号代表京东内部对业务能力的最高认可。家境殷实，工作却最敬业，很多人对老柯既羡慕又不理解：早就可以逍遥自在享受人生，为何还要做这份辛苦活？“我闲不下来，休息就会感冒生病。”老柯开玩笑地说。“别看我现在这么精瘦，你绝对想不到我以前是一个快 200 斤的胖子。”老柯笑着说，“以前我爬楼梯上二楼都费劲，现在能扛着一箱水一口气爬 8 楼。”有记者问他：你是闲不下来才做了快递员，为什么还这么拼命呢？他回答：“无论是在体制内上班，还是下海当老板，或者是干现在的体力活，我对工作的理念始终只有一个：踏踏实实，干一行爱一行。”他还表示自己“忙并快乐着”。记者又问他：这份体力活会长期干下去吗？还是有自己的计划？他表示如果不出意外，应该会继续做下去。不少网友纷纷围观表示："没经济压力，干啥都舒服""这样的生活最充实""人家这么有钱都这么努力，我们还有什么理由偷懒！"

*案例来源：https：//news. china. com/social/1007/20190411/35640298 _ all. html，引用时有删减、改动。*

**点评：**

幸福都是奋斗出来的。柯大勇靠着诚实的劳动将生存劳动提升为体面劳动。柯大勇之所以获得幸福，得益于三点：第一，正确的职业观。在 20 世纪 90 年代，公务员在世人眼里是一份非常体面的工作，是"铁饭碗"。柯大勇却敢于打破世俗，主动摔了"铁饭碗"，申请下企业直至下海经商，干小买卖。在成功创业后，他没有受限于头顶上"老板"的光环，改行做起了快递哥。在他眼里，职业不分贵贱，适合自己的才是最重要的。第二，正确的劳动观。柯大勇养成了良好的劳动习惯，靠的是勤劳致富。用柯大勇自己的话说"闲不下来，休息就会感冒生病"。实现了财富自由的柯大勇干起快递，依旧每天只休息 8 小时。第三，敬业精神（劳动态度）和职业荣誉感。柯大勇获得过京东"五星配送员"荣誉，这个称号代表京东内部对业务能力的最高认可。"踏踏实实，干一行爱一行"的敬业精神成就了他的成功与幸福。无论做什么职业，他都能做好自己职责范围内的事情。同时，他的那种职业责任感也让他在做好工作之后在社会上获得了尊敬、自尊，深刻体验到了职业荣誉感。

当下，在一些年轻人中存在两种不良倾向，妨碍他们追求幸福。一是就业愿望不强。随着我国社会生活水平大幅度提高和早期计划生育政策的影响，父母对子女过度保护，大包大揽什么事情都不放手，孩子事事依赖家长，没有养成良好的劳动习惯。"在家靠父母，出门钱开路"的现象并不少见。孩子用钱不愁，舒舒服服习惯了，工作稍不如意就跳槽或辞职赋闲在家，不愿意外出辛苦工作，渐渐变成了"啃老族""宅男宅女""蹲族"，逼得父母催促才到社会上找工作。二是劳动态度不积极。表现为不愿付出，浮躁投机，沉不下心来学习技能，往往半途而废。付出的心态是老板心态，是为自己做事的心态。而打工的心态是应付的心态。不愿付出的人，总是想着省心、省力、省事，最后把自己的成功也省了。"不经历风雨何以见彩虹"，没有随随便便的成功。坚持的心态是在遇到坎坷时反映出来的。遇到瓶颈的时候一定要坚持，直到突破瓶颈达到新的高度。做事要坚持到底，不能输给自己。

改革开放四十多年，我们国家取得了令人瞩目的伟大成就，国家强盛、人民幸福、社会文明，充分证明了我们只有不断地发奋图强、自强不息、努力奋斗，才能不断地进步。幸福都是奋斗出来的！年轻人要学习老一辈的精神，撸起袖子加油干！

## 活动五　信息能力

### 一、活动主题

信息社会的生存能力

### 二、活动背景

随着“互联网＋”时代的到来，信息技术在飞速发展与普及的同时也迅速渗入了社会生活的各个领域。信息能力既是“互联网＋”时代人们工作、学习与生活的基本能力，也是信息社会的一种适应能力。这种能力包括能够判断什么时候需要信息（信息意识），懂得如何去获取信息，知道如何去评价和有效利用所需的信息。当前，许多中职生并不了解信息及信息技术的价值，反而被海量垃圾信息湮没；有的沉浸于游戏和网络虚拟空间而不能自拔，导致精神麻痹、意志消沉、逃避现实。教师需创设情境、组织信息技术探索活动，引导学生在现实生活、学习、工作中认识信息及信息技术价值，提高学生的信息意识，激发学生掌握信息技术，让信息技术提升生活质量，成为促进生涯发展的动力。

### 三、活动目标

1. 认识信息社会特点，理解信息能力的重要性；
2. 掌握提升信息能力的途径和方法；
3. 激发信息意识和提高信息能力的紧迫感。

### 四、活动准备

搜集信息技术在农业、工业、服务业的运用情况及信息技术运用的发展趋势。

## 五、活动时间

四周

## 六、活动过程

### 第一环节　信息及信息能力认知

#### （一）同学展示信息搜集结果

……

**教师点评：**我国进入信息社会后，信息技术广泛运用到各个领域，给我们带来快速发展。例如农业，农业机器人、农业电商、农业机械化及自动化对农业的促进；例如制造业，计算机辅助设计、计算机辅助制造、产品数据管理、办公自动化、管理信息系统、决策辅助系统、电子商务促进制造业的转型升级；例如现代服务业，地理信息技术在物流业、旅游业等行业的运用，大力促进了现代服务业的发展。

#### （二）信息化社会就业趋势

据《2019年度人力资源和社会保障事业发展统计公报》显示（图4-5-3），到2019年年末，第一产业就业人员占25.1%，第二产业就业人员占27.5%，第三产业就业人员占47.4%。第三产业成为吸纳就业人员的主渠道。

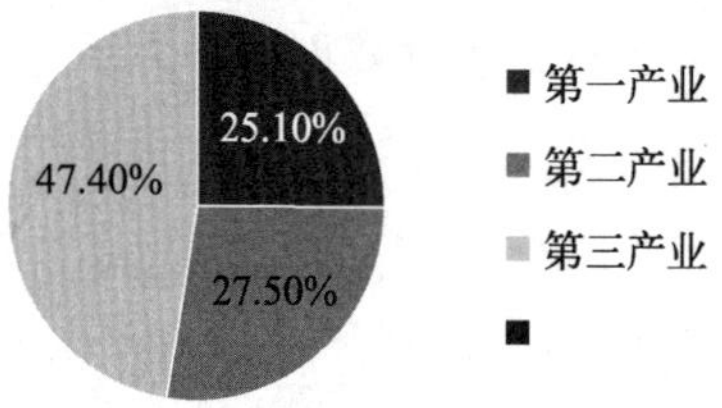


图4-5-3　2019年全国就业人员占比

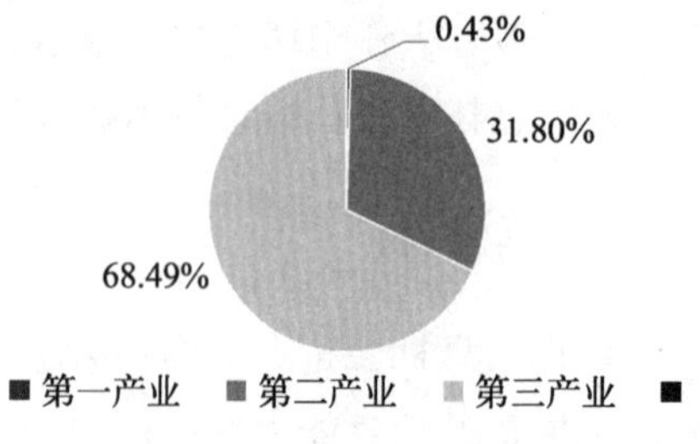


图4-5-4　2018年上海市中职毕业生就业人员占比

据上海市学生事务中心发布的数据（图4-5-4），2018年中职毕业生在直接就业人数中，从事第一产业的毕业生占直接就业学生的0.43%；从事第二产业的占直接就业学生总人数的31.08%；从事第三产业的占比为68.49%。

与2017年相比，从事第二产业的学生比例有所下降，而从事第三产业的则有所上升，第三产业吸纳了大量毕业生。

**教师点拨：** 数字化生活、信息经济是信息化社会主要特征。大数据时代，信息技术是现代服务业的强力技术支撑，职业人只有不断提高信息素养才能跟上时代步伐。

（三）信息素养与生涯发展

**1. 信息意识不强，影响就业质量**

择业、就业是人生中的重大决策。一个决策的好坏直接影响一个人的职业生涯发展。而一个决策的好坏取决于是否具备丰富、准确的信息作为参考依据。

**2. 信息能力不强，影响生涯发展**

信息技能通常是指利用信息技术手段解决实际生活与工作中的问题。包括信息技术操作能力（如熟练使用常用办公软件，特别是行业常用软件）、信息处理能力（如有效获取、处理、存储、传播和评价信息）、信息交流能力（如使用信息技术工具实现一对一、一对多、多对多的交流）。在信息化社会，从业者信息能力不强，适应不了职业发展要求，必然影响职业发展。

## 第二环节　信息能力体验

1. 就你感兴趣的某个知识点，通过搜集平台在线课程、视频教学或专业网站等进行学习，并向同学介绍你的学习经历。

2. 尝试自己独立在网上完成购票、订房、查询交通等操作，并请将操作经历与同学分享。

3. 尝试通过网上查询的信息，综合权威的数据和意见，对自己遇到的问题形成新的解决方案或思路。

4. 尝试运用文字处理、图像处理、视频剪辑和表格数据处理等软件，制作或设计出自己的作品。

5. 阅读他人的简历，有助于了解职业准备方向。通过招聘网搜索对某个职位与你有相同兴趣的应聘者的简历，看看那些简历向雇主呈现了什么？那些简历有些什么共同特点？对你做职业准备有什么启发？

### 第三环节　活动反思

开场白：过去的几周，我们对自己的信息技术进行了一次大检阅。让我们来盘点一下收获了什么？

（一）回顾

1. 事实层：我们从哪几个角度探讨了信息能力？在认知环节，你学到哪些知识，接受了什么观点？你在信息能力体验环节增强了哪些技能？收获了什么？

2. 感受层：在这个探索活动中，你有什么感受？印象最深的是什么？自豪？沮丧？兴奋？

（二）反思

1. 发现层：这个探索活动对你意味着什么？对信息能力有什么新的认识？你认为提高信息能力的关键是什么？你对职业准备有什么新的认识？

2. 未来层：未来你打算做些什么来提高自己的信息能力？你会怎么做？从哪里着手？

结束语：感谢大家的分享！任何生命形式，如果没有接收信息、处理信息和利用信息的能力，都无法适应环境。只有树立终身学习理念，才能跟上时代步伐。

## 七、活动拓展

1. 网络搜集所学专业对应的行业信息化程度资料，尤其是进入 21 世纪后的发展趋势；

2. 就自己感兴趣的职业/职位，向学长、资深职业人了解该职业/职位对信息技术的要求。

**知识小贴士**

（一）认识信息社会

2018 年 8 月，美国总统特朗普签署美国《2019 财年国防授权法案》。该法案第 889 条要求，禁止所有美国政府机构从华为技术有限公司购买设备和服务。由此，拉开了美国发动国家力量“围剿”一家中国民企的马拉松式科技战争的序幕。美国此举不仅让全国人民乃至全世界认识了华为技术有限公司，而且深刻认识到以3D打印机、数字化制造、新能源、新材料应用和计算机网络为代表的“未来”信息时代已经到来。那么，信息时代的核心特征是什么？信息技术的发展将对未来劳动力市场产生什么影响呢？

**1. 数字化生活**

随着信息技术的深入发展，移动互联网、智能终端、社交网络、大数据等新一代信息技术迅速推广，人们的生活模式和生存方式正日益数字化和网络化。以QQ、微信、微博为代表的社交软件的兴起，突破了人际交往的时空限制，社交软件彻底颠覆了传统社交模式。移动支付、打车平台、电子地图导航、外卖、订酒店或门票等等，日常消费和出行已经便利到一部手机就能解决一切；网络音乐、视频、游戏、文学等逐渐向移动端转移，满足了人们的娱乐化需求，进一步丰富了人们的生活；在线政务（互联网+政务）已经成为我国政治运行与发展的重要形式。

进入信息社会，一切活动都离不开信息，信息能力已经成为信息社会个体进入社会的先决条件。拥有信息能力才能拥有信息资源，而拥有信息资源的人自然会走在时代的前列，由于掌握信息资源不平衡导致的“数字鸿沟”，催生了大量的“信息穷人”。这些“信息穷人”在未来信息社会可能举步维艰。作为信息社会的年轻人必须对信息时代做出积极的响应，才能在信息社会得以生存和发展。

**2. 信息经济**

信息时代在经济领域中最显著的表现就是信息成为主要的社会资源，社会生产方式高度信息化、智能化。近年来，随着信息技术的高速发展，生产性服务业和制造业服务化得以快速发展。信息技术革命在催生一大批新兴产业的同时，也在不断地改造着传统产业，对生产、流通、销售等各个环节进行信息化、智能化的改造，从而实现成本的降低和生产效率的提高。在这个过程中，信息产业与传统产业的边界越来越模糊，信息产业在整个社会生产结构中发挥着越来越重要的作用。

**3. 工作方式与就业结构**

信息技术的发展，不仅改变了人们的生活、消费模式，也改变了人们的工作方式。传统的雇佣方式受到巨大挑战，全日制工作方式朝着弹性工作方式转变，在家办公、自由职业、兼职等广泛流行，人们工作的自由度加大了，但劳动强度也空前提高。2020年在新冠肺炎疫情防控期间，全国停课不停学，学子们跟随老师在各种各样的网络平台开展线上学习。信息技术不仅改变了学生的学习方式，也改变了教师、工程师等职业群体的工作方式。

伴随着产业结构的演变，就业结构发生了显著变化。一方面，产业升级创造了大量新的就业机会和岗位；另一方面，这样的信息社会环境对劳动者职业素质尤其是信息素质提出了较高的要求。同时，信息技术引发的科技革命导致技术密集型行业快速发展，传统劳动力密集型产业萎缩甚至消失，也带来了劳动力需求总量的减少，产生了就业缩减效应，就业竞争压力越来越大。中职层次劳动力作为基础型技术人才，工作在生产、服务、技术和管理第一线，依靠学校一次性给予的系统化、陈旧化的知识及某一项职业技能，远不足以应对日新月异的社会变化发展，必须不断学习，不断地更新、补充新的知识和技能。

### （二）影响生涯发展的几个因素

#### 1. 信息意识不强，影响就业质量

信息意识指“认识到何时需要信息”，包括能够认识到信息在信息时代的重要价值，对信息具有敏感性和洞察力。就业质量指劳动者对工作稳定性、个人综合收入、个人发展前景等方面的满意度。近年来，中职毕业生就业率一直居高不下。据上海市学生事务中心发布的数据，上海市2018届中职校毕业生就业率高达98%。但是，关于中职毕业生频繁跳槽的新闻报道屡见不鲜。曾有一项调查显示，有60.76%的用人单位表示中职毕业生的岗位稳定性一般、中职毕业生的稳定性堪忧。中职毕业生频繁跳槽的原因是从事的工作大多为基层工作，薪酬福利不高，发展空间较小，满意度较低。影响中职毕业生就业质量的深层次原因是中职毕业生的信息意识不强。

择业、就业是人生中的重大决策。一个决策的好坏直接影响一个人的职业生涯发展。但是，许多中职学生信息意识不强，对自我、对环境缺乏了解，既不了解个人兴趣、知识结构、能力长处和职业倾向，也不了解有意向的岗位对就业者的资质要求、评价标准及发展空间、行业现状和发展趋势，更不知道如何综合评价这些信息来进行职业定位。当他们带着美好的愿望踏入社会，发现现实和他们的想象差距很大，因此感到失望，解决矛盾的办法就是频繁跳槽。

频繁跳槽影响职业的延续性，每份工作都从头开始，都只能干基础的、技术含量低的工作，达不到满意度又跳槽，陷入反复跳槽的恶性循环，严重影响职业发展。

假如中职生有较强的信息意识，在进入社会前主动去搜集信息，那么，他们就能有方向性地进行职业准备，用三年时间的努力去达到目标职业的技能要求，在就业时占有优势。而且，他们在获取信息的过程中会对社会环境和个人生活变迁保持一种开放的心态，所谓“见怪不怪”了。同时，他们在搜集信息的过程中，会从许多成功的职业人的经历中学习用一种积极的态度去与这个世界进行互动，会自动调整自己的认知和行为以适应社会的发展和要求。当面对需要处理的个人问题、冲突和决策时，更倾向于以信息为导向，会更积极地寻找并评估相关信息，即使跳槽也不会盲目跳槽。

**2. 信息技术能力不强，影响生涯发展**

大数据时代，信息技术是现代服务业的强力技术支撑。信息技能对于从事现代服务业的人来说是极其重要的职业技能，它直接关系一个人的工作效率，从长远看，必然影响职业发展。信息能力也是终身学习的新引擎。许多中职毕业生对网络信息的认知侧重其娱乐功能，上网主要为了网购、聊天、游戏和娱乐，很少参与和信息技术相关的活动。他们对外界充满好奇，网络能最大限度地满足他们的好奇心，但是，也给他们带来海量的垃圾信息，耗费了大量的时间和精力。而游戏和网络虚拟世界成了生活空虚、意志消沉的人逃避现实、麻痹自我的工具。他们对于通信类软件与娱乐休闲类软件的操作比较熟练，而对常用的Microsoft Office办公软件却不熟悉。中职毕业生要想在信息社会生存并获得较好的发展，提高信息能力是关键。

### （三）提升信息能力的途径

中职学生可以通过三个途径来提升自身信息能力：教学是第一课堂、实践是第二课堂、网络是第三课堂。

**教学是第一课堂**。职业学校一般都开设了信息技术课程，通过课堂学习，系统学习信息基础知识，掌握基础性的信息技术。有的学校要求学生参加计算机等级考试，通过考试来促进信息知识和技能的掌握。这也是提高信息素养的重要途径之一。

**实践是第二课堂**。信息技能是操作性很强的技术，需要一定量的实践才能习得。信息技术拓展课、学生社团、信息技能培训或信息技能大赛等各种课外实践活动，是提升信息技术能力的有效途径。积极参与这些活动，能有效提高信息技能。

**网络是第三课堂**。信息时代要善于利用各式媒介工具学习、提高信息技术。第一，利用网络平台学习各种软件操作方法。如快手、抖音等短视频平台提供的免费教授 Microsoft Office 各个软件功能的短视频，这些短视频针对性很强，非常实用。这些网络平台不仅提供免费或低价的课程，而且，突破时空限制，随时、随地可以学习。第二，加入线上线下技术交流社群，或在知识问答平台上吸收其他人的技术观念。如知乎、在行一点、微博等，又如订阅公众号、关注技术博主，学习专业人士分享的技术科普内容。第三，灵活使用各类学习型视频网站如 B 站作为搜索工具，获得更为明确的目标内容，许多专业、行业信息的获取可以更直接、更便捷。

值得一提的是，合理使用各种网络平台的前提是具备各类信息的筛选甄别能力。要对所接收到的信息保持科学怀疑的态度，学会通过不同途径印证信息的真实可靠性。

## 案例示析

### 学历不等于能力

小颖，中专学的是旅游服务专业，毕业前在一家宾馆实习做服务员，觉得工作伺候人没意思、没前途。实习结束后，她去应聘文员类岗位，但试了几次都不成功。小颖认为学历低是求职失败的主要原因，学历提升了必定会更加轻松地实现就业。于是，她报考了大专，学的是行政管理专业。大专毕业后，小颖满怀信心地去应聘行政办公文员岗位，可是，求职之路依旧不平坦。碰了几次壁之后，小颖窝在家里不出门了。小颖妈妈急坏了，拉着她来到了就业促进中心寻求帮助。

职业指导师通过交谈，了解到小颖性格内向、文静，工作中态度端正，服从安排，但是，沟通能力一般，在陌生的环境中容易紧张。虽然学历得到了提升，但是岗位要求所必需的技能缺乏，综合素质较弱。小颖的求职意向是行政办公文员类岗位，但是她对行政类岗位工作的内容了解得不多。文员类的岗位对于办公自动化软件的使用熟练程度有一定的要求，而小颖在这方面的能力明显欠缺。

在职业指导师的指导下，小颖降低求职要求，在一家小公司找了一个客服岗位，利用业余时间通过网络平台学习 Microsoft Office 办公软件。同时，经常浏览公共招聘网，比照公共招聘网及其他网站发布的岗位信息和任职要求，寻找自身与岗位任职要求的差距，通过不断的学习、实践，努力提高岗位技能。同时，她还经常购买诸如礼仪、沟通类的网络培训课程，帮助自己各方面的能力能够达到招聘岗位的需求。

经过一年多的努力，小颖各方面有了很大的进步，最终在一家公司找到了行政助理的工作。经历了这些事情后，小颖深刻认识到信息社会掌握信息及信息技术的重要性，她开始关注各种网络学习平台。

**点评：**

小颖最初求职碰壁是由于她信息意识不强，对就业市场、职业内容及要求不了解。虽然提升学历是提升自我的一个途径，但是学历不等于能力。小颖的信息技能不强，Microsoft Office 办公软件是行政文员的基本技能。随着社会信息化发展，雇佣单位对员工的信息技能要求越来越高。所幸，她有求援和学习意识。在职业指导师的指导下，通过网络平台学习信息技术。同时，利用招聘网了解市场信息和岗位要求，不断努力实现了自己的目标。

# 参考文献


[1] 教育部,人力资源社会保障部. 教职成〔2010〕14号. 关于加强中等职业学校班主任工作的意见[EB/OL].(2010-09-26)[2020-08-11].http://www.moe.gov.cn/srcsite/A07/moe_950/201009/t20100926_110090.html.

[2] 教育部. 教职成〔2014〕14号. 中等职业学校德育大纲(2014年修订)[EB/OL].(2014-12-22)[2020-08-11]. http://www.moe.gov.cn/srcsite/A07/moe_950/201501/t20150107_183069.html.

[3] 上海市教育委员会. 沪教委德〔2018〕8号. 上海市教育委员会关于加强中小学生涯教育的指导意见[EB/OL].(2018-03-19)[2020-08-11]. http://edu.sh.gov.cn/xxgk2_zdgz_jcjy_01/20201015/v2-0015-gw_402152018002.html.

[4] Bartley D F, Robistschek C. Career exploration: a multivariate analysis of predictors[J]. Journal of vocational behavior, 2000(56): 63-81.

[5] Flum H, Blustein D L. Reinvigorating the study of vocational exploration: a framework for research[J]. Journal of vocational behavior, 2000(56): 380-404.

[6] Ryan R M, Deci E L. Self-determination theory and the facilitation of intrinsic motivation, social development, and well-being[J]. American psychologist, 2000, 55(1): 68-78.

[7] 金树人. 生涯咨询与辅导[M]. 北京:高等教育出版社, 2007.

[8] 古典. 生涯规划师[M]. 南京:凤凰出版社传媒股份有限公司, 2016.

[9] D·A·库伯. 体验学习——让体验成为学习和发展的源泉[M]. 王灿明,朱水萍,等译. 上海:华东师范大学出版社, 2008.

[10] Greenaway R. The art of reviewing[J]. Journal of the institute of training and the occupational learning, 2002, 3(1): 47-53.

[11] 乔·尼尔森. 关键在问——焦点讨论法在学校中的应用[M]. 屠彬,译. 北京:教育科学出版社, 2016.

[12] 袁紫燕. 我的职业我做主——中职生“职业化”活动设计[M]. 北京:科学出版社, 2012.

[13] 霍华德·加德纳.多元智能[M]. 修订版. 沈致隆,译. 北京:新华出版社, 2004.

[14] 埃德加·施恩.职业锚:发现你的真正价值[M]. 北森测评网,译. 北京:中国财政经济出版社, 2004.

# 后　　记

第一次看到“职业生涯规划”一词，不自觉眼前一亮，身不由己地被深深吸引进去。兴趣是最好的老师。为了了解就业市场，我走访企业请教技术总监、人力资源部主管，去就业促进中心当实习生。为完善知识结构，我报名参加心理咨询师培训。2010 年，教育部出台文件，明确提出职业指导是中职班主任必须履行的工作职责，我在兴趣之外发现了学习职业指导更大的价值。

但是，中职学生在校学习时间短（一般为两年至两年半），职业发展的学历起点低，岗位选择的范围有限。作为班主任，我能做的职业指导工作其实并不多，主要是指导学生了解企业和岗位要求，为就业做准备。学生去企业实习前，我再做一些求职指导和岗位适应指导。这和我理解的生涯教育有很大差距，因为这些职业指导工作只是为了学生有个工作岗位，并没有真正助力学生终身发展。

近几年，我国职业教育发展迅猛，中职教育不再是学历的“断头路”，既有中高职贯通也有中本贯通。中职学生接受学校教育的时间变长，未来也将有更多的选择。随着新修订《职业教育法》的实施，建设技能型社会理念的提出，中职教育要实现基础性转向，从单一就业转向升学与就业并重，中职教育的上升通道彻底打通。我国进入信息社会后，经济的快速发展给就业市场带来更多的不确定性，中职生自主发展能力的培养显得尤为重要，班主任职业指导工作内容也应随之发生变化。基于此认识，我将中职班主任的职业指导工作重心相应转向生涯探索指导，通过组织开展生涯探索活动促进学生养成较强的生涯探索意识和稳定的探索态度，以及掌握探索性技能；通过生涯探索活动促进学生对自我和环境的知觉和构建以适应不断变化的职业世界。“探什么”“怎么探”是班主任开展生涯探索活动需要思考的问题。生涯教育是“舶来品”，照搬国外经验必然水土不服，需要经过优化才能扎根本土，服务立德树人根本任务。本书权当抛砖引玉，希望引起读者对生涯教育本土化问题的思考，也希望读者能给予意见及批评。

本书得以顺利出版，除了家人的鼎力支持，还要特别感谢殷时余老师的无私帮助！当我把写书的想法告诉时任上海市曹杨职业技术学校副书记的殷时余老师，希望他帮我审稿时，他欣然同意。一个月之后，殷老师却因工作需要借调别处。新的岗位千头万绪，但殷老师始终认认真真、仔仔细细地审阅，对每一个章节提出了修改意见。还要感谢“班主任工作室”的同仁们，她们伴我一路同行，并以各自不同的体验、思考为我的研究提出宝贵意见。书稿从酝酿到完成持续近五年，思维枯竭的时候我曾深深地怀疑过自己，所幸始终有一股力量支撑着我坚持下去。感恩家人！感恩良师益友！

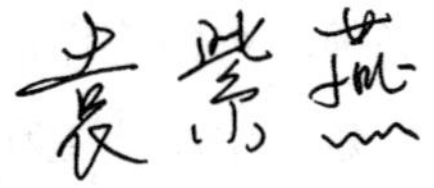

2022 年 8 月 19 日

# 前　言

## （第四版）

从开始讲授《管理学概论》课程至今，已经三十年。这三十年中，不仅是中国，全世界都发生了巨大变化，尤其是世界经济格局，用“翻天覆地”一词来形容，一点也不夸张。互联网的出现，改变了许许多多企业的组织体系和运营模式，也使得市场变得更加眼花缭乱。许多百年老店在变化的大潮中被冲垮，也有许多新创企业被这一波又一波的大潮推上巅峰。

新的世界格局下，新思维、新理论、新方法不断涌现，一些传统的管理理论和方法受到了冲击和挑战。但是，有句话说得好“产品是壹，营销是零”，在一个又一个的商业模式光环背后，都有着实实在在的核心竞争力。虽然与时俱进的管理实践迸发出形形色色耀眼的火花，但是管理的实质，在去掉光环后所呈现的主流仍然是很传统、很基础、很简单的思想和方法，所基于的管理学的基本概念和理论仍然有着很强的生命力，尤其像 Peter F. Drucker 这类管理学大师的思想贡献，不仅影响了 20 世纪的管理实践，更是今天管理创新发展的指南。

第四版《管理学概论》是在前三版的基础上修改而成，保持了第三版 5 篇 20 章的结构，结合 21 世纪以来管理实践的发展增加了案例研讨，期望大学生们能够主动地融入现实的管理实践中，从管理问题中学习和获得提升。

第四版《管理学概论》由尤建新执笔进行修订。在第四版的修订过程中，听取了许多授课老师的意见，在此，向使用本书和对作者提出改进建议的所有师生、专家以及参加过本书第二、第三版修订的雷星晖、彭正龙、周文泳、陈守明等教授们表示衷心的感谢！并期望大家继续对第四版《管理学概论》给予积极支持和不吝赐教！

尤建新

2015 年 8 月于温哥华

# 前　言

## （第三版）

时间飞驰，《管理学概论》一书出版已经十年有余，从作者开始讲授这门课至今，已有 20 余年。在这 20 多年中，中国的经济有了翻天覆地的变化，人民的物质生活和精神生活水平有了显著的提高。在世界经济一体化和全球变革的浪潮中，管理的学问也有了飞速的发展。新的思维、新的理论不断涌现，一些传统的管理思想受到了冲击和挑战。然而，热闹过后，能够沉淀下来、为后人指明前进道路的成系统的理论模式不多，甚至可以讲是寥寥无几。回过头来，我们发现，许多管理中暴露的问题还是很传统、很基础的，那些差点被扔掉的被视为陈糠烂谷子的基本概念和理论竟然有很强的生命力。这就更加肯定了《管理学概论》的作用，也推动了我们加快修订出版第三版的步伐。

第三版《管理学概论》是在前两版的基础上修改而成，特别是第一版的影响。虽然第一版出版至今已经有 11 年多的时间，第二版是在此基础上修订的，在使用中大家却对第一版的感觉要好一些。这也许是习惯的缘故，但我们在第三版修订时不得不对这个问题进行重新审视。所以，虽然第三版在内容上还是有许多变化，但这次修订后的风格与第一版更为相似，并且更注重基本理论和概念的陈述。

第三版《管理学概论》分为 5 篇 20 章，全书的结构保持了原来的计划、组织、领导及控制的四项职能划分方式，由尤建新博士和陈守明博士执笔进行修订。第 1 篇总论在对第二版进行修订的基础上，增加了第 5 章社会责任和管理道德；第 2 篇是计划职能，以第二版为基础进行了部分内容的调整和补充，增加了第 8 章计划职能中的战略问题；第 3 篇是组织职能，在对第二版内容进行调整和补充的基础上增加了第 13 章组织文化；第 4 篇是领导职能，对第二版内容做了部分调整和补充；第 5 篇是控制职能，对第二版的内容作了较大的调整和补充。在修订中还删减了第 6 篇，从而保持了原第一版的总体结构。全书由尤建新博士拟订修订大纲并最后统稿。

在第三版《管理学概论》的修订过程中，听取了许多授课老师的意见，在此，向使用本书和对作者提出改进建议的所有师生、专家以及参加过第二版修订的雷星晖博士、彭正龙博士、周文泳博士等表示衷心的感谢！并期望大家继续对第三版《管理学概论》给予积极支持和不吝赐教！

尤建新

2006 年 11 月于云通楼

# 前　　言

## （第二版）

本书第一版自 1995 年出版发行以来，已 4 次印刷，不仅在同济大学作为教材使用，也受到兄弟院校的青睐，并被推荐为报考研究生的参考读物。由于本书相对其他管理学教材而言，既保持了全面、完整的优点，又具有精练、简明的特点，故在使用中深受广大师生的欢迎，并在 1998 年获得上海高校优秀教材奖。

随着社会经济的迅速发展，有必要对本书进行修订，以满足读者和管理学教学的需要。为此，原作者组织并主持了本书的修订工作，其中：第 1 篇由原作者和陈守明负责修订，增加了第 5 章管理创新；第 2 篇由周文泳负责修订，重点对第 7 章的内容做了调整和补充；第 3 篇由彭正龙负责修订，重点对第 9 章的内容做了调整和补充，并增加了第 11 章人力资源；第 4 篇由原作者修订；第 5 篇由雷星晖负责修订，对第 17 章和第 18 章都做了调整和补充；新增加的第 6 篇由陈守明执笔。全书由原作者拟订大纲并统稿。

在对本书修订过程中，听取了雷星晖、彭正龙、叶明海等授课教师的意见，在此，向使用本书和对原作者提出改进建议的所有师生和专家表示衷心的感谢，并期望对本书的第二版继续给予支持和指教。

尤建新<br>2002 年 3 月于同济园

# 前　　言

## （第一版）

管理是人类组织社会活动的一个最基本的手段。大至一个国家，小至三人组成的群体，无论进行何种社会活动，都离不开管理。通过管理，人们才能被组织起来，为实现某种目标而行动。

管理是一种资源。在不增加物资资源、人力资源和财力资源的情况下，甚至在减少上述资源的情况下，通过加强管理，改善资源利用，可以取得提高效益的目的。与物质资源、人力资源和财力资源相比，管理具有无形的和潜在的特点。

随着现代科学技术和各国经济活动的迅猛发展，管理对于任何一个组织都愈来愈显示出其重要性。管理的优劣是关系到一个组织兴衰存亡的根本大事，这一点已成为人们的共识。

管理理论在人类活动的各个领域中的发展，不断吸收了诸如心理学、社会学、政治学、军事学、教育学以及自然科学各学科的成果，形成了许多专门的管理学科以及与其他学科交叉渗透的边缘学科或学科群。尽管如此，管理的基本功能、基本原理和基本方法是相同的，这就是管理学研究的对象。

本书是作者在 10 余年讲授“工业企业管理导论”和“管理学概论”的基础上编写而成。全书共分 5 篇 16 章，第一篇阐述了管理的概念、管理理论的发展、管理与环境、管理的目标和方法。第 2 篇至第 5 篇分别对管理的四大职能（即计划职能、组织职能、领导职能和控制职能）展开讨论，其中包括对一些主要学派作了简要的介绍。为便于讲授和自学，本书每章末都附有小结和研讨题。

本书可供高等院校经济管理类专业管理概论课程和其他专业选修管理类课程的教学使用，也可供各类管理干部培训使用。

鉴于作者水平有限，不妥之处，敬请斧正。

尤建新

1995 年 5 月于同济大学

# 目　录

# 第二篇 计 划

## 第三篇 组 织

## 第四篇 领 导

## 第五篇 控 制

思维导图、拓展阅读与案例研读文件汇总下载码

# 第一篇

# 总　论

# 1 管理的概念



步入“管理学概论”的课堂，首先要思考的是何谓“管理”（Management）。此问题随时代发展，至今无公认答案。各类管理学书籍中概念各异，但大致可归为三类：科学视角、艺术视角及科学与艺术结合视角。不同视角解释难以统一。

教学与实践中，人们还会探讨管理的目的、范围、时机及管理者等问题。这些问题因视角而异，答案随时代变化。尽管本章难以给出准确完美回答，但此类话题不可回避。因此，本章将从管理概念的界定、管理的任务、管理者和管理的目的等方面展开思考，并有重点地引出一些讨论。

## 1.1 管理概念的界定

2007 年，本书第三版出版时，互联网的磅礴力量已初露端倪，然而，它所带来的颠覆性变革却远远超出了我们的预料。近 10 年来，互联网如同一股洪流，使社会及管理活动产生了惊人的改变。

自本书首版至今近 30 年，新世纪初的 VUCA（Volatile 易变不稳定，Uncertain 不确定，Complex 复杂，Ambiguous 模糊）时代特征，在新冠疫情大流行后已不足以描述当今世界，于是 BANI（Brittleness 脆弱性，Anxiety 焦虑感，Non-linear 非线性，Incomprehensibility 不可理解）被用来描绘当今世界的复杂变化。如“卷”或“内卷”成为社会发展常见词，即映射 BANI 世界。显然，标准答案已经开始偏离管理学的理论与实践发展，同时，也给出了一个让“90 后”“00 后”扮演主角的舞台和空间——教学相融，学生回归课堂的主角。

管理学课堂中，经常会讲到管理是人类组织群体、开展社会活动的基本手段。无论是庞大的国家，还是仅由两人组成的小团体，都离不开管理。那么，人类为何要组成群体呢？一个关键的答案便是：需求。为了生存和更好地生活，人类选择了群居。然而，加入群体意味着个人需要放弃部分自由，遵循群体的规范，通过协同合作来达成共同的目标，这种协同就是管理。

为了更好地阐述管理的概念，本节首先对管理的任务进行简要陈述。

### 1.1.1 管理的任务

如前文所述，人类组成群体的初衷，无非是为了生存与改善生活。为此，人们需摒弃独立自由、各自为政的行为模式，转而通过协同一致来达成共同目标。在群体中，对个人行为的规范与协同，便是管理的核心所在。

若以现代视角审视人们加入组织的动机，不难发现其相较于原始时期已变得更为复杂。可以说，任何一个组织的存在，必然有其明确的目的，这一目的主要受投资者（投资者也是人们加入组织群体的一种角色）的影响，而组织的目的，又能为众多个人目的的实现提供平台，这正是吸引人们加入组织的重要因素。

尽管组织的目的涵盖了所有个人的目的，但达成群体行为的目标并非易事。因为每个人所属的群体并非单一，他们在不同群体中扮演着不同的角色，拥有不同的背景和初衷。这导致人们加入组织后，不仅角色各异，个人目的也大相径庭。在此情况下，管理活动的目标便是引导组织成员共同实现组织发展目标。换言之，管理就是要将组织的人力、物力、财力等资源进行合理配置与优化，以更好地实现组织目标。

为推动组织逐步接近目标，必须明确组织中每个成员的活动内容，并确保他们的活动相互协调。当这些活动都规定得当、协调一致且进行顺利时，组织中各成员的活动就会对组织目标的实现产生积极的推动作用。因此，管理活动应当鼓励那些有利于组织目标实现的成员行为，同时预防和阻止那些妨碍组织目标实现的不利行为。

在互联网时代，群体的组织模式、行为方式及其协同都发生了翻天覆地的变化，这使得管理活动变得更加复杂。然而，互联网和人工智能也同时促进着管理活动与时俱进。它们为企业带来了信息与效率的革命，深刻改变管理哲学、组织结构以及角色设定。因此，管理者需要不断适应新技术的发展，以应对这些挑战与机遇。

### 1.1.2 管理的概念内涵

在组织实现目标的进程中，成员个人行动之间、组织内部各方面活动之间，由于认识、动机和利益的不同，总会出现一些不同性质、不同程度的矛盾和冲突。因此，管理必须自始至终贯穿组织实现其目标的全过程。只要组织存在，并为其目标而活动，就一定存在管理，互联网时代也不例外。

为便于理解，本书对“管理”的概念进行了界定：整合和优化配置组织资源、协调组织中个人和群体行为，以更有效地实现组织目标的过程。这一概念的界定有五层含义：第一，管理是一个过程；第二，管理的任务是实现组织目标；第三，管理的手段是整合和优化配置组织拥有的各种资源；第四，管理的核心是全方位地追求卓越和可持续发展；第五，管理的本质是全过程的决策和协调。过程中的矛盾和不协调会成为组织实现既定目标的阻碍，管理就是要努力使资源充分发挥作用、成员能够协同行动，从而更好地实现组织既定的目标。

随着社会的不断进步，特别是互联网的兴起与迅速普及，人们共同活动的规模日益扩大，跨越了传统的物理与行业界限。社会分工越来越精细，竞争也越来越激烈与复杂。在此背景下，管理的五层含义变得更为丰富与复杂。管理逐渐崭露头角，成为人力、物力、财力之外的第四种关键资源——管理资源。这种资源蕴含着中间变量的巨大潜力，在互联网与人工智能的助力下，通过优化管理，不仅能更有效地配置资源，还能挖掘与创造新资源，丰富并提升资源价值，进而更好地助力组织，实现可持续发展目标。

### 1.1.3 管理的职能

管理者在引领他人或与他人携手共进的过程中，致力于实现工作目标，而这一系列管理活动所蕴含的职能（Function）可以精炼地划分为以下四个方面：计划（Planning）、组织（Organizing）、领导（Leading）和控制（Controlling）。这四个管理职能相互关联、相辅相成，共同构成了管理者在达成工作目标过程中的核心框架。

**1. 计划职能**

计划这一概念，可从两个维度进行深入探讨。首先，从名词的角度（静态层面）来看，计划是组织目标的明确表述以及为实现这些目标所设计的行动蓝图。它如同一座灯塔，为组织指明了前进的方向和路径。其次，从动词的角度（动态层面）解读，计划则是指计划工作本身，即制定组织目标并设计实现这些目标的行动方案的过程。这是一个充满思考与决策的动态过程，需要管理者充分发挥智慧和洞察力。在实际操作中，组织的目标往往不是单一的，而是多元化的。同样，实现这些目标的途径也并非只有一条，而是存在多种可能的选择。因此，管理者在面临多种行动方案时，必须运用有效性和高效率标准，对这些方案进行深入比较和分析，以做出最明智的选择。这一过程，就是决策过程。而最终选定的行动方案，就是决策的结果。

管理是一个持续不断的过程，而计划则是这一过程中的首要职能。计划的首要任务，是明确组织的目标，包括中期、长期以及近期的目标。这些目标一旦确定，计划中所设计的行动方案就必须紧密围绕这些目标展开，确保所有活动都指向同一个方向，即实现组织的目标。此外，计划还必须详细规定各项活动的具体时间、地点、执行人员以及执行方式等，以确保计划的可行性和可操作性。值得注意的是，由于计划的目标涵盖了近期、中期和长期等多个时间段，因此计划本身也相应地分为短期计划和中、长期计划。这种划分方式有助于组织在不同时间段内保持清晰的目标和行动方向，确保组织的持续发展和进步。

最后，互联网和人工智能的迅猛发展，为管理者的计划工作提供了有力的支持。这些技术的应用水平，将在很大程度上影响管理绩效水平。因此，管理者必须紧跟时代步伐，充分利用互联网和人工智能等先进技术，提高计划工作的效率和准确性，为组织的未来发展奠定坚实的基础。

**2. 组织职能**

组织的含义可以从两个方面来解释。第一方面是以静态结构来解释组织的含义，这是指为达成某些目标而设计并建立的组织系统。这一组织系统有如下特点：①开放系统，它不断地与外部环境进行各种资源的交换；②技术系统，它不断地进行由投入转化为产出的过程；③整合系统，它不断地与环境相互作用，并与其各子系统（或系统元素）相互依存。第二方面是从动态活动来解释组织的含义，这是指对组织系统所拥有资源的用途加以规定，使之有秩序地得到利用的活动过程，常称之为组织工作。这一动态过程具有如下作用：明确组织系统的哪些资源用于哪项活动，或哪项活动使用哪些资源，这些资源何时使用、何地使用、如何使用等，使得组织的全部资源之间建立起合理的关系。

当具体到人力资源时，组织工作的重点就是将计划中的行动任务分配到组织内部特定的个人和群体去完成。这要求管理者充分了解每个成员的特长和能力，根据他们的特点分配适当的工作岗位和任务，确保人尽其才，让每个成员的才干都能得到充分发挥。同时，组织工作还需要确保每个成员的活动能够相互配合、协调一致，形成合力，共同推动组织目标的实现。

值得注意的是，互联网和人工智能的兴起为组织工作带来了新的机遇和挑战。它们打破了传统组织的局限，促进了组织效率和资源价值的显著提升。管理者需要紧跟时代步伐，充分利用这些先进技术，不断创新组织模式和工作方式，以适应快速变化的市场环境和竞争态势。

**3. 领导职能**

领导，这一概念在名词意义上，指的是领导者个人或集体，即通常所说的上级或上司。而从动词及组织管理的角度来看，领导则是一种行为和影响力，它能够引导、激励甚至在某种情况下迫使人们去实现组织的目标。因此，领导工作的核心内容包括激励、指导、引导、促进、鼓励和必要的命令。

领导职能在组织中扮演着至关重要的角色。一个组织的目标实现，依赖于组织全体成员的共同努力。而管理的一个重要职能，就是领导这些成员，激发他们的潜力，引导他们朝着既定的组织目标前进。有效的领导能够激发团队成员的积极性和创造力，促进他们之间的相互合作与信任，从而形成一个高效、协同的工作氛围。同时，领导还需要具备敏锐的洞察力和出色的决策能力，能够在复杂多变的环境中迅速做出正确判断，带领组织应对各种挑战和机遇。

因此，领导职能不仅是组织管理中不可或缺的一部分，更是推动组织实现既定目标、持续发展的重要动力。管理者需要不断提升自己的领导能力，以更好地引领组织走向成功。

**4. 控制职能**

控制是促使组织的活动按照计划规定的要求展开的过程。它涉及主动识别计划执行中出现的（或潜在的）偏差，并采取相应措施进行纠正（或预防）。

在组织追求目标的过程中，会受到内外部多种因素的影响，导致运营计划的执行可能偏离既定目标。控制工作的核心在于，依据组织运营的作业标准和目标实现情况，对实际作业进行度量。通过对比计划目标、作业标准与实际结果，决定是否需要采取措施纠正或改进行动。因此，控制工作是确保组织活动按计划进行，并最终实现组织目标的重要保障。随着互联网和人工智能的快速发展，控制职能变得愈发强大。然而，这也带来了伦理和个人隐私等方面的新问题，使得边界管理成为一个新兴话题。管理者在行使控制职能时，需要平衡技术应用与伦理道德的关系，确保在追求组织目标的同时，不损害相关方的合法权益。

计划、组织、领导、控制这四种管理职能相互关联、不可分割。它们共同构成了一个完整的管理过程，其中某一职能的完成情况会直接影响其他职能的成效。例如，计划作为管理过程的首个职能，为组织目标提供了明确的路径，直接影响了组织的特点和结构。一个以提供食宿为目标的组织与一个以生产电器产品为营利手段的组织，在组织结构和特点上存在显著差异。同时，精心制订的周密计划也是组织工作的坚实基础。组织在很大程度上决定了计划的成败，一个适当、合理的组织是计划得以实现的重要保障。领导必须适应计划和组织的要求，而控制则对计划、组织、领导进行全面检查，纠正偏差，以确保组织目标的实现。

## 1.2 管理者和管理绩效

管理者（Managers）的核心任务是开展管理工作。那么，管理者究竟是谁？在组织中扮演何种角色？其工作绩效又如何评判？这是每位管理学学习者都应深入了解的问题。

### 1.2.1 管理者

管理者是组织中依制度有权指挥他人活动的人员。在组织结构中，每位管理者均有下级。根据组织层次，管理者可分为高层、中层和基层。高层管理者全面负责管理，拥有最高权力；中层管理者负责特定领域，拥有局部权力；基层管理者直接管理一线操作者，负责指挥和实施具体任务。

### 1.2.2 管理者的作用

在组织中，管理者起着非常重要的作用，主要体现在人际管理、信息管理和决策制定与实施三个方面。

在人际管理方面，管理者负责代表、沟通和指挥。高层管理者代表组织整体，中层管理者代表组织的某个局部，基层管理者代表一个基层单位。管理者代表组织利益，构建沟通网络，确保信息流畅，协同各方力量。同时，他们还需具备指挥与激励的才能，激发下级潜能，确保任务高效完成。

在信息管理方面，管理者需确保信息畅通，有效获取、处理和传播信息。利用互联网收集决策所需信息，进行信息处理，并发布决策指令，推动（包括监督）指令实施。

在决策制定与实施方面，管理者负责确定行动目标和方案，并推动实施。在职权范围内，管理者需制定有效解决方案，合理配置资源，协调行动，实施控制，以确保决策目标实现。

### 1.2.3 管理者的技能

管理者的角色所需技能复杂多样，难以一概而论。罗伯特·李·卡茨（R. L. Katz）认为，管理者为履行其管理职能和提高其管理绩效，至少需要三种基本技能，即技术技能、人际技能和概念技能。技术技能是指熟悉和精通某种特定专业领域的业务知识，诸如机械制造、会计学、施工技术等；人际技能是指与他人沟通和协作的能力，如激励、引导和鼓舞组织成员的热情和信心的技能；概念技能是管理者对复杂情况进行抽象和概念化的技能，即管理者必须具有能够将组织看作一个整体，理解组织各部门之间的关系，并从整体上认识组织和决策组织活动的能力。从组织角度也可以说，概念技能是一种宏观管理的能力。

不同层次的管理者，其岗位对于上述技能的要求是不一样的。

技术技能对基层管理者岗位更为重要，因为基层管理者面临的管理对象是工作在组织第一线的基层成员。由于专业化分工的发展，在组织第一线工作的成员专业技术特征较为显著，基层管理者必须具备相应的技术技能才可能服众。

人际技能是各个层次的管理者都必须具有的，只是在不同层面上所需要的沟通和协作，依据的知识会有所差异。组织中不同的层面会有不同的共同语言，管理者必须认识这类差异，并熟悉共同语言背后隐含的组织各层面成员的不同需求和价值观。

概念技能对高层管理者来说是非常必要的。高层管理者必须具备宏观思维和广阔视野，能够从组织整体认识各方面的进展，以及对于达成组织目标的贡献，把控全局和发展方向。

由此可见，组织在选聘管理者时，必须关注候选人的管理技能结构。同时，也必须加强在职管理者相应技能的学习和提升，工商管理硕士（Master of Business Administration，MBA）就是为这方面需求服务的。

### 1.2.4 管理绩效

不同组织因性质各异，其目标、投入、产出及运作过程均有所不同。那么，如何评判这些组织的管理绩效呢？通常，管理绩效有两个评判标准：管理的有效性（Effectiveness）和管理的效率（Efficiency）。

**1. 管理的有效性**

管理的有效性是指所从事的工作和活动有助于组织实现其目标的程度，即对管理活动是否在做正确的事（Doing the Right Things）的评判。如果一个组织能够有效地将其资源投入实现组织目标之中，即投入所得产出与组织目标一致（也称有效产出），则说明其管理是有效的。

**2. 管理的效率**

管理的效率是指投入与产出之比，即对管理活动是否正确地做事（Doing Things Right）的评判。管理效率追求的是既定产出下付出尽可能少的投入或既定投入下获得尽可能多的产出。投入少，产出多，说明资源效率比例高，浪费的资源少，管理的效率高。

管理的有效性与效率在管理实践中紧密相连，单纯地追求有效性而忽视效率，或反之，均非理想状态。卓越的管理应兼顾二者，既确保目标达成，又实现资源的优化配置。图 1-1 展示了管理的有效性与效率的不同状态，其中“高有效性和高效率”是管理者应努力达成的理想状态。

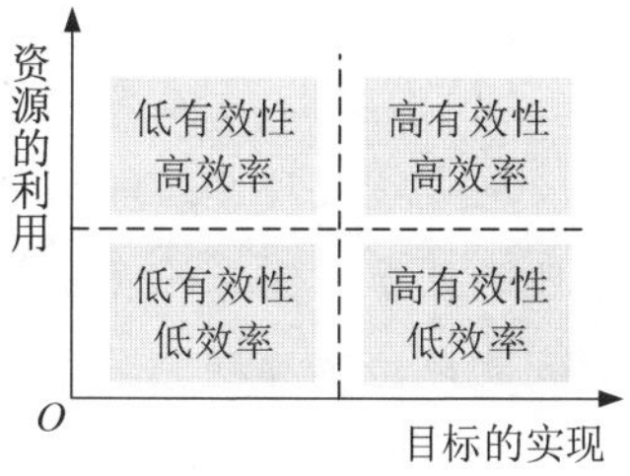


**图 1-1　管理的有效性与效率**

鉴于管理绩效难以即时评判，人们往往会定期重新审视组织战略，并对组织管理绩效进行自我反思。这种做法有助于明确组织的发展方向，进而促进组织的持续与健康发展。

## 1.3　学习管理的目的

探讨为何学习管理，这一议题虽不常直接出现在试卷上，却深刻影响着大学生、MBA 学生乃至职场人士的成长路径。该问题没有唯一答案，因为每个人的视角、需求及思考的深度各不相同。在日常生活中，人们无时无刻不在体验管理的成果，无论是令人满意的、不尽如人意的，还是介于二者之间的。许多看似寻常的问题，深究之下往往源于管理不当。因此，学习管理的初衷在于不断优化管理实践，减少那些令人困扰的问题。

此外，每个人在组织中都扮演着管理者和被管理者的双重角色。学习管理，既是为了掌握有效管理他人的技巧，也是为了更好地理解如何接受他人的管理，洞悉上级的管理风格及组织的管理体系。这一过程有助于我们更全面地认识管理，进而提升个人综合素质，使自己成为对组织绩效有积极贡献的成员，并从组织的发展中获得个人成长与回报。

然而，要真正领悟管理的真谛，并非易事。对管理知识的学习仅仅是起点，它为我们提供了理解管理的基础框架。但要成为一名成功的管理者，还需在实践中不断摸索与成长。因此，我们不能仅仅依赖课程或书本学习，就期望能立刻成为有效的管理者。学习管理是一个持续的过程，需要在实践中不断积累经验，方能逐步成为一个有效的管理者。

## 本章小结

(1) 管理，作为群体存在的必然产物，其核心目的在于推动群体（或组织）达成既定目标。评判管理绩效时，主要依据两个核心标准：管理的有效性与管理的效率。优秀的管理绩效，应当体现在能够最大限度地利用组织资源，从而顺利实现组织目标上。

(2) 为了实现管理目标，管理者必须具备一系列关键的管理技能。这些技能包括但不限于技术技能、人际技能和概念技能，它们共同构成了管理者有效履行职责的基础。

(3) 管理活动可以细分为四大核心职能：计划、组织、领导和控制。这些职能不仅明确了管理工作的具体内容，还揭示了组织目标得以实现的过程。通过有效行使这些管理职能，管理者能够引领组织在充分利用资源的基础上，顺利达成既定目标，从而实现管理的最终目的。

管理的概念思维导图

# 本章思考题

1. 什么是管理？如何理解管理定义的五层含义？

2. 如何理解管理职能中计划、组织、领导和控制的含义？

3. 管理活动的四大职能相互间有怎样的关系？

4. 管理者需要哪些技能？为什么说这些管理技能对于不同层面的管理者岗位有着不同的重要性？

5. 什么是管理的有效性？什么是管理的效率？

6. 阐述管理的有效性与效率的关系，怎么才算是良好的管理？

7. 互联网和人工智能对于管理职能有哪些改变？

本章拓展阅读

# 2 管理理论的发展



管理思想发展为系统化的管理理论，普遍被认为是发生在 19 世纪末至 20 世纪上半叶。尽管 21 世纪以来，管理领域不乏新的理论研究贡献，然而，这些理论或许因时间尚短而未能经过充分的实践检验，因此，其影响力相对有限。相比之下，经典管理理论依然占据着举足轻重的地位，这一点从 2019 年彼得·F. 德鲁克（P. F. Drucker，1909—2005 年）中国管理论坛的热烈反响中便可见一斑。

纵观管理理论的发展历程及其内容演变，可大致划分为三个阶段：古典管理理论、人际关系理论和现代管理理论。值得一提的是，18 世纪的工业革命及其催生的新型“工厂制度”，对管理理论的萌芽与发展起到了至关重要的作用。

## 2.1 工业革命与“工厂制度”

自人类社会出现以来，管理实践便伴随而生。随着社会的不断进步，人们对管理的认知也在持续深化。从原始社会的简单协作到现代社会的复杂组织，管理的思想与实践在历史的长河中不断演变，逐渐形成了系统化、科学化的理论体系。

**1. 工业革命与管理变革**

18 世纪的工业革命不仅极大地推动了科学技术的进步，还为物质资源和人力资源的大规模利用与优化提供了可能。随着劳动的精细分工和产品的标准化生产，“工厂制度”作为一种全新的生产管理方式应运而生。这一变革不仅标志着技术层面的革新，更带来了社会组织方式的深刻变革。手工作坊被机器化大生产所取代，管理理论与实践在这一背景下得到了快速发展。

**2.“工厂制度”下的管理挑战与理论发展**

“工厂制度”的兴起带来了诸多新的管理问题。传统的基于教规和信徒虔诚的管理方式已无法适应新的生产模式。生产规模的扩大、资本的大量投入以及劳动分工的细化，要求对生产组织进行重构，以实现预期的经济效果。同时，为了在激烈的市场竞争中立足，企业必须不断创新、扩大规模，并引入新型管理人员和熟练劳动力。这些挑战推动了管理理论的深入研究与发展，为后续管理科学的形成奠定了基础。

**3. 早期管理先驱的贡献**

在管理理论的发展过程中，罗伯特·欧文（R. Owen，1771—1858 年）、查尔斯·巴贝奇（C. Babbage，1791—1871 年）和丹尼尔·C. 麦卡勒姆（D. C. McCallum，1815—1878 年）等先驱者作出了杰出贡献。Owen 作为工业革命时期的重要人物，他首次提出应重视和珍惜人力资源，开创了管理思想中关心人的先河。Babbage 作为英国剑桥大学教授，被誉为运筹学和管理科学的鼻祖，他深入分析了工厂中的作业流程和制造费用，提出了许多改进操作和管理方法的建议，并出版了《论机器和制造业的经济》一书。McCallum 则强调了管理工作中的纪律性、职责明确性以及工作汇报的准确性，提出了根据工作成绩评定工资和提升、明确权力层次以及实行个人责任制等管理原则。这些先驱者的思想为后来管理理论的发展奠定了坚实的基础。

## 2.2 古典管理理论

古典管理理论的代表人物有：美国的弗雷德里克·温斯洛·泰勒（F. W. Taylor，1856—1915 年）、弗兰克·邦克·吉尔布雷斯（F. B. Gilbreth，1868—1924 年）、亨利·甘特（Henry Gantt，1861—1919 年），法国的亨利·法约尔（H. Fayol，1841—1925 年），德国的马克斯·韦伯（M. Weber，1864—1920 年），英国的林德尔·厄威克（L. F. Urwick，1891—1983 年）等。

### 2.2.1 Taylor 的科学管理

Taylor 历经工人、车间主任、工程师、总工程师等多个职位，深谙企业低生产率之弊。为提升工业生产的效率，他毕生致力于管理研究，1911 年发表《科学管理原理》，奠定了科学管理理论的基础，被誉为“科学管理之父”。其倡导的管理思想与制度，称作“Taylor 制度”，然而却引发了劳资双方的争议：工人认为 Taylor 制度是迫使他们为了获得多一点的工资而付出更多的劳动，并导致了一部分工人失业；资本家则认为 Taylor 制度是要他们向工人支付更多的工资，从而导致自身的收入减少。1912 年，海军兵工厂罢工事件促使美国国会召开听证会，Taylor 借此机会详述其科学管理理念，其证词对科学管理理论的推广与应用影响深远。

Taylor 的科学管理思想核心如下。

**1. 管理职能与作业职能分离**

Taylor 认为，要提高生产效率，必须实行管理职能与作业职能分离。管理职能的主要任务是：

(1) 进行调查研究，为工作定额和操作方法提供科学的依据。

(2) 制定有科学依据的工作定额和标准化的操作方法、工具。

(3) 拟订计划并下令实施。

(4) 将标准和计划与实际情况进行比较，以便进行有效控制。

为进一步贯彻管理职能，Taylor 认为管理人员也应进行分工，即实行“职能工长制”，Taylor 是第一位确立管理人员的专业化和管理部门职责分工的人。

**2. 实行管理科学化**

Taylor 强调以科学方法替代经验判断，并提出了一系列管理制度：

(1) 工作定额。Taylor 认为，要提高劳动生产率，就要对工人制定“合理的日工作量”，即工作定额。为此，要选择合适而熟练的工人，对他们的每一项动作、每一道工序的时间予以记录和分析，再加上必要的休息时间和其他延误时间，从而研究出合理的日工作量。所谓合理，是以一流工人“能在不损害其健康的情况下维持很长年限而愉快工作的速度”为标准的。

(2) 一流工人。Taylor 认为，人具有不同的禀赋和才能，只要工作岗位合适，都能成为一流工人。比如，一个身强力壮的人，干重体力活是一流的，但干精细的工作，就可能不是第一流的，这就是工作合适与否的问题。一流工人就是承担适合的工作而又有进取心的人。科学管理要求挑选或培训一流工人，使他们有最合适的工作，激励他们尽最大力量来完成工作任务。

(3) 激励性付酬。Taylor 认为，要想鼓励工人努力工作，提高工人的工作积极性，从而完成或超额完成工作定额，就必须使付酬制度具有激励性。激励性付酬制度包括以下内容：①通过工时研究和分析，制定出恰当的工作定额或标准；②采用“差别计件制”，按照工人是否完成其定额采取不同的工资率；③工资支付的对象是工作业绩，而不是职位。

（4）标准化。Taylor 认为，要让工人掌握标准化的操作方法，使用标准化的工具、机器和材料，并使作业环境标准化，消除不合理因素，从而使工人有能力完成较高的工作定额。同时，这些标准化的规定还可以用于培训和考核工人。

（5）例外管理。Taylor 认为，管理中的大量事务性工作应尽可能实行规范化，授权给下级管理人员去处理，高级管理人员只需保留对例外事项的处理权和监督权。

**3. 管理的实质是发展生产力**

Taylor 在听证会上指出，动作研究、时间研究、工时定额、计件工资制、职能工长制，等等，仅仅是一些提高工作效率的措施，如果把这些等同于科学管理，无疑是一种误解。科学管理的实质是一场思想革命，旨在让劳资双方认识到提高生产率对双方均有益，从而携手合作，将关注点从利润分配转向盈余增长，实现生产力的真正发展。

## 2.2.2 Fayol 的 14 条管理原则

Fayol 历任工程师、执行董事及总经理等职务，其 1916 年的著作《工业管理和一般管理》影响深远。这部著作提出了 14 条具有普遍适用性的管理原则，对后世管理理论发展产生了重大影响。在这 14 条原则中，5 条聚焦于人际关系，1 条关注生产效率，其余 8 条则涉及行政管理。

**1. 人际关系原则**

（1）个体利益服从整体利益。Fayol 认为，在一个组织中，组织的利益应高于组织内个人或少数人的利益；而组织所处社会的利益应高于组织的利益。利益的服从可以通过监督来达到，同时要求监督人员或组织树立起良好的榜样。

（2）公平。Fayol 认为，组织的政策制定及其实施过程必须对所有成员一视同仁，讲求信用、平等。只有这样，才能使组织的成员全心全意、忠实地履行自身职责。

（3）人事稳定。人事稳定有两层作用：一是使各级人员有一种安全、稳定的感觉，以利于其钻研业务，把工作做得更好；二是每个人对一个新的工作岗位都需要时间去适应，如果经常更换工作岗位，就难以适应和做好工作。

（4）首创精神。Fayol 认为，人们发表建议和投入工作的积极性、自觉性是组织的巨大财富，要充分利用每个成员的智慧和能力去解决组织的问题，并让他们看到自己建议的成功结果，从而进一步激励他们的创造精神。

（5）团结。团结就是力量，管理的任务不是清除持不同意见的人，而是要团结所有持不同意见的群体和个人，共同去实现组织的目标。

**2. 生产效率原则**

Fayol 提出的第一个原则就是分工，这是关于提高生产效率的原则。分工是专业化的基础，也是充分发挥人力资源作用的重要因素。Fayol 认为，分工的原则不仅适用于工人，同样也适用于各级管理人员。

**3. 行政管理原则**

（1）权力与责任。权力指的是指挥和要求别人服从的权利，责任则是使用权力时应尽的义务。权力与责任必须统一，谁被赋予权力，谁就要承担与权力相应的责任。否则，就会出现滥用权力或不负责任的现象。

（2）纪律。纪律的实质是组织对其成员的约束和成员对组织的尊重态度。没有严格的纪律，组织将名存实亡，一事无成。要保证组织的纪律行之有效，就必须抓好三个重点：一是努力使各级领导品质优良、精明能干；二是制定明确而公平的政策、规章和人事合同；三是建立公正、合理的表彰和处罚制度。

（3）统一命令。这是指一个成员只能接受一个上级的命令。如果这一原则受到损害，那么组织的权力、纪律、秩序就不复存在，组织的运营也难以保持正常。

（4）统一指挥。为达成组织的目标，组织成员必须在一个计划的统一指挥下，向同一个方向努力和协同行动。

（5）集权与分权。集权是降低下级的作用，分权则相反。一般来讲，认为下级不得力或不能重用下级，以及一些事关重要的例外问题的处理，倾向于集权；而认为下级很得力或能充分发挥下级主观能动性和智慧的上级，往往倾向于分权。集权与分权没有一个明确的界限，也不能肯定谁是谁非。集权与分权的程度取决于组织的环境和组织内部的具体情况，因而也有人称之为“集权与分权的弹性原则”。

（6）等级层次。等级层次也称为等级链原则，它要求权力与责任的界限必须从一个组织的最上层直到基层都明确地建立起来，使各级层次之间的权责界限清楚明了。

(7) 报酬。支付报酬应与完成的工作挂钩，因而报酬的金额必须让成员和组织双方都感到满意和公正。

(8) 秩序。组织中的人与物应该“人尽其才，物尽其用”。对于人事管理来讲，可以通过绘制一张组织图表来表示组织中每一个成员所处的岗位以及各岗位之间的相互关系。组织图表中还应反映各岗位对任职人员的要求，以及组织中各成员具有的不同工作能力、抱负和有关的人力资源情况，以便人尽其才。

### 2.2.3 其他代表人物的主要贡献

**1. F. B. Gilbreth**

Gilbreth 作为劳动科学的先驱，主张“最优工作法”是科学管理的基石。他将每项任务细分为最基本动作，通过细致观察与分析，区分出必要与非必要动作，进而创立了一套标准化操作流程，用以培训工人，显著提升了工作效率。举例而言，他成功将砌砖动作由 18 个精简至 5 个，极大提高了生产率。Gilbreth 毕生致力于动作研究，提出了五项动作改进原则：①减少动作种类、数量及方向变化，缩短动作路径；②降低动作造成的疲劳；③使动作习惯化、自然化；④设定动作标准，并进行预先教育培训；⑤重视提升产品质量的动作改进。

**2. H. L. Gantt**

Gantt 的最大贡献在于 1917 年创立了“Gantt 横道图”（也称“Gantt 图”），这一方法通过线条清晰展示工作顺序、时间、数量及负责人，极大提升了工作计划的效率。在薪酬体系方面，他提出了“作业奖励工资制”：一方面，确保工人获得基本日工资以保障最低生活标准；另一方面，对于达到或超越工作定额的工人，将按比例额外颁发奖金，以此激励工人优化操作，提升生产效率。

**3. M. Weber**

Weber 是德国柏林大学教授，其研究聚焦于组织理论领域，他的最大成就在于提出了理想行政组织体系理论。Weber 在其著作《社会组织与经济理论》中阐明，为实现组织目标，应将全部活动细分为基本作业，并据此设立各岗位，每个岗位均明确规定其权责。人员任用需依据岗位要求，通过正式考试或教育培训实施。组织成员必须严格遵守组织规章纪律，且这些规章纪律及成员间关系均不受个人情感左右。这一公正无私原则不仅适用于组织内部管理，同样适用于组织与外界交往。Weber 认为，此理想行政组织体系能有效提升工作效率，增强组织的精确性、稳定性、纪律性及可靠性，相较于其他组织体系具有显著优势。

**4. L. F. Urwick**

Urwick 毕业于英国牛津大学，其主要成就在于将 Taylor、Fayol、Weber 等人的古典管理理论进行了系统化整合，著作包括《管理的要素》《组织的科学原则》以及《管理备要》等。Urwick 提炼出八项他认为普遍适用于所有组织的原则：①目标明确原则，即所有组织均应清晰展现其目标；②权责一致原则，即权力与组织架构需相匹配；③绝对责任原则，强调上级对下级工作负有绝对责任；④组织层级清晰原则，即组织内部应建立明确的层级关系；⑤控制跨度适中原则，建议每个上级直接管理的下级人数不超过 5～6 人；⑥专业分工原则，主张每人工作应专注于单一职能，以促进专业精进；⑦以协调为核心原则，强调管理的本质是协调各方；⑧职责明确原则，要求每项职位的职责都需有清晰界定。

自 Taylor 等人开启管理实践与理论研究以来，古典管理理论已历经了近一个世纪的发展。这一理论不仅在当时发挥了关键作用，而且对后续管理理论的演进产生了深远影响。其中蕴含的诸多原理与方法，至今仍备受全球管理学者推崇，并在实践中被广泛借鉴与深入研究。

## 2.3 人际关系理论

人际关系理论的主要代表人物有：乔治·埃尔顿·梅奥（G. E. Mayo，1880—1949 年）、亚伯拉罕·哈罗德·马斯洛（A. H. Maslow，1908—1970 年）、弗雷德里克·赫茨伯格（F. Herzberg，1923—2000 年）、伯尔赫斯·弗雷德里克·斯金纳（B. F. Skinner，1904—1990 年）、维克托·哈罗德·弗鲁姆（V. H. Vroom，1919—　）、道格拉斯·默里·麦格雷戈（D. M. McGregor，1906—1964 年）、克里斯·阿吉里斯（C. Argyris，1923—2013 年）、罗伯特·罗杰斯·布莱克（R. R. Blake，1918—2004 年）、简·S. 莫顿（J. S. Mouton，1930—1987）和库尔特·勒温（K. Lewin，1890—1947 年）等人。

### 2.3.1 G. E. Mayo 与 Hawthorne 实验

Mayo 是公认的以人际关系作为管理方法研究的创始人，使他出名的是著名的霍桑（Hawthorne）实验。1924 年，美国科学院全国学术研究委员会在西部电气公司（Western Electric Company）芝加哥 Hawthorne 工厂进行了一系列开拓性的研究。研究的最初目的是想通过实验找出继电器装配车间的照明强度与装配女工的劳动效率之间的关系。实验时把工人分为两组，即实验组和对照组。研究人员认为，只要把不同的工作条件（包括照明、温度、湿度、休息时间等）对生产效率的影响关系找出来，就能确定和创造使生产效率达到最高值的工作条件。但实验的结果令人失望，产量不仅没有因照明的减弱而降低，甚至在很微弱的照明下仍保持增长，并且对照组在照明无任何变化的条件下生产效率也有明显提高，这使原有的假设全部被推翻。显然，实验中还有比照明更有影响力的因素在起作用。一次偶然的机会，Mayo 参与了实验，他分析后提出了这一影响因素就是人的因素。为了揭示人的因素对组织中生产效率的影响，Mayo 等人又安排了一次实验。他们选择 14 名男工，规定小组整体的产量越高，个人的收入就越多。他们认为，这 14 名男工一定会相互督促，提高产量，以便使每个人获得较多的工资。但实验结果却出乎意料，调查发现整个小组不但没有对做得慢的人施加压力，还对做得快的人施加压力，使其慢下来。

研究分析发现，在工人中存在非正式组织，这种组织影响和左右着各成员的行为。虽然两次实验的结果都与原先的假设存在距离，但却为管理学者揭示了一个很重要的研究方向：组织中人的因素可能产生积极作用，但也可能相反。Mayo 等人认为，工人的积极性主要取决于社会因素、心理因素，也取决于工人与管理人员以及工人之间是否关系融洽；而物理环境（如照明等）、物质刺激只有次要意义。在心理学研究的历史上，Hawthorne 实验第一次把工业中的人际关系问题提到首要位置，并且提醒人们在处理管理问题时要注意人际关系的因素，这无疑对管理学理论的发展产生了重大促进作用。

Mayo 通过 Hawthorne 实验提出了以下几点新的见解。

**1. 工人是“社会人”**

这一新见解挑战了将工人视为“经济人”的传统观念，指出人的行为动机不仅源于物质追求，更包含社会和心理层面的需求，如友情、安全感、归属感和尊重等。这些因素往往更为关键。因此，组织与管理应超越技术和物质层面，深入考虑社会心理因素。

**2. 存在“非正式组织”**

除正式组织外，企业中还存在着非正式组织，它们以维护成员共同利益为使命，抵御内部疏忽或外部干涉。非正式组织拥有核心人物、领袖及共同的价值观念和行为规范。与正式组织的效率逻辑不同，非正式组织遵循感情逻辑。管理者需平衡二者的关系以促进协作发展与效率的提升。

**3. 提倡新型的领导风格**

强调提高生产效率的关键在于提升工人“士气”，通过满足合理需求、加强合作、改善关系来实现。

**4. 关心工人**

指出生产效率不仅受工作方法和条件的影响，还受到工人态度、积极性及社会关系等因素的影响，管理人员应关心下属，促进情感沟通。

Mayo 的这些观点在其 1935 年的著作《工业文明中人的问题》中得到了系统阐述，奠定了行为科学的基础。此后，行为科学的发展主要聚焦于人的需要、动机与激励，人性探讨，非正式组织及人际关系，以及领导方式四大领域，对管理学理论产生了深远影响。

### 2.3.2 A. H. Maslow 与“需要层次理论”

研究人的需要、动机和激励问题的代表人物是 Maslow，他在《人类动机的理论》《激励与个人》等著作中提出了著名的“需要层次理论”。他把人的需要按其重要性和发生的先后次序排成五个层次：生理需要、安全需要、社交需要、尊重需要和自我实现需要。Maslow 认为，人们正是按照这个层次来逐一追求并满足各项需要，这一过程也构成了人们行为动机的核心解释。本书“16.1.1 需要层次理论”将详述此内容。

与 Maslow 并肩探索同一领域的，还有多位杰出的学者及其理论。其中，Herzberg 提出了“激励因素—保健因素理论”，为理解工作满意度与工作效率之间的关系提供了新视角；Skinner 则通过“强化理论”，揭示了奖励与惩罚在行为塑造中的关键作用；而 Vroom 的“期望理论”则进一步阐释了个人期望与目标达成之间的内在联系，为激励机制的设计提供了有力支撑。这些理论共同构成了行为科学中动机研究的丰富宝库，为深入理解人的行为动机提供了多维度的视角和深刻的洞见。

### 2.3.3 D. M. McGregor 与“X 理论”“Y 理论”

研究“人性”议题的杰出代表是 McGregor，这位来自美国麻省理工学院的教授，在深入探究管理实践时，揭示了管理人员对工人看法的深远影响。当管理者视工人为不诚实、懒惰且缺乏责任感的人时，他们倾向于采取严格的控制性管理措施，这一观念被 McGregor 命名为“X 理论”。相反，若管理者相信人们本质上愿意主动工作，并且在适宜条件下会积极投入并追求成就，这种从管理内部寻找动力、鼓励员工自主性与积极性的观点，则被称为“Y 理论”。McGregor 坚信，“X 理论”已不合时宜，唯有“Y 理论”方能引领管理走向成功。本书“17. 3. 1 X 理论与 Y 理论”将详述此内容。

与此同时，另一位美国学者 C. Argyris 也在“人性”研究领域做出了重要贡献。在其著作《个性与组织》中，他提出的“不成熟—成熟理论”为缓解个性与组织间潜在的冲突与不和谐提供了有力框架，对于促进二者间的和谐共生具有积极意义。

### 2. 3. 4 K. Lewin 与“团体力学理论”

在非正式组织及人际关系领域的探索中，原籍德国后移居美国的学者 Lewin 占据了举足轻重的地位。1944 年，他创造性地提出了“团体力学理论”，为理解非正式组织的运作机制提供了重要视角。该理论的核心观点在于：非正式组织与正式组织一样，有其目标、要素、内聚力、规范、结构、领导方式、参与者、行为分类、规模和对变动的反应等。

随着互联网的蓬勃兴起，虚拟组织的涌现及其迅猛的发展态势，不仅极大地拓宽了人们对组织形态的认知边界，更为“团体力学理论”注入了新的活力与内涵，使其在面对新时代组织变革时展现出更加丰富的解释力和应用价值。

### 2. 3. 5 R. R. Blake 和 J. S. Mouton 与“管理方格图理论”

研究领导方式的主要代表人物有美国的 Blake 和 Mouton，他们在合著的《新管理方格》等著作中提出了“管理方格图理论”。“管理方格图理论”中的 9×9＝81 个小方格代表着不同结合的领导方式。Blake 和 Mouton 认为，将对生产的高度关心和对工人的高度关心结合起来，是效率最高的领导方式。本书“17. 3. 3 管理方格图”将详述此内容。

此外，在探索组织内领导方式的有效路径上，还有其他几位学者及其理论同样值得关注。罗伯特·坦南鲍姆（R. Tannenbaum）与沃伦·哈罗德·施密特（W. H. Schmidt）提出了“领导方式连续统一体理论”，为理解领导风格的多样性与灵活性提供了新视角。伦西斯·利克特（R. Likert）的“支持关系理论”则强调了管理要以人为中心的重要性。这些理论为提升组织领导力与效能提供了宝贵的理论与实践指导。

# 2.4 管理学派的发展

现代管理理论是在古典管理理论和人际关系理论的基础上发展起来的，主要有以下一些理论学派：社会系统学派、决策理论学派、系统管理学派、经验主义学派、权变理论学派和管理科学学派等。

## 2.4.1 社会系统学派

社会系统学派的主要代表人物是美国的切斯特・欧文・巴纳德（C. I. Barnard，1886—1961 年），他将社会学理念融入经理人员职能与工作过程的分析，着重于组织结构的逻辑剖析，从而构建了一套完整的协作与组织理论。其观点主要包含以下几个方面：

（1）组织是一个协作系统：社会的各级组织都是一个由有意识进行相互协调的每个人组成的协作系统。

（2）正式组织：正式组织的协作基础是成员相互协作的意愿、共同的目标和相对稳定的信息联系。协作的意愿、共同的目标和信息联系，通常被称为协作系统的三个基本要素。

（3）非正式组织：一个组织中不仅有正式的组织，还有非正式组织。非正式组织与正式组织互相创造条件。在某些方面和时刻，非正式组织能对正式组织的目标产生积极的影响。

（4）经理人员的职能：①建立和维持组织的信息系统；②选拔或招聘最好的人员，安排其从事适当的工作，充分发挥其作用；③确立组织的目标。

社会系统学派认为，经营管理就是领悟到作为一个整体的组织以及与之有关的全部形势的过程，这就是管理的“艺术”，它是组织内部平衡和对外部条件适应的全部综合。各级组织是社会这个大协作系统的各个部分和方面，每一个组织者都必须符合上述条件才能生存。

## 2.4.2 决策理论学派

决策理论学派是从 Barnard 创始的社会系统学派中独立出来的。这一学派的主要代表人物是赫伯特·亚历山大·西蒙（H. A. Simon，1916—2001 年），由于他在决策论的研究上作出了杰出贡献，曾获得 1978 年度的诺贝尔经济学奖。Simon 的主要贡献有以下三个方面：

（1）突出决策工作在管理活动中的地位：Simon 认为，决策工作贯彻于管理的全部过程，决定着管理活动的成败。从这一意义上讲，管理过程就是决策的制定和贯彻过程。另外，一个组织机构的建立，必须同决策过程联系起来进行考察。

（2）系统阐述决策原理：Simon 对决策的过程、决策的准则、程序化决策和非程序化决策的异同及其决策技术、决策的组织结构等进行了分析，并提出用“满意标准”来代替传统决策理论的“最优化标准”。

（3）强调决策者的作用：Simon 认为，组织是由决策制定者个人所组成的系统。因此，不仅要注意在决策制定过程中应用定量的方法和新的计算技术、手段，还要重视心理因素、人际关系等社会因素在决策制定中的作用。

### 2.4.3 系统管理学派

系统管理学派是 20 世纪 60 年代前后在西方盛行的管理理论派别，它同社会系统学派、决策理论学派有着密切的联系，但又各有特点。系统管理学派的主要代表人物是美国的弗里蒙特·卡斯特（F. E. Kast）和詹姆斯·埃德温·罗森茨韦克（J. E. Rosenzweig）。他们合著的代表作是《系统理论和管理》《组织与管理：系统与权变的方法》。

系统管理学派认为，从系统的观点来考察和管理企业，有助于提高组织效率，使各个系统和有关部门的相互联系网络更清楚，从而更好地实现组织战略目标。虽然从 20 世纪末开始，系统管理学派已不像 20 世纪 60 年代前后那么盛行了，但由于系统管理理论中的许多内容有助于自动化、控制论、管理情报系统、权变理论的发展，所以一直有许多人在对这一学派的理论进行研究。21 世纪随着互联网的发展，人们对系统管理的兴趣又恢复了，并且已经跨过组织“围墙”，从更大的系统视角来认识组织的管理活动。

### 2.4.4 经验主义学派

经验主义学派中最有名的代表人物有美国的 P. F. Drucker 和欧内斯特·戴尔（E. Dale）等人。经验主义学派以向大企业的经理提供管理企业的成功经验和科学方法为目标，他们认为传统的管理理论和行为科学不能完全适应企业发展的需要，管理的科学应该从企业管理的实际出发，以管理实践为主要研究对象，以便在一定的情况下把管理实践加以概括和理论化。经验主义学派的一些主要观点表现在以下几个方面：

（1）关于管理的性质和任务：该学派认为，管理是有关人员管理技能的活动和知识的一个独立领域。管理的任务是建成一个“统一的生产体系”，这个体系的生产力要比它的各个部分的生产力的总和更大。管理人员在做出每一个决策时，需要把当前利益和长远利益协调起来。

（2）对“Taylor 制度”和“人际关系”的评价：该学派认为，这二者都不能适应企业发展的需要，只有经验主义才能把这二者的长处结合起来。

（3）关于目标管理：该学派认为，这方面包括企业中目标的性质、目标管理成功的先决条件以及目标管理的三个阶段。

（4）关于企业管理的组织机构：该学派认为，这包括集权的职能性结构、分权的“联邦式”结构、规划目标结构、矩阵结构、模拟性分散管理结构、系统结构等。

（5）研究方法：该学派提倡用比较的方法，研究和概括企业管理的经验。

### 2.4.5 权变理论学派

权变理论学派是20世纪70年代在西方广受欢迎的管理学派，主要代表人物有弗雷德·卢桑斯（F. Luthans）和弗雷德·爱德华·菲德勒（F. E. Fiedler）等人。这一学派的核心概念是“权变”，即灵活应变。它主张，在管理实践中应依据具体环境和内外部条件的变化而灵活调整，不存在一种固定不变、普遍适用的“最优”管理理论或方法。权变理论学派致力于通过广泛研究各类案例，将复杂多变的管理情境归纳为若干基本类型，并为每种类型匹配相应的管理模式。因此，权变理论着重强调的是两个或多个变量间的动态函数关系。基于此，权变管理便是依据环境变化（自变量）与管理策略及技术手段（因变量）之间的这种函数关系，来确定最为有效的管理方式。自20世纪70年代以来，鉴于全球科技、经济的迅猛发展，以及企业职工队伍结构和文化技术水平的显著提升，权变理论展现出了极强的实用性和适应性，至今仍备受推崇。本书“10.2.3 权变组织理论”将详述此内容。

## 2.4.6 管理科学学派

管理科学学派是近代在西方管理学界形成的，其代表人物是 E. S. Buffa。也有人称其为管理数量学派或运筹学派等。管理科学学派认为，管理就是制定和运用数学模式与程序的系统，用数学模式与程序来表示计划、组织、控制、决策等合乎逻辑的程序，求出最优的解答，以达到企业的目标。因此，所谓管理科学就是制定用于管理决策的数学模式与统计模式，并把这种模式通过电子计算机应用于管理之中。管理科学强调了管理中应用的先进工具和科学方法，但不够注重管理中人的作用，这是这一学派的不足之处。

管理科学学派的主要内容包括以下几个方面：

(1) 关于组织的基本看法：该学派认为，组织是由“经济人”组成的一个追求经济利益的系统，同时又是由物质技术和决策网络组成的系统。

(2) 关于管理科学的目的、应用范围、解决问题的步骤：该学派认为，强调科学的目的就是通过科学原理、方法和工具应用于管理的各种活动之中。应用范围着重在管理程序中的计划和控制这两项职能。解决问题的步骤分为：①提出问题；②建立数学模型；③得出解决方案；④对方案进行验证；⑤建立对解决方案的控制；⑥把解决的方案付诸实施。

(3) 关于管理科学应用的科学方法：主要有线性规划、决策树、计划评审法和关键路线法、模拟、对策论、排队论等管理数学的方法，也称运筹学。

(4) 关于管理科学应用的先进工具：先进工具主要是计算机。

## 2.4.7 管理现代化

随着管理理论的发展和实践，以及现代科学技术和高度社会化大生产的环境变化，人们对管理的认识也在不断变更。如何系统地认识现代化的管理呢？可归纳为以下几个方面。

**1. 管理思想现代化**

思想观念的水平决定了管理的水平。所以，解放思想、不断改造和提升世界观是推动管理现代化的基础。在管理思想的现代化过程中，教育扮演着重要角色。当前，可持续发展以及循环经济的概念和理论已经融入新的管理思想之中。

**2. 管理体制现代化**

市场经济体制的优越性在于能够借助市场的力量优化资源配置。管理要适应市场机制的变化和发展，在分工与协作中刚柔并济地推动经济社会和生活质量的发展和提高。

**3. 管理方法现代化**

现代管理理论是管理现代化的基础，而管理实践还必须有现代的管理方法给予支持。管理现代化必须紧紧依靠现代社会科学和自然科学的最新研究成果，积极采用现代、科学的管理方法和管理技术。

**4. 管理手段现代化**

要建立管理信息系统，运用现代信息工具和管理软件的最新成果，实现管理的现代化。

归纳起来，管理现代化的特点有：①有更长远的发展目标，能更好地兼顾管理的效率和有效性；②对资源有更前瞻的认识，更加关注资源的有效配置和使用；③更加强调以人为本，重视人力资源的发展和社会责任；④经济全球化推动管理国际化，更加重视跨文化管理的研究及其成果应用，跨文化的管理教育已日趋成熟。

## 2.5 管理理论的新进展

当前，管理理论在经济社会发展的新背景下取得了显著进展，涌现出一系列新的热点议题。

**1. 全球化管理**

全球化已成为不可逆转的趋势，相应的管理活动也随之跨越国界。组织要想长期成功，管理者必须具备全球视野，进行全球化管理，即在全球范围内配置资源，关注社会文化差异，并实施跨文化管理。

**2. 互联网影响与数字化管理**

互联网和电子商务的兴起为管理变革开辟了新空间。大数据和信息技术对管理的计划、组织、领导、控制等职能产生了深远影响。数字化管理应运而生，它利用计算机、通信、网络等技术，通过数字量化管理对象与行为，实现管理职能的创新。从数据资产视角看，数字化管理还涉及对组织全域数据资源的开发、应用和运营管理，以提升数据资产价值。

**3. 管理伦理与道德**

管理伦理已成为当前管理学研究的重要内容。道德作为规定行为是非的准则，在管理研究与实践中不容忽视。管理伦理主要探讨管理者的道德观、影响管理伦理的因素，以及如何改善道德环境。随着社会对组织社会责任的日益关注，管理伦理的重要性愈发凸显。

**4. 创业与创新管理**

《2015年政府工作报告》两次提到“大众创业、万众创新”，这与增加公共产品、公共服务一起，构成中国经济提质增效升级的“双引擎”。同时创新也是改造传统产业、打造经济新引擎的重要手段。由此可见，在新的发展环境下，创业创新在政府层面上也得到了广泛的重视。创业、创新虽非新概念，但近年来备受瞩目。创业管理不仅包括新创企业，还涉及现有企业内部的创业活动。创新管理则关注对创新活动的管理，强调创新是推动企业成长的根本途径。随着人工智能、生物技术等新技术的突破，负责任创新理念被提出，强调创新成果除了要达到经济与技术指标，还需要社会满意和道德伦理可接受。

**5. 柔性管理**

柔性管理，也被称作“弹性管理”，即组织和管理工作针对迅速变化的环境需要有灵活性。柔性管理主要体现在经营战略、企业组织、管理手段等方面。如战略管理的柔性化，因为未来企业所面对的是快变市场，所以企业战略必然具备战略柔性（Strategic Flexibility），即战略在更大范围内的可调整特性；组织结构的有机化，即能够迅速对环境变化做出反应；在管理手段上强调自我管理和人本管理。

**6. 全面质量管理**

全面质量管理（Total Quality Management，TQM）是一种管理哲学，它已经超出了一般意义上的关注组织运作过程和组织顾客的范围，还涵盖了对组织所有受益者的影响，包括投资者、购买者、雇员、供应商等。高度关注顾客、重视领导作用并坚持持续改进是TQM最重要的思想。其他观点还有：关注过程；改进组织各项工作的质量；强调系统思想；尊重事实和准确测量；争取供应方支持和双赢等。随着产业创新生态、竞争生态以及互联网、大数据等研究的开展，生态质量、数据质量将给予TQM更广泛、更深入、更新颖的发展空间。

**7. 知识管理与学习型组织**

知识管理分为狭义和广义两种。狭义上，它关注知识本身的管理；广义上，则涉及与知识相关的各种资源和无形资产的管理。学习型组织是指具有持续学习和适应变革能力的组织。在当前快速变化且复杂的环境中，组织必须持续学习、响应变化并提升绩效，以确保健康发展。知识管理在学习型组织的构建中发挥着关键作用。

随着互联网、大数据和可持续发展等新变化的出现，管理理论与实践的发展呈现出不协调的矛盾。部分领域理论滞后于实践需求，特别是移动互联网的迅猛发展改变了信息不对称状况，给管理学发展带来了严峻挑战。然而，这也为管理学研究开辟了新的空间，推动了管理理论的不断创新与发展。

## 本章小结

（1）管理理论是随着人类社会的进步而不断发展的，18 世纪的工业革命导致了“工厂制度”的产生，对现代管理理论的发展产生了重要作用。以 Taylor、Fayol 为代表的古典管理学派，最早把管理实践上升到管理理论。最著名的是 Taylor 的科学管理思想、Fayol 的 14 条管理原则、Gantt 的横道图等。Hawthorne 实验推动了人际关系学派的形成。

（2）以 Mayo 为代表，提出了工人是“社会人”的见解，从而改变了在这之前一直把工人看作“经济人”的观点。此外，Mayo 的“非正式组织论”、Maslow 的“需要层次理论”、McGregor 的“X 理论”与“Y 理论”、Lewin 的“团体力学理论”、Blake 和 Mouton 的“管理方格图理论”等，都是这一时代的著名代表人物的理论思想。

（3）在古典管理理论和人际关系理论基础上发展起来的现代管理理论，包括了社会系统、决策理论、系统管理、经验主义、权变理论、管理科学等众多学派，以 Barnard、Simon、Drucker 等为代表的学派从思想、体制、方法和手段上推进了管理的现代化进程。

（4）由于管理环境和人性的新变化，管理理论在 21 世纪有许多新的进展，如全球化管理、数字化管理、管理伦理与道德、创业与创新管理、柔性管理、全面质量管理、知识管理与学习型组织等。

管理理论的发展思维导图

# 本章思考题

1.“工厂制度”的产生，提出了哪些与以往不同的管理问题?

2. 为什么“Taylor 制度”刚形成就引起劳资双方的不满?

3. 什么是“工作定额制度”?

4. 如何理解 Taylor 的“例外管理制度”?

5. Fayol 的 14 条管理原则是什么?

6. Gilbreth 在动作研究方面，提出了哪些独特见解?

7. Gantt 的横道图有何用处?

8. Urwick 在总结前人管理思想的基础上，提出了哪八项原则?

9. Hawthorne 实验的最初研究方向是什么? 结果如何?

10. Hawthorne 实验后，Mayo 提出了哪些新观点?

11. 以 Drucker 为代表的经验主义学派有哪些区别于其他学派的观点?

12. 为什么说不存在一成不变、普遍适用的“最好的”管理理论和方法?

13. 什么是管理科学?

14. 21 世纪管理学理论有哪些新的进展? 请对本章阐述的理论的不足给予补充。

本章拓展阅读

# 3 管理与组织环境



系统思想对管理理论与实践的重要贡献在于，它强调了任何组织都不是孤立存在的，而是必然与周围环境相互作用、相互影响。尤其在当前互联网环境下，这种环境的影响力被显著放大，以至于常常左右着组织的决策过程。因此，管理者在履行职责时，必须全面而深入地理解组织的内部运作与外部环境。管理工作的成功与否，很大程度上取决于管理者能否准确、及时且有效地应对环境变化。互联网与人工智能技术的发展为我们提供了强有力的工具，帮助我们更好地应对这一挑战，从而提升管理工作的成效。

## 3.1 组织与环境的影响过程

组织环境是指影响组织生存与发展的各种力量和条件因素的集合。系统思想视组织为开放系统，与环境紧密相连、相互作用。环境为组织提供输入，组织则向环境输出产品与服务，二者间联系紧密，不可分割。因此，组织管理需重视环境因素，追求与环境的和谐共生，成为管理者的必备考量。

### 3.1.1 输入

作为开放系统，组织从环境中汲取多元输入，不仅有资源的输入，也有随之而来的压力。资源输入常涉及人力资源、资金、物业与土地以及信息等。人力资源是实现组织目标的关键，管理者需重视其管理与激励机制，以吸引优秀人才，促进目标的达成。资金是组织运作的基础，来源于所有者与非所有者。管理者需明确，无论资金来源如何，均需追求高回报，并深刻理解资本市场与知识经济下的资金多样性。物业与土地为固定输入，其拥有与否影响组织资金流动性。管理者需权衡自有与租赁的利弊。信息是组织决策与运作的必需要素，若缺失将导致管理失效。管理者需确保信息来源的广泛性与准确性。

在关注输入时，人们往往聚焦于资源，但输入远不止于此。资源输入的同时也带来了压力，无论是资本还是人力资源，其输入均服务于组织和个人，为双重目的。管理者需洞悉这一因果逻辑，方能妥善处理输入问题。以“可持续性”为例，它既是目标导向的压力输入，也是对资源输入的具体要求，这一要求会进一步转化为资源供应方的管理压力，并成为评估其是否可持续的重要标准。

环境输入繁复多变，管理者需拓宽视野，全面剖析，并对环境变化保持敏锐洞察力，以确保组织的生存与稳健发展。

### 3.1.2 过程

过程是将输入转化为输出的活动。不同性质的组织，其过程呈现出显著的差异性。以企业为例，不仅服务业与制造业的过程截然不同，就连企业内部各职能部门的过程也各具特色，差异明显。同样，政府部门之间，除了共同强调公共性外，其业务过程在内容上也存在巨大差异。

鉴于过程直接决定了输出，为提高组织实现目标的绩效，人们对过程的关注与研究日益增加。在过程改进与再造领域，已涌现出众多新的理论成果，并在实践中取得了显著成效。总体而言，过程的思想已逐渐成为人们关注的焦点。

互联网与大数据背景下的过程新形态呈现出智能化、数据驱动、广泛连接、资源共享等特点，过程形态变得更为多样且复杂。组织间的界限日益模糊，相互渗透，形成了你中有我、我中有你的格局。这一变化促使对过程的研究呈现出百花齐放的态势，打破了传统的思维定式，为过程管理带来了新的挑战与机遇。

### 3.1.3 输出

输出，作为组织向环境提供的产品（含服务），不仅是组织对社会的直接贡献，更体现了组织存在的核心意义与责任。然而，组织输出的成效与接受度，最终需由顾客（即环境，涵盖所有利益相关者）来评判。组织的输出或许能赢得环境的青睐，但也可能遭遇不满。无论结果如何，顾客的反馈信息都应被视为组织不可或缺的输入要素。忽视这些反馈，组织可能会因此步入歧途，犯下难以挽回的错误。

组织的生存与发展，离不开与环境的和谐共生。因此，组织目标必须与环境要求相契合。同时，组织的输出也应紧密围绕组织目标，确保环境能够接受并认可。组织输出与组织目标的一致性程度，是衡量组织管理绩效的重要指标。管理的重要任务在于，不断努力使组织的输出与其目标保持高度一致，从而确保组织目标的有效实现。这要求管理者不仅要关注输出的质量，更要重视输出与目标之间的匹配度，通过有效管理手段，不断提升组织绩效。

## 3.2　外部环境对组织的影响

既然组织是开放的，它必然与环境产生相互影响。这种外部环境的作用力，对组织而言往往难以改变，甚至有时显得无能为力。因此，管理者对外部环境的了解、认识和掌握程度，极大影响着他们能否正确、及时且迅速地对环境变化作出反应，进而关乎组织管理的绩效。外部环境对组织的影响，主要可从政治、经济、社会、技术四个方面来分析。

### 3.2.1　政治环境的影响

政治制度、政治形势、国际关系、国家法令及政府政策等构成了政治环境的复杂网络，对组织的管理活动产生了制约和深远影响。法律作为政治环境中的重要元素，其严肃性和不可变通性要求组织必须严格遵守，以确保自身行为的合法性和合规性。管理者需对政治环境有深入的认识和预见性，以便快速适应新的形势、法令和政策，避免组织陷入被动境地。在全球化背景下，组织面临的政治环境更加复杂多变，多重政治因素的影响让管理者面临严峻挑战，但同时也为出类拔萃者提供了展现才华的舞台。如中兴和华为作为中国领先的通信技术企业，在国际市场上遭遇了多起重大事件，涉及政治、经济和技术等多个层面，这充分揭示了国际政治环境变化对企业产生的深远影响。

**1. 法律法规**

政府制定的法律法规直接影响组织行为。例如，环保法规要求企业减少污染物排放，劳动法规定了保护员工权益，税收政策影响企业的财务状况。

**2. 政治稳定性**

政治局势的稳定与否会影响组织战略规划和实施，如投资决策和市场信心。

政治不稳定可能导致经济波动，增加企业的经营风险。

**3. 政府政策**

政府的产业政策、区域发展政策等可以为组织发展带来机遇或挑战。例如，政府鼓励绿色产业发展，可能为企业提供补贴和支持；反之，限制某些行业的政策则可能增加企业的合规成本。

## 3.2.2 经济环境的影响

经济环境对组织影响深远，无论是公共组织还是企业组织，其运作的每一个环节都深受经济环境的制约。从组织的输入、输出到内部流程，无一不体现着经济环境的烙印。因此，组织若不能灵活适应经济环境的变化，其生存和发展将面临严峻挑战。在众多经济环境因素中，资源的影响尤为关键，主要体现在人、财、物三个方面。

**1. 人力资源环境**

组织由人构成，人的能力和素质直接关系到组织的效能。在招聘和选拔人才时，组织需综合考虑人的能力、适合性和工资水平等多个因素。而这些因素又受到社会整体教育水平、人才流动状况以及工资水平等外部环境的影响。随着全球化进程的加速，发展中国家的人才成本优势逐渐减弱，组织在人力资源策略上需不断创新，以应对新的挑战。

**2. 资金环境**

资金环境是组织运作的基石。组织对资金的需求不仅取决于自身的规模和实力，还受到外部经济形势、资金供给能力以及组织信誉等多重因素的影响。管理者必须深刻理解资金环境的复杂性，才能在不同的经济条件下，合理调配资金，确保组织的稳健运行。例如，英国脱欧等历史性事件带来的不确定性影响了贸易、投资和金融市场等方面，这直接影响了企业在国际贸易和供应链中的策略选择。

**3. 物质环境**

物质环境也是组织不可忽视的重要因素。物资短缺和可持续发展压力会对组织的生存和发展构成威胁。在经济和科技快速发展的今天，物资短缺不仅指数量上的不足，还包括因环保和可持续发展要求而被限制或限量使用的物资。组织在决策时，必须充分考虑这些物质资源的特性，通过创新和管理优化，确保组织的资源供应稳定且可持续。当组织能够深刻理解并把握物质资源的丰富与短缺特性时，组织的创新和发展将迎来新的机遇。

### 3.2.3 社会环境的影响

社会环境对组织的影响深远且复杂，它涵盖了人们的价值观、信念、心理状态、教育水平以及人口结构和伦理等多个维度。以下重点从觉悟和伦理两个维度展开陈述。

**1. 觉悟环境**

觉悟环境作为社会环境的重要组成部分，深刻影响着组织的运作。人们的价值观、信念、心理状况及受教育程度等构成了觉悟环境的内核，这些因素随着社会经济的发展而不断变化。组织管理者需紧密关注社会觉悟的变迁，确保组织目标与时代精神相契合，既不超前也不滞后。同时，社会秩序作为觉悟环境的体现，要求个人和组织必须遵循其规范，以维护社会的稳定与和谐。此外，觉悟环境与经济环境紧密相连，经济发展水平的变化往往引发价值观的演变，这对组织管理者提出了更高的要求，特别是公共组织需不断提升自身能力，以适应觉悟环境的快速变化。随着 Z 世代（出生于 1995—2010 年的一代人）的崛起，这一代人独特的价值观和工作方式将进一步重塑组织的觉悟环境。

**2. 伦理环境**

伦理环境作为社会环境的另一重要方面，对组织行为同样具有约束力。伦理环境包括社会普遍认可的行为准则和道德标准，虽然这些准则并未形成法律条文，但其对组织和个人行为的规范作用却不容小觑。由于伦理准则具有地域性和文化差异性，组织在不同国家、民族和社会中运营时，需充分考虑当地伦理环境的特殊性，以避免因文化差异而引发的冲突和误解。

### 3.2.4 技术环境的影响

技术环境对组织的管理会产生深远而强烈的影响。现代科技的飞速进步，不仅极大地提升了劳动生产率、减轻了人们的劳动强度，更为组织管理带来了全新的理念和方法。

**1. 生产技术环境**

生产技术环境的变革尤为显著。自动化程度的提升、工艺能力的增强以及生产效率的飞跃，使得生产操作更为简化、劳动强度大幅降低。深刻理解和把握这一技术环境，有助于组织充分应用技术进步的成果，推动组织结构的优化和管理方式的创新，从而实现组织的稳健发展。“黑灯工厂”的出现，正是互联网和人工智能等新技术融合应用的典范。

**2. 辅助技术环境**

辅助技术环境同样不容忽视。虽然辅助技术并不直接参与产品生产，但其对生产效率的提升和工作环境的改善起着至关重要的作用，与技术进步相伴而来，使工作质量和产品质量显著提升。例如，空调技术（包括温度调节、湿度调节、空气净化等）和消音技术（降低噪声）的进步，为组织创造了更加舒适、高效的工作环境，有力促进了管理活动的改善和提升。

**3. 管理技术环境**

管理技术环境的变革同样深刻。管理技术涵盖硬技术和软技术两大方面，硬技术为软技术提供支撑，二者相辅相成。如管理信息系统，其本质属于软技术，但结合计算机辅助工具后，便形成了软、硬技术的有机结合。此外，网络计划技术、线性规划、决策技术等数量技术及其程序软件，均属于管理技术的范畴。无论是硬技术还是软技术，其发展都会对管理思想、管理方式乃至管理组织形态产生深远影响。

值得注意的是，随着互联网和人工智能的蓬勃发展，生产技术、辅助技术和管理技术之间的界限日益模糊。管理者必须对此保持清醒认识，以适应技术环境的新变化。总体而言，技术环境从劳动力、劳动对象和劳动资料三个方面全面推动着生产力的提升。不同的技术条件和技术过程，对管理的要求也不尽相同。即便是同一组织，随着技术条件的变化，其管理观念和方法也需不断更新。3D 打印、互联网以及大数据等技术的迅猛发展，带来了技术环境的革命性变革，打破了原有的认知格局。因此，组织管理者必须与时俱进，不断学习新的管理理念和方法，才能紧跟时代发展的步伐，确保组织在激烈的市场竞争中立于不败之地。

综上所述，组织管理者必须深刻认识并预见经济环境、社会环境和技术环境的变化趋势，充分估计环境对组织的影响，才能使组织的各项工作与环境相适应，并有效借助环境的力量，推动组织发展战略的实施和价值的实现。

## 3.3 利益相关者视角下组织的环境因素

从利益相关者的角度来看，组织所处的环境充满了各种具体且影响深远的机构和个体。对于一个企业而言，经济、社会和技术环境的宏观影响往往通过直接的利益相关者得以体现，如竞争者、工会、政府机构、股东、顾客、公众、供应商以及金融机构等。这些因素不仅对企业的运营产生重大影响，而且深刻左右着企业管理者的决策与行动，进而影响着企业的整体管理绩效。因此，在全面分析和评估宏观环境因素的同时，企业必须高度重视并直接应对这些紧密相关的直接环境因素，以确保其战略与运营的有效性和适应性。

### 3.3.1 竞争者

每个组织都面临着一个或多个竞争者的挑战，管理者若忽视这些竞争者，将可能遭受重大损失。例如，铁路运输企业需密切关注航空、船舶及公路运输等竞争对手的动态；上海汽车工业集团不仅要留意中国一汽、二汽等国内对手的发展，还需应对加入世界贸易组织（World Trade Organization，WTO）后国际汽车工业集团的竞争冲击；可口可乐（Coca-Cola）公司始终紧盯百事可乐（Pepsi Cola）公司的市场动向；美国通用（General Motors）公司则关注着日本丰田汽车（Toyota Automobile）公司、德国大众汽车（Volkswagen Automotive）公司等国际车企的新策略；而公办学校也时刻维持着与民办学校的教学质量的竞争。任何企业的片刻疏忽，都可能导致市场份额向竞争与对手倾斜。

随着互联网的兴起与新技术的涌现，传统产业界限已被打破。企业不仅要关注传统意义上的业界竞争者，更要警惕来自行业外的跨界竞争者。从“跨界”到“破界”，“无界”竞争正逐渐成为新常态，这是21世纪以来发生的颠覆性变革。

### 3.3.2 政府

在市场经济体制下，政府虽需顺应市场规律，但出于社会整体健康发展的考量，它不能直接干预企业的具体运营与管理，却可通过制定法律、法规来规范市场竞争环境。例如，1890年美国颁布的《谢尔曼反托拉斯法》，旨在遏制企业的垄断行径；美国于1964年通过的《公民权利法》则明确规定，雇主因种族、肤色、宗教、性别或国籍而解雇、拒绝雇佣或在雇佣中歧视员工的行为属违法行为；中国于1993年通过的《消费者权益保护法》，不仅明确了因商品或服务质量问题导致的财产、人身损害需承担民事责任，还规定了经营者违反该法的行政与刑事责任。此外，像美国微软这样的大型企业，因其业务范围广且规模庞大，一直受到政府的特别监管。

当经济环境遭遇剧烈波动，市场调控出现失灵时，政府的救济措施对企业同样具有深远影响。以 2007 年至 2009 年的次贷危机为例，包括美国在内的多国政府纷纷实施救济政策，以应对市场经济危机。

### 3.3.3 顾客

组织因顾客而生，其核心使命在于满足顾客需求，这一原则不仅适用于企业，也同样适用于公共组织。例如，政府的存在旨在为公众提供优质的公共行政服务，选举中选民的投票倾向往往直接反映了他们对政府服务满意度的评价；学校则致力于提供教育服务，考生的报名情况及考试成绩在很大程度上体现了社会对学校教育服务质量的认可程度。而对于企业来说，顾客的重要性更为直观，任何不满或抱怨都可能迅速导致市场份额的流失。

对于组织管理者而言，必须深刻洞察顾客需求的不确定性，并认识到顾客需求是在不断变化和发展的。特别是在市场风云变幻中搏击的企业，若不能紧跟顾客需求的变化，及时调整管理策略以适应这种变化，就将面临顾客流失的风险。近年来，在数字化浪潮的冲击下，诺基亚（Nokia）和宝丽来（Polaroid）的起伏历程便是对这一点的生动诠释。

### 3.3.4 供应商

在新的竞争环境下，组织与供应商之间的关系日益紧密，这已成为组织生存与发展的必要条件。传统观念中，供应商往往被视为依赖于需方的一方。然而，随着市场竞争的日益激烈以及全球经济组织方式的深刻变革，需方对供应商的依赖程度也在不断提升。供需双方正逐渐演变为利益共享、风险共担的共同体。特别是在可持续发展理念日益深入人心的背景下，拥有一个稳定且可持续的供应商对于组织的长远发展而言，其重要性愈发凸显。这种需求不仅体现在企业中，政府采购领域也同样对此给予了高度关注。

随着对效率和效果追求的不断升级，可持续供应链管理的理念已深深根植于企业之中，成为提升企业核心竞争力的关键因素。作为公共组织的政府，也在积极调整其采购策略，更加注重组织的长期绩效提升。无论是企业还是政府，组织管理者都在致力于以更低的成本确保所需资源的持续稳定供应，从而实现组织的可持续发展。

### 3.3.5 金融机构与资本市场

在企业的发展历程中，金融机构与资本市场的作用不容小觑。当企业步入快速发展轨道，金融机构的融资支持与资本市场的资金流动对企业的影响力显著增强。随之而来的是，金融风险的复杂性与不确定性也随之提升。然而，面对这些潜在风险，企业不能因噎废食，停滞不前。相反，应视其为挑战与机遇并存的双刃剑。经济全球化的浪潮与资本市场国际化的趋势，为企业打开了获取优质资本的更广阔空间，但同时也带来了更为复杂多变的金融风险。这是 21 世纪企业发展中必须面对的现实与挑战。

在此背景下，管理的重要性愈发凸显。企业管理者需具备敏锐的市场洞察力和风险管控能力，以充分利用资本市场的优势，确保企业发展所需的资金供应稳定且高效。同时，还需构建完善的风险管理体系，通过多元化投资策略、风险分散机制等手段，有效避免或降低金融风险，保障企业的稳健前行。只有这样，企业才能在激烈的市场竞争中立于不败之地，更好地实现其长远发展目标。因此，合理利用金融机构与资本市场资源，平衡风险与收益，已成为现代企业管理的核心任务之一。

## 3.4 环境对管理实践的影响

组织作为一个开放的系统，与环境之间存在着密切的相互作用。这种相互作用意味着组织的管理活动不可避免地会受到外部环境的影响。组织不仅依赖环境提供资源输入和接收产出，还必须适应和遵守国家法律、社会公德，并对外界的挑战作出及时反应。

政府机构和上市公司由于受公众关注度高，其管理活动受环境影响尤为显著。管理者在这些组织中感受的压力通常比一般组织更大。环境力量多为动态且不确定的，如顾客偏好变化、新法规出台、供应链中断、技术革新、全球性事件以及股市波动等，这些都难以预料且对管理决策构成限制。环境不确定性越大，管理者在管理决策中的自由度就越受限制。

在探讨环境对管理实践绩效的影响时，出现了两种对立的观点：管理万能论和管理象征论。管理万能论认为管理者对组织成败负有直接责任，是管理理论中的主流观点。而管理象征论则强调外部力量对组织成败的决定性作用，认为管理者实际作用有限。本书认为，管理者既非万能也非无能，而是上述两种观点的综合体现。管理者的关键在于能够预测、感知环境变化，并提前或在紧急状态下作出正确反应，以减轻负面影响并推动组织高效实现目标。组织制定的应急预案或备用计划就是这一观点的例证。从组织价值和社会责任角度进一步考虑，管理者应深入思考组织存在的目的和意义，明确组织价值和社会责任，从而在环境变化中争取更多主动权，避免随波逐流。

## 本章小结

（1）组织作为一个开放系统，与环境之间存在着紧密的相互联系与相互作用。它从环境中汲取各类资源作为输入，经由内部转换后，向环境输出产品或服务。因此，环境对组织管理的影响是管理者必须直面且无法规避的关键要素。学习管理的过程中，必须深入理解、全面认识并充分准备环境对组织可能产生的各种影响，旨在积极利用环境的积极面，有效减轻或规避其带来的不利因素，进而推动组织创造卓越绩效。

（2）环境的影响可以从政治、经济、社会、技术四方面对组织产生作用。政治环境的影响，重点有法律法规、政治稳定性和政府政策的影响；经济环境的影响，重点是资源的影响，包括人力资源、资金和物质等因素；社会环境的影响，重点是社会觉悟和伦理的影响；技术环境的影响，重点是对组织的运作和管理效率的影响，主要的因素可以概括为生产技术、辅助技术和管理技术。从利益相关者角度看环境因素，组织的直接环境因素有竞争者、政府、顾客、供应商、金融机构与资本市场等。

（3）组织对环境的依赖是不可避免的，但同时也必须关注组织自身的战略以及体质，健康生态应该强调组织与环境的匹配度。随着经济全球化发展，环境因素对组织的影响将会越来越大，管理者必须正视环境的影响，努力将组织的目标与其社会责任紧密结合，主动地适应环境的变化，从而实现管理的高绩效。

管理与组织环境思维导图

# 本章思考题

1. 为什么要研究组织环境对管理活动的影响?

2. 经济环境的影响可从哪几个方面来研究?

3. 法律环境是如何对组织产生影响的?

4. 如何认识社会环境中的道德水平及其对组织的影响?

5. 技术环境从哪些方面对组织产生影响?

6. 组织的利益相关者会对组织有什么影响?

7. 为什么管理者要正视环境因素的影响，并且要努力将组织目标与其社会责任紧密结合?

8. 基于组织环境的视角，如何看待互联网和人工智能发展带来的改变?

**本章拓展阅读**

# 4 管理的目标和方法



组织因其特定目的而存在，并在此基础上于战略规划中设定了相应目标。为确保这些目标的实现，良好的管理至关重要。因此，管理者务必对管理目标有清晰明确的认识，否则管理活动可能迷失方向。

## 4.1 管理的目标

一个组织，若其既定目标模糊不清，就宛如一艘没有目的地的船在海上盲目航行，其运作将极具风险。鉴于此认识，在组织的管理活动启动之初，管理者就必须清楚管理活动要干什么和为什么干。

### 4.1.1 目标的原则和作用

**1. 目标的定义**

所谓目标，就是管理活动努力的方向。组织的目标明确了组织存在的理由、决定了组织发展的方向。确立组织的目标，是管理者的重要任务，而且贯穿于组织的管理活动过程。在组织运行的每个阶段开始时都必须明确目标，包括远期的和近期的目标。组织的许多调查研究工作，就是为了更好地明确管理的目标，并且在调查研究的互动中增强对目标的认识和理解，目标的共同语言是组织高效率和有效管理的重要基础。

**2. 目标的原则**

目标决定了组织的存在价值和发展方向，这被称为目标原则。

美国管理学家 J. F. Mee 曾在他的文章《职业经理的管理哲理》中对目标原

则作了精辟的叙述：在开始任何行动过程之前，必须清楚地确定追求的目标，使人人理解它，而且必须表达透彻。目标原则强调了目标的三个特点：

（1）目标的突出特性。这一特点就是要求目标必须预先确定，并同用以达到目标的过程分离开来。

（2）能公开说明。一般来说，目标大都是采用书面形式作出说明。如果一些组织不愿意或不能够以书面形式来说明它们的目标，这就反映了这些组织在对其目标的认识上比较模糊或尚不一致，害怕说明白了会引起众多的批评。

（3）目标具有两重性。确定的目标必须在这个组织力所能及的范围内，但目标的完成又要求有一定的难度。一方面，组织确定的目标如果不能够被完成，就会失去其吸引力，将会被抛弃；另一方面，如果一个目标没有一定的难度，则目标的潜在刺激作用就失去了，无激励向上的积极意义。

**3. 目标的作用**

对组织目标的明确说明具有四点好处：指明管理方向；能对组织的成员产生激励作用；有利于提升管理绩效；完善管理基础、提高管理水平。

（1）指明管理方向。目标的必要性是因为它是管理活动的方向，即方向的需要。一个组织不仅要有总的目标，其内部各个部门或个人都应有明确的分目标。所谓明确，即能够且有书面的说明。目标的说明不仅指明了组织及其成员的努力方向，还应指出组织资源的分配方向，从而使组织内各方面的努力能够相互协调，为追求一个共同的目标而奋斗。

（2）激发成员潜力。目标除了指明方向之外，还是激发组织内每一个成员潜力的激励因素。目标的实现反映了组织及其成员努力的成功，这不仅体现在收益上有所获得，而且在精神上或心理上能获得满足，从而激发完成下一个目标任务的信心和愿望，这就是目标的激励作用。

（3）提升管理绩效。目标有助于促进管理活动取得更好的绩效，因为目标一方面是衡量管理活动是否取得成效的尺度以及管理活动取得成效的程度，另一方面也体现出组织的管理活动取得成效的能力。管理计划职能是为了达到组织目标而进行的，组织与领导是为了落实计划，而控制则是对组织计划完成程度的测定，并纠正偏差，以保证组织计划的完成。因此，如果没有一个明确说明的目标，那么管理的这几个职能都将难以开展。

（4）完善管理基础。如果组织没有明确的目标，就难以区别于以“应急计划”或“特殊政策”而进行的管理，就会导致出现一系列短期计划或短期行为，使组织的管理活动具有随意性，不利于组织的长期发展以及提高管理水平。

## 4.1.2 目标的类型

对于一个组织来讲，目标往往不是单一的。有些目标是考虑本组织外部的组织或个人（如顾客）的利益，而有些目标则是与组织的成员或组织的所有者（如股东）休戚相关。现在讨论的焦点不是组织内部或外部的目标哪一方面较为重要，而是如何最大限度地来完成组织的这些目标。为便于阐述，本章暂以企业的目标为讨论对象。

**1. 外部目标**

管理者必须认识到，如果企业要继续发展和赢得利润，就必须为顾客服务，这些问题并不只是从事向顾客直接销售的企业或部门的问题。一个企业之所以能够存在，是因为有一部分组织或个人愿意成为它的服务对象，即顾客。为了争取顾客，企业必须使它的服务和产品在价格、质量等方面能与其他企业竞争，并获得足够的利润来支持企业继续发展。因此，企业的基本目标就是服务目标，即服务于顾客的需要。只要当人们接受了企业的服务，也就自然接受了这个企业组织。

另外，组织的目标还必须同社会的意愿相一致。从企业角度讲，也可以看作是企业的社会责任。如果企业不关注自己的社会责任，不符合社会的意愿，这个企业将不能被允许继续存在。比如，有些企业在一开始就是非法建立的，是法律所禁止的。

由法律和条例所表达的社会价值观，以及顾客对企业的产品或服务的接受程度，都是企业的外部目标。企业组织想继续存在，就必须承认并实现这些目标。

**2. 内部目标**

服务于顾客和社会是一个企业的外部目标。在达成这些目标的同时，企业还关注着满足内部相关利益的一些目标，即企业的内部目标。企业的内部目标与企业的定位、员工和投资者有着密切的联系。

(1) 企业定位及其同竞争者的关系。企业总是希望能成为同行中最大的、利润最多的、发展最快的和新产品最多的龙头企业，但必须结合本身的实际情况。所以，企业必须有准确的定位，并认清同竞争者的关系。

(2) 员工的利益。管理者为了企业的整体利益，一般都是录用对于岗位是适合的且表现较好的应聘者。当成为企业的员工后，无论是管理者还是普通员工，都是企业的组成部分，企业必须关注他们的利益。企业必须密切关注员工的利益，才能健康发展。

（3）投资者的利益。企业必须以利润满足投资者的投资欲望，坚定其投资信心，并吸引更多的投资者和资金来支持企业发展。虽然，随着社会的发展进步，人们对企业的认识越来越关注其对社会责任的履行，但投资者的利益始终是不能被忽略的，并且也必须是被放在最重要的位置上。

总之，一个组织的目标可以划分为外部的和内部的。企业的外部目标是服务目标，企业的生存和发展取决于它给顾客提供愿意接受的并为社会认可的产品和服务。企业的内部目标则决定它同竞争者抗衡的地位和满足其成员及投资者利益的程度，企业的内部目标在实践中往往起到关键的作用。显然，利润在此之间既具有目标作用，又具有激励的功能。但是，如果企业不能满足顾客的要求，企业的目标不能为社会所认可，那么利润的获得将是不可能持续的。这也是近年来一直要讨论企业社会责任的重要原因。

### 4.1.3 企业的目标范畴

由于一个企业存在着内部目标和外部目标的互相冲突，所以，企业需要对内外部目标进行平衡，换句话说，其目标不是单一的。美国管理学家 P. F. Drucker 认为，企业的目标设置应从下述八个方面考虑：

（1）市场地位：企业的目标应能反映其产品和服务在市场中所占的份额，以及与竞争对手相比所处的地位，这是可以定量分析的目标。

（2）技术革新：企业的目标应包含发展新产品、新工艺、新设备、新方法等技术革新的内容，这方面的目标也是可以量化的。

（3）生产率和生产能力：生产率和生产能力是企业竞争能力的主要内容之一，可以定量设置目标。

（4）资源：人力、物力、财力等资源是企业组织开展生产经营活动必须的条件，所以，企业必须对有限的资源如何获得、如何使用、如何维护等方面设置目标。

（5）获得利润：盈利是企业存在的主要目标之一。就一个企业而言，应伴随着社会、市场和企业自身的发展设置其适当的获利目标。

（6）管理者的成就和发展：企业应对管理者设置目标，指明管理水平、管理效率和行为成果方面的努力方向。

(7) 员工的成就和态度：企业应设置反映普通员工工作业绩和工作态度的目标，以便最大可能地发挥出企业整体的潜力。

(8) 社会责任：一个组织必须对社会承担其应尽的责任，只有承认这一点并使组织的目标得到社会的赞同和认可，组织才能生存和发展。因此，企业必须建立反映其对顾客和社会负责，以及负责的内容和程度的目标。

这八个方面都是企业建立其目标的领域。前五个方面必须得到后三个方面的支持，否则就会毫无意义。因为企业是由人组成的，而社会责任又是企业存在的基础。总之，从企业发展的观点来看，这些方面的目标都是不可缺少的。

## 4.2　目标管理

所谓目标管理（Management by Objective，MBO），就是管理“目标”，即依据目标进行管理。这就是 Drucker 对目标管理的简单解释。

### 4.2.1　目标管理理论的提出

在 1945 年出版的《管理实践》一书中，Drucker 首次提出了“目标管理与自我控制”的理念。他主张，组织的各级管理人员应通过“目标”来引领下属，并依据这些目标来衡量下属的贡献，从而推动组织总目标的实现。Drucker 强调，若无明确且一致的目标指导每个成员的工作，组织规模越大，人员越多，就越可能产生冲突和资源浪费。因此，管理者需清晰理解组织总目标对个人工作的要求，同时，上级也需明确下级对总目标的贡献能力、期望及其成就的评价标准。只有当组织各层级都能做到这一点时，组织的总目标才有望实现。

Drucker 的“目标管理”理论在管理学领域具有显著贡献。他认为，古典管理学派过于关注工作本身，忽视了人的因素；而行为科学则过于强调人，忽略了与工作的结合。目标管理巧妙地融合了这二者的优点，弥补了各自的不足。它强调以目标为核心，将人的发展与工作要求紧密结合，为管理实践提供了新的视角。

目标管理还有助于纠正管理实践中的三种“错误观点”。首先，它反对“过分强调个人技能第一”的观点，避免组织成员因过分关注个人技能而忽视组织目标，导致组织整体凝聚力下降。其次，它批判“过分强调集中”的倾向，防止组织成员盲目顺从上级，忽略工作本质，使组织成为领导者情绪的附属品。最后，它指出“不同层次的见仁见智”会导致上下沟通不畅、赏罚不明、标准混乱，使组织陷入争吵和抱怨之中。Drucker 强调，组织应以“目标”为纽带，统一各层级的努力方向、程度及奖惩标准，从最高管理者到基层管理人员，都应围绕组织目标集中力量。当每个成员都明确自己的目标时，他们就能进行自我控制，确保个人行为与组织整体目标保持一致。

### 4.2.2 目标管理的任务

组织开展目标管理的主要任务，是为了让组织各成员进一步明确组织的目标和各相关层面（部门和个人）的目标、分清各目标的次序、合理使用资源并有效地保持实现目标的过程和方向。

**1. 明确目标，并能具体化**

目标管理的首要任务是明确组织的目标，并能让相关人员认识目标、理解目标。其次是，目标必须是真实而具体的。如果组织的目标不够具体，那么就要提出组织“应以什么为目标”及“能以什么为目标”的问题来进行讨论，以便真正明确目标和理解目标。

**2. 明确目标次序**

许多情况下，组织的目标不是唯一的。多个目标的存在，使得组织必须安排好目标的次序，因为资源不允许组织同时完成所有的目标。组织在排列出目标的优先顺序后，将要整合相关资源去努力实现组织的目标。对于延缓什么目标或放弃什么目标，管理者必须作出系统检查，并认真、慎重地作出决断。一定要注意，在实施目标管理的过程中，目标次序的决定将影响管理者对资源的配置，从而决定组织的效率和效果。

**3. 合理配置资源**

管理者必须考虑怎样配置为达成管理目标所必需的资源，尤其是人力资源。目标管理计划的成功很大程度上依赖于资源分配的合理性，否则最多只是一个良好的构想而已，有时甚至连良好构想都称不上。

**4. 有效的测评和控制**

管理者应能够有效地对实现目标的过程进行测量和评估，以保证对过程的控制和目标的实现。如果管理者缺乏有效的测评方法，既不能对过程实施进行有效的测量，也不能对过程中各阶段的成果进行有效评估，那就无法进行反馈和实施控制，更不能有效地对今后的管理活动有所指导，从而使管理目标的实现得不到有效的保证。目标管理中很重要的任务是建立反馈系统，并使管理者都能认识这一反馈系统对管理活动的重要性，学会应用反馈系统。

### 4.2.3 目标管理的内容

目标管理的基本内容是动员组织的全体成员参与制定组织和个人的目标，并保证这些目标的实现。目标管理的具体内容包括三个方面：目标体系的制定、目标的实施和目标成果的评价。

**1. 目标体系的制定**

目标体系的制定是目标管理的第一个阶段。首先由组织的领导者根据其上级组织和服务对象的要求，结合组织的发展听取组织内各层人员的意见后，确定组织的总体目标。如果是企业，其上级组织和服务对象则代表投资者、社会和市场。其次是组织内各部门根据其职能，为完成组织的总体目标而提出部门目标。再次是部门内各小组为完成所在部门的目标而制定小组的目标。最后，由小组中各岗位人员根据小组的目标和岗位职能制定各岗位个人的目标。这样，自上而下把组织的总体目标层层展开，最后落实到组织的每个成员，形成一个完整的目标连锁体系，共同为保证实现组织的总体目标而奋斗。图 4-1 为目标体系示意图。

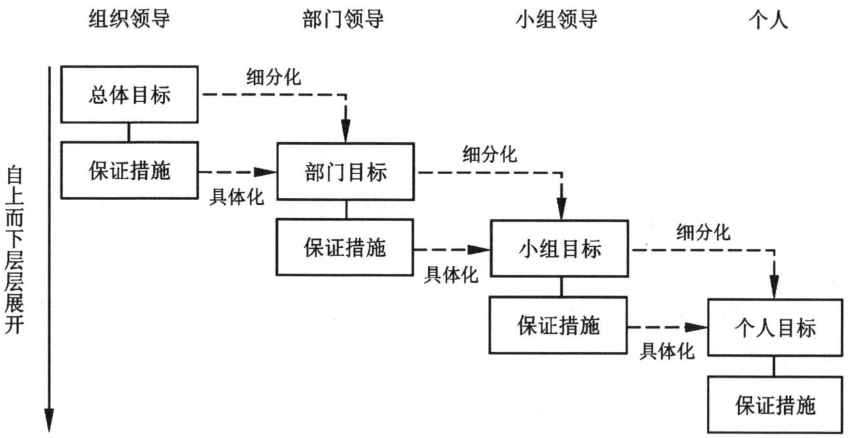


**图 4-1 目标体系示意图**

**2. 目标的实施**

目标的实施是目标管理的第二个阶段。目标的实施包括三个方面的工作：一是通过对下级人员委任权限，使每个组织成员都能明确在实现组织总目标中自身的责任，让他们在工作中能实行自我管理，独立自主地实现个人目标；二是加强与下级人员的意见交流并进行必要的指导，由下级人员自行选择实现目标的方法和手段，从而充分发挥各级人员的积极性、主动性、创造性和工作才能，提高工作效率，保证各级目标的全面实现；三是各级目标的实施者都必须严格按照“目标实施计划”的要求开展工作，使每个工作岗位都能有条不紊、忙而不乱地进行工作，从而保证实现预期的各项目标值。

**3. 目标成果的评价**

对目标成果的评价是目标管理的最后一个阶段，其目的是促进各级管理工作的改善，鼓舞组织全体成员的斗志，以便更好地为保证总目标的达成而奋斗。评价工作是在目标实施活动已按预定要求完成时开始的，根据预定的目标值对实际取得的工作成绩进行比较评价，并与奖惩制度挂钩。评价的结果应及时反馈给目标的实施人员，以便让每一个成员都能很好地总结自身工作的经验与教训。

目标成果的评价有以下几个步骤：

（1）目标实施者自我评定个人成果。各级目标的具体实施人员应根据预定的目标值和自己的实际工作情况进行自我评定，要求自我检查一下在目标的实施过程中原定的措施手段是否合适、自己的适变能力和努力程度如何，以及怎样改进等。

（2）上级对评定工作的指导。各级管理者应对下级的自我评定进行指导，使各级人员能恰当评价个人成果。各级管理者在进行指导时，应婉转地提出自己的看法，积极引导和鼓励下级为达成下一个目标而继续努力。

（3）考核评定小组的综合评议。各级考评小组应根据各部门、各岗位的目标实施计划和自我评定情况，对各项目标逐一进行考核评定。在评定过程中，应注重实际取得的成果，要与目标的实施者充分交换评定意见，以减少或避免评定工作中的片面性和局限性。

（4）奖励与总结。目标成果的评价应与组织的人事制度和奖惩制度相结合，目标的达成要有利于个人的发展，并与个人的经济利益挂钩，从而充分体现出目标管理的激励作用。

总之，目标管理是一个不间断的、反复出现的循环过程，每一循环都是在前一循环的基础上提出新的目标体系，使新一循环的目标管理活动有更新的内容，从而使组织的管理活动达到更高的水平。

# 4.3 目标管理有助于组织自我改善

目标管理活动的正确开展，除了能促进组织目标的实现，还为组织的运作带来许多其他益处，有助于组织体质的自我改善。

## 4.3.1 增强沟通和理解

增强沟通和理解是目标管理中至关重要的一个环节。目标管理的实施始于目标的确立，包括明确目标、定义目标的具体内容以及设定目标的优先级等步骤。这个过程中，需要在组织内部进行广泛而深入的沟通，涵盖从高层决策者到一线员工的所有层级，以及横向的跨部门交流。通过沟通，不仅可以收集到各种意见和建议，还能促进管理者与员工之间思想和认知的交流与统一。

**1. 明确目标**

首先，需要确保每一名参与者都清楚组织的整体目标是什么，以及这些目标与组织的使命、愿景是如何关联的。明确的目标是所有后续工作的基础，也是衡量工作成效的标准。

**2. 定义目标**

在明确了总体目标之后，需要进一步细化这些目标，使其具体化、可操作化。这一步骤通常涉及将大目标拆解成一系列的小目标或关键成果（Objectives and Key Results，OKRs），以便于追踪进度和评估绩效。

**3. 设定优先级**

不同的目标可能有着不同的紧急程度和重要性，因此需要根据实际情况对各个目标进行排序，确保资源和精力投入最关键的任务。

**4. 广泛的沟通**

这是整个过程中最为关键的部分之一。通过会议、邮件、内部社交媒体等多种渠道，确保信息的透明流通。定期举行的目标沟通会议可以让团队成员了解彼此的进展，同时也提供了讨论困难和寻找解决方案的机会。

**5. 听取意见**

在沟通过程中，重要的是要倾听来自各方的声音，尤其是基层员工的意见，因为他们往往最接近实际工作情况，能提供宝贵的反馈意见。

**6. 形成共识**

最终目的是要形成对目标的共同理解和支持，无论是高层决策者还是普通员工，都应该明白自己的工作如何与组织的目标相联系，这样才能激发团队的凝聚力，促进目标管理活动的有效开展。

通过上述步骤，组织不仅能更好地理解和执行目标，而且能够建立一种基于信任和共享责任的文化，这对于组织长期取得成功至关重要。

## 4.3.2 提高积极性和自律性

开展目标管理，旨在激发组织成员的内在动力，使他们更加积极主动地参与组织的各项活动，并在日常工作中展现出高度的自我管理和责任感。

**1. 提高积极性**

明确个人与组织目标的关联：通过目标管理，每个员工都能清晰地了解到自己的工作如何直接或间接地支持组织的整体目标。这种透明度可以帮助员工意识到他们的贡献对组织成功的重要性，从而提高他们的参与度和积极性。

个人成长与发展机会：当目标设定与个人的职业发展规划相结合时，员工会更加愿意接受挑战，因为这不仅有助于完成组织的任务，也会促进自身的成长和发展。

激励机制：合理的激励机制（如奖励制度、晋升机会）可以显著提升员工的积极性。当员工看到自己的努力得到了认可和奖励时，他们会更有动力去追求更高的目标。

参与式管理：让员工参与目标设定的过程，让他们感觉到自己不仅是执行者，更是决策的一部分。这样的参与感能够极大地提升员工对目标的承诺水平，进而提高他们的积极性。

**2. 增强自律性**

明确责任：目标管理通过将大目标细分为具体的、可衡量的小目标，并分配给具体的个人或团队，确保每个人都清楚自己的责任所在。这种明确性有助于员工建立对自己工作的责任感。

自我监控与反馈：目标管理鼓励员工对自己的工作进度进行自我监控，并定期向上级汇报进展情况。这种自我管理的过程增强了员工的自律性，因为他们学会了如何自我调节以保障其在正确的轨道上。

沟通中的支持氛围：在目标管理过程中，上级和下级之间的沟通应该是开放的和支持性的。当员工感到自己的意见被重视，并且在遇到困难时可以获得帮助时，他们更容易培养出积极主动的态度，并且在没有直接监督的情况下也能自觉地完成任务。

共识与认同：通过沟通，员工与管理层就目标达成共识，这不仅加深了员工对目标的理解，也增强了他们对目标实现的认同感。当员工认同组织的目标时，他们更有可能表现出高度的自律性，因为他们相信自己的努力是有价值的。

目标管理通过创造一个积极向上的工作环境，不仅能提高员工的积极性，还能增强他们在实现组织目标过程中的自律性。这种双管齐下的方法有助于构建高效、响应迅速的组织文化。

### 4.3.3 推进组织变革和人力资源重新整合

目标管理活动有助于推动组织以支持管理目标为导向变革组织的结构，并带动资源分配的改善。在这样的条件下，为有效地管理目标和实现目标，管理者必须结合组织结构中的岗位及岗位职能的变更、管理系统和管理环境的改变而积极推动人事制度的改革，对人力资源进行重新整合。

**1. 组织结构变革**

适应性调整：随着市场和技术的发展，组织需要不断地调整其结构以适应外部环境的变化。目标管理活动通过设定短期和长期目标，促使组织审视现有的架构是否依然有效，是否需要进行调整以更好地支持目标的实现。

灵活性增强：组织结构的调整不仅仅是形式上的变化，更重要的是要增强组织的灵活性，使其能够在快速变化的环境中保持竞争力。这意味着组织需要拥有一个能够快速响应市场变化的灵活架构。

**2. 资源分配改善**

优化资源配置：通过对目标的明确界定，组织可以更加科学合理地分配有限的资源。资源包括人力、物力、财力等，合理分配资源可以确保每一项资源都被用在刀刃上，最大化地发挥其效用。

战略导向的资源分配：目标管理强调战略导向的资源分配，即根据组织的战略目标来决定资源的投入方向。这样做可以避免资源浪费，保证组织的关键业务领域得到足够的支持。

**3. 人事制度改革**

岗位职能调整：在目标管理过程中，可能会发现某些岗位的功能不再适应新的目标需求，这时就需要对岗位职能进行调整。这可能意味着增加新的职位，或者重新定义现有职位的角色和职责。

人才匹配优化：通过目标管理活动，组织可以更好地了解哪些人才最适合当前及未来的需求。这有助于组织在招聘、培训和晋升等方面作出更明智的决策，确保合适的人才被安排在最合适的位置上。

**4. 对人力资源的重新整合**

人员重组：根据组织结构调整和岗位职能变化的需要，有时需要对人力资源进行重组。这可能涉及人员的重新分配、培训，甚至裁员，以确保组织拥有最适合当前战略目标的人才组合。

培训与发展：在进行人力资源重新整合的过程中，培训与发展成为不可或缺的部分。通过提供必要的培训，可以提高员工的能力，使其更好地适应新的岗位要求，同时也为未来的组织发展储备人才。

绩效管理体系更新：目标管理要求对现有的绩效管理体系进行更新，以确保绩效评估与组织目标紧密相连。新的绩效管理体系应该能够准确反映员工对目标实现的贡献，并作为激励机制的基础。

通过上述措施，目标管理不仅帮助组织实现了具体的目标，更重要的是推动了组织内部的变革，使组织能够更加灵活地应对市场的变化，并通过合理的人力资源配置，促进组织的可持续发展。

### 4.3.4 监督组织整体按计划付诸行动

监督组织整体按计划付诸行动是目标管理成功实施的关键环节。这一过程不仅要求对目标转化为具体的行动计划进行审核，还需要确保这些计划被有效地执行，并且在整个执行过程中进行监督与纠正偏差。

**1. 监督并审核计划制定**

监督并审核目标分解：监督并确认将目标细分为可操作的子目标或关键结果(Key Results)。每个子目标都应该具有明确的时间框架、责任人以及评估标准，以确保它们是具体的、可衡量的。

监督并审核资源分配：监督并确认为实现所有子目标所需要的人力、财务和其他资源已经得到明确。资源的分配应以目标的重要性为依据，确保关键目标获得足够的支持。

监督并审核行动计划：确认每个子目标都有一份详细的行动计划，这份计划应包含具体的工作步骤、责任人、时间表以及预期的结果。这些计划应当是现实可行的，并需考虑到可能的风险因素。

**2. 监督计划执行**

监督进度：目标管理要求定期检查目标实现的进度。这可以通过定期会议、报告等形式来进行，确保所有相关人员都了解项目的当前状态以及下一步的方向。

动态调整：在执行过程中，随着环境的变化，可能需要对原有的计划进行调整。这种调整应当是基于实时的数据和反馈，以确保计划仍然符合最新的情况。

反馈机制：建立有效的反馈机制，让所有参与人员都能够提出意见和建议。这种开放式的沟通环境有助于及时发现问题，并采取措施纠正偏差。

**3. 纠正行动偏差**

识别偏差：通过定期进度检查和反馈机制，可以及时识别出计划执行过程中出现的偏差。这些偏差可能是由于资源不足、外部条件变化或其他未预见的因素造成的。

分析原因：一旦识别了偏差，接下来就需要分析导致偏差的原因。这可能需要与相关人员进行深入讨论，了解偏差背后的根本原因。

采取纠正措施：根据偏差的原因，制定相应的纠正措施。这些措施可能包括调整资源分配、修改行动计划或者是改变策略方向等。重要的是确保采取的措施是有效的，能够帮助组织回到既定的轨道。

持续改进：目标管理不是一次性的活动，而是一个持续改进的过程。通过不断地监督、评估和调整，组织可以不断提高其执行效率和效果，从而更好地实现既定的目标。

总之，目标管理的监督机制确保了组织不仅仅停留在规划阶段，而是将计划转化为实际行动，并通过持续监督与调整，确保组织朝着既定目标前进。这种动态的管理方式有助于组织应对不确定性，并在变化中寻求最佳的发展路径。

# 本章小结

（1）组织的目标是组织存在和发展的理由，是管理活动努力的方向。对于企业而言，其外部目标是服务于顾客和社会，其内部目标是满足自身的利益，前者是后者能实现的基础，但管理实践证明，后者也是前者能实现的保证。

(2) 虽然赢利是企业存在的主要目的，但其管理活动的目标不应该是单一的，Drucker 提出了可供企业组织设置目标时考虑的八大领域。组织开展目标管理的主要任务是明确目标及其轻重缓急、合理分配资源和实施有效的测评。

(3) 1945 年，Drucker 提出了目标管理的理论和方法，有效地纠正了当时在管理实践中的三种“错误观点”。目标体系的制定、目标的实施和目标成果的评价是目标管理活动不可分割的三个阶段。目标的激励作用和促进完善的功能，在目标管理活动中得到了充分体现。

(4) 目标管理有助于组织内部增强沟通和理解、提高积极性和自律性、推进组织变革和人力资源重新整合，以及监督组织整体按计划付诸行动。

**管理的目标和方法思维导图**

# 本章思考题

1. 什么是目标的原则？
2. 目标的作用是什么？
3. 组织的外部目标是什么？内部目标是什么？它们相互间有什么关系？
4. 组织设置目标要考虑哪几个领域？
5. 什么是目标管理？Drucker 提出目标管理，在理论和实践上有哪些突出贡献？
6. 目标管理的具体内容包括哪些方面？
7. 目标管理可以为组织带来哪些益处？目前各类组织中有哪些管理工具与目标管理有着类似的思维模式？

**本章拓展阅读**

# 5 社会责任



随着时代的不断进步，人们对组织所承担的社会责任有了更清晰的认识，并且对此的要求也在持续提高。社会责任的有效实践，其核心在于管理者的作为，并且与管理工作的成效息息相关。在 21 世纪的管理议题中，社会责任已然成为一个不可或缺的部分，这是时代发展的必然趋势。具体来说，管理者在决策过程中频繁面临需要兼顾社会责任的情境，这些决策涵盖了慈善捐赠、产品或服务的定价策略、员工关系的妥善处理、就业问题的积极解决、环境及资源的有效保护、产品质量的严格把控、消费者权益的切实维护，以及安全与卫生条件的全面保障等多个方面。与此同时，管理道德的重要性也日益凸显。本章内容将围绕组织的社会责任与管理道德展开深入探讨。

## 5.1 什么是社会责任

组织的社会责任因其类型不同而有所差异。公共组织，以服务公众为核心，其社会责任明确，即高效利用资源以最大化公共利益。而营利性组织，如企业，其社会责任观念则相对复杂。虽然追求经济效益是企业的首要目标，但现代理念强调，企业还需承担对社会的贡献，并坚守道德准则，以获得社会的广泛认可，确保长期发展的可持续性。本书主张，无论是公共组织还是非公共组织，都应将社会责任置于首位，因为组织的根基在于满足社会需求。鉴于公共组织的社会责任较为明确，而企业的社会责任观点多元，本章的重点聚焦于后者的探讨。

企业社会责任（Corporate Social Responsibility，CSR）是指企业在追求经济利益的同时，对社会、环境和相关利益群体所承担的责任。它不仅涵盖了法律规定的义务，还包括了道德、伦理和社会期望。它不是仅局限于企业作为社会成员应尽的基本责任，而是涵盖了更为广泛和深入的道德担当。

企业社会责任是企业实现长期成功的关键。具备社会责任感的企业不仅能达成经济目标，还能提升竞争力，赢得社会信任与支持。CSR 不仅是企业的立足之本，更是其战略规划和日常运营不可或缺的一部分，体现了有效管理的最高境界。通过积极履行社会责任，企业可以在激烈的市场竞争中建立可持续发展的优势。

## 5.2 关于社会责任的观点

对于企业社会责任的认识，长期以来有着两种相反的观点。一方面，按古典的（或纯经济的）观点，认为企业管理的唯一社会责任就是使利润最大化；另一方面，站在社会经济的立场上，认为利润最大化仅是企业管理的责任之一，企业的责任还有保护和增加社会财富。

### 5.2.1 古典观

古典观的代表人物是经济学家、诺贝尔奖获得者米尔顿·弗里德曼（M. Friedman）。他认为，当今企业中大多数管理者是职业经理人，这意味着他们并不拥有所管理的公司，他们也是雇员，要向股东负责。因此，他们的主要责任就是最大限度地满足股东的利益。那么，股东的利益是什么呢？Friedman 认为，股东们只关心一件事——财务收益。

按照 Friedman 的观点，当管理者将企业的资源用于社会目的时，即用于尽社会责任时，会导致利润和股息下降，从而损害股东的利益；或使工资和福利下降，则会损害企业员工的利益；或使价格上涨，会损害顾客的利益。无论哪种结果，最终都会导致企业受损。以微观经济学的角度更容易印证 Friedman 的观点，在竞争市场中，企业履行社会责任而增加的成本要么转嫁给消费者而损失市场，要么转嫁给股东而损失资金，还有第三个威胁，就是来自外国的竞争者。

### 5.2.2 社会经济观

社会经济观认为，随着时代的变迁，企业的社会期望也发生了变化。企业的成立和经营需经代表社会利益的政府批准，因而政府也有权（在理由充分的前提下）命令企业停止经营甚至关闭。要争取政府的支持，企业在对股东负责的同时，必须对产生和支持它的社会负责。

社会经济观的支持者认为，利润最大化是当今企业的第二位目标，而不是第一位目标，企业的第一位目标是保证自身的生存。为此，管理者必须关注社会对企业的接纳程度，必须考虑企业承担必要的社会责任以及相应的成本，必须关注维护社会利益和积极增进社会利益。比如，企业应承担环境保护的责任、多为慈善事业尽一点力、解决劳动力就业问题、保障职业安全和卫生，等等。

对于古典观，社会经济观的支持者认为那已经是过时了。现代的企业已不再是几十年前的那种纯粹的经济组织了，它们已越来越多地被卷入社会、政治和法律的旋涡之中。一方面，企业为了自身的利益而影响政府的公共政策；而另一方面，也同样为了企业自身的利益而必须尽其社会义务和社会责任。因此，承担社会责任，对于当今的企业而言已经成为必然。

## 5.3 社会责任的体现

企业的社会责任可以由不同的归类方法来体现。为有助于讨论，本章将其分为对社会公众的责任、对政府的责任、对投资者的责任、对员工的责任、对顾客和供应商的责任、对竞争者的责任等六个方面。

**1. 对社会公众的责任**

企业的社会责任体现在资源与环境保护、促进社会繁荣、提供就业机会和推动科技进步上。

资源与环境保护：企业应通过绿色设计、材料、工艺和产品来减少环境影响，并遵循 ISO 14000 等国际环境管理标准。

社会富裕与繁荣：企业作为社会的一部分，应当致力于创造社会价值，为社会财富的增长和共同富裕作出贡献。

就业机会：企业的发展能带动就业，缓解就业压力，从而获得良好的社会反响和市场回报。

科技进步：企业应支持科技创新，这不仅有助于自身的经济效益，也为社会带来了新的技术和知识，促进了文明进步。

**2. 对政府的责任**

企业应视政府为合作伙伴而非对手，积极参与公共事业，遵守法律法规，完成政府布置的任务，并为社会输送人才，以支持政府活动和政策实施。

**3. 对投资者的责任**

企业有责任确保投资者得到合理的投资回报，同时保持财务透明度，准确及时地报告财务状况，避免误导投资者或造成社会资源的错误配置。

**4. 对员工的责任**

企业必须重视员工的投资回报，包括提供合理报酬、安全健康的工作环境、职业发展机会和个人成长空间。要尊重员工的权利，反对任何形式的歧视，建立公平的激励制度。确保员工满意，是实现顾客满意的前提。

**5. 对顾客和供应商的责任**

“顾客是上帝”的理念要求企业提供优质的产品和服务，确保产品信息真实可靠，提供全方位的售前、售中和售后服务，并持续改进质量管理体系，以满足顾客需求并赢得他们的忠诚。

随着时代的变迁，顾客与供应商之间已成为共生共赢的合作伙伴，供需重塑已经成为供应链管理发展之必然。因此，众多研究顾客的管理理论与方法同样适用于研究供应商，反之亦然。

**6. 对竞争者的责任**

在市场经济中，企业应在公平、有序的竞争环境中运作，不得采取不正当手段打压竞争对手。健康的市场竞争生态不仅有利于企业发展，也对社会整体有益。

总之，企业履行社会责任不仅是对外部压力的响应，也是企业内部文化和价值观的重要体现，有助于构建一个更加和谐、可持续发展的社会环境。

## 5.4 管理者受到的社会责任压力

对于组织而言，社会责任往往是由管理者来担当的，因此，管理者在考虑和实施组织的管理决策时会感受到来自社会责任方面的压力。

（1）法律法规压力。政府为了满足国际社会的要求和国内公众利益，制定了严格的法律法规。尽管这可能给企业带来初期的负担，但从长远来看，遵守并超越这些法规可以转化为商机。主动适应法规的企业不仅能避免未来的合规成本，还能树立良好的社会形象，赢得市场先机。

(2) 成本压力。社会责任措施，如环保、资源循环利用等，会增加短期成本，但从长期来看，它们能带来显著的成本优势。管理者意识到，提前投资于可持续发展不仅符合道德要求，还能降低未来因法规变化而产生的高额改造费用，同时提升企业的运营效率。

(3) 竞争压力。随着消费者对绿色产品和服务的需求增加，企业面临着提高产品质量和履行社会责任的压力。那些能够有效管理社会责任的企业，往往能吸引更多的风险投资、政府基金和其他优惠政策，从而增强竞争优势。相反，忽视社会责任可能导致成本上升、市场份额流失，甚至被外来竞争者取代。

(4) 公众压力。公众对企业社会责任的关注度不断提高，负面舆情可能损害企业形象。因此，企业必须积极回应公众期望，通过履行社会责任来塑造正面的品牌形象，吸引更多顾客和优秀员工，并获得政府的支持或资助。在网络时代，妥善管理和利用舆情对维护企业声誉至关重要。

(5) 长远目标与可持续发展压力。管理者不仅要关注眼前的利益，还需考虑企业的长远发展。社会责任的影响往往是滞后的，这对管理者提出了更高的要求：既要确保当前的业绩增长，又要为企业的未来发展创造有利条件。这需要管理者具备前瞻性的战略眼光、坚定的决心和卓越的管理能力，以实现企业的可持续发展目标。

显然，管理者面临的社会责任压力既是挑战也是机遇。正确应对这些压力，不仅可以帮助企业规避风险、降低成本，还能提升品牌形象，赢得市场竞争的优势，最终实现企业的长期成功和可持续发展。

## 5.5 管理者应该怎么做

社会责任对于一个企业而言，是一个大概念。有社会责任的企业，无论是在战略上还是在战术上，都会比其他企业赢得更多机会，这是目前已经形成的一个共识。但具体的问题是：管理者该怎么做？这个问题很不好回答。

### 5.5.1 系统思想

以环境责任为例，管理者必须将环境管理贯穿于企业的输入、过程和输出各个环节。管理者需从源头抓起，确保资源的“绿色”选择（如绿色设计、绿色材料等），而不仅仅是依赖于末端处理。近年来，构建绿色供应链成为焦点，强调对可持续供应商的评价与选择，以系统性思维统筹考虑环境影响与经济效益。

**1. 战略规划**

环境责任是企业长期竞争优势的重要组成部分。企业在战略规划中应纳入以下内容。

环境教育：提升员工和管理层的环保意识；

环境管理体系：遵循 ISO 14000 等标准，建立完善的管理体系；

绿色产品与工艺：推广绿色设计和清洁生产方式；

社会公众和后代责任：关注环境带来的机遇，坚持可持续发展原则；

放弃有害行为：拒绝任何有损环境的利益企图。

**2. 合规行动**

企业应主动遵守并超越法律法规，避免与政府发生冲突。积极走在法律前面，提前采取措施，不仅能降低合规成本，还能赢得市场份额和竞争优势。选择具有社会责任感的商业伙伴，有助于改善企业的公众形象。

**3. 清洁生产**

提倡清洁生产，减少污染和废弃物排放，推动技术创新和新材料的应用。设定零污染和零排放的长远目标，带动供应商共同提升环境绩效。清洁生产不仅减轻了末端处理的压力，还提高了资源利用效率。

**4. 绿色营销**

企业在市场推广中应积极展示其环境友好形象，通过实际行动和有力证据赢得公众和政府的信任。环境友好的营销策略应实事求是，避免虚假宣传，否则可能带来负面影响。

**5. 财会护航**

环境责任涉及成本和绩效，企业应建立专门的环境会计系统，准确记录和评估环境投资的成本与收益。这有助于管理者作出更明智的决策，确保环境责任与经济效益相协调。

**6. 融资亲善**

具有环境责任的企业往往能降低风险，改善公众形象，从而在资本市场获得更好的回报。社会责任投资机构更倾向于支持这类企业，认为它们具有良好的发展前景。因此，积极履行环境责任有助于企业在融资方面取得优势。

环境责任不仅是企业的道德义务，更是实现长期成功的关键。通过系统性思考、战略规划、法律遵从、清洁生产、负责任的营销、精准的财务管理和创新的融资策略，企业可以有效应对环境挑战，实现可持续发展，并在竞争中脱颖而出。

## 5.5.2 管理道德

道德（Ethics）是指规定行为是非的规则和原则。管理者在管理工作中同样会遇到许多道德方面的问题，例如：买方企业去贿赂购买方的一名采购人员以诱使其购买，这是否符合道德规范？有人将公车私用，这道德吗？企业该拥有怎样的道德观呢？

对管理道德的认识有四种不同的观点：功利观、权利观、公正理论观和社会契约整合理论。

**1. 道德功利观（Utilitarian View of Ethics）**

道德功利观是指完全按照结果或后果制定道德决策。在这一理论下，管理者是通过考察如何为绝大多数人提供最大的利益这种量化的方法来制定道德决策。按照功利观点，一个管理者或许认为，解雇20%的工人是合理的，因为这将增加工厂的利润，提高留下的80%雇员的工作保障，并使股东获得最佳收益。功利主义鼓励效率和生产力，符合利润最大化目标。但是，它可能导致资源的不合理配置，尤其当那些受影响的人们缺少代表或没有发言权时更是如此。此外，功利主义还会造成一些利益相关者的权利被忽视。

**2. 道德的权利观（Rights View of Ethics）**

这是关注于尊重和保护个人自由和特权的观点，包括隐私权、思想自由、言论自由、生命与安全以及法律规定的各种权利。道德权利观的积极一面是它积极保护个人的基本权利，其消极的一面是它能够制造一种关注保护个人权利胜过把工作做好的工作气氛。

**3. 道德的公正理论观（Theory of Justice View of Ethics）**

这要求管理者公平、公正地贯彻和加强规则，并在此过程中遵守所有的法律法规。管理者可能会应用公正观理论来决定给那些在技能、绩效或职责处于相似水平的员工支付同等级别的薪水，其决策的基础并不是性别、个性、种族或个人爱好等似是而非的差异。实行公正标准也会有得有失。它保护了那些可能缺少代表或无权的利益相关者的利益，但也会助长一种使雇员降低风险承诺、创新和生产率的权利意识。

**4. 社会契约整合理论（Integrative Social Contracts Theory）**

这种观点认为应当根据实证因素（是什么）和规范因素（应当是什么）来制定道德决策，其基础是两种“契约”的整合：允许企业处理并确定可接受的基本规则的社会一般契约，以及处理社区成员之间可接受的行为方式的一种更为具体的契约。例如，企业在决定一家新设立的外地子公司的员工工资水平时，遵循社会契约整合理论的管理者可能根据该地区当前的工资水平来决策。这种契约整合的道德观提倡管理者观察当前各行各业以及各个公司的道德准则，并依此决策行动的正确或错误，这与前面的三种道德观有着不同的出发点。

当前多数的企业经营管理人员会采用功利的道德观，因为这一观点与效率、生产力和利润等目标是一致的。然而，由于管理者所在的环境正在发生变化，这一观点也需要改变。强调个人权利、社会公正和社区标准的趋势意味着管理者需要以非功利标准为基础的道德准则。

国家之间的社会和文化差异是决定道德与非道德行为的重要因素，在全球化经营中，组织会遇到一些伦理道德方面的挑战。比如，组织中不同国家和民族的伦理道德发生冲突时怎么办？一般认为，跨国公司应该有自己的管理道德原则，既不能随波逐流，也不能一意孤行，其管理者必须具备宽广的跨文化知识，以及丰富的管理经验和沟通技巧。

## 5.6 可持续发展目标与 ESG 规制

联合国可持续发展目标（Sustainable Development Goals，SDGs）与环境、社会和公司治理（Environmental，Social and Governance，ESG）规制对企业社会责任提出了新的要求。这促使企业在制定战略和日常运营中更加注重可持续发展与社会责任，对近年来全球经济与社会的发展发挥着积极影响。

### 5.6.1 可持续发展目标

联合国可持续发展目标，是联合国制定的 17 个全球发展目标，在 2000—2015 年千年发展目标（Millennium Development Goals，MDGs）到期之后，继续指导 2015—2030 年的全球发展工作，旨在以综合方式解决社会、经济和环境三个维度的发展问题，转向可持续发展道路。17 个全球发展目标如图 5-1 所示，各类组织都应该为此作出积极贡献。

**图 5-1 联合国可持续发展目标**

(1) 消除贫困。在世界各地消除一切形式的贫困。贫困不仅是缺乏收入和资源导致难以维持生计，还表现为饥饿和营养不良、无法充分获得教育和其他基本公共服务、受社会歧视和排斥以及无法参与决策。经济增长必须具有包容性，才能提供可持续就业并促进公平。

(2) 消除饥饿。消除饥饿，实现粮食安全、改善营养和促进可持续农业。2024 年，国际能源署发布的报告显示，全球还有约 7.5 亿人没有用上电，他们大部分生活在发展中国家的农村地区。能源贫困在许多地区是对减少饥饿和确保世界可以生产足够的粮食来满足未来需求的根本性障碍。

(3) 健康福祉。确保健康的生活方式，促进各年龄段人群的福祉。

(4) 优质教育。确保包容、公平的优质教育，促进全民享有终身学习机会。

(5) 性别平等。实现性别平等，为所有妇女、女童赋权。性别平等不仅是一项基本人权，也是世界和平、繁荣和可持续发展的必要基础。让妇女和女童获得教育、保健、体面工作并参与政治经济决策，将促进经济可持续发展，造福整个社会和人类。

(6) 清洁饮水。人人享有清洁饮水及用水是其所希望生活的世界的一个重要组成部分。水资源缺乏、水质差和卫生设施不足对粮食安全、生计选择和世界各地贫困家庭的教育机会造成负面影响。

(7) 清洁能源。确保人人获得可负担、可靠和可持续的现代能源。能源是当今全世界共同关心的问题，处于几乎每一个主要挑战和机遇的核心。可持续能源为人们改变生活方式、改善经济运行和保护地球提供了发展空间。

(8) 体面工作。促进持久、包容、可持续的经济增长，实现充分和生产性就业，确保人人有体面工作。

(9) 产业创新。建设有风险抵御能力的基础设施、促进包容的可持续产业，并推动创新。需要继续投资建设可持续的基础设施，来加强城市应对气候变化的能力，同时促进经济增长和社会稳定。除政府拨款和官方发展援助外，应鼓励私营部门支援有资金、技术和技能需求的国家。

(10) 社会平等。减少国家内部和国家之间的不平等。

(11) 永续社区。建设包容、安全、有风险抵御能力和可持续的城市及人类居住区。城市在各种观念、商业、文化、科学、生产力、社会发展进程中起着枢纽的作用。未来的城市应该能为所有人提供机会，并使大家都能获得基本服务、能源、住房、运输和更多服务。

(12) 永续供求。确保可持续消费和生产模式。可持续的消费和生产是指促进资源与能源的高效利用，建设可持续的基础设施，以及让所有人有机会获得基本公共服务，从事绿色和体面的工作，提高生活质量。

(13) 气候行动。采取紧急行动应对气候变化及其影响。目前，由人类活动产生的温室气体排放量是有史以来最高的。要拿出负担得起、可升级的气候变化解决方案，确保过去几十年取得的进展不会因气候变化而停滞，同时确保各国经济健康发展和复原力。

(14) 海洋环境。保护和可持续利用海洋及海洋资源以促进可持续发展。世界上的海洋，其温度、化学成分、洋流和生物驱动着全人类居住的地球系统。

(15) 陆地生态。保护、恢复和促进可持续利用陆地生态系统、可持续森林管理、防治荒漠化、制止和扭转土地退化现象、遏制生物多样性的丧失。森林覆盖了地球表面约31%的陆地面积，其作用除了保障粮食安全和提供防护外，还对抗击气候变化、保护生物多样性至关重要，同时它也是原住民的家园。

(16) 机构正义。促进有利于可持续发展的和平与包容社会，为所有人提供诉诸司法的机会，在各层级建立有效、负责和包容的机构。

(17) 全球伙伴。加强执行手段、重振可持续发展全球伙伴关系。一项成功的可持续发展议程要求政府、私营部门与民间社会建立伙伴关系。这些包容性伙伴关系基于原则和价值观、共同的愿景和共同的目标：把人类和地球放在中心位置。

2015年9月26日，中华人民共和国主席习近平在联合国发展峰会上发表了《谋共同永续发展，做合作共赢伙伴》的讲话，指出：2015年后发展议程是一份高标准的任务单，也是一份沉甸甸的承诺书。“一分部署，九分落实”，倡议国际社会加强合作，共同落实2015年后发展议程，努力实现合作共赢。

第一，增强各国发展能力。发展归根到底要靠本国自身努力。中国人讲：“量腹而受，量身而衣。”各国要根据自身禀赋特点，制定适合本国国情的发展战略。国际社会要帮助发展中国家加强能力建设，根据他们的实际需求，有针对性地提供支持和帮助。

第二，改善国际发展环境。和平与发展相辅相成。各国要共同维护国际和平，以和平促进发展，以发展巩固和平。发展还需要良好外部制度环境，国际金融机构要加快治理改革，多边开发机构要增加发展资源。

第三，优化发展伙伴关系。发达国家应该及时兑现承诺、履行义务，国际社会应该坚持南北合作主渠道地位，深化南南合作和三方合作，支持私营部门等利益攸关方在伙伴关系中发挥更大作用。

第四，健全发展协调机制。各国要加强宏观经济政策协调，避免负面溢出效应。区域组织要加快一体化进程，通过域内优势互补提升整体竞争力。联合国要继续发挥领导作用。

### 5.6.2 环境、社会和公司治理（ESG）

ESG起源于企业社会责任，是可持续发展理念在企业界的具象投影。其核心观点是企业活动和经济行为不应仅追求经济指标，必须同时考虑环境保护、社会责任和治理成效等多方面因素，从而实现人类社会的可持续发展。ESG在概念内涵上包含环境、社会和公司治理三个维度，在实践环节上分为ESG披露、ESG评级和ESG投资，另外，ESG治理也是关注的重点。

**1. ESG的概念内涵**

ESG中的环境维度包括公司所需的资源、使用的能源、排放的废物，以及由此产生的环境影响，特别包括温室气体排放和气候变化；社会维度既包含公司与雇员的内部关系，也包含公司与其他机构、当地社区的外部关系；公司治理维度是公司为了实现自我管理、有效决策、法律合规和满足外部利益相关者需求而建立的内部机制。虽然各机构在 ESG 分类和具体指标设置上存在不同意见，但对 ESG 内涵的表述具有比较高的一致性，均关注企业在环境、社会和治理等非财务领域的绩效。

**2. ESG 的实践环节**

ESG 的实践环节包括 ESG 披露、ESG 评级和 ESG 投资。ESG 披露包括强制披露和自愿披露。强制披露指政府强制要求企业披露信息，主要集中在环境信息披露方面。虽然目前大部分 ESG 信息披露属于企业自愿规范，但强制披露要求和企业范围扩大已有明显趋势。ESG 评级是指衡量企业对行业内长期和重大的环境、社会、治理风险的应变能力。ESG 投资指在投资决策过程中考虑环境、社会和治理因素以及财务因素。2018 年起，中国证券投资基金业协会将 ESG 投资作为改善资本市场质量、提升基金行业长期价值的着力点，采取积极措施推进 ESG 实践。由此看来，ESG 的实践环节包括：企业根据评价体系包含的内容对相应信息进行披露，评级机构对企业披露的 ESG 信息进行评价，ESG 投资者再根据评级情况进行决策以控制风险、减少投资波动、提高长期收益。

**3. ESG 治理**

政府是最直接的制度压力来源，企业的 ESG 实践大多会受到设立的规则和奖惩等形式的监督企业行为规章压力的影响。目前，不同政策对企业环保信息披露、社会责任承担和公司治理等行为决策的影响主要分为强制执行和经济激励两种。在具体发展规划和政策方面，《2021 中国 ESG 发展创新白皮书》基于可持续发展角度，强调了 ESG 融入中国上市公司管理过程的重要性。2024 年 4 月，《上市公司可持续发展报告指引（试行）》，明确鼓励 A 股上市公司发布可持续发展报告或 ESG 报告，其中上证 180 指数、科创 50 指数等样本公司要求进行强制性披露。

## 本章小结

（1）社会责任是构建组织需求的基石，对企业而言同样至关重要。企业首先应当被视为一个社会组织，其次才是一个追求经济效益的经济组织。步入 21 世纪，管理者必须深刻认识到社会责任的紧迫性，并以积极主动的态度引领企业肩负其应承担的社会责任。仅仅追求经济绩效已无法满足现代企业的要求，企业还需积极为社会福祉贡献力量。

(2) 关于社会责任，存在两种观点：古典观主张管理的核心责任在于实现利润最大化；而社会经济观则强调，管理的责任不仅限于追求利润，更需致力于保护和增值社会财富。

(3) 企业的社会责任主要体现在对社会公众的责任、对政府的责任、对投资者的责任、对员工的责任、对顾客和供应商的责任、对竞争者的责任六个方面。管理者在考虑和实施组织的管理决策时，会感受到来自法律法规、成本、竞争、公众、长远目标与可持续发展等方面的压力。

(4) 具备社会责任意识的管理行为，应当秉持系统的指导思想，将社会利益目标融入战略制定、法律遵循、生产运营、市场营销、财务管理及融资等各个管理环节，以期实现企业长远的成功与发展。在企业管理道德层面，存在着四种不同的观点，即功利观、权利观、公正理论观以及社会契约整合理论。

(5) 联合国提出的可持续发展目标，旨在以综合方式应对社会、经济和环境三个层面的发展挑战，推动全球走向可持续发展之路；ESG 从环境、社会和公司治理三个方面对企业践行可持续发展提出了新要求。

社会责任思维导图

## 本章思考题

1. 为什么“企业首先是一个社会组织，其次才是一个经济组织”？作为一个社会组织和作为一个经济组织的责任有区别吗？

2. 你是否同意企业社会责任的古典观？

3. 企业责任的社会经济学观点主要有哪些内容？

4. 企业的社会责任体现在哪几个方面？

5. 简述评价企业管理道德的四种观点。

6. 请进一步阅读《联合国可持续发展目标》的相关文献，结合本章内容的学习，对政府、企业、学校在尽社会责任方面的表现进行评述。

本章拓展阅读　　本篇案例研读

## 本篇进一步阅读的参考文献

[1] 尤建新，邵鲁宁，卢超，等. 企业管理概论[M]. 6 版. 北京：高等教育出版社，2018.

[2] 尤筱玥，雷星晖，杨迷影. 可持续供应商的概念界定及评价准则研究[J]. 上海管理科学，2019，41(2)：1-7.

[3] 尤建新. 管理理论发展应不忘初衷并超越当下[J]. 管理科学学报，2019，22(5)：15-17.

[4] 尤建新，王莉，赵红丹，等. 管理与组织行为学[M]. 2 版. 北京：清华大学出版社，2023.

[5] 尤建新. 可持续理念赋能健康发展[J]. 上海管理科学，2023，45(6)：7-8.

[6] 蒋璐，孙栩锐，卢超，等. 企业责任式创新：研究综述与未来展望[J]. 管理学季刊，2024，9(2)：137-157.

# 第二篇

# 计　划

# 6 计划工作



在管理的四大职能中，计划职能占据首要地位，标志着管理职能循环的起始。通常，“计划”一词蕴含了两个既相互关联又有所区别的含义：作为名词时，它指预先设定的行动方案；而作为动词时，则指制定用以达成组织目标的行动方案的过程。为明确区分，本章采用“计划工作”一词来专指后者，即制定行动方案的过程。

## 6.1 计划工作的意义

计划工作的目的在于提供有关的行动方案，降低组织目标实现过程的风险，并为组织的决策者较为精确地估计方案实施中的相对得失提供依据。

### 6.1.1 计划工作的地位

计划职能在管理的四大核心职能中占据举足轻重的位置，其重要性主要体现在两大方面：首先，从管理职能的序列——计划、组织、领导、控制来看，计划职能处于起始和引领地位；其次，就计划职能对整个管理活动的影响深度而言，它深刻渗透并影响着组织、领导、控制等其他三大职能，成为驱动组织运作全链条的关键力量。

**1. 计划职能的首位性**

计划职能之所以在管理职能中占据首要地位，根本原因在于其独特的先导作用。在某些特定情境下，计划工作可能成为某一管理阶段唯一的活动，因为计划过程中可能发现原方案不可行，从而需要回归起点，重新规划。这种不断迭代、优化的过程，凸显了计划职能在管理循环中的首要性和动态性。

**2. 计划职能的渗透性**

当计划工作成功跨越可行性评估，进入后续管理环节时，其渗透性便得以充分展现。这种渗透性体现在两个层面：一是计划工作的过程和成果对组织、领导、控制等职能的深远影响；二是这些职能在执行过程中，也需要依据整体计划进行细化分解，并制订各自的工作计划。

计划职能对组织职能的影响。计划工作的结果直接决定了组织的结构设计和职能配置。例如，产品规模和品种的调整计划，将深刻影响企业的组织架构、人员配置和技术装备布局，这些都是组织职能的核心内容。同时，在组织工作的推进中，每项具体任务都需要制订详细的工作计划。

计划职能对领导职能的影响。计划工作明确了组织的目标、规模、成员职责和能力要求，以及组织目标与个人目标的契合度等关键要素，这些都在计划方案中得以体现，并直接指导领导政策的选择和领导模式的构建。

计划职能对控制职能的影响。计划工作的结果，即计划方案，为其提供了明确的依据和基础。一个完善的计划方案不仅包含达成目标的时间表，还明确了各项活动的顺序、所需资源以及完成时间，同时规定了组织的职责分配，使控制职能的校正活动更加精准有效。而控制职能的反馈又往往促使计划的调整或优化，形成“计划—控制—计划”的良性循环，推动组织不断向前发展。

## 6.1.2 计划工作的作用

为何各级管理者均高度重视计划工作？原因在于，良好的计划工作不仅为组织目标的实现绘制了行动蓝图，而且深度支撑了组织的管理活动，对于提升管理效率与效果具有不可估量的价值。

**1. 指明方向**

无论对管理者还是组织中的普通员工，计划工作都将在组织战略目标的指引下，为他们指明行动的方向。良好的计划工作能够将组织中各级管理者的行动方向与员工的行动方向聚合在一起，形成合力，并使这一合力方向与组织总体战略目标一致。

**2. 减少风险**

良好的计划工作建立在详尽的预测与明确的目标之上。它前瞻未来，预见变化，能够揭示管理活动中可能遭遇的不确定性，并评估这些不确定性对组织的潜在影响。因此，良好的计划工作为组织提供了有力支撑，帮助组织规避和减轻不确定因素可能带来的负面影响，从而降低风险，提升组织实现目标的概率。

**3. 提高效率**

计划工作的本质也是协调的过程。在组织追求目标的过程中，各类工作活动纷繁复杂，可能出现重复、遗漏或冲突。良好的计划工作从组织整体利益出发，完善活动流程，协调各方利益，化解矛盾冲突，优化资源配置，从而显著提升组织的运作效率。

**4. 提高工作有效性**

计划工作以组织整体目标为指引，将各项活动的目标与组织目标紧密相连，并具体落实到每一项工作细节中。它注重将各级管理者和员工的具体工作与组织目标相统一，这是计划工作追求高效性的显著特征。通过层层分解目标，紧密结合行动方案，确保组织各层面的行动与目标保持一致，同时加强横向协调，减少冲突与不平衡，使计划方案的实施能够最大限度地为组织整体目标贡献力量。此外，计划工作还充分考虑了行动方案的连锁反应与可能的变化，增强了方案的灵活性与适应性，并结合经验与创新，使计划既具有可操作性，又具有先进性。

**5. 支持控制职能**

组织在追求目标的过程中，控制职能不可或缺，而计划工作则是其有效实施的基础。控制活动所依据的标准几乎全部源自计划方案。没有计划方案，组织将难以有效运作，更无法准确测量、分析与判断组织的运行状况，控制职能也就无从发挥。因此，良好的计划工作为组织的有效控制提供了坚实基础。

## 6.2 计划工作的条件

### 6.2.1 计划工作的外部条件

为确保计划方案的有效实施，对外部环境的准确预测构成了组织计划工作的关键外部条件。计划工作要降低风险、提升效率并实现全面统筹，就必须对组织所处的环境发展进行前瞻性判断。这种预见不仅涉及对环境变化的评估，更需在计划方案中融入适应环境发展的策略。通过深入预测，组织管理者能够清晰地洞察未来，为应对挑战做好充分准备，并有效预见及控制组织的潜在弱点。将环境发展与组织目标紧密结合于计划方案中，有助于实现实施过程的和谐统一与高效协同。对于多数组织而言，预测的对象和内容广泛涵盖社会预测、经济预测和技术预测；而对于企业组织，这些预测则综合体现为市场预测。

**1. 社会预测**

社会预测聚焦于社会各类问题的发展趋势，对组织而言，它主要探究环境社会的结构变迁、人口构成演变、教育文化生活的进步、福利与公益事业的拓展、价值观的转变，以及国家法律与政府政策的调整等，分析这些变化如何影响组织目标的实现。组织应充分利用社会发展趋势，以促进自身目标的达成，并防范社会环境变化可能带来的不利影响。尽管这些社会问题的复杂性使准确预测其变化极具挑战，但它们对组织的生存与发展影响深远，因此必须给予高度重视。

**2. 经济预测**

经济预测关注经济领域的未来发展态势，对组织而言，其目的在于把握经济发展的趋势与模式、经济体制与结构的变革、经济发展的目标设定与策略选择等，分析这些因素对组织产生的影响。对于企业组织，还需深入研究行业的发展前景、资源供应的变化以及市场竞争的态势等。经济预测为企业探索更优发展模式、提升经济效益提供了有力支持。

**3. 技术预测**

技术预测基于现有的科技成果与科研方向，对科技发展的未来趋势、新发明及其经济效应进行推测与评估。其目的在于洞察新技术的发展与应用前景、实现的可能性与条件，以及这些技术对组织发展的影响。对于企业组织，技术预测涵盖生产技术、辅助技术和管理技术等多个层面，为企业的技术创新与升级提供了重要参考。

### 6.2.2 计划工作的内部条件

计划工作的内部条件涵盖了组织自身的综合实力、运营状态以及内部管理制度与政策等多个方面，具体包括组织的资金筹措能力、战略规划目标、设备配置能力、生产或服务范围及规模、品牌形象、内部规章制度与政策、运营流程的顺畅性、稳固的组织架构与人员配置，以及灵活应对变化的能力等，这些都是在制订计划时必须审慎考虑的关键因素。与对待外部条件一样，对内部条件审视的视角也应动态变化，计划工作需前瞻性地预测这些因素的发展趋势及其可能对组织产生的深远影响。

## 6.3 计划的类型

计划工作的主要目的之一是降低达到组织目标过程中的风险，对这方面作用的认识已经很深入，应该是毫无疑问的。现在来考察一下计划工作的结果——计划方案，对此有不同的分类方法：

(1) 按时间或期限分类有长期计划和短期计划；

(2) 按组织的职能分类有人、财、物、运作等计划，比如按企业的职能分类有关于销售职能的计划、关于生产职能的计划、关于人事职能的计划以及关于财务职能的计划等；

(3) 按广度或范围分类有政策、程序和方法。

值得注意的是，任何一项计划可能包括上述两个以上特征。比如，一个财务领域内的政策，既可以是长期计划，又可以是一个具体的财务职能计划。

### 6.3.1 按时间分类的计划

**1. 长期计划或战略计划**

长期计划是为实现组织的长期目标而制订的具有广泛意义的计划，通常表现为三年或五年以上的发展规划，也称战略计划。

**2. 短期计划或战术计划**

短期计划一般指组织内各部门或个人的现行活动的计划，又称战术计划，通常其期限在一年或一年以内。

长期计划是对全局性问题的研究结果，在管理活动中体现了组织的长远利益和整体利益。短期计划是局部性的，是长期计划在某一时期或某一部门的局部体现，因而是服务于长期计划的。组织中不同层次的管理者，对计划的关注重点应有所不同。高层管理者应侧重于长期计划的制订和贯彻，而基层管理者则偏重于短期计划工作。但无论是中层或基层管理者，都应对组织的长期目标、长期计划有所了解和认识。“因为懂得了全局性的东西，就更会使用局部性的东西，因为局部性的东西是隶属于全局性的东西的。”（引自《毛泽东选集》，第一卷，1966）

### 6.3.2 按业务职能分类的计划

根据与计划的职能或用途有关的分类，从企业的角度讲，就是计划工作在销售职能、生产职能、财务职能和人事职能等领域的体现。将计划按职能进行分类，能使人们更加清楚地确定存在于主要职能领域之间的相互作用和相互依赖，而且这种分类强调了在计划批准和付诸实施之前把这些相互关系确定下来的必要性。比如，销售部门在考虑建立发货程序时，应意识到这一程序可能对生产和财务工作的程序有明显的影响。

### 6.3.3 按广度分类的计划

按广度进行分类，一般认为是政策、程序和方法，并且这种分类方法可以使人们了解到制订计划的层次和计划实施的范围。

**1. 政策**

组织的政策是带有指导性、方向性的计划，一般由组织的最高管理层决定，其他各层次的管理者可以对政策提出建议。政策的特征是它的持续稳定性，不会发生突变。但这一特征并不是说政策永远不变，而是说改变得比较缓慢，并且有一定的延续性。

**2. 程序**

程序是组织内各职能部门的业务活动所需要遵守的规则。程序与业务的关系比较密切，因而程序种类比政策种类多许多，但其广度不及政策。比如，以组织内部物流为目的的生产控制程序，或各职能部门的作业程序，像销售工作程序、计划工作程序、财务工作程序、质量管理程序，等等。由于组织中各职能部门的工作在各工作程序之间存在相互影响，并且随着一些因素的发展变化会出现新的问题和冲突，所以，程序会有所修改和变化。当然，程序的修改和变化需要按照规定的程序进行，并不是随意的。

**3. 方法**

比程序更具体的计划称为方法。方法是详细叙述完成一定任务所必须执行的各个作业的做法及次序的一种计划，它是用来指导个人行动的。比如，某个企业的某个产品在某个车间某道工序上的加工作业计划。

总之，按广度将计划分类，其范围从所有计划中最广阔、起源于组织最高层的政策，通过涉及主要职能部门工作并在部门之间发生影响的程序，一直延续到具体的、作为指导个人操作的方法。

## 6.4 计划工作程序

良好的计划工作通常遵循以下九个关键步骤，确保组织能够有效应对环境变化并实现其目标。

**1. 明确组织定位**

每次计划工作都应从重新审视组织的定位开始，明确组织的使命和需求。通过不断反思和适应新的环境形势，确保计划方向与组织的愿景相一致。

**2. 认识发展机会**

在制订计划前，需评估组织的优势和核心竞争力，并识别外部环境中的潜在机会。通过扬长避短、把握机遇，为组织设定切实可行的目标提供支持。

**3. 定义计划目标**

明确组织在一定时期内的具体目标，确保这些目标与整体战略相契合。目标应清晰、可衡量，并具有优先级。同时，分析目标的价值和衡量标准，确保后续工作有的放矢。

**4. 明确前提条件**

预测并假设计划实施时的环境条件，识别可控和不可控因素。明确的前提条件有助于提高计划的适应性和灵活性，确保方案在实际执行中更具可行性。

**5. 拟定备选方案**

识别并评估多种可行路径，确保对每个方案有深入理解。通过广泛征求意见、创新思维并进行初步筛选，保留最具潜力的方案，以便进行详细的评估和比较。

**6. 评价备选方案**

以科学、客观的态度评估每个备选方案，依据组织目标和前提条件设定评价标准和权重。前期准备的质量直接影响最终的评估结果，确保选择最优方案。

**7. 选择方案**

基于评估结果，选择最合适的实施方案。为了增强计划的灵活性，可能需要选定多个备选方案，并对其进行敏感性分析。确保首选方案被详细规划，其他备选方案也应被充分细化，以便在需要时能快速调整。

**8. 拟定派生计划**

将整体计划分解为多个支持性的子计划，如融资、投资、生产、采购和人力资源计划等。这些派生计划是实施整体战略的基础，确保各部门协同工作，共同推动组织目标的实现。

**9. 编制预算**

将行动计划量化为具体的数字和货币形式，编制详细的预算。预算不仅是资源分配的指南，也是管理者执行和控制组织职能的重要工具。

计划工作是一个系统化的过程，涵盖了从明确组织定位到编制预算的各个环节。通过科学的程序和严谨的步骤，企业可以更好地应对不确定性，优化资源配置，确保战略目标的实现。每个步骤环环相扣，相互支持，共同构成了一个完整的计划体系，帮助企业在复杂多变的环境中保持竞争力和可持续发展。

# 6.5 计划的评价标准

计划的评价标准有两类。一类是判别计划的编制过程和计划方案本身质量的标准，称为程序性评价标准。另一类是判别计划的经济性程度，即资源是否得到有效利用的标准，通常称为经济性评价标准。

## 6.5.1 程序性评价

对计划进行程序性评价的标准特征是计划的客观性、结构化程度和适变性。

**1. 客观性**

计划应是客观的研究成果或结论。计划是要经过众人检验的，客观性越大，众人得出同样评价结论的可能性就越大。客观的对立面是主观，它是以个人的感情或价值观为基础的。计划工作的过程可以是主观的，也可以是客观的。但是，受主观因素影响的计划，在今天民主化程度较高的环境下是难以通过众人的检验的。要提高计划的客观性程度，主要应抓好计划工作的流程管理、群众参与和计划草案的验证等工作。

**2. 结构化程度**

测定一个计划方案的客观性程度，主要是分析和评价产生计划方案的计划工作过程。结构化程度则是评价计划方案的自身质量和可操作性。测定计划方案的结构化程度要考虑全面性、时间幅度、职责分派和可控制性等因素。

（1）全面性。评价一个计划方案的结构，首先要考虑的一个因素是它的全面性。计划方案的全面性是指它对提出的问题的解决程度，而不是计划方案的复杂程度或范围广度。因此，一个简要的计划也可能是很全面的。

(2) 时间幅度。结构好的计划方案应对它的各项活动的时限有明确的说明，并能清楚地阐明各项活动的顺序及其相互关系。否则，计划是毫无意义的。

(3) 职责分派。计划方案的全面性和时间要求能否体现，还要有负责实施计划的组织或个人。为了有效地贯彻执行计划方案，必须按计划要求，分派给具体人员的具体任务。

(4) 可控制性。计划方案的实施必须是可控制的，可以有偏离计划方案目标的容许量，但必须有明确的说明。计划方案的可控制性还体现在计划中的例外管理制度。

**3. 适变性**

最能保证计划的稳定性和成功是计划的适变性。这一说法从表面上看似乎自相矛盾，但是很实际。因为一个不容任何改变的计划是不能适应条件变化需要的，所以也无稳定性可言。所以，适变性不是不明确或不稳定，而是源于可供选择的替换方案。

计划的适变性具有三方面优点。第一，适变性可以使管理迅速有效地适应环境的变化，没有替换方案的计划方案具有很大的风险。第二，如果计划中包括一系列替换方案，就可以应变而变，避免因拟定新方案而导致延迟。第三，在递交计划方案时，如果有替换方案，就比较容易得到批准。

### 6.5.2 经济性评价

评价一个计划是否良好可以从计划方案的客观性、结构化程度和适应性三个方面进行考评。而评价一个计划是否对组织目标作出最大贡献，则可以对计划方案进行经济性评价。经济性评价的标准突出了对资源的有效利用。

**1. 回报递减规律**

一个组织在制订资源投入的计划时，必须懂得回报递减规律。一般来讲，资源的投入与组织目标的实现是一致的。考虑资源的有效利用，就要思考和观察投入的回报问题。通常在一开始，回报的增幅随着资源投入的增加而增大，过了某一点以后，回报的增幅开始随着资源投入的增加逐渐减少，到最后，资源投入的增加不再能导致其回报的增加。这一现象就是回报递减规律。从这一认识出发，对计划的评价不仅要考虑其是否能保障实现目标，还要考察其能否最有效地使用资源来实现组织的目标。

### 2. “边际”的概念

由回报递减规律产生一个问题：怎样才能确定现有资源何时可得到最有效的使用呢？这就有必要准确地确定每增加一个单位的投入所引起回报的增加数（增幅），“边际回报”示例如表 6-1 所示。

表 6-1 边际回报的示例

| 投入单位量 | 出产总量 | 平均产量 | 边际产量 |
|---|---|---|---|
| 1 | 10 | 10 | — |
| 2 | 24 | 12 | 14 |
| 3 | 39 | 13 | 15 |
| 4 | 48 | 12 | 9 |
| 5 | 55 | 11 | 7 |
| 6 | 60 | 10 | 5 |
| 7 | 63 | 9 | 3 |
| 8 | 64 | 8 | 1 |
| 9 | 63 | 7 | -1 |

### 3. 成本-效果分析

在对计划方案的评价中，常遇到许多难以定量、不能简单地极大化求优以及不适合用货币单位来计量的问题，这时应用成本-效果分析（Cost-effectiveness Analysis）的方法比较合适。所谓成本-效果分析，就是将计划方案对目标的贡献大小与方案所需成本进行比较，从而评判计划方案的优劣。特别是对于公共组织而言，所涉及的公共项目的计划工作很需要开展成本-效果分析。

## 本章小结

（1）计划职能的首位性和渗透性决定了其在四大职能中的首要位置。计划职能的作用体现在指明组织前进的方向、减少风险、提高效率和工作的有效性、支持控制职能等方面。

（2）计划工作的展开受到组织外部（社会、经济、技术等）和内部自身条件的影响。

(3) 计划工作的程序包括：明确组织定位、认识发展机会、定义计划目标、明确前提条件、拟定备选方案、评价备选方案、选择方案、拟定派生计划和编制预算九个步骤。

(4) 对计划工作的结果——计划方案的评价要从计划工作过程和计划方案的完美性特征进行考察，但也要评价计划方案的实施对组织整体目标的贡献程度。后者在定量发生困难时可进一步研究应用成本-效果分析方法。

计划工作思维导图

## 本章思考题

1. 计划职能的首位性和渗透性是什么意思?
2. 计划职能能否消除组织可能面临的风险?
3. 计划职能的主要作用是什么?
4. 为什么要进行预测?
5. 计划工作中社会预测、经济预测和技术预测主要研究哪些内容?
6. 长期计划和短期计划有何区别和联系?
7. 计划工作的程序包括哪几个阶段?
8. 对计划方案进行评价时，客观性、结构化程度和适变性分别指什么?
9. 什么是回报递减规律? 对评价计划方案有何启示?
10. 评价计划方案时，为何引入“边际”的概念?

本章拓展阅读

# 7 计划工作的方法和工具



在开展计划工作时，离不开相应的方法和工具的支持。计划工作涉及的方法和工具多种多样，大体上可划分为三类：评估环境的技术、资源分配的技术以及现代计划技术。本章将概述几种常用的计划方法与工具，其中部分工具适用于计划工作的各个阶段，而有的则适用于计划工作的某个特定环节。

## 7.1 滚动计划法

滚动计划法是一种将短期计划、中期计划和长期计划有机结合起来，依据近期计划的执行情况和环境变化，定期修订并逐步向前推移未来计划的动态编制方法。

### 7.1.1 实施步骤

**1. 分阶段制订计划**

在实施滚动计划法时，首先需将整体计划划分为若干阶段。采用“远粗近细”的原则编制计划内容，即近期计划需详细具体，而远期计划则相对粗略。

**2. 定期滚动修订**

当计划的第一个阶段结束后，需根据该阶段的执行情况和内外环境的变化，对原计划进行修订。随后，将整个计划向前滚动一个阶段，并依据同样原则逐期进行滚动调整。五年计划滚动程序示意如图 7-1 所示。

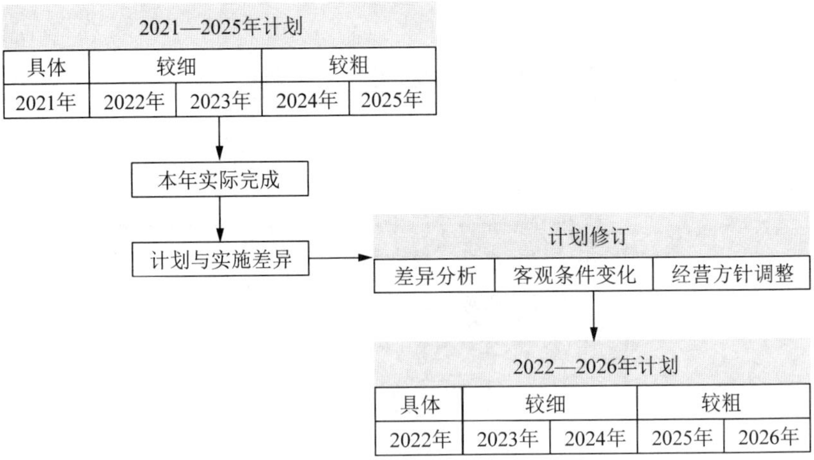


**图 7-1　五年计划滚动程序示意图**

### 7.1.2　适用场景与优缺点

滚动计划法特别适用于计划期较长且不确定性因素较多的场合，其主要优点有：

（1）提高准确性：由于滚动计划相对缩短了计划期，使得对未来情况的估计更为准确，从而提升了计划的质量，使其更加切合实际并便于实施。

（2）灵活调整：该方法能够依据环境变化及时调整计划，确保各期计划之间的一致性，实现了长期、中期和短期计划的紧密衔接。

（3）增强应变能力：滚动计划法赋予了计划更大的弹性，提高了组织面对变化时的应变能力。

该方法也存在编制工作量较大等的不足，需要投入较多的人力和时间资源。

### 7.1.3　应用前景

尽管滚动计划法存在编制工作量大的挑战，但其独特的动态性和灵活性使得它在当前快速变化的市场环境中具有较高的价值。随着信息技术的不断进步，特别是对大数据、云计算和人工智能等技术的应用，滚动计划法的实施将变得更加高效和便捷。

**1. 信息技术助力数据支持**

信息技术的发展为滚动计划法提供了强大的数据支持和分析工具。通过实时收集和分析市场数据、内部运营数据以及竞争对手信息，组织可以更加准确地预测未来趋势，从而制订出更加科学合理的滚动计划。

**2. 云计算提升协同效率**

云计算和协作平台的应用使得滚动计划的编制和修订过程更加协同和高效。团队成员可以随时随地访问和更新计划内容，实现跨地域、跨部门的实时协作，大大提高工作效率。

**3. 人工智能优化实施过程**

人工智能技术的引入将进一步优化滚动计划法的实施过程。通过机器学习和智能预测算法，组织可以自动分析历史数据，预测未来变化，并自动调整滚动计划，从而实现对市场变化的快速响应和精准决策。

## 7.2 网络计划法

网络计划法是 20 世纪 50 年代后期发展起来的一种计划与控制方法，随着管理理念的进步和科技的飞跃，它已成为现代组织管理活动的关键工具。在工作进度安排中，虽然 Gantt 图在处理少量且相对独立的活动时表现出色，但对于大型项目，如部门重组、成本削减计划实施、大型新产品研发等，因其涉及多部门协作和成千上万项活动的组织与协调，以及活动间的并行、顺序执行和其他不确定因素的影响，网络计划法显得尤为重要。它以网络图为基础，能清晰描绘项目活动的顺序、时间和成本数据，要求管理者明确所有任务、确定事件依赖关系、识别问题点，并综合考虑成本和事件可能性。

### 7.2.1 绘制网络图

**1. 网络图的构成要素**

为了编制网络计划，首先需要绘制网络图。网络图由实箭线、结点、虚箭线和路线构成。

实箭线代表一项工序、活动或作业，表示一项需要消耗时间、资源和人力才能完成的工作。实箭线可以分为箭尾和箭头，箭尾表示工序的开始，箭头表示工序的结束。此外，在实箭线上方标明工序的名称，下方标明工序所需时间。

结点代表一个事项（或事件），它既不占用时间，也不消耗资源，只是一个或多个工序的开始或结束，用“圆圈”表示。

路线是指从网络始点事项顺着实箭线方向连续到终点事项的各条通道。其中，作业时间最长的那条路线称为关键路线。

虚工序是指不需要时间、资源和人力的一种虚拟作业。它只表示前后工序之间的逻辑关系，用虚箭线表示。

**2. 网络图的绘制规则**

绘制网络图必须遵循如下规则：

(1) 各项工序之间的衔接必须按照顺序进行。为了便于明确工序之间的衔接关系，用紧前工序或紧后工序来表示工序之间的顺序关系。如果工序 B 必须在工序 A 完成后才能开始，那么称工序 A 为工序 B 的紧前工序，或者称工序 B 为工序 A 的紧后工序。相对于某一工序而言，它可以有多个紧前或紧后工序。网络图中，各项工序之间的排列，必须是紧前工序在左边，紧后工序在右边，也就是说网络图中箭头方向必须从左到右。

(2) 网络图中不能出现回路。在网络图中，不能从一个事项出发，又回到原来的事项上，即不能出现循环路线。

(3) 两个事项之间只能有一个工序。在绘制网络图中，两个事项之间只能有一条箭线，当出现平行工序或交叉工序时，应引入虚工序来表示前后的逻辑关系。

(4) 一张网络图只允许一个终点事项和一个起点事项。在网络图中，起点事项和终点事项只能各有一个。如果有多项起始工序，可从一个起点事项引出，最后也要汇集到一个终点事项上。

(5) 事项编号只能从小到大，从左到右，不能重复编号。网络图中，所有事项的编号按从小到大的原则统一编号，以便于识别、检查和计算。编号的顺序是从起点事项到终点事项，不允许重复使用编号，并且箭头事项的编号必须大于箭尾事项的编号。

**例 7-1** 某建筑安装工程共有 A，B，C，D，E，F，G，H 等八项工序，其中，各项工序的紧前工序和所需时间如表 7-1 所示，图 7-2 表示了该工程的各项工序网络图。

**表 7-1　　各项工序的紧前工序和所需时间（单位：月）**

| 工序 | A | B | C | D | E | F | G | H |
|---|---|---|---|---|---|---|---|---|
| 时间 | 1 | 5 | 2 | 3 | 6 | 5 | 5 | 3 |
| 紧前工序 | — | — | A | A | B，D | B，D | C，E | C，E，F |

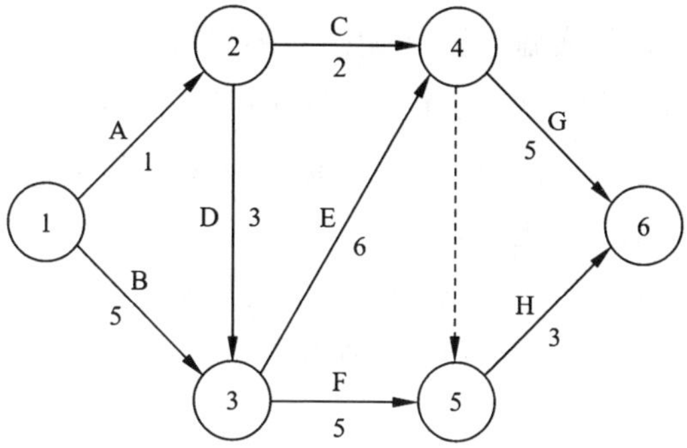


**图 7-2　某工程的各项工序网络图（单位：月）**

## 7.2.2　计算网络参数与网络计划的优化

绝大多数项目都是复杂且包含大量活动的，对这种复杂网络图的计算可以利用专门的软件来进行。从上面这个简单的例子展开，首要的问题是找出关键路线。工程进度控制是项目管理的重点，所以必须首先弄清楚完成这项工程需要多长时间。当已经确定了具体的活动和事件，并且画出了相应的网络图后，如果每项活动都能按照计划进行，则整个项目的完成时间将为 16 个月，这是通过沿着项目的关键路线（最长的一系列活动）B→E→G，把关键路线上各项活动所需要的时间加起来得到的。思考一下就会发现，关键路线上任何事件完成时间的延迟都会推迟整个项目的完成时间（也就是说，关键路线上事件决定了项目完成时间，没有可松弛时间）。对于 C 项活动，如果花费 4 个月而不是正常的 2 个月，也不会影响正常的完工日期。为什么呢？理由很简单，因为这个事件不处在关键路线上。如果管理者希望缩短项目完成时间，他就需要关注关键线路上的活动时间，看看它们能不能完成得更快一些，不在关键路线上的活动，即使其进度被加快了，也不能缩短整个项目的完成时间。管理者必须分析一下，能否从其他的具有松弛时间的非关键路线活动中，抽调资源来支持关键路线上的活动。

网络计划优化，一方面要缩短工期，另一方面还要考虑资源的合理配置和成本费用的降低。一般来说，进行网络计划优化时应该遵循如下原则：

（1）最佳项目工期：综合考虑缩短工期，合理利用资源、成本费用等要素，适当抽调非关键路线的资源（人、财、物和管理资源）来支持关键路线，进而获得最佳的工程项目工期。

（2）可调整的网络计划：当因资源和成本有限（或出现意外），导致某些工序无法进行时，需要在网络实施过程中调整网络计划。

（3）资源配置和工期的最优方案：网络计划优化调整要求，不断利用时差改善网络计划的最初方案，逐次消除时差，最终实现在考虑资源优化配置的前提下获得最佳工期，进而求出最优方案。

网络计划法不只适用于企业或工程项目，其他组织也都会用到。只要是一项系统的活动，需要对时间安排和控制，那就有网络计划法的用武之地。

## 7.3 盈亏平衡分析

企业的管理者经常会希望知道：需要销售多少单位的产品才能够使之达到盈亏平衡，即在哪一点上全部收入正好弥补全部成本。盈亏平衡分析（Break-even Analysis）是一种广泛应用的资源分配技术，它可以帮助管理者确定盈亏平衡点。

虽然盈亏平衡分析的计算很简单，但是它对管理者很有价值，因为它指出了收入、成本和利润之间的关系。为了计算盈亏平衡点（$BE$），管理者需要知道，产品的单位价格（$P$）、单位可变成本（$VC$）以及全部固定成本（$TFC$）。当一个组织的全部收入恰好等于全部成本时，就达到了盈亏平衡。

全部成本包含两个部分：固定成本和可变成本。固定成本是指不随销售量变化而变化的成本，如保险费、租金和财产税等；可变成本是与产出成比例的成本，包括原材料成本、劳动力成本和能源成本等。

盈亏平衡点可以借助图形方法来计算，或者采用下述公式来计算：

$$BE=\frac{TFC}{P-VC} \tag{7-1}$$

这个公式显示：①当以超过全部单位可变成本的价格销售产品时，在盈亏平衡点上全部收入等于全部成本。②销售价格与可变成本的差异乘以销售的单位数等于固定成本。

图形法能够更为形象地表示盈亏平衡的内涵，见图 7-3。

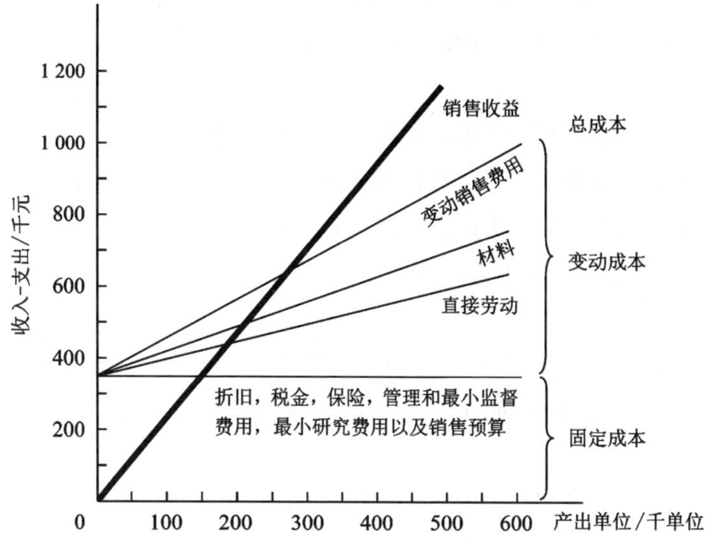


图 7-3　盈亏平衡分析图示

盈亏平衡分析作为一种计算工具，能够协助企业合理设定销售目标。例如，企业可先确定期望的利润水平，随后通过盈亏平衡分析计算出实现该利润所需的销售规模。此外，这一分析还能向企业揭示：在当前经营亏损的情况下，需增加多少销售量才能达到盈亏平衡；或者，在盈利状态下，企业能够承受多大的销售额下降而不跌破盈亏平衡点。

## 7.4　运筹学方法

运筹学方法是一种通过将管理问题抽象为模型，求解该模型以获取最优解，并结合组织实际情况来制订计划的方法。这一方法已被广泛应用于市场销售、生产计划、库存管理、运输问题、财政会计、人事管理、设备维修与更新、可靠性分析、项目选择与评价、工程优化设计、计算机与信息系统以及城市管理等多个领域。鉴于篇幅所限，本节将重点阐述运筹学方法的基本步骤与模型构建。

### 7.4.1　运筹学方法的基本步骤

一般来说，采用运筹学方法编制组织计划，大致需要经过如下几个步骤：

（1）提出和形成问题：明确管理问题的目标，找出管理问题的约束条件，设定管理问题的可控变量和参数，收集管理问题的相关资料。

（2）建立模型：把管理问题中的可控变量、参数和目标与约束条件的关系用模型表示出来。

（3）求解：依据管理问题的实际情况和决策者的要求，明确求解精度，采用各种手段（主要是数学方法，也可用其他方法）求解模型，解可以是最优解、次优解、满意解。复杂模型的求解需要借助计算机的支持。

（4）解的检验：检查求解步骤和程序是否有误，检查解是否反映现实的管理问题。

（5）解的控制：通过控制解的变化过程决定解是否要作一定的变化。

（6）解的运用：依据管理问题的实际，进行合理修改，进而为制订组织计划提供依据。

（7）编制组织计划：结合组织的实际，如有必要，可以反复步骤（1）—步骤（6），利用上述求出的有关数据，编制组织计划。

### 7.4.2 运筹学方法的模型

在采用运筹学方法来编制组织计划的过程中，依据组织计划的实际，能否建立适合组织计划问题特点的模型将直接关系到组织计划的有效性。一般来说，运筹学方法的模型主要有三类：形象模型、模拟模型、符号或数学模型。其中，目前应用得最多的是符号或数学模型。构造模型是一种创造性劳动，建模的思路和方法大致可以分为以下五种：

（1）直接分析法：按对管理问题机理的认识直接构造出模型。运用运筹学中已有的现存模型，如：线性规划模型、投入产出模型、排队模型、存储模型、决策和对策模型等。这些模型都有很好的求解方法，也有一些求解的辅助软件，但用这些现存模型研究问题时，必须适应管理问题的实际情况，切忌生搬硬套。

（2）类比法：有些管理问题可以用不同的方法来构造出模型，而这些模型的结构和性质是类同的，这就可以相互类比。如：物理学中的机械系统、热力学系统、电路系统等。有些管理问题可以用这些物理系统或其他类比现象来进行类比分析。

（3）数据分析法：对于有些管理问题的机理不清楚时，若可以收集到大量与此管理问题有关的数据，则可采用数据分析法来建模。

（4）实验分析法：对于有些管理问题的机理不清楚，又不能收集到大量与此管理问题有关的数据时，可以对局部实验的数据加以分析来建模。

(5) 想定（构想）法：对于有些管理问题的机理不清楚，又不能收集到大量与此管理问题有关的数据（如：社会、经济、军事问题），也不能采用实验来获得数据时，只能在已有的知识、经验和某些研究的基础上，对将来可能发生的情况给出逻辑上合理的设想和描述，然后用已有的方法来建模，并在建模过程中不断完善，直至比较满意为止。

通常，运筹学模型的一般数学表达式如下所示：

目标评价准则采用的表达式为

$$U = f(x_i,\ y_j,\ \xi_k) \tag{7-2}$$

约束条件采用的表达式为

$$g(x_i,\ y_j,\ \xi_k) \geqslant 0 \tag{7-3}$$

其中，$x_i$ 为可控变量；$y_j$ 为已知参数；$\xi_k$ 为随机因素。

目标评价准则一般要求达到最佳、适中、满意等，准则可以是一个，也可以是多个。约束条件可有可无，应视管理的实际问题而定。当约束条件为等式时，称其为平衡条件；当模型中没有随机因素时，称其为确定性模型，否则称其为不确定性模型。

### 7.4.3 运筹学方法的常用工具

运筹学方法的工具很多，目前比较成熟的常用工具主要包括线性规划、非线性规划、目标规划、整数规划、动态规划、网络计划、排队论、决策论、存储论、模拟技术、博弈论、应用马尔可夫过程等。本节只对线性规划、模拟技术、排队论、存储论等常用工具作简要介绍。

**1. 线性规划**

线性规划是通过研究一组变量，满足一定的线性条件，使某一线性目标函数达到最大值或最小值。该方法可用于在给定可能用途或资源限制下确定资源的最佳分配方式，也可用于与时间或货币成本相联系的最佳方案的选择。对于复杂的线性规划问题，可以借助计算机软件来求解。

**2. 模拟技术**

模拟技术是利用计算机对系统活动进行大量仿真，获得描述系统性的数量指标，为决策过程提供定量依据。运用该方法的关键在于建立适合真实的活动或过程特点的模型（实物模型或抽象模型）。管理人员要建立和使用这种模型，必须对他们需要模拟的活动或过程，以及变量的相互关系理解透彻。模拟技术的最大优点在于能够鉴别各种设计方案，并能将正在进行的各种作业的影响减少到最低程度，为减少时间和开支等方面的损失提供有效支持。

**3. 排队论**

排队论主要研究系统内服务机构的合理规模问题。该方法用于帮助管理人员决定哪种等候队伍或排队长度最为适合。排队问题在日常生活中很常见，如：在银行、超市、桥梁等相关管理部门或管理人员需要设置几个收费口，开出多少个服务窗口等。一般来说，管理部门总是希望在顾客能够容忍排队等待时间的前提下，尽可能提高服务机构的使用效率。

**4. 存储论**

存储论是专门研究组织内经济资源最佳存储策略的理论和方法。它通过定量描述存储物品的存储状态和动态供求关系，研究不同状态和不同供需关系下的存储费用结构，进而确定经济上最为合理的存储策略。存储问题的分类很多，例如，依据存储变量的性质，存储问题可以分为确定型存储问题和随机型存储问题，各种类型的存储问题都有相应的模型和方法可以进行求解。

## 7.5 脚本计划

在当今动态且复杂的管理环境中，脚本计划（Scenario Planning）成为一项尤为适用的计划技术。管理者在评估环境时，往往会发现一系列可能影响组织当前与未来运营的问题和因素。鉴于这些问题和因素的重要性各不相同，管理者通常会聚焦于最为关键的一组，并在此基础上构建基于脚本的方案。

脚本，作为对未来可能情境的一种连贯性描述，其开发过程可视为制订一种权变计划。即，一旦某些特定事件发生，便采取相应的行动策略。不同的假设条件会导向不同的结果，而脚本计划的核心目的并非预测未来，而是通过在不同特定情境下展示潜在的未来状况，从而降低不确定性。企业可以针对某一问题，从最乐观到最悲观的情境出发，开发一系列脚本，并据此准备实施相应的战略，以确保在竞争中保持优势。

尽管脚本计划在应对可预见事件时展现出显著效用，但在预测随机或失常事件时却极具挑战。事实上，真正的随机或失常事件往往是不可预测的。

## 本章小结

（1）选择适合计划问题特点的计划方法和工具是编制可行且有效的组织计划的核心环节之一。计划的方法和工具很多，其中比较常用的方法有滚动计划法、网络计划法、运筹学法、盈亏平衡法等。

（2）滚动计划法适用于计划期较长、不确定性因素多的计划问题；在为一次性的大规模工程项目以及生产周期较长的单件小批量生产类型企业编制计划中，运用网络计划法能够取得良好效果；采用运筹学方法编制组织计划时，关键在于能否建立适合计划问题特点的有效模型；针对动态和复杂多变的经营环境，脚本计划等一些新的计划技术得到了发展。

计划工作的方法和工具思维导图

## 本章思考题

1. 滚动计划法有什么特点？并结合实际问题来制订一个五年计划。
2. 绘制网络图过程中应注意哪些问题？
3. 网络计划法应用过程中，其关键路线的确定有何重要意义？
4. 网络计划的优化和调整应遵循哪些基本原则？
5. 盈亏平衡分析在计划工作中的作用有哪些？
6. 运用运筹学法编制组织计划时，可以分为哪些基本步骤？
7. 建立运筹学模型过程中，建模的方法和思路有哪些？
8. 脚本计划的优势体现在哪些方面？

本章拓展阅读

# 8 计划职能中的战略问题



战略指明了组织的发展方向，是对组织长期的、全局性的、根本性的谋划，是管理计划职能的核心内容。计划工作通常在战略方针的指引下进行，并围绕战略目标的实现展开。战略管理涉及几乎所有的基本管理职能，意味着组织战略贯穿于计划、组织、执行和控制等各项职能之中。本章将聚焦于计划职能中的战略议题，而非全面探讨战略管理的所有内容。

## 8.1 战略概述

战略主要关乎组织长期的发展方向与界定的发展领域，在理想情境下，它应确保组织资源与环境变化之间达成动态平衡，以促成组织目标的达成。鉴于其涵盖众多关键管理决策，战略管理日益成为组织管理者关注的焦点。当下，战略管理的应用已不再局限于营利性企业，而是广泛渗透至政府机构、医疗机构及其他非营利组织。为更精确地阐述战略的核心意义，本节将着重探讨企业层面的战略，并在开篇即对战略计划与战术计划进行对比分析。

### 8.1.1 战略计划与战术计划

战略计划与战术计划是依据对企业经营范围的影响程度及时间跨度不同而进行区分的两种计划类型。

**1. 战略计划**

战略计划是企业对未来活动的总体指导原则、目标和战略方案的规划。它基于对未来内外环境变化的预见，预先安排企业各项活动。战略计划的特点包括：①时间跨度长：涉及企业长期的发展历程；②范围广：尤其是核心经营理念，对企业有深远影响；③内容抽象：主要确定企业应做什么（Do What）及为何做（Why Do That），不具有直接可操作性；④不确定性大：由于前提条件的不确定，执行过程与结果也往往充满变数。

**2. 战术计划**

战术计划是在战略计划指导下，关于企业如何具体运作的计划。它详细规定了实现经营目标的具体方案和细节，特点包括：①时间跨度短：覆盖较短的时间段；②范围窄：专注于特定领域或项目；③内容具体：明确何时（When）、何地（Where）、由何人（Who）通过何种方法（How）使用多少资源（How Much）来执行（Do That），具有可操作性；④不确定性低：相对容易把握和实施。

对二者比较可以看到，战略计划是指向性的，虽然抽象且受不可预见性制约，但它是制订战术计划的重要基础。若没有正确的战略指导，战术计划可能看似明确，实则可能不切实际或导致企业长期失败。二者相辅相成，共同构成企业完整的计划体系。

决定不同类型计划有效性的因素，主要有组织的规模和管理层次、所经营业务的产品寿命周期和环境的不确定性等。首先，现在的企业规模越来越大，而管理层次则趋向于扁平，体现出柔性；其次，由于技术飞速发展，竞争日益激烈，产品的寿命周期日趋缩短，很多企业为了保持技术优势，避免潜在竞争者的进入，更是采用了产品成长期自我淘汰的做法，以设置进入障碍；再次，进入21世纪后，以互联网、生命工程、新材料工程等为代表的新技术确立，加之国际政治、经济格局的演变，乃至中国经济的持续高速发展等，都使得企业的经营环境处于前所未有的不确定之中。在这样的形势下，企业的战略计划就显得尤为重要。

## 8.1.2 战略管理过程

简单的战略管理过程见图8-1。战略管理主要包括战略制定、战略实施和战略评价三个过程。其中，战略的制定主要体现计划的职能，本节将重点介绍。

**1. 确定组织愿景和使命**

在当今商业环境中，众多组织已认识到制定愿景陈述（Vision Statement）的

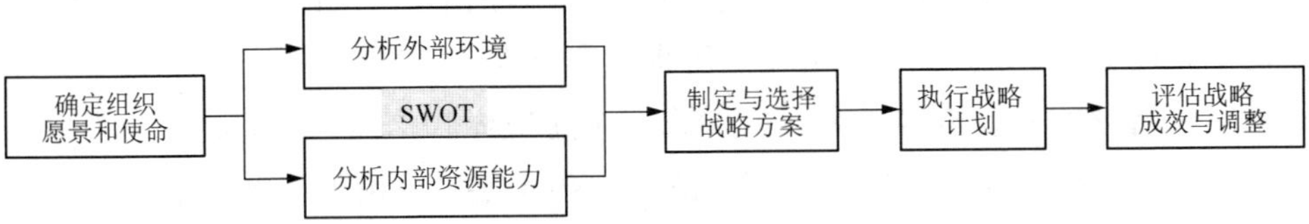


**图 8-1　战略管理过程**

重要性。愿景陈述简洁而有力地回答了“我们要成为什么样的组织”这一核心问题，常被视为战略计划制订的首要步骤。它通常以一句精炼的话语，勾勒出组织对未来的宏伟蓝图。

与愿景陈述相辅相成的是使命陈述（Mission Statement），它界定了组织与其他同类机构之间的根本差异，明确了组织的服务范围和服务对象，回答了“我们的业务是什么”的关键问题。使命陈述可以从多个维度进行阐述，为组织提供了清晰的方向和定位。

对于战略制定者而言，明确组织的愿景和使命是至关重要的，它们为组织的未来发展奠定了坚实的基础。

**2. 分析外部环境和内部资源能力**

管理者必须学会对环境进行分析的方法。就战略制定而言，管理者分析环境的目的是评估环境的机会和组织面临的威胁。机会（Opportunities）是外部环境中的有利因素，威胁（Threats）是负面的趋势。必须认识到，并不是所有的机会都能让组织抓住，组织经常会在某种程度上受到它所拥有的资源和能力的限制。组织的机会见图 8-2。内部分析提供了关于组织特定资源和能力的重要信息。组织擅长的活动或专有的资源构成组织的优势（Strengths），组织不擅长的活动或非专有的资源构成组织的劣势（Weaknesses）。

将外部环境的机会和威胁与组织内部的优势、劣势结合起来分析的方法通常称为 SWOT 分析。利用 SWOT 分析组织可以更好地找准自身的定位。

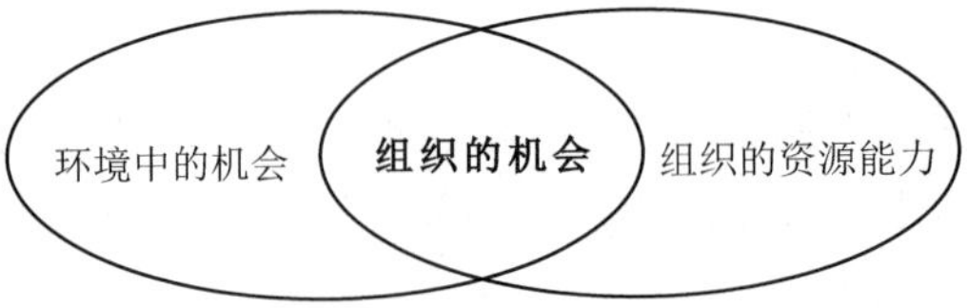


**图 8-2　组织的机会**

**3. 制定与选择战略方案**

战略构造阶段涉及备选战略方案的制定与甄选。战略体系通常涵盖三个层面：公司层战略、业务层战略以及职能层战略。公司层战略关注组织整体的发展方向和资源配置；业务层战略聚焦于特定业务单元的竞争策略；职能层战略则细化至各部门如何支持整体战略目标的实现。通过综合考量，组织需拟定多个备选方案，并依据内外部环境分析，选择最符合组织长远发展的战略路径。

**4. 执行战略计划**

战略计划被制订之后的关键在于实施。没有有效地被执行，再完美的战略计划也只是空中楼阁。战略计划的成功实施要求组织上下一心，将战略计划转化为具体行动，确保每一项决策、每一项工作都与战略目标紧密相连。通过有效执行，组织能够将战略蓝图变为现实成果，实现组织的长期发展目标。

**5. 评估战略成效与调整**

战略管理的最后一个环节是对战略成效的评估与调整。这一步骤旨在通过客观的数据分析和反馈机制，衡量战略实施的效果，判断战略是否达到了预期目标。若评估结果显示战略存在偏差或未能达到预期效果，组织需及时作出调整，修正战略方向或优化实施策略。战略管理是一个动态循环的过程，通过不断评估与反馈，组织能够持续优化战略，确保其在复杂多变的市场环境中保持竞争力。

### 8.1.3 战略的层次

在企业战略管理的框架内，特别是针对大企业或多业务经营的企业，战略往往呈现出多层次的特点，以适应企业内部的权力结构和业务布局。一般而言，战略可划分为三个核心层次：公司总体战略、经营业务单位竞争战略以及职能或运营战略（表 8-1）。

**表 8-1　战略层次及研究对象、研究内容**

| 战略层次 | 研究对象 | 研究内容 |
| --- | --- | --- |
| 公司战略 | 组织，由相对独立的战略业务单位组成 | 组织存在的基本逻辑关系或基本原因（从结构和财务角度来考虑总体资源的配置）<br>回答问题：我们应该做什么业务？我们怎样管理这些业务？ |

（续表）

| 战略层次 | 研究对象 | 研究内容 |
| --- | --- | --- |
| 竞争战略 | 业务层次或产品/市场战略单位 | 产品或服务在市场上的竞争问题<br>回答问题：我们的目标市场是什么？我们要与哪些产品竞争？在这些市场上，我们如何实现可持续的竞争优势？ |
| 职能或运营战略 | 职能部门或业务流程 | 竞争战略在职能层次上的分解<br>回答问题：在实施竞争战略的过程中，公司各个部门或各种职能应该发挥什么作用？（如：市场营销战略、财务战略、人力资源战略） |

**1. 公司总体战略**

公司总体战略，作为最高管理层的行动指南，奠定了组织存在的基本逻辑和资源配置的总体框架。它着眼于组织的整体发展方向，明确企业应当涉足哪些业务、如何管理这些业务，并从结构和财务角度规划资源的配置。此战略层次主要解答以下问题：公司的核心理念是什么？应进入或退出哪些行业？如何在各业务单元间分配资源？是否进行业务扩张或多元化？是否推进国际化？是否通过并购实现增长？等等，这些都是关乎公司总体经营方针、目标、成长路径与愿景的关键决策。

**2. 经营业务单位竞争战略**

经营业务单位竞争战略聚焦于特定产品或服务在市场上的竞争态势，旨在某一行业或细分市场中确立企业的市场地位和发展策略。该层次战略需明确：在目标市场中，企业应重点发展哪些业务？与哪些竞争对手抗衡？如何分配资源以维持竞争优势？如何确保战略目标的持续实现？等等，从而为企业在激烈的市场竞争中指明方向。

**3. 职能或运营战略**

职能或运营战略是为了支撑和推动公司总体战略及经营业务单位竞争战略的有效实施，而在企业各职能部门或业务流程层面制定的具体战略。它旨在明确各部门或流程在实现公司短期目标或阶段性目标中的具体职责和要求，确保战略落地。此层次战略需回答：在实施竞争战略的过程中，各职能部门或流程应如何协同作战？各自应承担哪些任务？如何确保战略目标的顺利达成？等等。从而增强企业的执行力和战略实施的精准度。

# 8.2 公司层战略

公司层战略确定公司应该从事什么事业，以及希望从事什么事业。描述公司层战略最常用的方法是大战略框架。SWOT 分析与大战略之间的关系示意如图 8-3 所示。

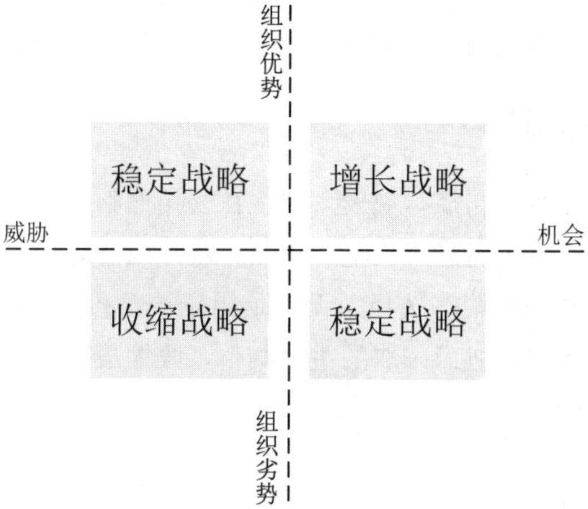


**图 8-3 SWOT 分析与大战略之间的关系示意**

## 8.2.1 公司稳定战略

稳定战略的特征是公司基本不进行重大的变革。这种战略的做法是通过提供同样的产品和服务持续不断地服务于同样的客户，保持市场份额，维持公司的投资回报率。当投资者对组织的绩效满意，并且所处环境相对稳定时，才可以用此战略。

## 8.2.2 公司增长战略

增长战略旨在扩大公司规模，其实现路径多样，包括以下几种：

（1）集中增长方式。集中增长方式，又称直接扩张方式，侧重于通过提升内部销售额、增加产能及扩大员工队伍来推动增长，而非依赖外部并购。此战略聚焦于原有业务的深化与拓展。

（2）纵向一体化方式。纵向一体化方式涉及对供应链上下游的控制，包括后向一体化（控制供应商）和前向一体化（控制客户），以实现公司业务的垂直整合与扩展。

（3）横向一体化方式。横向一体化方式是指通过并购同一行业内的其他企业，即整合竞争对手的业务来实现公司规模的横向扩张。

（4）非相关多元化方式。与上述主要基于相关业务的并购不同，非相关多元化方式通过收购或兼并不同行业、不同业务领域的公司来实现增长。其理论基础源自资产组合理论，旨在通过多元化投资降低风险并寻求新的增长点。

### 8.2.3 公司收缩战略

收缩战略旨在缩减公司经营规模，通常在公司面临危机、预测环境将发生重大变化或投资者战略调整时采用。重要的是，收缩战略并非消极应对，而是公司在面对挑战时的一种积极策略选择。无论是出于调整投资方向、应对环境变化，还是因公司自身劣势或危机而采取的主动调整，收缩战略都体现了公司对未来发展的深思熟虑与灵活应对。

## 8.3 业务层战略

在战略管理的学术领域中，业务层战略通常被视为与竞争战略同义。这一观念源自迈克尔·尤金·波特（M. E. Porter，1947— ）的竞争战略理论，他为此领域构建了坚实的框架。

### 8.3.1 M. E. Porter 的竞争战略框架

Porter 的竞争战略框架为管理者提供了三种基本战略选择，这些战略选择对于企业的成功至关重要。企业成功的关键在于所选战略与自身竞争优势及产业特性的精准匹配。其核心理念在于，正确的战略选择能够引领企业超越行业平均水平，实现更高的盈利性。Porter 的另一大贡献在于，他深入阐述了管理者如何构建并维持竞争优势。这种优势是企业获取超额利润的关键。而建立竞争优势的关键步骤之一，便是进行深入的产业分析。

Porter 指出，任何产业中都存在五种基本的竞争力量，它们共同塑造了产业的竞争环境，并决定了产业的吸引力和盈利潜力。管理者应运用以下五个关键因素来全面评估产业的吸引力，参见图 8-4。

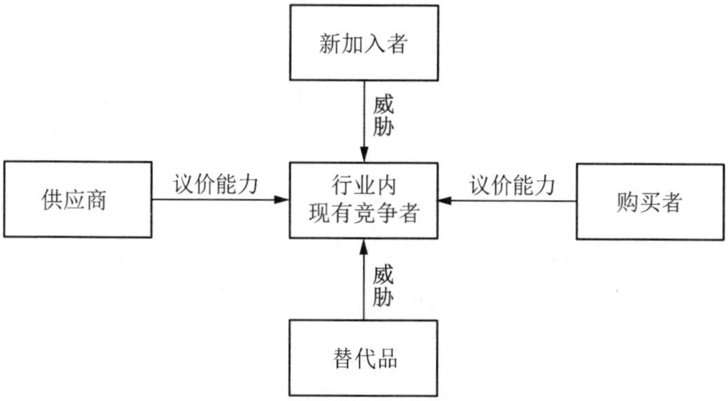


**图 8-4 Porter 产业内的五种竞争力量**

（1）新加入者的威胁：新加入者的威胁程度由多种因素决定，包括规模经济性、品牌忠诚度和资本规模等。这些因素共同构成了新竞争者进入产业的壁垒，影响着产业的竞争格局和潜在竞争者的加入意愿。

（2）替代威胁：替代威胁的大小取决于转换成本和购买者的忠诚度。当顾客能够轻易找到替代品，且转换成本较低时，替代威胁增大。反之，若顾客对原产品忠诚度较高，转换成本高昂，则替代威胁相对较小。

（3）购买者的议价能力：购买者的议价能力受顾客数量、信息掌握程度及替代产品可获得性等因素影响。当购买者数量众多、信息透明度高且替代产品丰富时，其议价能力增强，对产业内企业构成压力。

（4）供应商的议价能力：供应商的议价能力取决于其集中度、替代输入的可获得性等因素。高度集中的供应商或缺乏替代输入的供应商通常具有较强的议价能力，能够对企业施加更大影响。

（5）现有竞争者：产业内现有企业之间的竞争强度受产业增长率、需求变化及产品差异等因素影响。快速增长的产业、需求稳定或增长以及产品差异化程度高的市场，通常竞争更为激烈。

### 8.3.2 竞争战略的选择与实施

管理者在评估了五种竞争力量后，需选择适当的竞争战略。根据 Porter 的观点，企业应选择能够带来竞争优势的战略，即成本领先战略、差异化战略或聚焦战略。战略选择应基于组织的优势和核心能力，以及竞争对手的劣势。

（1）成本领先战略（Cost Leadership Strategy）。成本领先战略旨在成为产业的低成本生产者。企业通过提高生产效率、降低营销成本等方式，力求在各个环节保持低成本优势。此战略要求企业具备高效的生产和运营能力，以及严格的成本控制。

（2）差异化战略（Differentiation Strategy）。差异化战略强调提供与众不同的产品，以满足顾客独特需求。企业需通过创新设计、优质服务、卓越品牌形象等方式，形成与竞争对手的显著差异。此战略要求企业具备强大的研发能力和品牌塑造能力。

（3）聚焦战略（Focus Strategy）。前两种竞争战略寻求在广阔市场上的竞争优势，但是聚焦战略的目的是在狭窄的市场区隔上寻求成本优势（成本聚焦），或者差异化优势（差异化聚焦）。换言之，聚焦战略旨在狭窄的市场区隔或特定顾客群上寻求竞争优势。企业选择特定市场进行深耕，通过满足特定需求实现成本领先或差异化。此战略适用于小型企业，因其资源有限，需集中力量于特定领域。

如果组织不能够开发出成本优势或差异化优势，将会是一种什么状况？Porter 用“徘徊其间”（Stuck in the Middle）的术语来描述这类组织，这些组织发现，要获得长期成功是很困难的。成功的组织经常会陷入困境，原因是它们脱离了原来的竞争优势，徘徊在两种典型的战略之间。但是相关研究也表明，兼具低成本和差异化优势并非不可能。企业可通过持续创新、优化流程等方式，实现成本与差异化的双重优势，从而获得更高绩效。这要求企业具备强大的综合能力和灵活的战略调整能力。

## 8.4 职能层战略

职能层战略的核心目标在于确定如何有效地支持业务层战略的实施。

### 8.4.1 职能层战略与业务层战略的协同

在传统的组织结构中，各部门通常按职能进行划分，如制造、营销、人力资源、研究与开发以及财务等。这些职能部门在制定自身战略时，必须确保与业务层战略保持高度一致，以形成协同效应。

### 8.4.2 各职能部门战略的支持作用

（1）制造部门：需制订高效的生产计划，确保产品质量和成本控制，以满足事业层战略对产能和成本的要求。

（2）营销部门：需制定精准的市场推广策略，提升品牌知名度和市场份额，以支持事业层战略的市场拓展目标。

（3）人力资源部门：需招聘、培养和激励符合事业层战略需求的人才，构建高效团队，为战略实施提供坚实的人力资源保障。

（4）研究与开发部门：需持续创新，研发符合事业层战略方向的新产品和服务，为企业的长期发展注入动力。

（5）财务部门：需合理规划资金，确保事业层战略所需的资金投入，并监控财务状况，确保战略实施的财务稳健性。

综上所述，职能层战略在支持业务层战略方面发挥着至关重要的作用。各职能部门需紧密协作，确保自身战略与业务层战略的高度契合，共同推动企业战略目标的实现。

## 本章小结

（1）本章探讨计划职能中的战略问题，并非涵盖战略管理的全部内容。战略主要涉及组织的长期发展方向和发展范围，在理想状态下，它应该使组织的资源和变化中的环境相匹配来实现组织的目标。

（2）战略计划是关于企业活动的总体指导原则、总体目标和战略方案的计划，是企业基于对未来内外条件发生变化的预见，对企业各项活动做出的预先安排。战术计划是在战略计划的指导下，关于组织如何具体运作计划，主要是用来规定企业如何实现其经营目标的具体实施方案和细节。

（3）在大企业或多业务经营的企业中，通常包括三个层次的战略，即公司总体战略、经营业务单位竞争战略和职能或运营战略。公司的大战略包括稳定战略、增长战略和收缩战略。

（4）Porter 认为产业内存在五种竞争力量：新加入者的威胁、替代威胁、购买者的议价能力、供应商的议价能力以及现有竞争者。成本领先战略、差异化战略和聚焦战略是三种基本的竞争战略。

(5) 职能部门在制定自身战略时，要确保职能层战略与业务层战略的协同。

计划职能中的战略问题思维导图

## 本章思考题

1. 什么叫战略?

2. 什么叫愿景陈述和使命陈述，请举例说明。

3. 战略计划和战术计划有哪些区别?

4. 企业的战略包括哪三个层次?

5. Porter 的三种竞争战略内容是什么?

6. 互联网和人工智能的发展导致了“跨界”“破界”和“无界”的竞争，如何认识这方面的变化对组织战略的影响?

本章拓展阅读

# 9 决策



决策过程是计划工作的核心组成部分，它不仅贯穿于计划职能之中，还深度融入组织、领导与控制等各项管理职能之内。这是由于决策问题在各管理职能领域中均普遍存在。通常而言，决策过程由四个基本步骤构成：首先是确定问题，接着进行分析，然后制定备选的解决方案，并最终作出决策选择。然而，若要确保管理决策能够有效助力组织目标的达成，还应当增添第五步“执行决策”，以及第六步“反馈控制”。

## 9.1 决策问题概述

### 9.1.1 决策问题的三种类型

组织面临的决策问题可归纳为以下三类：战略决策、管理决策与业务决策。

（1）战略决策。战略决策是组织为与外界不断变化的环境保持动态平衡而作出的决策，主要聚焦于组织的长期发展和全局性议题。

（2）管理决策。管理决策旨在贯彻执行组织的战略决策，涉及对组织内部人力、财力、物力等资源的调配或结构调整。

（3）业务决策。业务决策旨在提升组织的业务效率，通常涉及库存控制、销售管理、生产进度等日常运营中的具体决策。

战略决策、管理决策与业务决策三者之间紧密相连，并无严格界限。在实践中，这三类决策往往对应组织的三个管理层级：最高管理层、中层管理层和基层管理层。最高管理层主要关注战略决策；中层管理层兼顾战略与管理决策，且更侧重于管理决策；而基层管理层则主要聚焦于业务决策。图 9-1 直观展示了决策问题类型、组织层级之间的关系。显然，应根据问题的性质、发生频率及确定性程度，合理确定由哪一管理层级来制定相应决策。

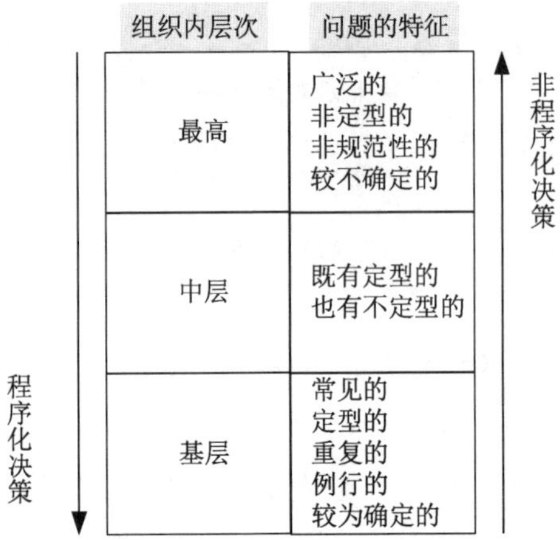


**图 9-1　决策问题的类型**

## 9.1.2　决策问题的四个要素

**1. 决策者**

决策者既可以是单独的个人，也可以是多人组成的群体，分别对应个人决策与群体决策。个人决策的优势在于责任明确且决策迅速，但可能因个人偏见导致优柔寡断或专横独断。优柔寡断者往往顾虑重重，缺乏主见；而专横独断者则可能过度自信，忽视他人意见，行事冲动。因此，优秀的决策者需具备广博的知识、丰富的经验及敏锐的判断力。

群体决策则能汇聚集体智慧，减少个人主观性和片面性，但其缺点也不容忽视：决策过程可能冗长、易受权威影响、意见分散或倾向折中。为确保群体决策的有效性，应营造开放、平等、自由的讨论氛围，并由组织者巧妙引导，确保群体智慧得以充分发挥。

**2. 决策目标**

决策目标是组织期望达成的具体成果，是决策方案的终点，也是评估决策效果的标准。决策过程即围绕如何达成这一目标展开，因此明确、正确的决策目标至关重要。若目标设定有误或模糊不清，将直接导致决策方向偏离正轨。

**3. 自然状态**

自然状态指的是决策实施所处的外部环境与内部条件，这些因素独立于决策者意志之外，如市场需求、原材料价格、气候条件、利率水平等。自然状态可分为外部环境和内部环境两大类。外部环境包括顾客需求、供应链状况、市场竞争、社会环境及技术进步等，内部环境涵盖财务状况、管理效能、人力资源、组织结构等方面。决策者需全面评估这些内外因素，以确保决策方案的周全与可行性。

**4. 决策方案**

决策问题至少应包含两个或多个可行的行动方案，这些方案相互独立、可替代，旨在实现决策目标。决策方案又称备选方案，是决策者根据目标要求精心设计的多种可能路径。通过比较和分析这些方案，决策者能够选出最优解，以达成组织目标。

## 9.2 决策过程

决策过程是一个系统而有序的流程，包含以下六个关键步骤：明确目标与问题、分析信息资料、制定备选方案、选择决策、执行决策和反馈控制。

### 9.2.1 明确目标与问题

决策的首要任务是确立清晰的目标，并识别出阻碍目标实现的具体问题。目标为决策提供了方向，而问题的准确识别则是制定有效决策的前提。决策者需深入剖析问题本质，避免被表面现象所迷惑。多问“为什么”是一个揭示问题根源的有效方法，它能帮助决策者透过现象看本质，从而确保后续决策的正确性。

### 9.2.2 分析信息资料

在明确问题后，决策者需全面分析相关信息资料。这一过程可能涉及两种情况：一是问题属于已知范畴，可直接利用现有政策或经验进行分析；二是问题新颖复杂，需搜集新信息以支持决策。为确保决策信息的准确性和完整性，建立高效的信息系统和数据库至关重要。

### 9.2.3 制定备选方案

针对识别出的问题，决策者需制定多个备选方案。在制定方案过程中，需充分考虑技术、人力、财力、法律、社会习惯等多重限制因素，确保所制定的方案均具备可行性。

### 9.2.4 选择决策

在多个备选方案中选出最优解是决策过程的核心环节。决策者需综合考虑方案对目标实现的贡献度、经济效益以及实施难度等因素，通过对比分析作出选择。在选择决策时，可依据以下三个标准进行评估：

（1）目标一致性：所选方案是否有助于实现既定目标。

（2）经济效益最大化：在可行方案中，是否能最大限度地利用资源并取得最佳经济效果。

（3）实施可行性：方案是否易于实施，并具备明确的执行计划。

### 9.2.5 执行决策

决策的最终价值在于其能否有效实施并达成目标。在执行过程中，决策者需确保计划内容能被严格执行，并密切关注实施效果。

在实施决策的过程中，还会出现一些新问题。决策者必须不断地搜集实施决策的有关信息，检查方案的效果。如果在实施决策的过程中没有达到预期的效果或目标，则必须及时加以修正；反之，决策的实施过程就是目标逐步实现的过程。

### 9.2.6 反馈控制

在实施决策的过程中，管理者要持续收集反馈信息，及时发现并纠正偏差，确保决策目标的顺利实现。同时，反馈控制也为后续决策提供了宝贵经验和数据支持。

## 9.3 决策方法

决策的执行结果往往在未来显现，因此决策者在选择决策时难以确切预知各方案未来的具体效果。根据决策者对方案未来结果预测的确定性程度，决策的类型可被划分为确定型决策与非确定型决策两大类，具体内容如下所述。

## 9.3.1 决策的类型

**1. 确定型决策**

确定型决策指的是在决策问题中仅存在一种已知且确定的自然状态，从而能够明确预测方案未来的结果。此类决策的约束条件清晰明确，可用数学模型进行描述，问题中的各变量及其相互关系均可量化，进而构建出可求解最佳解的目标函数。通过运用运筹学等数学方法，即可求得该问题的最优解。例如，企业组织中的生产计划、资源分配、库存管理等，在确定性条件下进行的决策均属于确定型决策。由于确定型决策的方法相对成熟且选择过程较为直观，因此在实际应用中颇为广泛。

**2. 非确定型决策**

非确定型决策指决策问题中存在两种或两种以上的自然状态，且这些自然状态的发生具有不确定性，难以准确预测。由于这种不确定性，决策者难以找到绝对的最佳方案，而只能寻求相对满意或可行的决策方案，因此非确定型决策也被称为满意决策。在企业组织中，新产品的研发、预算的制定、综合生产计划与市场计划的制定等，均带有非确定型决策的特点。

非确定型决策可进一步细分为以下三类：

竞争型决策（博弈）：当决策问题的自然状态表现为具有理智和策略性的竞争对手时，此类决策被称为竞争型决策或博弈。

风险型决策：若决策问题的一方为自然状态，且该自然状态发生的概率能够确定或估算，则此类决策被称为风险型决策。

完全不确定型决策：当决策问题的一方为自然状态，但该自然状态发生的概率完全无法确定或预测时，此类决策被称为完全不确定型决策。

## 9.3.2 竞争型决策

竞争型决策又称博弈，是根据竞争对手的策略来确定对策的决策过程。博弈模型可以根据参加对抗局中人的数目分为两人博弈和多人博弈；可按参加对抗局中人的策略集合元素是有限的还是无限的，将博弈分为有限博弈和无限博弈；可根据一局博弈结束后，各方赢得的总和分为常数和博弈、零和博弈与非零和博弈；还可根据数学模型类型将博弈划分为矩阵博弈、微分博弈等。由于在选择博弈时受到多种因素的影响，博弈模型往往是相关联的。

**1. 博弈现象的基本要素**

各种博弈现象都有三个最基本的要素，即局中人、策略和赢得。

(1) 局中人。有权决定自己行动的竞争参加者，称为局中人。在研究博弈问题时，一般把那些利益一致的参加者们看成一个局中人。博弈现象可以按局中人的数目分为两人博弈和多人博弈。并且，可根据局中人之间是否结盟、合作而分为结盟博弈（局中人的行动目的是得到最大的结盟团体赢得）和不结盟博弈（局中人的行动目的是得到尽可能大的个人赢得）、合作博弈（容许局中人互通信息、协调对策）和非合作博弈（局中人不得互通信息和协调对策）等。

(2) 策略。局中人能够采取的对付竞争对手的一个行动方案，称为一方策略。一个局中人能够采取的策略的总和称为策略集合。决策问题至少存在两个可以达成目标的行动方案，自然每个局中人就有不少于两个不同的策略。如果局中人任意地从全部策略集合中选取一个策略进行博弈，称为纯策略；而局中人根据一定的概率值从全部策略中选取的策略，称为混合策略。如果在一个博弈中各局中人都只有有限个策略，称为有限博弈，否则称为无限博弈。

(3) 赢得。赢得就是一局博弈的得失，也称支付。赢得可以是物质、金钱的收入和支出，或者是为了对某种博弈结果作出记录而规定的一种记法。如一场足球赛规定赢者得三分，平局各得一分，输者得零分。这样规定的记分就是赢得。每一局中人在一局博弈结束时的赢得，与全体局中人所选择的策略组成的策略组有关。这样的策略组称为局势，赢得是局势的函数，所以称为赢得函数、支付函数或得失函数。在博弈中，如果在任一局势中全体局中人的赢得的代数总和等于零，那么称此博弈为零和博弈。如赢得的代数和为某个常数，则称为常数和博弈或非零和博弈。

**2. 部分博弈模型简介**

(1) 两人博弈。博弈中，局中人只有两人，即为两人博弈。两人博弈中，如果一方所得即为另一方所失，则称为两人零和博弈；如果两个局中人在任何局势下的赢得值的代数和不等于零，也不等于某个常数，则称为两人非零和博弈。在两人零和博弈中，双方利益直接冲突，没有合作的可能。而在非零和博弈中，通过对赢得矩阵的分析，如果博弈双方都感到商谈合作对双方都是有利的，就有可能找到一个合作解。如果博弈双方中一方占有优势，就有可能威胁对方接受某种安排，得到一个博弈解，叫作威胁解。由于受到威胁的一方得益较少，不安于现状，所以威胁解往往是一种不稳定解。

（2）多人博弈。当博弈中，局中人是两个人以上时，称为多人博弈。多人零和博弈与两人零和博弈之间的不同点在于，两人博弈利害是对立的，而多人博弈单纯利益对立已不是问题的核心。在一个多人零和博弈里，一个局中人的行动方案可能只对他自己有利，也可能对一些局中人有利，从而对另一部分局中人不利。在这种情况下，多人博弈不可避免地会出现结盟的情况。因此，讨论多人博弈时，对局中人之间可能有怎样的结盟，必须进行讨论。首先要研究是否存在选择建立共同利害关系行动的可能性；其次是选择结盟者，虽然结盟能增加共同赢得，但如果制定的分配共同赢得的方案不合适，也会引起结盟的破裂；最后是讨论分配问题，也就是旁支付问题。所谓旁支付，是指一些局中人由于某种合作关系（如结盟）而相互给以报酬性的支付。比如，局中人甲拿出一部分赢得交给局中人乙作为对他支持自己方案的报酬。

## 9.3.3 风险型决策

当决策问题存在着两种以上的自然状态，而各自然状态发生的概率均能被准确知道时，则称为风险型决策，亦称统计性决策或随机性决策。

风险型决策是常见决策问题之一，因而决策方法有很多。根据决策标准与所使用方法的不同，可分为以期望值为标准的决策方法、以最大可能性为标准的决策方法、以优势原则为标准的决策方法、以意愿水准原则为标准的决策方法以及决策树方法。此外，还有马尔可夫决策法、模拟决策法、动态规划决策法等。

**1. 以期望值为标准的决策方法**

这一决策方法是以决策损益矩阵为基础，分别算出各个方案在不同自然状态下的损益期望值，从中选出收益期望值最大或损失期望值最小的方案作为最优方案。

决策损益矩阵如表9-1所示。表中（$A_1$，$A_2$，…，$A_m$）表示决策方案（即可行的备选方案）；（$S_1$，$S_2$，…，$S_n$）表示自然状态，即各备选方案在执行中可能遇到的种种状况，这些自然状态常常是随机的，不受人们主观愿望控制；（$P_1$，$P_2$，…，$P_n$）表示自然状态发生的概率，根据对未来事态发展的预测和历史记录资料的研究来确定，它是主观概率；（$O_{11}$，$O_{22}$，…，$O_{mn}$）表示损益值，是根据各方案在不同自然状态下的资料，通过计算求得的。

表 9-1　决策损益矩阵

| 自然状态 | | $S_1$ | $S_2$ | $S_j$ | $S_n$ |
|---|---|---|---|---|---|
| 概率 | | $P_1$ | $P_2$ | $P_j$ | $P_n$ |
| 决策方案 | $A_1$ | $O_{11}$ | $O_{12}$ | $O_{1j}$ | $O_{1n}$ |
| | $A_2$ | $O_{21}$ | $O_{22}$ | $O_{2j}$ | $O_{2n}$ |
| | ⋮ | ⋮ | ⋮ | ⋮ | ⋮ |
| | $A_i$ | $O_{i1}$ | $O_{i2}$ | $O_{ij}$ | $O_{in}$ |
| | ⋮ | ⋮ | ⋮ | ⋮ | ⋮ |
| | $A_m$ | $O_{m1}$ | $O_{m2}$ | $O_{mj}$ | $O_{mn}$ |

**2. 以最大可能性为标准的决策方法**

这一决策方法是以出现可能性最大（即概率值最大）的自然状态为决策根据，然后选择一个在此种自然状态下收益值最大（或损失值最小）的方案为最优方案。这样就变为只有一种自然状态的确定性问题。由于该种自然状态出现的可能性大，所以该最优方案实现的机会也大。显然，当某种自然状态发生的概率显著高于其他状态，且各自然状态下的收益值相差不太大时，应用这一方法比较合适。而在自然状态数目较多，其概率值相差较小，且各方案在不同自然状态下的收益值又相差悬殊时，则不宜采用这种决策方法。因为在这种情况下，应用这一决策方法可能出现较大的误差。

**3. 以优势原则为标准的决策方法**

当决策问题有非常多的备选方案时，为简化决策过程的有关工作，可预先采用优势原则的决策方法对方案进行初选。初选时依次将两方案进行比较，如果在每种自然状态下，甲方案的收益值均大于乙方案，则称甲方案具有优势而舍弃乙方案（劣案）；如果甲、乙两方案比较，彼此只是有局部优势，则需要拿丙方案与甲方案进行比较。这样两两比较、舍弃劣案，就可以减少方案的数目，从而达到简化决策过程的目的。

**4. 以意愿水准原则为标准的决策方法**

这种决策方法是根据决策者所拥有的资源条件或组织目标，对方案损益值定出一个最高（如投资水平）或最低（如利润或产出水平）的限制。凡超过这一限额水平的方案，都作为劣案而舍弃。这样就可以根据决策者客观的实际情况，有效地压缩备选方案的数目，从而达到简化决策过程、提高决策工作效率的目的。

**5. 决策树方法**

上述四种风险型决策方法中，第一种以期望值为标准的决策方法最常用，在遇到多阶段决策问题时常以树枝图形辅助，称之为决策树。决策树示意如图 9-2所示，其由决策点、方案枝、概率点、概率枝顺序延伸而成，最右端是损益值。进行决策计算时，从右至左，先算出各个概率点的损益期望值，并分别标注在各概率点上，然后比较各损益期望值的大小，选出最佳方案。将所选最佳方案的损益期望值移注在该决策点上，舍弃的方案枝上注修枝号“ + ”，表示该方案被舍弃，至此这一阶段的决策过程就算完成。如果是多阶段决策问题，再依此步骤顺序进行决策。

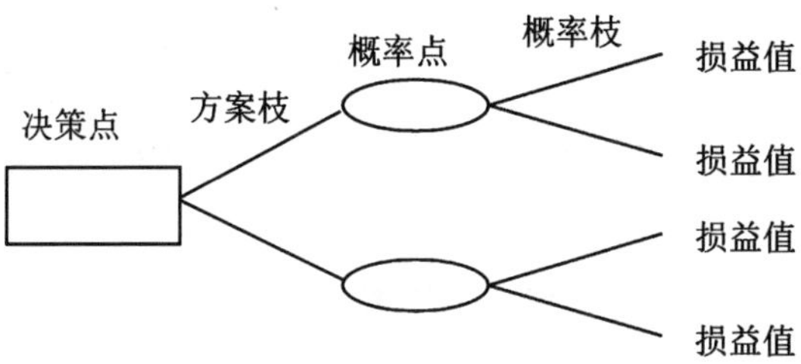


**图 9-2　决策树示意图**

假定某企业为生产一种新产品，需对设备进行改造。方案一是对设备进行全面改造，需投资 3 万元，使用期限为 10 年。经预测今后 10 年内该新产品销路好的概率为 0.7，差的概率为 0.3，其损益值见表 9-2。方案二是前 3 年对设备进行部分改造，需投资 1.4 万元，如销路好则后 7 年再投资 2 万元进行全面改造，全面改造后每年可盈利 9 500 元。如何进行方案选择呢？可按给出的已知条件作树枝图，见图 9-3。经运算，方案二比方案一有益。可以看出，决策树不仅反映出整个决策运算过程，而且比较形象，思路清晰，便于集体讨论与研究，并作出正确决策。所以，决策树方法在进行决策分析中应用甚广。

**表 9-2　　决策方案的损益值**

| 自然状态下的概率 | | 销路好 | 销路差 |
|---|---|---|---|
| | | 0.7 | 0.3 |
| 方案 | 全面改造 | 10 000 元 | -2 000 元 |
| | 部分改造 | 4 000 元 | 3 000 元 |

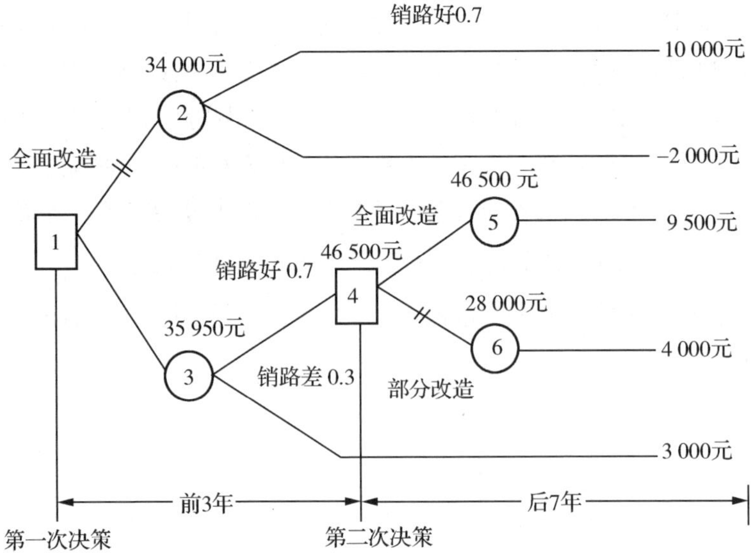


**图 9-3　决策树运算**

## 9.3.4　完全不确定型决策

当决策问题存在两种以上的自然状态，且各自然状态发生的概率不能确定时，称为完全不确定型决策。这种决策方法的判别准则有："小中取大"准则（最大的最小收益值准则）、"大中取小"准则（最小的最大后悔值准则）、"大中取大"准则（最大的最大收益值准则）、折中准则（乐观系数准则）、拉普拉斯准则（Laplace）（等可能准则或等概率准则）。

**1. "小中取大"准则**

"小中取大"准则亦称"最大的最小收益值准则"。其方法是首先找出各方案的最小收益值，然后取这些最小收益值中最大的方案作为最满意方案。如表 9-3所示一决策问题，按"小中取大"准则进行判断，$A_1$ 方案的最小收益值最大，可选为最优方案。

表 9-3 "小中取大"决策准则

| 方案 | 自然状态 | | | | 最小收益值 |
|---|---|---|---|---|---|
| | $S_1$ | $S_2$ | $S_3$ | $S_4$ | |
| $A_1$ | 4 | 5 | 6 | 7 | 4 |
| $A_2$ | 2 | 4 | 6 | 9 | 2 |
| $A_3$ | 5 | 7 | 3 | 5 | 3 |
| $A_4$ | 3 | 5 | 6 | 8 | 3 |

**2. "大中取小"准则**

"大中取小"准则亦称"最小的最大后悔值准则"。所谓后悔值，是指在某一自然状态下由于未采用相对的最优方案而造成的损失值。其方法是首先算出各方案在各种自然状态下的后悔值，并从中找出每一个方案的最大后悔值，然后取这些最大后悔值中最小的方案作为最优方案。将表 9-3 的决策问题按"大中取小"准则进行计算和判别，可得表 9-4，并可选择最大后悔值最小的方案 $A_1$ 和 $A_4$ 为最优方案。

"小中取大"准则与"大中取小"准则都是比较保守的或悲观的决策准则，只是二者的评价准则不同而已。

表 9-4 "大中取小"决策准则

| 方案 | 自然状态 | | | | 最大后悔值 |
|---|---|---|---|---|---|
| | $S_1$ | $S_2$ | $S_3$ | $S_4$ | |
| $A_1$ | 1 | 2 | 0 | 2 | 2 |
| $A_2$ | 3 | 3 | 0 | 0 | 3 |
| $A_3$ | 0 | 0 | 3 | 4 | 4 |
| $A_4$ | 2 | 2 | 0 | 1 | 2 |

**3. "大中取大"准则**

"大中取大"准则亦称"最大的最大收益值准则"。其方法是首先找出各方案的最大收益值，然后选择这些最大收益值中最大的方案作为最优方案。如表 9-5 所示，方案 $A_2$ 为最佳方案。这是一种乐观主义的决策准则。

表 9-5　　“大中取大”决策准则

| 方案 | 自然状态 | | | | 最大收益值 |
|---|---|---|---|---|---|
| | $S_1$ | $S_2$ | $S_3$ | $S_4$ | |
| $A_1$ | 4 | 5 | 6 | 7 | 7 |
| $A_2$ | 2 | 4 | 6 | 9 | 9 |
| $A_3$ | 5 | 7 | 3 | 5 | 7 |
| $A_4$ | 3 | 5 | 6 | 8 | 8 |

**4. 折中准则**

折中准则亦称“乐观系数准则”。其方法是首先根据历史资料和经验判断，确定一个乐观系数 $\alpha$，且 $0<\alpha<1$。若 $\alpha=0$，则是“小中取大”准则（悲观）；若 $\alpha=1$，则是“大中取小”准则（乐观）。

设 $C_{OVi}$ 代表第 $i$ 个方案的折中收益值，$Q_{i\max}$ 表示第 $i$ 个方案的最大收益值，$Q_{i\min}$ 表示第 $i$ 个方案的最小收益值，则方案折中收益值为

$$C_{OVi}=\alpha Q_{i\max}+(1-\alpha)Q_{i\min} \tag{9-1}$$

算出各方案的折中收益值，取折中收益值最大的方案为最优方案。若取 $\alpha=0.7$，则表 9-3 的决策问题经计算可得表 9-6，故选方案 $A_2$ 为最优方案。

表 9-6　　折中准则

| 方案 | 自然状态 | | | | 最小收益值 |
|---|---|---|---|---|---|
| | $S_1$ | $S_2$ | $S_3$ | $S_4$ | |
| $A_1$ | 4 | 5 | 6 | 7 | 6.1 |
| $A_2$ | 2 | 4 | 6 | 9 | 6.9 |
| $A_3$ | 5 | 7 | 3 | 5 | 5.8 |
| $A_4$ | 3 | 5 | 6 | 8 | 6.5 |

**5. 拉普拉斯准则**

拉普拉斯准则亦称“等可能准则”或“等概率准则”。其方法是由于缺乏资料或其他原因，难以对各自然状态发生的概率进行预测，则假定各自然状态的发生概率是均等的，于是可得表 9-7。经运算，方案 $A_1$ 和 $A_4$ 的期望收益值最大，

且方案 $A_1$ 的离散程度小，可选方案 $A_1$ 为最优方案。

**表 9-7　　拉普拉斯决策准则**

| 方案 | 自然状态及概率 | | | | 期望收益值 |
|---|---|---|---|---|---|
| | $S_1$ | $S_2$ | $S_3$ | $S_4$ | |
| | 0.25 | 0.25 | 0.25 | 0.25 | |
| $A_1$ | 4 | 5 | 6 | 7 | 5.50 |
| $A_2$ | 2 | 4 | 6 | 9 | 5.25 |
| $A_3$ | 5 | 7 | 3 | 5 | 5.00 |
| $A_4$ | 3 | 5 | 6 | 8 | 5.50 |

对于完全不确定型决策问题，当前在理论层面尚无法确切证实哪一种决策准则最为合理，同样，也尚未形成被广泛认可且统一的决策方法。因此，在实际操作中，选择何种准则往往带有较大的主观性和随意性，这一选择主要受到决策者个人倾向的影响。鉴于完全不确定型决策问题充斥着诸多难以预见的不确定因素，寻求一种确定无疑的解决之道或许并不切合实际。而恰恰是在这种充满不确定性的环境中，方能充分施展决策者的决策禀赋。在此背景下，前文提及的那些决策准则，作为辅助决策者进行判断和选择的工具，无疑具有十分重要的价值。

## 9.4 决策的人为因素

决策制定的过程颇为繁复，先前章节所阐述的决策步骤与方法均遵循逻辑顺序展开，带有显著的知识性特征。然而，在真实决策实践中，还存在诸多其他关键的人为因素不容忽视。例如，决策者的个人特质便是其中一组重要因素。同时，多数组织内的决策并非由单一个体独立完成。因此，我们可以将影响决策过程的人为因素合理划分为决策者个体特质因素与群体行为因素两大类。

### 9.4.1 个体因素

心理学的一个基本观点指出，人类的每一种可测量特性中均存在个体差异，决策过程亦不例外。这些差异在个体确定问题的方式、收集与分析相关数据的广度、制定备选方案的数量与多样性等方面均有体现。此外，个体差异还会决定最终选择方案的特点，并影响决策实施时的决断力与果断性。在众多影响决策过程的个人行为特征中，以下三个特征尤为关键：

**1. 对问题的感知**

将相同的客观信息呈现给不同经历的人，他们往往会从中感知到不同的问题，这是决策过程受影响的第一步。随后，个体可能会认为问题的某个方面比其他方面更重要，进而在评估备选方案时产生偏好。若在制定备选方案阶段过早地形成某方案优于其他方案的观念，其他方案可能无法得到充分发展。因此，个体对问题的感知会显著影响最终解决方案的质量。

**2. 信息处理与资料分析能力**

这包括个体处理与储存信息的能力、接受新信息的意愿、探索备选方案的积极性以及擅长分析或综合信息的能力等。这些个体行为特征对决策的最终选择产生深远影响。

**3. 个体价值系统**

个体价值观是指个体对周围事物是非、善恶及重要性的评价。它不仅在多个备选方案中作出最终选择时起到决定性作用，还在问题阐述阶段就发挥着关键作用。考察一个简单的决策过程：问题通常源于“为实现既定目标应采取何种行动?”的提问，而这一目标往往以个体在组织中的目标形式呈现。本质上，个体目标反映了个人认为何事最重要。个体对成就、成长或创新性追求，仅对持有这些价值观的人具有意义。组织的高层领导、部门主管等更有机会通过组织实现个人目标，而基层员工则较少有此类机会。因此，组织面临的问题及所作出的决策，均体现了领导者的个人价值观与目标。

## 9.4.2 群体因素

在组织架构中，决策的制定与执行往往非个人之力所能及，而是群体智慧的结晶。即便在特定情况下，决策责任被委托给某个个体，其执行过程也离不开团队的协作与支持，这凸显了团队合作的不可或缺性。群体参与决策，不仅影响着个人在决策过程中的角色与影响力，更带来了诸多优势与挑战，值得我们深入探讨。

**1. 群体参与制定决策的优点**

首先，群体决策汇聚了多元知识与经验。每位成员独特的专业背景与人生阅历，共同构成了团队丰富的知识库，为问题的精准识别与备选方案的全面构思提供了坚实基础。此外，这种知识互补性还有助于对决策方案进行更为严格的审视与评估。其次，群体参与增强了决策的执行力。当群体成员共同参与决策过程，他们对决策的理解与认同度显著提升，从而更愿意投身于决策的实施，提高了执行的效率与效果。

**2. 群体参与制定决策应避免的问题**

群体决策并非完美无缺。等级压力可能导致下级成员在决策中“随大流”，而非基于真实判断；多数人的意见往往压制了少数人的创新思路，限制了决策的多样性与深度；一致赞成的表象可能掩盖了对决策方案的深入剖析与比较；群体中还可能出现个人操控的现象，削弱团队的公正性与效率；成员间争论的焦点可能偏离决策本质，转而追求辩论的胜利；此外，群体决策往往耗时较长，可能影响决策的时效性。

**3. 对群体参与制定决策的评价**

群体决策具有两大特性：一是意见趋同现象，即极端意见倾向向中间立场靠拢；二是风险偏好提升，即群体可能更倾向选择风险较高的决策。这两大特性既可能促进决策的优化，也可能导致决策质量的下降。因此，如何平衡极端意见与中间立场，如何合理评估风险与收益，成为群体决策中的关键考量。

要充分发挥群体决策的潜力，群体领导者的作用至关重要。他们需具备营造开放、包容氛围的能力，鼓励每个成员贡献智慧；需帮助成员认清并协调个人与群体目标的潜在冲突；需引导决策讨论的深入进行，确保决策既高质量又符合组织目标。在实践中，群体领导者应如神经中枢般协调各方，激发团队潜能，共同为组织目标贡献力量。

## 本章小结

(1) 决策问题渗透于计划、组织、领导和控制等各项管理职能之中，依据组织的管理层次，由高至低可划分为战略决策、管理决策与业务决策。

(2) 决策问题的四个要素是决策者、决策目标、自然状态和决策方案。

(3) 管理的决策过程包括六个步骤，其中首要的任务是明确目标与问题，这一步骤关系到决策过程后续步骤的有效性和效率。

(4) 鉴于决策的实际后果往往在未来显现，决策者在作出选择时难以准确预见未来的自然状态，因此，决策方法被区分为确定型与非确定型两大类。非确定型决策方法进一步细分为三种：竞争型决策（依据竞争对手策略进行的决策）、风险型决策（能对未来自然状态出现概率进行一定估计的决策）和完全不确定型决策（无法预估未来自然状态出现可能性的决策）。

(5) 在实际决策实践中，人为因素的影响不容忽视，这一问题需从个体与群体两个维度进行探讨。

决策思维导图

## 本章思考题

1. 什么是战略决策、管理决策和业务决策？如何理解管理层次与决策问题类型的关系？

2. 决策者是个人或是群体，各有什么优缺点？

3. 为什么说决策目标极为重要？

4. 什么是决策问题的自然状态？对决策过程有何影响？

5. 什么是决策方案？

6. 决策过程中，明确问题时最容易犯什么错误？如何避免或减少犯这类错误？

7. 为什么决策问题的备选方案不止一个？

8. 如何判断决策方案的好坏？

9. 什么是博弈现象的基本要素？它们的含义是什么？

10. 两人零和博弈与两人非零和博弈有何区别？

11. 什么是多人博弈？多人零和博弈与两人零和博弈有何不同？

12. 某决策矩阵如表 9-8 所示，试采用以期望值为标准的决策方法选出最优方案。表中括号内的数字为各市场销售状况出现的概率。

**表 9-8　　期望值为标准的决策问题**

| 自然状态 | | 市场销售状况/元 | | | |
|---|---|---|---|---|---|
| | | 100 箱 (0.2) | 110 箱 (0.4) | 120 箱 (0.3) | 130 箱 (0.1) |
| 计划方案 | 100 箱 | 500 | 500 | 500 | 500 |
| | 110 箱 | 470 | 550 | 550 | 550 |
| | 120 箱 | 440 | 520 | 600 | 600 |
| | 130 箱 | 410 | 490 | 570 | 650 |

13. 为生产某种产品而设计了两个基本建设方案，一个是建大工厂，一个是建小工厂。大工厂需要投资 300 万元，小工厂需要投资 160 万元，二者的使用期都是 10 年。预测这 10 年内产品销路好的可能性是 0.7，销路差的可能性是 0.3，两个方案投产后的年度损益值如表 9-9 所示。试用决策树方法选出最优方案。

**表 9-9　　期望值为标准的决策问题**

| 基本建设方案 | 建设方案投产后的年损益/万元 | |
|---|---|---|
| | 销路好（$P_1=0.7$） | 销路差（$P_2=0.3$） |
| 建设大工厂 | 100 | −20 |
| 建设小工厂 | 40 | 10 |

14. 某商场销售一时令商品，每销出一件可得 10 元，如当月不能售出，每积压一件损失 4 元。预测每个月该商品的销售量及其概率如表 9-10 所示。如果该商场对该商品的最大进货量为 40 000 件，试分析并确定该商品的最佳进货量是多少件，才能使商场在该商品销售中盈利最大。

**表 9-10　　确定最佳进货量的问题**

| 月销售量/件 | 10 000 | 20 000 | 30 000 | 40 000 |
|---|---|---|---|---|
| 销售概率/% | 15 | 30 | 35 | 20 |

15. 某企业准备投产一种市场上从未出现过的新产品，由于缺乏资料只得依据表 9-11 给出的决策收益矩阵进行分析和决策。试分别采用拉普拉斯准则、“小中取大”准则、“大中取小”准则和“大中取大”准则进行判别。

表 9-11　　决策收益矩阵

| 生产方案 | 建设方案投产后的年损益/万元 | | |
|---|---|---|---|
| | 较高 | 一般 | 较低 |
| 第一方案 | 70 | 30 | 50 |
| 第二方案 | 20 | 80 | 90 |
| 第三方案 | 50 | 20 | 40 |
| 第四方案 | 40 | 100 | 20 |

16. 如果乐观系数 $\alpha=0.7$，则依据折中准则对上题进行判别，结果将会如何呢？

17. 个人之间的差分是如何影响决策过程的呢？请举例展开讨论。

18. 阅读本章所有算例中的数字，如果发现这些数字与当今社会现状很不协调，这就对了。这些算例都是来自20年前的教材版本，数字不影响对理论与方法的学习和理解。但是，请思考一下，现实中如果发生的数字与算例相同，是否会影响你的决策呢？

本章拓展阅读　　本篇案例研读

## 本篇进一步阅读的参考文献

[1] 沈荣芳. 运筹学[M]. 2版. 北京：机械工业出版社，2009.

[2] （挪威）Geir Lundestad. 大国博弈[M]. 6版. 张云雷，译. 北京：中国人民大学出版社，2015.

[3] 尤建新，邵鲁宁，卢超，等. 企业管理概论[M]. 6版. 北京：高等教育出版社，2018.

[4] 尤建新，王莉，赵红丹，等. 管理与组织行为学[M]. 2版. 北京：清华大学出版社，2023.

# 第三篇

# 组　织

# 10 组织理论



任何一种管理活动都不可避免地涉及“组织”这个词，并在“组织”“组织设计”和“组织结构”等问题方面进行决策。管理学上的组织具有如下三层含义：第一，指组织机构，即把组织看作机构或单位，作为组织工作对象的“组织”（Organization）。这一意义上的组织是资源的集合体，如政府、企业、事业单位等。第二，组织就是组织活动（Organizing），这一意义上的组织是一个动态性的规划过程，是作为管理活动的一项职能来理解的，是实现管理目标和执行管理其他职能必不可少的活动。如弗雷蒙特·厄尔·卡斯特（F. E. Kast）认为：“组织是结构性和整体性的活动，即在相互依赖的关系中人们共同工作或协作。”第三，把组织理解为静态的组织结构（Organizational Structure），强调从静态视角来看组织机构的内部构件，即一个单位的人、财、物、信息等资源按什么结构搭建而成的一个可见的实体。

本章主要从第二、第三层意义上理解组织，即主要探讨组织作为管理的职能之一，对组织发展（本章中以企业为主要研讨对象）的规划性作用以及其作为静态的组织结构，其科学合理的设计和形式对加强组织的有效领导，发挥各级组织和全体员工的积极性以提高管理效率、促进组织发展的重要意义。

## 10.1 组织概述

### 10.1.1 组织含义

在管理学领域，诸多学派均致力于提炼出组织这一概念的简明且精确界定。然而，现有的组织定义多聚焦于其某一特定维度的特征。在众多观点中，结构论、行为论与系统论三大学派所提出的定义获得了较为广泛的认可。

（1）结构论的组织定义。结构论者主张，组织是为实现特定目标，通过分工协作及建立层级化的权责体系而形成的人群集合。此定义核心要素有三：一是组织具有明确的目标导向；二是内部存在精细的分工与合作机制；三是构建层次分明的权力与责任框架。

（2）行为论的组织定义。行为论者则认为，组织是由两人或更多人基于共同意识协调行动所构成的动态系统。该理论着重强调人的主观能动性，以及个体在组织环境中发挥的主导作用和协调机制的重要性。

（3）系统论的组织定义。系统论者视组织为一个由众多相互关联、协同工作的子系统构成的开放社会系统。在此框架下，任何子系统的变动都会波及整个系统及其他子系统，凸显了组织的系统性特征。

尽管管理学上所说的组织有多种定义，本书作者偏向于如下概念：组织是一个由某种共同特征，按照特定结构将人们联系起来的系统。这一定义共有三层含义：

首先，组织是由人构成的。组织首先是组织成员的集合体，对组织所进行的资源的调配管理既包括对物质资源的调控管理，同时更包括了对人力资源的管理。如果组织中没有人，则无法构成管理学意义上的组织。

其次，组织有明确的目标。组织的存在有明确的目标，并以其明确的目标形成了组织的共同特征。

最后，组织有着特定的结构。组织不是一个散乱无序的集合体，而是建立在一定结构之上系统有序的有机整体。

### 10.1.2 组织的重要性

统观当前世界的强势组织（包括政府或企业），无一不对组织进行了精心的设计和管理，特别是那些世界一流企业，在实现其驾驭市场的战略目标和巩固其竞争优势的过程中，组织的结构性支持是必不可少的关键要素。因此，对组织管理进行不断探索有着重要的意义：①整合所有的资源以达到目标和结果；②有效地生产商品和服务；③为创新提供条件；④运用现代制造技术；⑤适应并影响环境；⑥为所有者、顾客和员工创造价值；⑦适应多样化、伦理、职业形态以及员工的激励与协调等进一步挑战。

## 10.1.3 组织的功能和类型

**1. 组织的功能**

组织的核心使命在于支撑并实现其既定目标。以企业为实例，企业通过整合人力、财力、物力等多维度资源，并依托研发、设计、采购、生产、加工、外包、协同等一系列精心策划的运营活动，系统性地推进并达成特定目标。值得注意的是，组织作为一个高度系统化的有机体，其整体功能远非各部分功能的简单相加所能概括。借助一个简单的关系式来分析就是：

$$组织功能 = 构成组织的各部分功能 + \Delta（其他因素的影响） \quad (10-1)$$

也就是说，组织功能的展现不仅受限于其内部构成要素的独立功能，还深受多种外部及内部复杂因素交织的影响。其中，组织所处的环境就是一个至关重要的影响因素，它深刻地塑造着组织的功能表现。

此外，企业的功能范畴已远远超越了单纯满足顾客需求的层面。在当前社会背景下，企业还需积极应对人力资源的多元化挑战，以及社会转型所带来的种种不确定性，特别是在互联网技术的广泛渗透下，企业更应高度重视心理关怀、伦理道德、信誉建设、环境保护以及社会责任等多维度议题。另外，构建学习型组织，为员工打造一个促进全面发展、持续成长的良好环境，已成为企业不可或缺的功能之一。

**2. 组织的类型**

组织依据其结构特征，可被划分为机械式组织与有机式组织两大类型。机械式组织，亦常被称为官僚行政组织，是传统设计原则深度融合的产物。此类组织结构严谨复杂，遵循正规流程，且倾向采用集权式管理模式进行运作。相比之下，有机式组织，亦称适应性组织，与机械式组织形成了鲜明对比。它以高度的灵活性、强大的适应力以及简洁的组织结构著称，展现出低复杂性、低正规化以及分权化的显著特点。

另外，组织按照不同的标准可划分为不同的类型，例如，按照组织是否盈利为目的可以分为营利性组织和非营利性组织；按照组织的不同行业性质可以分为生产型组织和服务型组织；按照组织的所有制性质的不同可以分为公共组织和私人组织；按照组织正式与否可以分成正式组织和非正式组织；等等。随着互联网技术的迅猛发展，虚拟组织应运而生，并与实体组织相互融合，打破了传统组织划分的清晰界限。这一新兴的组织形态，使组织的分类与界定变得更加复杂多元，不再局限于非此即彼的二元框架。

## 10.2 组织理论发展

组织理论的建设基于一系列对组织核心要素的不同设想。这些设想随着时代的发展而演变，从以工作为中心，到以人为中心，再到以系统及环境为中心，分别奠定了古典组织理论、新古典组织理论和权变组织理论的基础。

### 10.2.1 古典组织理论

古典组织理论，亦被称为 X 理论，其核心在于以工作为中心，这一理念建立在关于工作特性及工作环境中人性假设的基础之上。该理论的杰出代表包括 H. Fayol 和 M. Weber。

**1. H. Fayol 的组织理论**

Fayol 明确区分了经营与管理的概念，强调管理是经营的一个子集。他的管理理论聚焦于管理的功能，并致力于构建一套核心的行政管理原则，以指导组织活动的理性化。与 F. W. Taylor 的“自下而上”管理策略形成鲜明对比，Fayol 几乎是首位提出“自上而下”理性化组织管理框架的理论家。他特别强调了协作与专门化的重要性，并提出了以下管理准则：

(1) 等级原则：主张采用金字塔式的等级组织结构，确保每个成员都置身于明确的控制关系之中；

(2) 指令单一原则：确保每个成员只从一位上司那里接受指令，以避免指令冲突；

(3) 控制范围原则：强调每个上司的有效监督范围应有限度，以确保管理的有效性；

(4) 特例原则：建议将常规事务交由下属处理，使上司能够专注于处理特殊或非常规情况。

**2. M. Weber 的科层制理论**

被誉为“组织理论之父”的 Weber，与 Taylor、Fayol 共同构成了西方古典管理理论的三大支柱。他提出的官僚组织模式（即行政组织理论）对后世产生了深远影响。

Weber 认为，只有传统和法理两种权威关系能为管理结构的长期稳定提供坚实基石。他视科层制为一种特殊的行政管理结构，其发展与法理权威模式紧密相连。科层制与传统行政形式相比，具有以下显著特征：

(1) 管辖权明确划分：个人常规行为被纳入职务责任范围，劳动分工灵活多变，依据领导布置的任务而定；

(2) 等级制原则：低级职员受高级职员控制监督，但高级职员的权威有限，低级职员享有申诉权；

(3) 规则体系完善：建立稳定的规则体系指导和控制职员行为，规则记录在案，易于记忆和遵守；

(4) 财产与权力归属清晰：生产和管理手段归公司所有，与投资者私人财产明确区分；

(5) 技术资格为选拔标准：职员选拔基于技术资格，职位通过指派而非选举产生；

(6) 职业保障健全：雇员制度为职员提供职业保障，确保全职、长期、稳定的工作，免受任意解雇之虞。

### 10.2.2 新古典组织理论

新古典组织理论，又称 Y 理论，其核心理念是强调以人为中心，这一观念根植于对人性行为本质的深刻假设。此理论的杰出代表包括 G. E. Mayo 和 C. Barnard。

**1. G. E. Mayo 的非正式组织研究**

Mayo 的 Hawthorne 实验，真正揭开了作为组织中人的行为研究之序幕。Hawthorne 实验的研究结果否定了传统管理理论对人的假设，发现了影响生产效率的最重要因素不是待遇和工作条件，而是工作中的人际关系。本书“2.3.1 G. E. Mayo 与 Hawthorne 实验”详述了此内容，这里不再赘述。

**2. C. Barnard 的系统组织理论**

Barnard 将社会学概念应用于分析经理人员的职能和工作过程，并把研究重点放在组织结构的逻辑分析上，提出了一套协作和组织的理论。Barnard 指出，协作行为是物质、生理、心理及社会因素的综合体现。协作系统由众多相互协作的个体组成，个人可根据自身动机选择是否参与。组织则通过影响与控制职能，有意识地协调并引导个人行为与动机。针对个人与组织目标的不一致，Barnard

提出了“有效性”与“能率”两大原则。当组织系统协作顺畅，成功实现目标时，即被视为“有效”，这是系统存续的基石。而“能率”则关乎系统成员个人目标的满足程度，是协作能率的综合反映。这一理论将正式组织要求与个人需求紧密结合，标志着管理思想的重大突破。本书“2.4.1 社会系统学派”详述了此内容，本章不再赘述。

### 10.2.3 权变组织理论

古典组织理论强调的是权威性，往往忽视了组织成员的心理需求，其外部控制手段明显，但也可能因此引发成员对控制的抵制，进而影响组织目标的实现。相对而言，新古典组织理论则更加注重参与性，它强调给予组织成员展现潜在能力的自由和机会，这不仅有利于组织目标的实现，还能满足成员的个人心理需求。然而，过分追求个人意愿和多元化，也可能导致组织整体的松散，甚至危及组织目标。

鉴于古典和新古典组织理论的局限性，人们开始探索新的组织理论，于是权变组织理论应运而生。权变组织理论以美国当代著名心理学和管理专家 F. E. Fiedler 为主要代表，其核心理念是将组织视为一个有机的系统。在这个系统中，各个子系统相互关联，共同影响着整个系统的能力。系统的输入和输出既可能来源于外部，也可能来源于内部子系统，因此，组织的结构和职能必须根据其所处的内外部环境因素进行灵活调整。

权变组织理论在考虑组织设计时，主要关注以下几个因素：

(1) 组织规模：随着组织规模的扩大，组织结构、组织控制和组织协调变得更正规和更复杂，从而使组织结构更为规范、组织关系更具有指导性。

(2) 组织战略：组织结构需与组织战略相匹配，当战略发生变化时，组织结构也应相应调整。

(3) 组织成员的个性：有效的组织结构应考虑成员的个性和愿望，以满足不同成员的需求。

(4) 组织目标与成员目标的一致性：当二者一致时，强调参与性更为合适；若存在分歧，则需依靠外部控制和正规结构来确保控制。

(5) 系统状态：组织状态不佳时，需强调正规结构和严格指导；状态稳定时，则可更多采用参与性模式。

(6) 决策层次：不同性质的决策应采取不同的处理方法。有些决策可以放在基层制定，并强调参与性；而有些决策必须在上层制定，有时还必须强调与下层的脱离性，摆脱下层的影响，加强对决策层的指导性。

(7) 组织环境的稳定性：稳定的外部环境有助于组织保持稳定的结构和工作方法；环境不稳定时，则需灵活调整以适应变化。

## 本章小结

(1) 管理学上的组织具有如下三层含义：组织机构、组织活动和组织结构。

(2) 以工作为中心的设想构成了古典组织理论的基础，其强调的是权威性。权威性突出了权力的集中性，相应的组织结构要求层次分明，并通过严格的命令链使权力能逐层影响到组织的各个角落。

(3) 以人为中心的设想构成了新古典组织理论，其强调的是参与性。参与性则突出了权力的接受性，相应的组织结构要求上下双向沟通，通过下级参与决策而使命令能得到全面执行，并且把个人的发展与组织目标的实现紧密联系起来。

(4) 以系统和环境为中心的设想构成了权变组织理论的基础，它强调的是适变性。适变性是组织处在内外多变的环境之下对组织结构的弹性要求，权力的集中与否取决于组织的环境和其系统的目标及特点，具体情况具体分析是实现组织目标的基础。

组织理论思维导图

## 本章思考题

1. 组织有哪三层含义？
2. 组织的类型有哪些？
3. 古典组织理论是建立在哪些假设基础上的？这些假设对组织有何影响？
4. 古典组织理论有哪些要点？

5. 新古典组织理论是以什么为中心？建立在哪些假设基础之上？这些假设又是如何对组织产生影响的？

6. 新古典组织理论有哪些要点？

7. 古典组织理论和新古典组织理论有哪些局限性？

8. 权变组织理论的核心是什么？考虑了哪些影响因素？

9. 查阅《中华人民共和国公司法》的相关资料，结合本章学习内容，选取一家公司，对其章程内容进行评述。

**本章拓展阅读**

# 11 组织结构与组织关系



古典组织理论、新古典组织理论和权变组织理论各自强调组织的不同侧重方面，而组织结构作为彰显其各自核心理念的关键因素，对组织目标达成程度具有决定性影响。此外，权力认知亦是组织关系探讨中不可或缺的一环。

## 11.1 组织结构

对于一个组织来说，其战略导向直接塑造了相应的组织结构，二者之间存在着紧密的相辅相成关系。一旦这种匹配性出现偏差，就必然预示着潜在的重大问题。

从经典管理理论的视角出发，组织结构的议题可从以下三个核心方面进行深入探讨：首先，面对组织目标实现过程中的复杂性和艰巨性，任务的有效分解成为关键，这种将整体任务细分为若干部分，并由不同团队或部门协同完成的管理实践，被称为“部门化”；其次，为了确保部门间的高效协作与管理的便捷性，需要审慎考虑部门的数量设置以及各部门的人员配置，这便是“管理幅度”概念的由来；最后，还需探讨并借鉴那些在实践中被广泛验证为有效的典型组织结构形式，可为组织设计提供有益的参考。

### 11.1.1 部门化

经济学原理揭示，专业分工是提升效率的关键。无论是政府机构还是企业组织，内部的专业分工都是不可或缺的。这种分工促成了专家团队的形成，而专家团队的协作则需要有效的协调机制。将专家们整合到一个部门中，在统一的管理者指导下协同工作，正是实现这种协调的有效途径。这一过程即称为“部门化”。

简而言之，部门化就是将组织中的工作与人员编排成易于管理的单位，它是构建组织结构的首要步骤和核心路径，其核心目的在于通过精细的分工来优化组织效能。

在组织部门划分上，存在多种选择，需根据组织战略、目标及自身特性选定最合适的部门化方法。一般而言，组织部门化的基础可归纳为以下几个方面。

**1. 人数**

当组织规模庞大，为便于管理，常根据人数将人员划分为若干部分，这些部分工作内容往往相似。然而，仅以人数为标准的部门化方法未充分体现分工优势，其应用具有局限性。例如，军队中的连、排、班划分及学校中的同年级分班划分即属此类。实际操作中，还需考虑技术兵种、专业学科等因素，这些因素很难单纯以人数界定。

**2. 职能**

职能是分工的基石，亦是部门化的重要依据。每个职能部门承担特定职责与任务，拥有明确义务与责任。以职能为基础的部门化能提升各部门专业化水平，节约人力资源、提高工作效率并减少培训成本。其简单易行、效果显著，在实践中得到广泛应用。

**3. 产品**

根据组织产品或服务特征进行部门化是另一种常见方法。在经营多种产品的大型企业中，产品部门化尤为重要。此方法以企业所生产产品为基础，将与某一产品相关的所有活动整合至同一产品部门内，并在该部门内进一步细分职能部门以支持产品生产。产品部门化能充分发挥专业化设备与个人技术潜力，使每个产品部门成为独立利润中心，便于评估各部门业绩。同时，有助于部门内部职能协调，并灵活适应企业扩展与业务多元化需求。然而，也需更多具备全面管理能力的人才支撑，并可能带来总部职能部门服务利用不足的问题。

**4. 顾客**

为满足不同顾客群体特殊需求，组织可根据顾客特征进行部门化，如设立精品部、中老年特色服装部、儿童用品部等。此部门化方式假设每个部门所服务顾客群体有共同问题与需求，需专家团队提供解决方案。随着市场细分与顾客需求多样化，顾客部门化方式愈受重视。

**5. 地区**

对于地理上分散的企业，按地区划分部门是一种普遍且有效的方法。此方法将某个地区或区域内业务工作整合，由一位经理负责统筹管理。在规模庞大公司或跨国公司中，地区部门化能确保各区域业务独立运营与灵活应对市场变化。同时，总部可设立中央服务部门为各区域提供专业支持。地区部门化优势在于责任明确、放权到位、便于协调与服务顾客。然而，也面临人才短缺、总部控制力减弱及经济服务分散等挑战。

**6. 过程**

根据产品形成过程各阶段进行部门化是另一种方法。通过此方法，可实现各阶段专业化管理，提高整体工作效率。

部门化的过程中有三点必须注意：第一，部门化工作以什么标准划分部门，其本身不是目的，它是为便于达到组织目标的一种手段；第二，一旦确定部门划分标准，应保持相对稳定，避免频繁变动对工作效率与员工心态造成不利影响；第三，部门化基础并非单一不变，可根据实际需要灵活组合不同部门化方法，如先按产品部门化后再按职能部门化等。

## 11.1.2 管理幅度

确定部门化基础后，随即面临另一挑战：个体能有效管理的部门或直接下属的数量，这被称为“管理幅度”。管理幅度的宽窄直接关联到组织结构中的另一个关键因素——组织层级。具体而言，管理幅度拓宽，组织层级将缩减；反之，管理幅度收窄，组织层级则会增加。因此，合理设定管理幅度对组织结构具有深远影响，它在很大程度上决定了组织层级的数量。

**1. 管理幅度和组织层次的限制**

从充分利用人力资源的角度来讲，管理幅度越大越好。但是，管理幅度的增大带来了另一个问题——人际关系复杂化，难以实行有效的管理。比如上级 A 只管辖一个下级 B，只存在一个关系 AB。如果上级 A 同时管辖两个下级 B 和 C，则构成了 6 种结构关系：AB 关系、AC 关系、BC 关系、A（C）B 关系、A（B）C 关系和 B（A）C 关系。

法国管理咨询专家 V. A. 格雷库纳斯（V. A. Graicunas）在 1933 年的研究报告 *Relationship in Organization* 中推出了一个有趣的公式：

$$N = n(2^{n-1} + n - 1) \tag{11-1}$$

式中，$n$ 表示直接管辖的人数；$N$ 为人员之间的结构关系数。于是可以推断有

3个直接下级会产生18组关系，有4个直接下级会产生44组关系，等等。由此可见，由于管理幅度的增大，人际关系的复杂化必须引起足够的重视。

然而，管理幅度的缩减必然引发组织层级的增多，这并非组织所愿。首先，组织层级增多意味着需要更多的管理人员，从而带来额外的协调工作，增加了管理成本；其次，组织层级增多会阻碍信息的上下流通，影响沟通速度并可能导致信息“失真”或“中断”；最后，组织层级增多会使计划和控制流程变得复杂，降低其效率和效果。因此，必须确定一个恰当的组织层级管理幅度，以确保信息能够被顺畅沟通和有效控制。

**2. 影响管理幅度的因素**

管理幅度的调整受以下关键要素制约：

（1）领导力水平。此为决定管理幅度的首要因素。领导若具备出色的工作能力、组织能力、理解力、表达力，并能与下属和谐共处，赢得其信任、尊重与支持，且能迅速决策，减少冗长讨论，则其管理幅度可适当拓宽。反之，则需缩小管理幅度，以避免超负荷。

（2）下属能力素质。当下属均训练有素，具备独立工作能力和丰富经验时，领导负担减轻，管理幅度得以扩大。因此，领导应严格选拔下属，并加强培训与发展。

（3）授权清晰度。管理负担有时源于组织结构不合理和权责不明。任务模糊导致频繁请示，权限不清要求事事审批，授权与下属能力不匹配则领导需亲自介入。这些问题迫使管理幅度缩减，否则将难以承受。

（4）计划完备性。计划周密，执行顺畅，减少协调与控制工作，管理幅度可相应增大。反之，若需频繁应变、临时决策，增加领导负担，则管理幅度需缩小。

（5）政策稳定性。政策稳定减少指导需求，管理幅度可扩大。政策多变则下属需频繁指导，管理幅度需相应调整。

（6）信息流通性。上下级信息沟通迅速灵敏，管理幅度可增大。信息不畅则管理幅度需缩小。

（7）任务复杂性。管理问题越复杂，管理幅度越小。高层领导面临的决策和指导更为复杂，其管理幅度相对较小。

（8）组织凝聚力。组织内聚力强，配合默契，效率高，管理幅度大。内聚力弱，协调困难，管理幅度需缩减。

## 11.1.3 一些基本的组织结构形式

### 1. 直线式组织结构

这是最简单也是最早期的一种组织结构形式，其特点是每个层次上下级关系明确，上级命令层层下达，下级汇报层层上报，权责分明，便于监督。图 11-1所示为某工厂直线式组织结构，工厂的最高管理者直接领导各部门主管，各部门主管直接领导各小组组长，各小组组长直接领导小组的成员。

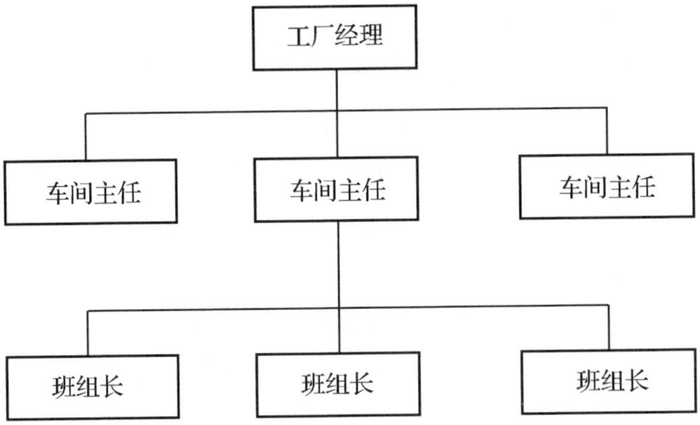


**图 11-1 直线式组织结构简图**

### 2. 直线参谋式组织结构

这种组织结构形式较直线式组织结构先进，所以被广泛采用。直线参谋式组织结构中，每个层次除上下级关系人员之外，还有一些参谋职能部门及参谋人员，他们的任务是协助直线人员，为直线人员当好参谋，并代表上级进行监督。图 11-2 展示了某工厂的直线参谋式组织结构。

### 3. 事业部式组织结构

当一个组织非常庞大时，直线式或直线参谋式组织结构都难以相适应，则按专业产品或项目建立事业部是一个较好的办法。其特点是每一个事业部有足够数量的服务对象，都能独立开展活动，有独立的人事、财务、运营权（如企业组织表现为独立的销售、生产权等）；每一个事业部各有独立的服务对象（如企业组织表现为独立的市场），以免自相冲突（竞争）。图 11-3 为某电气公司的事业部式组织结构。

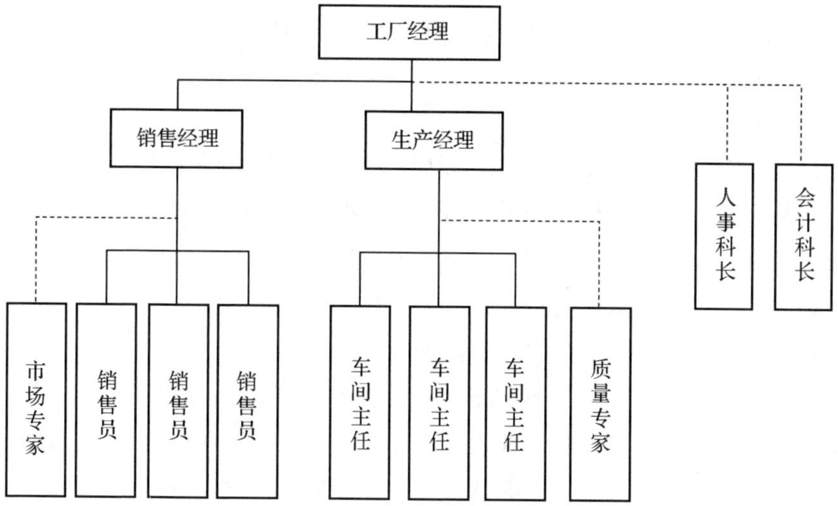


**图 11-2　直线参谋式组织结构简图**

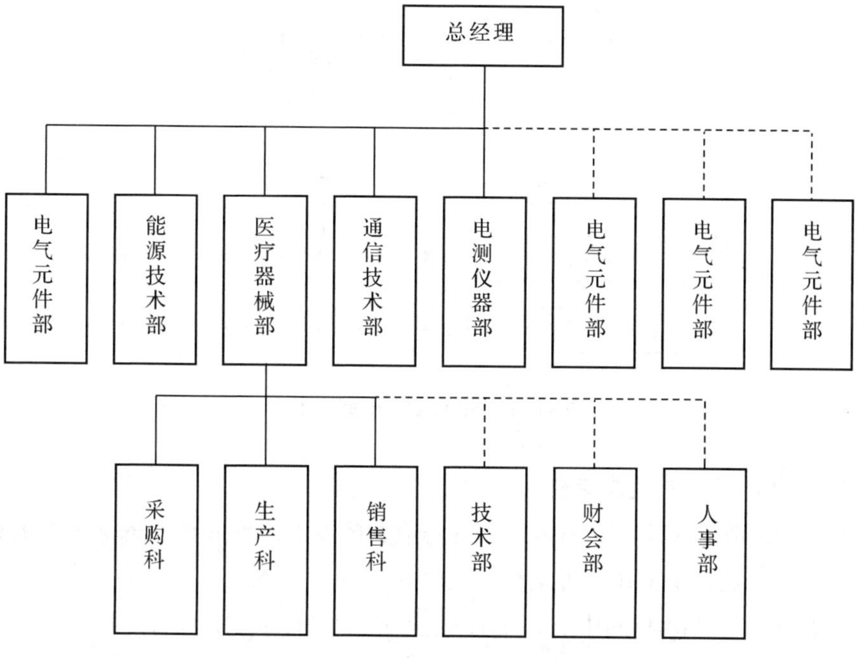


**图 11-3　事业部式组织结构简图**

**4. 矩阵式组织结构**

这是美国一些大公司在 20 世纪 60 年代执行宇宙航行计划时产生的一种组织结构形式，后来被美国的其他一些企业、事业单位及政府部门采用，并发展为各种形式的矩阵管理。

矩阵式组织结构如图 11-4 所示。其特点是除组织中存在原组织结构中的职能部门之外，还存在着一些为完成专门任务的项目性小组，其成员由相关的职能部门派人参加，并指定一人负责，可称之为项目经理或业务经理。

矩阵式组织结构形式的优点是：①既明确了专项任务的承担者，又能得到各职能部门的配合和支持；②来自各部门的人员组织在一起，扩大了知识面和经验领域，专业互补，集思广益，有利于专项任务的完成；③各部门工作容易协调，工作效率可望大大提高；④各专业人员相互学习，上下沟通，有利于组织成员业务能力和整体配合水平的提高；⑤管理技术可以更专门化，有利于管理的有效程度和效率的提高。

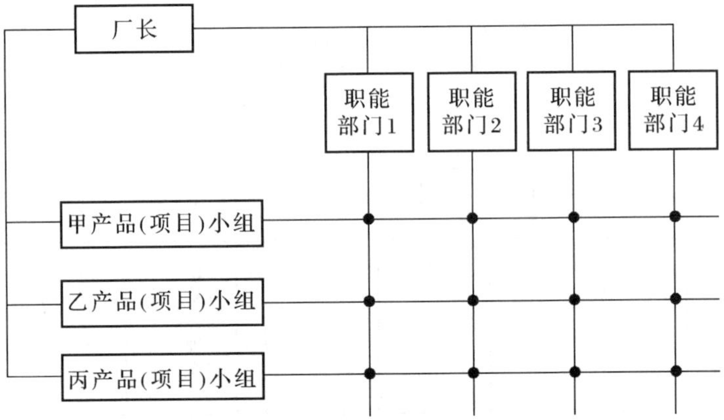


**图 11-4　矩阵式组织结构简图**

**5. 立体的多维式组织结构**

这是在矩阵式组织结构基础上，为适应新的发展需要而产生的一种新的组织结构形式。企业组织采用这种结构形式时往往划为三维（图 11-5）：①按产品划分的事业部，是产品利润中心；②按职能划分的参谋职能部门，是专业成本中心；③按地区划分的管理部门，是地区利润中心。而对各类产品的产销进行领导的是由上述三方面人员共同组成的产品事业委员会。

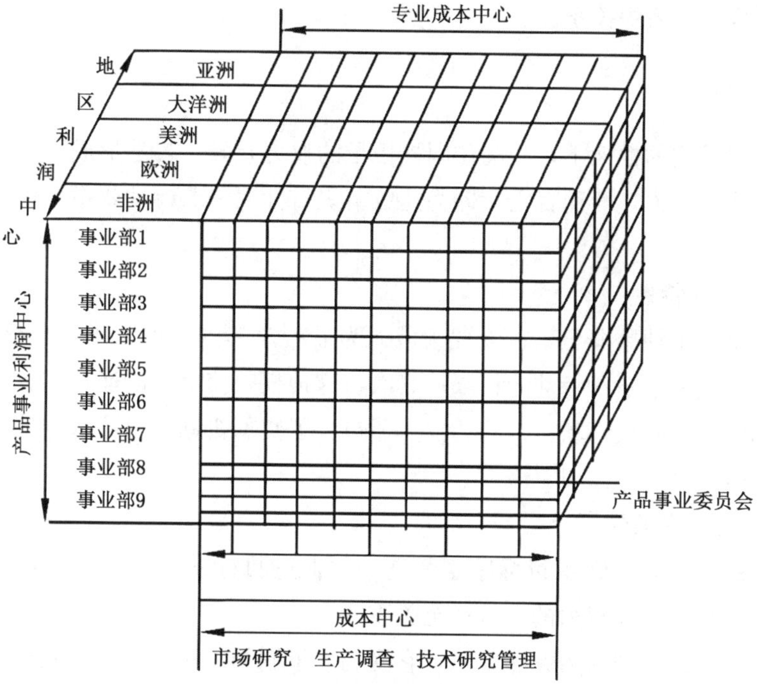


图 11-5 三维组织结构简图

#### 6. 新型组织结构

除了上述传统的组织结构形式，管理者正积极探索一系列新型的组织结构模式，如团队导向型结构（Team-based Structure）、网络型结构（Network Structure）、无边界组织（Boundaryless Organization）、项目型结构（Project Structure）以及虚拟组织（Virtual Organization）等。这些新型结构基于与传统截然不同的思考维度，且变化多端、复杂多样，故本节不再详细阐述。

随着互联网的蓬勃发展，组织边界日益模糊，从“跨界合作”迈向“无界融合”，这一趋势不断推动组织结构的深刻变革，特别是平台经济模式的兴起，在企业与消费者互动过程中，角色定位发生转变，实现了共生共赢的新发展态势。这一变化也催生了组织结构与组织设计领域的新研究方向。

## 11.2 组织关系

在一个组织内，每个职位均承载着特定的职责，并相应地被赋予一定的权力，由此构成了组织关系。

## 11.2.1 权力

在组织结构的框架下，各岗位因被授予的权力差异，自然形成了上下级之间的组织关系。权力，简而言之，即为达成组织目标而采取行动或指导他人行动的权限。

**1. 权力的特性**

权力是一个抽象概念，在管理领域尤为显著。其内涵揭示了三个核心特性：首先，权力代表了一种特殊的权限；其次，这种权限使个体既能自主行动，也能通过指挥他人来间接行动；最后，权力还包含了奖惩机制，以此引导他人按照组织期望行事。

**2. 权力的有效性**

权力的行使需与组织目标紧密相连，并促进目标的实现，方能称为有效管理。因此，深入探究权力的有效性至关重要。

首先，要认识到权力并非绝对，它受到多重制约。一方面，上级权力或法律政策对下级权力构成限制；另一方面，要受到同级其他权力和下级权力范围的约束，不允许随意地去干涉他人岗位权限范围内的事务。因此，任何权力都会有一个相对的边际范围存在，都有其局限性和相对性，其有效性仅在特定范围内显现。

其次，在权力范围内，必须确保权力得到充分利用。犹豫不决会导致权力失效，进而影响组织目标。同时，应避免权力交叉、重叠和冲突，这是实现组织目标的必要条件。

**3. 影响权力的有效性的因素**

此外，权力的有效性体现还受以下因素影响：

(1) 权力持有者的权威性：权威性不足，命令难以得到响应。

(2) 下级的性格、习惯和训练：这些因素决定了下级对命令的响应速度和程度。

(3) 下级的知识和能力：理解命令内容和完成任务的能力是命令有效的前提。

(4) 下级的观点和利益：命令与下级观点和利益相符时，执行效果更佳。

(5) 命令执行的后果：奖惩机制直接影响下级对命令的接受态度。

管理人员在行使权力时，应充分考虑上述因素，确保命令得到积极响应和有效执行。否则，不仅命令失效，管理者的威信也会受损。管理者应摒弃“拥有权力即能发号施令”的天真想法，认识到下级可能公开反抗或阳奉阴违。后者更为危险，因故意曲解命令而导致正确决策失败。因此，管理者在行使权力时必须谨慎，高度重视权力有效性的发挥。

## 11.2.2 权力委任

权力委任是组织运作的关键环节，涉及上级将权力授予下级的过程。针对这一主题，可从权力委任的流程、条件及其心理影响三个维度进行探讨。

**1. 权力委任的流程**

权力委任包含四个核心步骤：

(1) 职责分配：作为权力委任的起点，职责是指为完成特定任务所需承担的全部义务。职责的界定基于组织目标与结构，旨在确保各岗位能履行其职责以实现组织目标。因此，职责分配先于权力授予，即“责任先行，权力随后”。

(2) 权力授予：此环节涉及上级（委权人）将权力委托给下级（受权人），使受权人能代表委权人采取行动。委权人保留对授予权力的最终控制权，权力授予并非权力转让，而是基于履行职责的需要。

(3) 责任明确：下级接受职责并获得必要权力后，需承担完成工作与正确行使权力的责任。这包括两方面：一是对工作任务的尽责，二是对委权人的责任承担。

(4) 权力回收：因下级能力不足、任务完成或组织目标与职责变化等原因，委权人可能会收回已授予的权力或重新委任。这是权力委任的动态特征，与权力放弃有本质区别。

权力委任遵循“责任为基础，权力为工具”的原则，责任变化引领权力调整，形成循环往复的权力委任过程。

**2. 权力委任的条件**

为确保权力委任的有效性，需关注以下条件：

(1) 目标清晰：权力委任旨在实现组织目标，因此委任前需明确目标，以期望成果为委任导向。

(2) 权责对等：权力与责任应相匹配，避免有责无权导致的无法履责，或有权无责引发的权力滥用。

(3) 责任绝对：下级对委权人负责，委权人对组织或上级负责，确保责任不可推卸。

(4) 命令统一：避免多头领导、交叉指挥与越级指挥，确保组织成员只接受一个上级的命令。

(5) 下级选择：选拔具备知识、技能与责任心的下级，坚持“因事设人”。

(6) 控制机制：委权人需实施控制，确保下级正确履行职责与行使权力，必要时采取纠正措施或收回权力。

**3. 权力委任中的心理影响**

权力委任是否有效，还受到委权人自身心理因素影响，突出表现在以下几个方面：

(1) 职业偏好：一个人善于从事某项职业，往往与其个人的某些个性特征有关，而且通过有关专门的训练还会铸成或强化他的某些个性特征。比如，受过会计学或医学长期训练的人，其职业偏好往往使他养成了事无巨细亲自过问的习惯。由他们来委任的权力，他们出于职业习惯往往会感到有些不太放心，仍要加以干涉，以致很难真正地实现权力委任。

(2) 对问题主次的衡量：一些小事往往由于与切身利益攸关会有较大的关注，而有些大事虽然后果很严重，但往往由于没有切肤之痛而被人忽视。这种主次不分，捡了芝麻丢了西瓜的心理特征，对职责分派和权力委任都会带来偏差。

(3) 对失败的畏惧心理：对失败的畏惧感，会导致权力委任困难重重。试想，事事都由自己来做尚难保证不出差错，如果委权他人，则后果难以想象。如果这种想法根深蒂固，那么权力委任将很难真正实行。

(4) 对他人动机的不信任：这种不信任会把下级“有职有权”的正当要求误认为是“要职要权”的一种威胁，甚至害怕下级的成功会使自己的权力受到威胁，于是难以委权给一些有才能的人或只委权给那些不会有任何威胁的人。

以上这些心理影响的结果是一样的：拒绝真正委权。于是，组织就会呈现：下级失去了表现其才干、增长其才能的机会，抑制了其个人的发展；下级感到难以有所作为，打击了其创造性和积极性，没有新的思想；下级感到才华未能施展，人心思走，人才流失。这些问题的存在，最终会影响组织的健康发展。

此外，在权力委任中，还要考虑到受权人的心理个性影响。比如，有的下级事事请示，既省心又可少负责任；有的下级事事按上级意图办，上传下达，成为传声筒；有的下级缺乏足够的自信心，害怕承担较多的职责和职权；有的下级还将自己职权范围内的事又推回给上级，使委权者反而疲于奔命，穷于应付，管了他不该管的事，被下级牵着鼻子走，从而使委权人的权力委任徒有虚名。

### 11.2.3 集权与分权

权力的委任与组织的构建及运作息息相关，它不仅是组织关系确立的基石，还是分权机制的核心体现。分权，即上级将决策权赋予下级组织机构和部门负责人，使他们能够自主调配资源、解决问题，并履行其工作职责。与此相对，集权则是将决策权集中于组织领导层，下级需遵循上级的决策、法令和指示行动。

**1. 集权与分权的程度**

组织目标的统一性要求行动的一致性，因此集权有其必要性。然而，组织结构的层次性和职能分工决定了分权的不可或缺。过度的集权或分权都会阻碍组织的正常运作，因此二者需并存且适度。适度的集权与分权没有固定模式，需根据组织实际情况灵活调整。若下级应得的权力被过度集中，便是上级的“越权”；反之，若上级应掌握的权力过于分散，则是上级的“失职”。

**2. 影响集权和分权的主要因素**

集权与分权的程度受主客观双重因素影响。在主观因素上，组织最高领导的个人特质，如性格、爱好、能力及价值观，均会影响职权的分配。信任下属的领导倾向分权，以激发下级积极性和减轻自身负担；而持怀疑态度的领导则可能事必躬亲，导致下级职权形同虚设。客观因素的影响力往往更为显著，具体包括如下几个方面：

（1）组织的规模：随着组织规模的扩大，分权成为提高效率的必然选择。大规模组织的领导需将部分职权委托给下级，以发挥团队效能。

（2）决策的性质：高风险或政策性决策倾向集权，而低风险、常规性或需快速响应的决策则适合分权，以便下级灵活应对。

（3）投资的结构：独资组织可能倾向集权，合资组织则可能倾向分权。但为组织整体利益服务，应寻求独资组织的适度分权与合资组织的必要集权。

（4）下级的素质：下级能力不足或缺乏培养可能导致集权化。领导应重视下级培养，确保分权时有合适人选。

（5）服务的要求。服务的种类越多，则分权的必要性越大。因为，不同的服务内容可能对技术、资源、管理方式等的要求也不同，实行分权，可以使组织结构更有利于组织的管理。另外，服务对象的分布也会影响分权或集权的程度。分布得广阔，则分权有利于区域性管理和提高服务质量。

(6) 信息的对称。随着互联网、信息化以及控制理论和技术的进步，信息的透明提升了信息对称程度，加强了对分权后的职权能否正确运用的有效控制，推进了组织的职权分散。

一般来讲，组织在决策时，应综合考虑集权与分权的平衡。重大决策如目标、战略、政策等宜集权；而具体执行工作，特别是专业化程度高的任务，则应尽量分权给下级，以确保组织的高效运作和持续发展。

### 11.2.4 直线权力和参谋权力

在组织架构中，除上下级之间的权力层级外，还存在另一对至关重要的权力关系——直线权力与参谋权力。

**1. 直线权力**

直线权力蕴含两层核心意义：

(1) 指挥权威：它赋予上级对下级进行工作指导与命令的权力，实质上构建了一种命令与服从的关系。凡是对特定工作领域负有直接责任的人员，均须被赋予直线权力。

(2) 目标导向：直线权力直接关联并贡献于组织目标的实现，承担着直接责任。例如，企业中直接参与资源分配和生产运营的职权，即属于此类。

**2. 参谋权力**

参谋权力并不具备直接发布命令的职能，其角色更多在于为直线人员或其他参谋提供建议，具有顾问性、服务性、咨询性和建设性。参谋权力的核心价值在于辅助直线权力更有效地达成组织目标，具体表现为：

(1) 咨询：为直线人员提供专业意见、解答疑惑、提出建议，助力其工作改进。

(2) 服务：通过分担直线人员的工作负担，减轻其压力，这是设立参谋职位的重要考量。

(3) 检查：代表上级对直线人员的工作进行检查，并对其成效进行评价。

**3. 直线权力与参谋权力的关系**

通常而言，一个组织内部需同时设立直线权力和参谋权力。那么，这二者之间究竟如何互动呢？直线权力体现为命令与指挥，而参谋权力则侧重于咨询与建议。参谋的建议需经直线人员采纳并通过命令形式传达，方能发挥实效。因此，直线权力与参谋权力之间形成了“参谋建言，直线决策”的协作模式。

为协调好这二者的关系，需关注以下几点：

(1) 明确职责：清晰界定直线权力与参谋权力的职责边界；

(2) 倾听建议：直线人员应主动倾听参谋人员的意见，确保决策的全面性；

(3) 信息共享：及时向参谋人员通报相关情况，充分发挥其辅助作用；

(4) 提升素质：提高参谋人员的专业素养和工作能力，确保建议的质量；

(5) 营造合作氛围：创造直线与参谋相互支持、共同进步的良好工作环境。

必须认识到，组织目标的实现是直线权力与参谋权力共同存在的基石。参谋权力的使命是协助直线权力达成目标，而直线权力则应借助参谋的智慧与力量，为组织目标的实现贡献力量。组织的最高领导者应致力于维护直线与参谋之间的和谐与协作，二者对于组织的成功均不可或缺。

### 11.2.5 数字化背景下组织权力转型

进入 21 世纪以来，互联网技术的迅猛发展对组织结构的演变产生了深远影响。在这一背景下，组织内部的关系网络，包括上下级的权力关系以及直线权力与参谋权力的配置，都经历了深刻的重塑。

知识和能力已成为组织中的核心竞争力，它们不仅重塑了话语权，还深刻改变了传统的上下级和直线参谋关系。随着信息流通的加速和知识的普及，组织扁平化不再是一种理想化的愿景，而逐渐成为现实。传统的层级结构正在被打破，资历与等级、等级与权力的绑定关系日益松动。组织中的管理者角色也在悄然转变，他们不再仅仅是权力的象征，而是越来越多地承担起为组织成员营造积极工作环境和促进个人成长的责任。

尤为值得一提的是，人工智能技术的兴起进一步挑战了传统的管理权威。AI 通过自动化和智能化手段，承担了许多原本属于管理者的决策和执行任务，从而在一定程度上削弱了管理者的权力。这一变化促使组织必须更加灵活多变，以适应快速变化的市场环境和技术革新。

因此，在新的组织结构下，权力关系呈现出更加流动和多元的特点。固定的权力架构被打破，适应变化、灵活调整成为组织常态。管理者需要不断提升自身的知识水平和能力素质，以更好地应对这一变革，同时，也要学会在更加平等和开放的组织环境中，与成员共同创造价值，推动组织的持续发展。

## 本章小结

(1) 组织中由于分工和合作产生了部门化。于是，组织结构的建立，其实质就是部门化的展开过程。部门化依据的基础是：人数、职能、产品、顾客、地区、过程等。

(2) 部门化过程中还要解决的问题是确定管理幅度和组织层次，这是一对矛盾，相互制约；因此，要分析影响管理幅度的各种因素，以求组织层次和管理幅度能最佳地适合组织目标的实现。

(3) 组织结构的形式常见直线式、直线参谋式、事业部式、矩阵式和立体多维式，具体要视组织性质、规模、布局、管理人员素质等因素而定。

(4) 权力的委任构成了组织关系，权力的有效性直接影响到组织目标的实现。所以，必须对影响权力的有效性因素进行研究，使权力能真正体现，并有助于组织目标的实现。

(5) 权力委任的前提是职责，必须遵守权责相当的原则。另外，还要充分考虑权力委任中的心理影响，以使委权过程能真正把权委任出去。委权是否适度，取决于能否把握集权与分权的弹性。要注意处理好直线权力与参谋权力之间的关系。

(6) 数字化改变了组织成长的轨迹，组织结构“云”化，不仅意味着资源的边界被打破，权力关系也不再固化。

**组织结构与组织关系思维导图**

## 本章思考题

1. 什么是部门化？其根本目的是什么？

2. 部门化依据的基础有哪些？

3. 管理幅度与组织层次之间如何相互限制?

4. 影响管理幅度的因素有哪些?

5. 直线式组织结构与直线参谋式组织结构有何不同?如何说明后者优于前者?

6. 事业部式组织结构有何特点?

7. 举一个矩阵式组织结构的典型企业实例来说明其优点。

8. 什么是权力?如何认识权力的有效性?

9. 什么是权力的委任?权力委任过程中要注意哪些问题?

10. 什么是集权?什么是分权?影响集权和分权有哪些主要因素?

11. 如何处理好直线权力与参谋权力的关系?大学的校长助理岗位职权属于哪一类权力?

12. 请继续进行文献挖掘,结合本章学习内容对董事会、经营管理层、监事会的相关岗位进行评述。

13. 请分别选择一家上市公司和大学,解析公司章程和大学章程,结合本章学习的内容,对这两部章程所陈述的组织结构进行比较。

14. 数字化背景下组织结构和组织关系有什么变化?

**本章拓展阅读**

# 12 人力资源管理



人力资源是组织发展中至关重要的资源之一，然而，由于多种因素，其效益在现代组织中往往发挥得不尽如人意。为提升组织绩效，尤其是对企业来说，深入探讨人力资源的管理问题并致力于提高人力资源的效能显得尤为重要。因此，科学规划与管理人力资源长久以来一直是工商企业界积极寻求突破的关键课题之一。

## 12.1 人力资源概述

### 12.1.1 人力资源概念

自 20 世纪 70 年代初“人力资源”作为管理术语诞生以来，随着理解的深入，其内涵已大为丰富。从社会学维度审视，人力资源是指在特定时空下，人口总体所蕴含的劳动力总和，它侧重于数量层面，涵盖“劳动力”“劳动资源”等以人体力为核心的概念，即人类当前及潜在的生产或服务活力、技能与知识的集合。从企业管理角度出发，人力资源则是指企业内部与外部相关人员的资源总和，包括各级管理者、员工、各类合作伙伴乃至顾客，他们均能为企业潜在的合作、服务及预期经营活动贡献资源力量。作为一种资源，人力资源的价值在于有效利用，因此需全面、准确地把握其特性，通过合理配置、管理和开发，最大化地发挥其资源价值。正如 P. F. Drucker 所言：“假使我们把工人看作一种资源，撇开这种资源是人这一点而把它看作是与其他一切资源相同的资源，我们就必须要像利用铜或水力这些资源那样找出如何最好地利用这种资源的方式方法。”

### 12.1.2 人力资源特征

与其他物力资源相比，由于人兼具自然属性和社会属性的综合特征，人力资源作为经济资源展现出其独特性，主要体现在以下几个方面：

（1）主导性：人类社会的生产活动需人力资源与物力资源相结合，但人是活跃的，物则是静态的。对物力资源的开发与利用，依赖于人的主观能动性去发现、认知、设计、运用乃至创新。正如马克思所断言，"人在生产力诸要素中占据主导地位"，同样地，在企业的经营管理中，人力资源相较于其他物力资源也处于主导地位。

（2）社会性：人力劳动以团队协作的形式进行，人本身即具有社会性。作为企业经营的资源构成之一，人力资源的个体创造力始终受到社会环境、文化氛围等因素的影响与制约。

（3）主动性：人不仅能适应环境，更关键的是能够改造环境、创造环境，尤其是组织内部的微观环境，这体现了人的主动性。在社会化生产过程中，多数资源只是被动、消极地参与，唯有人力资源能够充分发挥主观能动性，积极调整其他资源配置，以达成既定目标。

（4）自控性：人力资源的利用程度由人自身掌控，积极性的高低直接影响着人的作用与发挥程度。事实证明，在心怀不满的状态下，人的潜力难以得到充分挖掘与释放。

（5）成长性：一般物力资源的价值具有客观限定性，而人的创造力则可通过教育培训及实践经验的积累不断成长，人的潜力拥有广阔的发展空间。

正是由于人力资源的这些特性，在组织的管理活动中，对人的管理尤为复杂，尤其在互联网迅猛发展的当下，人力资源的复杂性更是引发了诸多思考。因此，对任何组织而言，对人力资源进行科学规划与管理显得尤为重要。

### 12.1.3 人力资源管理的含义与发展趋势

**1. 人力资源管理的含义**

人力资源管理（Human Resource Management）一词，首先起源于英国的劳动力管理（Labor Management），第二次世界大战后美国开始使用人事管理（Personnel Management）。而后的专家学者有多种类似的名称，如工业关系（Industrial Relations）、劳资关系（Labor Relations）等，直到 20 世纪 80 年代，人力资源及人力资源管理的概念才开始被人们广泛地接受。

有关人力资源管理的定义，中外学者众说纷纭，如兰德尔·斯科特·舒勒（R. S. Schuler）的说法：人事与人力资源管理在于透过各种管理之功能，促使人力资源做有效的运用，以达成组织的目标。又如 R. 韦恩·蒙迪（R. W. Mondy）所言：人力资源管理是负责组织人员的招聘、选拔、训练以及报偿等功能的活动，以达成个人与组织的目标。本书比较倾向的人力资源管理定义是实现如下功能的活动、职能、责任和过程：①不断地获得人力资源，并把他们整合到组织中，与组织融为一体；②保持和激励人力资源对组织的忠诚与积极性；③激发和帮助人力资源完成工作绩效；④尽可能完全开发出人力资源的潜能，以支持组织高水平地实现战略计划，创新组织发展。

一般而言，人力资源管理有如下五大特点：①人与事的密切结合，事得其人，人尽其才；②人与人协调合作、融洽共事、分享知识，在团队中共同努力达成目标；③每个人都能积极主动、专注工作，发挥潜力、提升绩效；④每个人都能从工作中获得满足和快乐，有成长空间；⑤每个人都能感受到以人为本、尊重人性与自由的积极氛围。

**2. 人力资源管理的基本功能**

人力资源管理的功能主要包括五项基本要素：①规划与获取；②配置与整合；③保持与激励；④调整与控制；⑤培训与开发。

这五项要素基本涵盖了人力资源管理，且它们并非孤立存在，而是紧密相连、相互依存。这些要素不仅相互衔接、互补，而且在某些方面存在一定程度的重叠（图 12-1）。

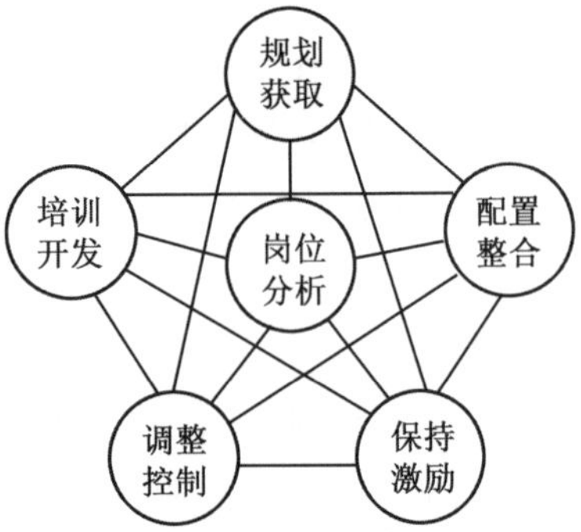


**图 12-1 人力资源管理的基本功能及其相互关系**

**3. 人力资源管理的主要模式和发展趋势**

早期人事管理在现代管理中并未受到足够重视，其职责主要局限于人事档案记录、保存及工资发放等简单事务。然而，自第二次世界大战以来，随着全球经济与工商业的蓬勃发展，人事管理的职能逐渐凸显出其重要性。各国因经济发展水平和文化传统差异，在人力资源管理上呈现出各具特色的模式。

欧美人力资源市场成熟，其企业管理模式在 20 世纪末已展现出三大特征：一是以利润为中心，将盈利目标细化至各岗位；二是对人的观念发展经历多个阶段，但仍关注人的工具性价值；三是强调个人奋斗，尽管近年来团队合作的重要性已有所提升。这些特征反映了欧美企业在人力资源管理上的独特理念和实践。

与欧美各国的人力资源管理方式相反，为了与日本自然资源匮乏的国情相适应，日本企业高度重视人力资源，形成了独特的管理模式。日本企业将人力资源置于首位，通过提高人力资源效率来增强企业竞争力。如“质量圈”管理方式就旨在调动员工积极性和创造性，解决企业管理和技术问题。同时，日本企业注重员工自觉行为，强调团体效益，形成了强大的企业凝聚力和群体效应。日本企业人力资源管理的特色在于企业文化凝聚力。员工普遍认为企业荣辱兴衰与自身息息相关，企业如同大家庭，每个员工都是企业不可或缺的一员。这种共识促成了日本企业特有的团结和对企业文化的忠诚，终身雇佣制、年功序列制和企业工会制等成为其重要特征。例如索尼即是一个以内部和谐管理和企业各部分的高度协调为特点的企业组织体。由此产生的企业凝聚力和强大的群体效应，是其在成长竞争中制胜的法宝。因此企业在经营过程中从事管理与协调活动的另一个基本内容，是将管理与协调的重心放在每一名企业成员的工作责任心、劳动积极性和企业使命感上，鼓励每一名员工创造一流的工作业绩。

尽管各国人力资源管理模式存在差异，但其发展趋势却呈现出共性。各国企业纷纷开发出新兴管理措施与方法，以体现对人力资源管理重要性的认识。这些措施包括薪酬福利改进计划、改善成员条件及保护合法权益的措施、保障培养与发展机会的措施以及鼓励参与决策的制度与措施等。这些举措旨在全面改进组织成员的工作生活质量，促使他们积极为组织目标贡献力量，培养组织归属感。尽管具体做法因组织而异，但目标都是一致的：提升人力资源管理水平，推动组织持续发展。

## 12.2 人力资源战略和规划

组织若想在竞争中脱颖而出，一个核心途径便是更有效地实施人力资源开发与管理。正如企业战略需确保企业行为与竞争需求相契合，人力资源战略的设计与实施也旨在使人力资源管理行为适应竞争环境，从而助力企业实现战略目标。人力资源战略，简而言之，即“有计划的人力资源开发与使用模式，以及为实现企业战略目标而开展的各种活动”。

人力资源战略规划以企业使命和战略为导向，同时需考量企业外部的机遇与威胁，以及内部的优势与劣势。其重要任务在于，通过企业最宝贵的资源——人力资源，积极为企业构建竞争优势。为此，人力资源战略需全面融入企业战略的形成过程。

人力资源战略和规划一般分为如下七个步骤，见图 12-2。

（1）企业战略决策分析：深入分析不同产品组合、市场组合、竞争重点等对企业人力需求的差异。

（2）企业经营环境分析：评估外部人力供给的制约因素，如人口结构、交通状况、文化教育水平、法律法规、人力竞争态势及择业期望等。

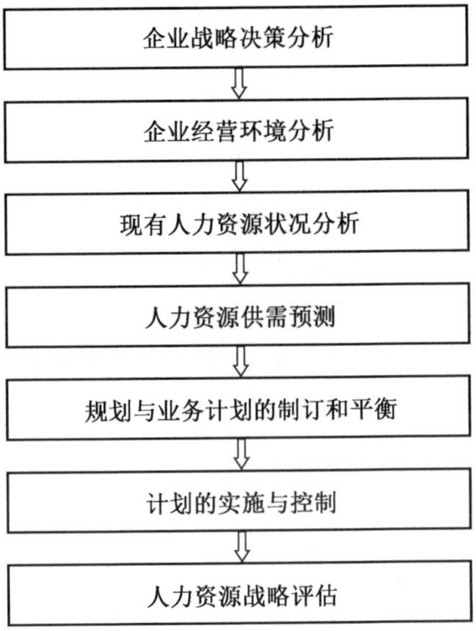


**图 12-2　人力资源战略与规划的实施过程**

（3）现有人力资源状况分析：统计企业现有的人力资源数量、分布、利用情况及潜力，分析流动比率等关键指标。

（4）人力资源供需预测：预测各类各等级人力资源的需求，分析企业内部及外部供给情况，并评估供求差异。

（5）规划与业务计划的制订和平衡：编制人力资源开发与管理的行动纲领，确保与企业各项业务计划相协调。

（6）计划的实施与控制：在计划执行过程中进行动态监督、分析，并根据实际情况进行适时调整。

（7）人力资源战略评估：评估人力资源战略与企业整体战略的一致性，将评估结果作为下一管理周期战略制定的参考。

随着社会的快速发展，特别是 21 世纪以来，人力资源需求在整体结构上发生了显著变化。在互联网的推动下，几乎所有组织都在经历结构性变革，对新型人力资源的需求激增，而市场供应却显得捉襟见肘。虽然互联网和大数据为企业判断人力资源需求提供了有力支持，但能否准确把握这一机遇，仍取决于决策者的洞察力和远见卓识。因此，人力资源战略和规划在当今组织中显得尤为重要。

# 12.3　人力资源管理的内容与过程

狭义的人力资源管理，其核心工作内容与过程紧密围绕人力资源管理的基本功能展开，具体包括岗位分析与评价，以及在此基础上进行的招聘与选拔、培训与发展、绩效管理、薪酬管理与激励、人力资源能力建设等关键环节（图 12-3）。

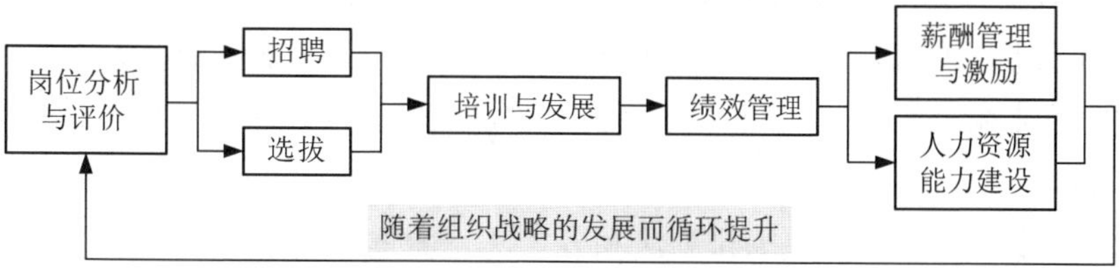


**图 12-3　人力资源管理的内容与过程**

## 12.3.1　岗位分析与评价

岗位分析是深入理解和明确工作内容、环境及所需资格条件的过程。其核心在于从岗位活动中提炼关键要素，并对职位进行全面系统的描述。这一过程是确保岗位评价准确性的基石。

**1. 岗位分析的基础与要点**

岗位分析主要聚焦于两大信息点：

（1）工作任务与责任：涵盖每项工作的具体内容、执行方式、完成动机、所需材料、工具设备、工作规律、程序及环境。

（2）知识技能要求：包括完成工作任务所需的教育背景、培训经历、工作经验以及必备的技术和能力。

**2. 岗位说明书的内容与编制**

岗位说明书是基于岗位分析编写的，详细描述某一岗位的工作内容、职责、环境及任职条件的文档。其编制需经过对岗位调查信息的精心筛选，通常包含以下关键信息：

（1）岗位基本信息：如岗位名称、代码、所属部门、职级、编写及审批日期等。

（2）工作目标：明确岗位的核心目标或期望成果。

(3) 工作职责：详细列出岗位的主要工作内容及职责。

(4) 工作特点：描述岗位工作的独特性或特殊要求。

(5) 工作关联：说明岗位与其他岗位或部门之间的关联与协作。

(6) 任职资格：列出胜任该岗位所需的知识、技能、经验等条件。

(7) 工作条件：即岗位所处的工作环境及条件。

**3. 岗位评价的方法与目的**

岗位评价是通过定量与定性方法相结合，科学确定岗位能级层次的过程。它基于岗位分析所收集的信息，对岗位的“相对价值”进行分等排序。岗位评价方法多样，包括排列法、分等法、评分法、要素比较法等，这些方法可单独使用或综合应用。

(1) 非量化分析方法：如排列法和分等法，侧重于定性评估。

(2) 量化分析方法：如评分法和要素比较法，强调数据支持和量化比较。

岗位评价的最终目的是实现薪酬的公平性，并为根据绩效考评结果采取不同的人力资源管理措施提供重要参考。通过科学的岗位评价，企业能够更有效地配置人力资源，激励员工，提升组织效能。

## 12.3.2 招聘与选拔

岗位分析作为人力资源管理的基石，为后续所有工作提供了基础框架。通过深入分析岗位需求，明确企业人力资源的结构性要求，并进行供需预测后，便进入了人力资源管理的首个关键环节：招聘与选拔。

**1. 招聘：外部资源的有效引入**

招聘是从外部潜在人才库中甄选合适人选，以补充企业人力资源。招聘过程需遵循计划性、公正性和科学性的原则，确保选拔过程的公平与高效。招聘程序通常包括：

(1) 制订招聘计划：基于岗位分析，由人力资源部门提出详细的招聘计划报告。

(2) 发布招聘信息：通过招聘简章明确招聘范围、对象、工种、条件、数量、性别比例、待遇及应聘方式等。

(3) 接受报名：在规定时间内接受符合条件的应聘者报名。

(4) 人员素质测评与体检：对报名者进行综合素质测评，并对测评合格者安排体检。

(5) 材料报送与审核：将测评结果、体检报告、个人档案及相关材料提交至人事主管部门进行审核。

(6) 录用与签约：经批准录用后，向应聘者发出录用通知，并签订正式劳动合同。

**2. 选拔：内部资源的优化配置**

选拔侧重于从企业内部发掘潜力人才，以填补职位空缺。当管理职位出现空缺时，优先考虑企业内部人员，这不仅有助于增强企业的内部凝聚力，还能促进企业文化的传承，同时培养员工对企业的深厚忠诚度。这种内部选拔机制，是企业人才梯队建设的重要组成部分。

## 12.3.3 培训与发展

培训与发展在人力资源管理中占据重要地位，通过精准定位培训需求、构建系统化培训体系、确保培训效果、规划职业发展路径以及促进绩效反馈与持续改进，能够有效提升员工能力，促进组织效能的提升，为企业持续发展奠定坚实基础。

**1. 培训需求分析**

在人力资源管理中，培训与发展是提升员工能力、促进个人成长与组织发展的重要环节。首先，需进行深入培训需求分析，通过问卷调查、面谈、绩效评估等多种方式，了解员工当前技能水平、职业发展规划及岗位需求，从而精准定位培训需求，确保培训内容的针对性和实用性。

**2. 培训计划制订**

基于培训需求分析结果，制订详细的培训计划。培训计划应包括培训目标、内容、方式、时间、地点、师资等关键要素。同时，构建系统化的培训体系，将新员工入职培训、岗位技能培训、职业发展培训、领导力培训等不同层次的培训有机整合，形成连贯、递进的培训路径，满足员工不同阶段的成长需求。

**3. 培训实施与评估**

培训实施阶段，需注重培训方式的多样性和互动性，如课堂讲授、案例分析、角色扮演、团队研讨等，以提高员工的参与度和学习效果。同时，建立培训效果评估机制，通过问卷调查、测试、实操考核等方式，对培训效果进行定期评估，及时调整培训计划，确保培训目标的达成。

**4. 职业发展路径规划**

除了基础的技能培训，职业发展路径规划也是培训与发展的重要组成部分。

企业应为员工提供清晰的职业发展路径和晋升机会，通过设立晋升通道、制定职业发展规划、提供职业发展辅导等方式，引导员工明确职业目标，激发职业动力，实现个人价值与企业发展的双赢。

**5. 绩效反馈与持续改进**

绩效反馈是培训与发展闭环的关键环节。通过定期绩效评估，了解员工在工作中的表现及存在的问题，将绩效反馈作为培训需求的重要来源，持续优化培训内容与方式。同时，鼓励员工自我反思与成长，形成积极向上的学习氛围，推动企业与员工共同成长。

**6. 新员工培训**

新员工被录用后，首要任务是帮助他们快速融入企业环境，了解公司制度、文化、愿景、战略及岗位职责。通过系统的入职培训，不仅能让新员工更快地适应新环境，还能激发他们的工作热情，提升工作效率，从而为企业创造更多价值。因此，新员工培训是人力资源管理中不可或缺的一环。

## 12.3.4 绩效管理

绩效（Performance）指的是企业内员工个体或群体在一定环境中展现出来的能力程度和效果，以及他们在实现预定目标过程中所采取的行为、取得的成就和作出的贡献。绩效管理则是对这些绩效进行科学有效管理的过程，旨在提高整体绩效水平。罗伯特·巴克沃（R. Bacal）撰写了多部关于绩效管理、冲突管理等方面的图书，他认为绩效管理是一个持续的交流过程，涉及员工与直接主管之间的协议，明确未来工作目标、理解，并将组织、经理及员工融入绩效管理系统，共同推动目标实现。据此，绩效管理一般流程可以用图 12-4 来表示。

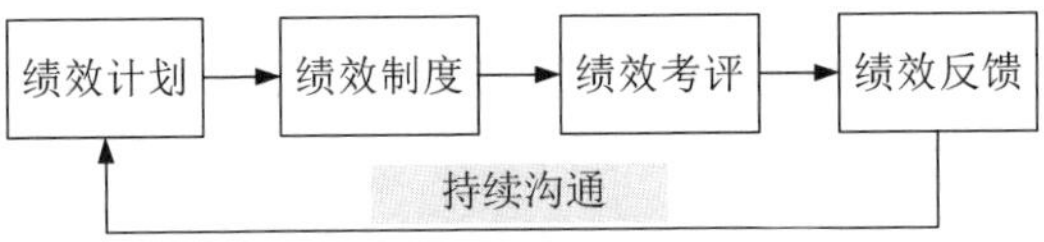


**图 12-4　绩效管理一般流程**

绩效考评是绩效管理的核心环节，它依据一定的方法和程序对现职员工的工作绩效进行考核和评价。考评内容主要围绕年初设定的目标，检查当年绩效，确认成绩，并识别待改进的关键方面或发展需求。绩效考评的结果将员工行为量化，为人力资源管理提供客观依据，确保薪酬管理、激励措施等环节的公正性和科学性，规避管理者的随意性行为。

绩效考评方法多样，主要包括以下几种：

（1）评估法。该方法将被考评岗位的工作内容细分为若干独立模块，并针对每个模块明确描述所需达到的工作标准。随后，依据“优、良、合格、不合格”四个等级，对被考评人的实际工作表现进行客观评估。

（2）目标考评法。此法是依据被考评人完成工作目标的实际情况来进行考核。在任务开始之前，考评双方需就工作内容、时间期限及考评标准达成共识。任务完成后，考评人将按照事先约定的标准，对被考评人的工作表现进行客观评价。此法特别适用于实施目标管理的项目。

（3）排序法。排序法分为直接排序和相对排序两种。直接排序是将相同职务的员工在同一考评模块中进行比较，按工作表现优劣排序；相对排序则是通过员工间的两两比较，以得分高低确定绩效排名。传统日本企业常采用此法进行绩效考评。

（4）上级考评法。该方法由熟悉员工工作的经理负责进行绩效考评。考评前需向员工明确考评内容、依据与标准，考评后需向员工详细解释评价结果。此法操作简便，但主观性较强，对于工作简单且有明确说明书的制造业一线工人较为适用。

（5）关键事件法。“关键事件”指的是被考评人在工作中表现出的突出优秀或不良行为。平时需对这些事件进行书面记录，考评时则综合整理分析，以形成最终的考评结果。

（6）强制比例法。根据正态分布原理，此法规定优秀员工和不合格员工应占一定比例，而大多数员工则属于表现一般。在考评时，可强制规定各等级员工的人数比例，如优秀与不合格各占 20%，普通员工占 60%。通用电气（General Electric，GE）公司曾采用此法，每年会有 12%的淘汰率，以确保人才的高素质水平。

（7）综合法。对于业务面广、岗位配置复杂的大型公司而言，单一的考核方法可能难以全面满足绩效考评需求。综合法即是将多种绩效考评方法综合运用，以提高考评结果的客观性和可信度。

（8）关键绩效指标（Key Performance Indicator，KPI）。KPI 是通过设置、取样、计算和分析组织内部某一流程的关键参数，来衡量流程绩效的一种目标式量化管理指标。它能够将企业的战略目标分解为具体、可操作的远景目标，从而有效推动战略实施。

（9）平衡计分法（Balanced Scorecard Approach，BSC）。BSC是由哈佛商学院的 Robert S. Kaplan 和 David P. Norton 提出的一种绩效考评方法。它强调将企业战略置于核心位置，通过逻辑性地阐述企业或员工绩效的实现过程，为管理者提供了一个清晰的视角来审视“应考核什么”。与传统考评方法相比，BSC 更注重与财务视角的平衡，从而确保绩效考评的全面性和有效性。绩效考评的平衡计分原理如图12-5所示。

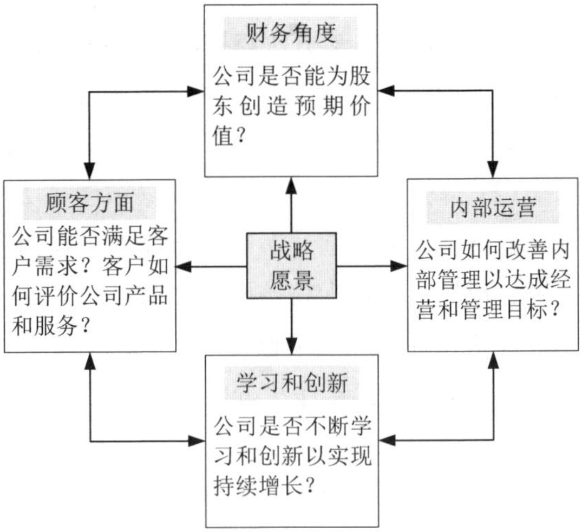


**图 12-5　平衡计分法原理**

绩效考核旨在量化组织和个人的工作成效，促进持续改进和提升。然而，考核指标具有局限性，应作为管理者参考而非绝对标准。同时，不同组织间存在差异，绩效考核方式需因地制宜，不能僵硬照搬。绩效考核应灵活、科学地进行，以使其对组织和个人发展的推动作用最大化。

## 12.3.5　薪酬管理与激励

依据 Maslow 的需求层次理论，个体普遍追求自我价值的实现。为了有效提升员工的工作绩效，企业应当在科学绩效考评的基石上，构建一套全面而合理的激励机制。这一机制需兼顾物质与精神双重层面，旨在激发员工在追求自我价值实现的过程中，不断积累智慧、增强自我驱动力，并主动寻求能力提升，进而推动绩效的持续提高。

哈佛大学的威廉·詹姆斯（W. James，1842—1910 年）在其员工激励研究中揭示了一个重要发现：在仅依赖按时计酬的情况下，员工往往仅需发挥出20%～30%的潜能即可维持其职位。然而，一旦施以充分的激励措施，他们的潜能释放程度将大幅提升至 80%甚至 90%。这一发现深刻表明了薪酬制度的精心设计以及激励策略的科学运用，对激发员工潜能、提升工作绩效具有举足轻重的意义，同时也是人力资源管理领域亟待深入探索与实践的核心议题。

薪酬管理不仅是简单的对员工劳动成果的回报，更是一种战略性管理工具。薪酬管理需紧密围绕企业的战略目标与核心价值观，通过精准定位薪酬水平、优化薪酬结构、设计公平且具有竞争力的薪酬体系来吸引、保留并激励关键人才。这要求企业不仅要关注薪酬的外部竞争性，确保员工薪酬与市场水平相匹配，还要注重薪酬的内部公平性，确保不同岗位、不同贡献的员工能够获得与其付出相称的回报。同时，薪酬管理还应与绩效管理紧密结合，设立明确的绩效目标与评价标准，将员工的薪酬与其工作表现直接挂钩，从而进一步激发员工的工作热情与创造力，推动企业整体绩效的持续提升。因此，薪酬管理不仅是人力资源管理中的关键环节，更是企业实现战略目标、提升竞争力的重要手段。

关于激励理论，将在本书第 16 章详述。

## 12.3.6 人力资源能力建设

人力资源能力建设并非仅仅等同于员工培训，而是一个更为系统的概念。传统观念中，人力资源能力建设往往被简化为培训活动，但实际上，它涵盖了更多元、更有效的方式。除设立专业培训部门外，还包括营造学习氛围、鼓励员工交流、搭建信息共享平台、提供学习时间和补贴以及以技能掌握为考核标准等灵活多样的政策和措施。这些举措共同构成了一个全面的人力资源能力建设体系。

从更宽泛的概念上讲，人力资源能力建设可以被定义为公司有计划地实施的一系列活动，这些活动旨在帮助雇员学习与工作相关的能力，同时也是创造智力资本的过程。智力资本包括认知知识、高级技能、系统理解力、创造力以及自我激励的创新能力等多个层面，这些构成了人力资源能力建设的核心内容。

**1. 人力资源能力建设的内容**

人力资源能力建设的内容可分为四个层次：认知知识、高级技能、系统理解力和自我激发的创造力（图 12-6）。传统上，能力建设主要关注认知知识和高级技能的开发，但其更大的价值在于提升员工的系统理解力，使他们能够全面了解生产或服务过程及各部门间的关系，并激励他们进行革新，提供高质量的产品和服务。对于服务性行业而言，系统理解力和自我激发的创造

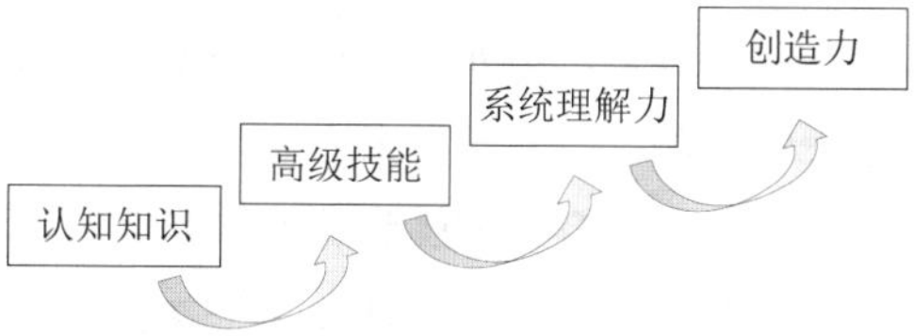

**图 12-6 人力资源能力建设的内容**

力尤为重要。

**2. 人力资源能力建设与知识管理的关联**

知识管理作为现代企业管理的关键要素，其核心在于高效获取、整合、利用及分享组织内外的知识资源。这一过程旨在提升组织的智慧资本，为企业的持续发展奠定坚实基础。人力资源能力建设是实现知识管理目标不可或缺的一环。它不仅仅关注员工个人能力的提升，更与知识的创造和共享紧密相连。通过能力建设，企业能够激发员工的创新潜能，促进知识的有效传递与转化，从而加速知识的应用与创新。人力资源能力建设不仅关乎员工个人的成长与发展，更是推动组织整体知识管理和创新的重要途径。通过不断提升员工的知识水平和创新能力，企业能够增强自身的市场适应性，迅速捕捉发展机遇，并在激烈的市场竞争中保持领先地位。知识管理的有效实施与人力资源能力建设相辅相成。一方面，知识管理为能力建设提供了丰富的知识资源和高效的知识利用方式；另一方面，能力建设则通过提升员工的知识素养和创新能力，为知识管理的持续深化提供了有力支撑。二者共同作用于组织，推动其不断向前发展，实现持续创新与成长。

**3. 绩效考评：人力资源能力建设的基石**

人力资源能力建设需要建立在公正的绩效考评基础之上。通过绩效考评，企业可以发现员工的能力建设需求，从而有针对性地制订和实施能力建设计划。这种基于绩效考评的能力建设方式能够确保资源的有效利用和效果的显著提升。同时，人力资源能力建设水平也受到组织人力资源管理能力的制约，企业大学的兴起正是对这一制约因素的突破之一，为提升组织整体的人力资源管理水平提供了新的平台和机遇。

## 本章小结

(1) 对于任何一个组织，人力资源都是首要资源。人力资源的价值在于其充分发挥并被组织有效利用。因此，必须全面、正确地认识人力资源的特性，进行合理配置、管理和开发，使其价值得到最大体现。组织获取竞争优势的一个关键途径就是在人力资源开发与管理方面不断创新，成为人才高地。

(2) 人力资源管理的首要问题是人力资源战略，这是服务于组织整体战略的关键要素，决定了组织战略的成败。人力资源战略的制定和实施分为七个步骤：企业战略决策分析、企业经营环境分析、现有人力资源状况分析、人力资源供需预测、规划与业务计划的制订和平衡、计划的实施与控制、人力资源战略评估。

(3) 人力资源管理的具体工作内容和过程主要是围绕人力资源管理基本功能的实现展开的，即岗位分析与评价、招聘与选拔、培训与发展、绩效管理、薪酬管理与激励、人力资源能力建设。

人力资源管理思维导图

## 本章思考题

1. 人力资源管理与人事管理的概念是同样的吗？为什么？

2. 为什么组织必须关注人力资源战略？

3. 组织环境分析对人力资源战略有什么重大影响？

4. 为什么把对人力资源战略的评估也纳入人力资源战略的实施步骤？

5. 人力资源管理过程中招聘与选拔环节应该关注哪些问题？

6. 除了薪酬还能有更好的激励手段吗？

7. 随着数字化转型的发展，各类组织出现了人力资源结构化短缺和冗余问题，应该如何认识这类问题？

本章拓展阅读

# 13 组织文化



20 世纪 80 年代，随着日本企业竞争力急剧提升，众多学者着手探究日本企业的管理模式，并发现其背后的文化特征是推动企业飞速发展的关键因素。这一发现激发了管理学家对企业文化或组织文化的浓厚兴趣，进而催生了一系列的组织文化理论深入研究。

## 13.1 组织文化概要

### 13.1.1 组织文化的定义

自组织文化概念问世以来，其定义始终备受争议。总体而言，组织文化这一概念涵盖了以下几个核心要素：

(1) 共同语言与行为准则：体现在成员间的交流方式、思维模式、态度及群体规范上。

(2) 价值观：反映在对人与事的评判标准中，诸如对质量、安全、价格及商业信誉的核心理念。

(3) 工作氛围：体现团队的精神状态，包括积极或消极、合作或排斥、有序或混乱、友善或冷漠、分享或独占等氛围特征。

然而，埃德加·亨利·沙因（E. H. Schein，1928—2023 年）指出，上述讨论均未触及组织文化的本质。他认为，组织文化乃是特定组织在应对外部适应与内部整合过程中，通过学习与创造所形成并发展的一系列基本假设。这些假设因其有效性而被新成员接纳，并发挥着关键作用。前述的文化表现，实则只是深层文化的一种外在显现。真正的组织文化，深植于组织成员的潜意识之中，与领导者紧密相连，犹如一枚硬币的两面。领导者在创立组织的同时，也塑造了该组织的独特文化。

### 13.1.2 E. H. Schein 对组织文化的分析

**1. 组织文化的层次**

E. H. Schein 提出，组织文化由三个相互交织的层次构成：

（1）物质层：直观可见的组织架构与运作流程。

（2）支持性价值观：涵盖战略规划、目标设定、质量观念及哲学理念等。

（3）基本的潜意识假定：深植的信仰、感知、思维与情感模式。

当前的组织文化研究多聚焦于物质层与支持性价值观，对更深层次的组织文化探索尚显不足。

**2. 组织文化根基的五个维度**

Schein 在整合前人文化比较研究的基础上，将深植于组织根基的文化细分为以下五个维度：

（1）自然和人的关系：反映组织核心人物对组织与环境间关系的看法，如支配、从属或和谐共存，此假定直接影响组织战略，并要求组织能随环境变化审视其初始假定的适宜性。

（2）现实和真实的本质：涉及组织对真实与现实的界定标准、验证方式及真实可否被发现的假设，包括行动规律、时空观念，并区分客观、社会及个人现实，采用道德或现实尺度评判真实。

（3）人性的本质：界定何谓人性行为，何谓非人性行为，以及人与组织间应有关系的假设。

（4）人类活动的本质：涵盖何谓正确行为、人的行为主动性、自由意志与命运的关系、工作与娱乐的界定等假设。

（5）人际关系的本质：涉及权威基础、权力分配、人与人之间应有状态（如竞争或互助）等假设。

Schein 强调，组织文化塑造组织价值观及行为模式，且深藏于组织底层，难以直接洞察。仅通过分析组织结构、信息系统、管理制度、公开目标、规章制度及组织传说等物质层面，所能获取的文化信息有限。他举例说明，即便两个组织结构完全相同的企业，其组织文化也可能截然不同。为更深入地理解组织文化，

Schein 建议使用群体访谈与讨论的方法，并针对上述五个维度提出了具体的讨论议题。

那么，何谓组织文化？普遍共识认为，它是组织成员共享的价值观与信念体系，这一体系深刻影响成员行为模式，代表成员的共同认知。如同部落文化中的图腾与戒律指导成员对待同部落者与外来者，组织文化亦有其支配成员行为的准则。每个组织都拥有随时间演化的价值观、信条、仪式、神话及惯例体系，这些共享的价值观在很大程度上塑造了员工的世界观及应对挑战的方式。面对问题或工作难题时，组织文化——行事的基本方式——将引导员工的行为，影响他们对问题的认知、定义、分析及解决策略。

### 13.1.3 组织文化的生成和领导作用

具有相似背景和经历的两位领导者，在相同社会环境中领导企业竞争，历经5～10 年后，为何两家企业的文化会截然不同？为何某些已在新环境中失去意义的文化要素仍能存续？尤其是当组织领导者及成员均认识到这些要素需改革时，它们为何依然顽固存在？

Schein 提出，要阐释组织文化的生成，需综合群体力学理论、领导理论和学习理论。群体力学理论通过观察组织内的各类群体，揭示了群体底层潜在的个人间情绪过程。这一过程有助于管理者理解“共有”的含义，即多数人对问题的共同思考方式及解决方案。因为所有文化定义都涉及共有的解决方案、理解、共识等概念，而群体力学理论正能解释这种共有是如何形成的。

领导理论中，关于领导者个性、类型对团队形成影响的研究，对理解文化进化大有裨益。领导者的特质和行为方式，直接影响团队氛围、价值导向及行为准则，进而塑造组织文化的独特面貌。

学习理论则阐述了组织如何学习认知、情感、行为方式等，而文化正是被学习并传承的行为模式。通过学习理论，可以深入理解文化的学习过程，包括个体如何吸收、内化组织文化，以及文化如何在组织内部传播和演变。

在快速变化的企业经营环境中，尤其是互联网影响日益显著的当下，如何适应内外部环境的变迁成为永恒课题。为了应对挑战，企业需要不断革新思考方式和行为模式，营造更加灵活、开放、创新的文化氛围，以确保组织能够持续适应并引领变革。

# 13.2 组织文化的作用形式

## 13.2.1 强文化和弱文化

尽管所有组织都蕴含文化，但其对成员的影响力却各不相同。强文化，指的是那些被广泛接受并深入人心的基本价值观所形成的文化，其对员工的影响远胜于弱文化。当组织成员对组织的基本价值观高度认同并作出承诺时，该文化便愈发强大。

组织文化的强弱，或介于二者之间的状态，受多种因素影响，包括组织的规模、历史积淀、员工流动率，以及文化起源的深刻程度。部分组织对核心价值模糊不清，难以区分重要与次要，这是弱文化的一个显著特征。在这样的组织中，文化对管理者的指导作用微乎其微。然而，多数组织已逐步向强文化转型，它们在何谓重要、何谓“优秀”员工行为，以及何谓推动组织发展的动力等方面，达成了更高程度的共识。

研究表明，相较于弱文化组织，强文化组织中的员工对组织的承诺更为深厚。强文化组织通过招聘的筛选作用与社会化过程，进一步促进成员对组织的承诺。越来越多的证据显示，强文化与组织绩效之间存在着紧密的关联。强文化不仅能够激发员工的归属感、提升员工的忠诚度，还能够提升组织的整体效能与竞争力。

## 13.2.2 组织文化如何传给员工

组织文化通过多种方式深入人心，其中故事、仪式、有形信条和语言尤为关键。

**1. 故事：传承与启迪**

组织中的“故事”是文化传承的重要载体，它们往往围绕重大事件或杰出人物展开，如创始人的传奇、突破常规的壮举、对历史错误的深刻反思等。这些故事不仅为员工树立了学习的典范，还通过历史与现实的联结，为当前的组织惯例提供了合理的解释和合法的依据，同时明确了组织所珍视的价值观。

**2. 仪式：强化与灌输**

仪式，作为一系列重复性的活动，是组织价值观直观体现的重要形式。它们通过特定的场景和流程，鲜明地传达出组织最重视的目标和理念。例如，优秀员工的颁奖典礼，不仅是对个人成就的认可，更是对组织文化的一次深刻灌输，让每一位参与者都能感受到组织对优秀品质的崇尚和追求。

**3. 有形信条：塑造与感知**

走进不同的企业，我们常能瞬间捕捉到它们独特的“气质”——或正式，或随性，或富有趣味，或庄重严肃。这种直观的感受，正是有形信条在塑造组织个性方面的体现。从办公环境的布局、员工的着装，到高层领导的座驾、差旅标准，乃至办公室的大小、装修的精致程度、特殊待遇的安排等，这些有形信条无不在向员工传递着关于组织层级、平等观念和行为规范的重要信息。

**4. 语言：认同与凝聚**

语言，作为组织文化的另一重要标志，是成员间沟通与交流的桥梁。通过学习组织特有的语言，成员不仅表明了自己对文化的接受和认同，还积极参与到了文化的维护与传承中。随着时间的推移，组织会逐渐发展出一套独特的术语体系，涵盖设备、关键人物、供应商、顾客及业务产品等各个方面。这些术语和行话，虽然初来乍到的新员工可能会感到困惑，但很快就会成为他们语言的一部分，成为连接和团结组织文化成员的强大纽带。

## 13.3 跨文化组织管理

在全球化和互联网的浪潮下，组织文化的构建与发展已不再局限于单一民族文化，而需深刻融入跨文化的视角。管理者在全球舞台上，必须高度重视各国文化的差异性，这是跨文化组织管理的基石。

民族文化，作为一国居民共有的价值观体系，深刻影响着人们的行为模式与世界观。对于管理者而言，国家文化与组织文化二者谁占据主导地位？研究表明，民族文化对员工的影响往往超越组织文化，尤其在本土员工身上的体现更为明显。这意味着，在跨文化管理中，民族文化的影响力不容忽视。法律、政治与经济的国别差异显而易见，而文化差异则更为隐晦且难以捉摸。当地居民往往难以向外来者准确描述本文化的独特性，这使得跨文化管理者面临更大的挑战。理解民族文化差异，成为提升管理效能的关键。

吉尔特·霍夫斯泰德（Geert Hofstede）提出的民族文化维度框架，为管理者提供了理解文化差异的有力工具。他认为，民族文化对员工与工作相关的价值观和价值取向有着重大影响，比年龄、性别、职业或在组织中的地位解释了更多的差异。他识别出四个核心维度：个人主义与集体主义、权力距离、不确定性规避、生活的数量与质量。这些维度深刻影响着员工的工作价值观与行为取向。

**1. 个人主义与集体主义**

个人主义（Individualism）指的是一种社会结构特征，其中个体主要关注自己和直系亲属的利益，这种特征在一个赋予个人较大自由度的社会中尤为显著。与个人主义形成对比的是集体主义（Collectivism），它表现为一种更为紧密的社会联结，在这种结构下，人们期望群体内的其他成员（如家庭成员或组织成员）在困境中能提供帮助和保护。而集体主义则要求成员对团体保持高度的忠诚。

Hofstede 的研究揭示，一个国家的个人主义倾向与其经济富裕程度紧密相连。例如，美国、英国和荷兰等经济发达的国家，民众普遍展现出强烈的个人主义色彩；而如哥伦比亚和巴基斯坦等经济相对贫穷的国家，则更倾向集体主义价值观。

**2. 权力距离**

人们天生就拥有各异的身体条件和智力水平，这是导致财富和权力分配差异的重要因素之一。那么，社会是如何应对这种不平等现象的呢？Hofstede 引入了“权力距离”（Power Distance）这一概念，用它来衡量社会对于机构和组织内部权力分配不均的接受程度。在权力距离较大的社会中，人们普遍接受组织内部存在的显著权力差异，员工对权威表现出高度的尊敬。在这种情况下，称号、头衔以及地位显得尤为重要。因此，一些公司在与权力距离较大的国家进行商务谈判时，会确保派出的代表在头衔上至少与对方相当。相反，在权力距离较小的社会中，人们则倾向尽可能缩小这种不平等。虽然管理者依然拥有权威，但员工并不会因此感到恐惧或敬畏。

**3. 不确定性规避**

不确定性规避（Uncertainty Avoidance）是一个文化维度，用于衡量人们对风险和非传统行为的容忍程度。在这个充满变数的世界里，未来总是充满了未知，且这一状态似乎永远不会改变。面对这种不确定性，不同社会有着各自的应对之道。

有些社会能够使其成员以平和的心态接受这种不确定性。在这样的社会中，人们对待风险相对从容，不那么惊慌失措。他们更加包容不同的行为和观点，因为并未感受到这些差异带来的威胁。Hofstede 将这样的社会定义为低不确定性规避的社会。而在高不确定性规避的社会中，人们则表现出高度的焦虑情绪，常常显得神经紧绷、压力重重且极具进取心。在这种文化氛围下，不确定性和模糊性被视为威胁，因此，政府和社会机构被建立起来，以提供安全保障并降低风险。在这样的文化中，组织往往有着严格的规章制度，人们对异于常规的思想和行为也显得较为不容忍。

**4. 生活的数量与质量**

和个人主义与集体主义这一对维度相似，民族文化的第四个维度也呈现出两种截然不同的取向。一些民族文化倾向强调生活的数量（Quantity of Life），这种文化特征表现为过度的自信以及对金钱和物质财富的执着追求。而另一些民族文化则更加注重生活的质量（Quality of Life），在这种文化中，人们更加重视人际关系的建立与维护，并且对他人的幸福表现出高度的敏感和深切的关心。

对文化的深刻理解有助于提升管理效率与效果。虽然组织文化没有固定模式，依赖管理者的个人感悟，但管理者的文化热情与积极态度至关重要。通过努力探索与适应，跨文化管理者有望在实践中取得意想不到的效果。

## 本章小结

（1）组织文化的概念包含了共同语言和行为准则、价值观和工作氛围等内容。组织文化决定了组织价值观以及在此价值观之下的组织行为。

（2）虽然所有的组织都有文化，但并非所有的文化对组织成员都有同等程度的影响。组织成员对组织的基本价值观的接受程度和承诺程度越大，说明组织文化的影响越强。

（3）文化差异是当今世界发展中管理者面临的最重要问题之一。由于跨文化组织越来越普遍，管理者必须直面文化差异给他们工作带来的麻烦。民族文化有四个维度：①个人主义与集体主义；②权力距离；③不确定性规避；④生活的数量与质量。这有助于管理者更好地理解民族文化间差异并改善其管理活动。

**组织文化思维导图**

# 本章思考题

1. 如何认识组织文化对组织发展和管理的影响?
2. 如何认识组织文化的基本概念?
3. 为什么说组织文化对成员的影响有强有弱?
4. 什么是文化差异? 文化差异会给管理者带来什么麻烦?
5. 个人主义与集体主义可以在组织中塑造吗? 为什么?
6. 请挖掘“上汽兼并双龙”的相关资料，结合本章内容和相关文献，阐述你的观点。

本章拓展阅读

# 14 组织变革



组织的建立及其模式的确定，涵盖组织结构和组织关系，均旨在服务并实现组织的战略目标。一旦组织战略目标或影响其战略的因素发生变动，组织结构和关系必须随之调整，以确保战略目标的达成。鉴于社会、经济、科技、政治等领域发展的不断变化性，静止不变的组织几乎无法存续。因此，组织的变革同样具有必然性。

## 14.1 组织变革的动因

### 14.1.1 组织变革的一般原因

组织变革和发展的原因，主要在于组织的外部和内部环境。

**1. 外部环境影响因素**

外部环境主要包括社会经济状况、技术革新、市场竞争态势、社会价值观念的演变等。这些因素共同作用于组织，推动其变革。例如，市场新品的涌现、服务项目的创新、产品价格的调整等，都会促使竞争对手迅速响应。政治层面，国家领导层的更迭、政策导向的变化，均对组织产生深远影响。技术方面，科技的飞速进步与新产品的层出不穷，对组织构成严峻挑战，若不及时调整结构，将面临被淘汰的风险。此外，经济周期的波动、物价水平的变化、生活成本的起伏、投资者偏好的转移、社会文化及价值观的演变等，也都是驱动组织变革的重要因素。

**2. 内部环境影响因素**

组织内部同样存在诸多推动变革的力量，如组织目标的调整、员工素质的提升、技术水平的进步、个人价值观的演变、权力结构的优化，以及管理效能的提升、人际关系的改善等。

那么，组织在何种情境下需考虑变革？组织管理学家格德·申斯托克（G. Schienstock）对组织变革的预兆进行了深入研究，指出当组织出现以下任一情形时，即表明变革已迫在眉睫：

（1）失误频发：决策过程缓慢或决策失误频发，导致机遇错失。

（2）沟通阻塞：组织内部沟通障碍，引发协调困难与人事冲突。

（3）功能失效：组织核心功能效率低下或无法正常发挥。

（4）僵化保守：组织缺乏创新精神，无法提出新颖有效的解决方案，导致发展停滞。

对于外部观察者而言，识别这些预兆或许相对容易。然而，对于身处其中的管理者而言，往往难以自知，从而错失变革的最佳时机。因此，如何自我诊断问题并及时推动变革，不仅考验着管理者的技巧，更需其具备勇于自我反省与改正错误的勇气，营造真正的民主氛围，并从组织制度层面着手，以便更有效地识别与应对变革的预兆。

### 14.1.2 组织变革“内因论”的一个演化模型

美国组织学家、哈佛商学院教授拉里·格雷纳（L. E. Greiner）深入研究了企业组织成长中的演变与变革问题，提出了具有指导价值的组织成长五阶段模型。该模型强调组织历史对未来的决定性影响，认为组织结构的形成更多源于过去的决定因素，而非当前事件或外界市场环境。这是一种典型的“内因”论观点。

Greiner 认为，构建组织发展模型需考虑五个核心因素：组织年龄、组织规模、组织演化的各个阶段、组织变革的各个阶段以及产业的成长率。所谓“演化”（Evolution），指组织“温和”地变化，它不会使组织发生剧烈动荡；而“变革”（Revolution）则是指组织脱胎换骨式的重大变化，是组织显著创新的方式。五个因素中，组织年龄和组织规模是决定组织变革和发展的最主要因素。随着组织年龄的增长，组织逐步走向成熟，其结构和内部规则不断变化；而组织规模的扩大则要求新型组织形式来替代原有形式，以提高效率。

Greiner 提出了组织发展的五阶段模型，见图 14-1。

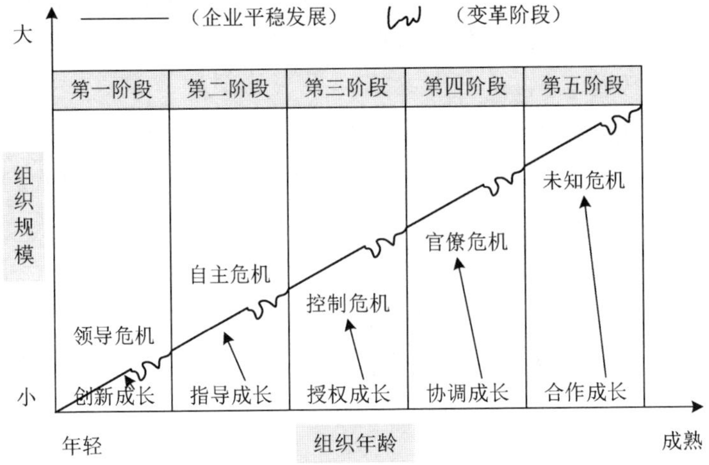


**图 14-1　组织发展阶段模型**

图 14-1 中横轴代表组织年龄，纵轴代表组织规模。模型把组织的成长分为五个阶段，每个阶段的特点都是既有演化，又有变革。

**1. 阶段一：通过创新而成长与领导危机**

在组织初创阶段，企业依赖创造力推动成长，这体现在新产品的开发和市场的开拓上。创始人专注于制造和销售，组织内部沟通非正式，管理活动直接受市场反馈驱动。然而，随着组织规模扩大，创业者难以应对日益复杂的管理挑战。当企业尝试规模化经营时，领导危机显现，要求变革。此时，创始人需寻找并任命一位被认可的业务经理，以凝聚组织力量。

**2. 阶段二：通过指导而成长与自主危机**

经历领导危机后，企业通过任命能干的业务经理实现指导成长，进入持久发展阶段。此阶段，正式组织结构建立，制造与销售分离，工作专业化，制度化规则发展。等级制度使内部联系正式化，但原有管理方法难以适应更大、更复杂的组织。下层雇员因掌握更多直接知识而陷入遵循程序与主动行动的困境，引发自主危机，表现为低层管理人员要求更多自主权。

**3. 阶段三：通过分权而成长与控制危机**

分权组织结构成为解决自主危机的手段。部门经理在分权制度下获得更大权力和激励，能迅速响应市场并开发新产品。然而，分权也带来控制危机，部门经理倾向独立运作，与组织其他部门缺乏协调。当上层试图重新控制企业时，第三阶段变革发生。恢复中央集权常因经营范围过大而失败，继续成长的企业则采用特殊协调技术应对。

**4. 阶段四：通过协调而成长与官僚危机**

第三阶段危机通过特殊协调技术（如超事业部制）解决，有效分配资源，促进企业发展，建立正规协调制度，使各部门关注整体方向，消除内耗。然而，这将导致官僚危机，即繁琐程序危机。不信任增加，制度和计划激增超过效用，创新受阻。组织变得庞大复杂，难以用现有计划和制度管理，于是第四阶段的变革迫近了。

**5. 阶段五：通过合作而成长与未知危机**

克服官僚危机的关键在于加强个人间合作，推动企业通过合作继续成长。第四阶段依赖制度和程序，第五阶段则强调管理行动的自发性，组织工作团队，巧妙处理意见分歧。尽管 Greiner 未明确提出第五阶段危机，我们可称之为“未知危机”。

Greiner 的组织成长阶段模型对管理组织变革和成长具有参考价值。在不同发展阶段，要求与之相适应的组织结构形式。组织的稳定是相对的，变革是绝对的。该模型有助于管理者识别组织当前所处阶段及面临的危机，从而采取相应措施推动组织持续健康发展。

# 14.2 组织变革的目标和内容

组织变革的目标是提高组织的效率和有效性。如何来衡量组织的效率和有效性呢？变革的重点是什么？下面作简单讨论。

## 14.2.1 变革的目标模型

在评估组织的效率和有效性时，虽无固定标准可循，但存在一些值得变革者借鉴的评价模型。

**1. B. M. Bass 的模型**

心理学家伯纳德·巴斯（B. M. Bass）指出，单纯以生产率和利润等指标衡量组织是片面的。组织的效率和有效性应更全面地反映其价值，包括：组织对成员的价值、成员与组织对社会的价值。因此，Bass 的模型涵盖三个方面：

（1）组织运行、获益及自我维持的能力；

（2）组织对成员的价值体现；

（3）组织及其成员对社会的价值贡献。

**2. W. G. Bennis 的模型**

W. G. 本尼斯（W. G. Bennis）认为，许多组织效率与有效性评价标准忽视了组织适应变化的能力，这是基本缺陷。他强调，组织应能灵活应对外界压力和变化条件。为此，Bennis 提出了以下衡量维度：

（1）适应环境能力：组织解决问题和灵活应对环境变化的能力。

（2）自我认识能力：组织对自身性质、目标、应做之事及成员对目标的理解和拥护程度的认知。

（3）环境觉悟能力：准确觉察和解释环境性质，特别是敏锐捕捉与组织职能密切相关的问题。

（4）协调和整合能力：协调组织内部各部门，解决冲突，结合组织目标与成员需求。

**3. R. Beckhard 的模型**

R. 贝克哈德（R. Beckhard）认为，高效和有效的组织应具备以下特征：

（1）各级部门和成员均按组织目标和计划行动；

（2）问题、任务和目的决定人力资源的组织方式；

（3）信息获取部门或其上级能迅速决策；

（4）奖励制度鼓励成绩、促进成员成长，营造活力群体；

（5）上下左右沟通顺畅、理解深入、坦诚相待；

（6）个人与群体间友好合作、群策群力；

（7）成员可对任务和目的提出不同见解；

（8）组织作为开放系统，与子系统及社会环境交互作用；

（9）各部门和成员在维持组织整合性和环境独特性方面相互支持；

（10）具备反馈机制，促进成员和群体不断学习。

**4. 管理变革的目标模式**

组织变革实质上是管理变革。为有效变革，需首先明确目标模式，认清现状，从而明确问题、规划变革。目标模式应满足以下要求：

（1）构成完整体系，包括指导思想、原则、制度、组织、程序及信息载体；

（2）适应组织自身运行特点和社会环境要求；

（3）具备较强的可操作性；

（4）经长期实践证明有效。

### 14.2.2 组织变革的内容

组织作为一个多变量的系统，在变革过程中必须密切关注变量间的连锁反应，这一点之前已有提及。然而，每次具体的组织变革都会因其独特情境而侧重点不同。一般而言，这些变革可概括为以下三个核心方面。

**1. 以组织结构为核心的变革**

此变革途径通过调整组织结构来实现组织的整体转型。这通常涉及新部门的划分或合并、职位及其权责的重新界定、部门间关系的协调、管理幅度与管理层次的调整，以及自主权的下放或集中等关键举措。

**2. 以任务与技术为核心的变革**

此变革策略聚焦于对组织各部门、各层级工作任务的重新整合，以及原有工作流程的革新。通过引入新设备、新技术，提升机械化、计算机化水平，进行技术革新与挖潜。同时，采用现代控制技术等先进管理技术，以提高工作效率与质量，从而达到组织变革的目标。其中，工作任务的重新整合与工作流程的革新，也被称为“工作再设计”，它涵盖工作范围的扩大化、工作内容的丰富化、自治工作群体的建立、工作轮换等多个方面。

**3. 以人为核心的变革**

这是所有变革的基础与关键。无论是组织结构的调整，还是任务与技术的革新，都离不开人的核心作用。以人为核心的变革主要通过改变组织成员的观念与态度来实现，包括知识的更新、态度的转变、个人行为的重塑，乃至整个群体行为的变革。

## 14.3 组织变革的过程

关于组织变革的推进过程，存在多种学术观点。以下列举几位学者的公认理论。

### 14.3.1 K. Lewin 的变革三阶段

德国心理学家 Lewin 提出，组织变革是一个涉及心理与行为转变的过程，应包括三个关键阶段。

（1）解冻：此阶段需识别并分析组织现状中的问题与缺陷，激发变革的动机与紧迫感。通过打破旧的平衡状态，促使成员接受新的观念与行为方式，为变革做准备。同时，创造心理安全感，消除对失败的恐惧，鼓励成员积极参与变革。

（2）转变：此阶段涉及从现有行为模式与组织结构向新模式过渡。需通过树立新行为模式的榜样，引导成员接受并形成新的态度与行为。变革是一个认知过程，需借助新信息与概念来完成，且需成员具备真正的变革意愿。

（3）再冻结：变革后，需强化和巩固新的行为模式与组织结构，防止回退到旧状态。这可通过让成员验证新模式的有效性、增强群体间的强化作用，以及制度化新模式来实现。

### 14.3.2 F. E. Kast 的变革六步骤

F. E. Kast 和詹姆斯·罗森茨韦格（J. E. Rosenzweig）提出了卡斯特组织变革论（Kast's Organization Change Theory），认为组织变革分为六个步骤：

（1）评估现状：回顾组织历史，检讨现状，研究内外环境。

（2）觉察问题：认识到组织确实需要变革。

（3）辨明问题：明确现状与期望状态之间的差距，如士气、动机、新产品的要求、开辟新的市场等，分析存在的问题。

（4）制定解决方案：生成并选择变革方案。

（5）实施变革：根据选定的方案采取行动。

（6）效果评估：评估变革效果，反馈并调整计划。

### 14.3.3 E. H. Schein 的适应循环方法

Schein 提出了变革中适应循环的过程步骤及应对挑战的策略。

**1. 适应循环的过程**

适应循环的过程分为六个步骤，见图 14-2。

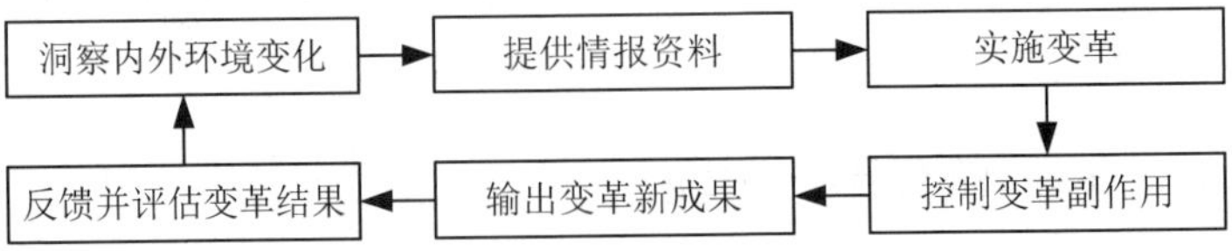


**图 14-2　变革中适应循环的过程**

**2. 适应循环中可能遇到的挑战及应对策略**

在组织适应环境变革的进程中，理想状态是顺畅无阻。然而，实践中的每一步都可能遭遇挑战，急需有效的解决策略。Schein 针对此提出了以下应对方法：

（1）挑战：组织对环境变化的盲视或误诊。应对策略：采用市场调研、消费者心理分析、公众意见调查及专家研讨会等手段，增强组织对环境变化的敏锐度和诊断准确性。

（2）挑战：信息获取与传递的障碍。应对策略：上级部门应主动提升变革意识，消除对下级信息可能带来的威胁感。同时，建立多元化信息收集渠道，鼓励共同研讨问题解决方案，以减轻心理压力并促进信息流通。

（3）挑战：变革实施的阻力。应对策略：避免单纯命令式推动，而是邀请相关部门参与变革决策，通过共同探讨制订与实施计划，增强变革参与者的责任感与承诺，从而确保变革的顺利推进。

（4）挑战：变革影响的忽视与固化难题。应对策略：认识到组织内部各部门间的相互依存性，任何改革都需考虑对其他部门的影响，并利用这种关联性将成功变革经验推广至其他部门。特别强调领导层的率先垂范，以带动起整个组织的变革氛围。

（5）挑战：新成果的市场转化。应对策略：在确保产品质量与数量的基础上，加大宣传力度，积极开拓市场，让外界了解并接受变革成果，这是组织变革成功的重要标志。

（6）挑战：缺乏变革成效的反馈机制。应对策略：建立专业的评估团队，制定明确的评价程序和标准，客观评估变革成效，及时反馈是否需要进一步调整或深化变革策略。

## 14.3.4 计划性发展与变革模式

一些管理学家提出了具有普遍意义的计划性发展与变革过程，包含以下七个步骤：

（1）识别变革压力：来自外部（如政府法令、市场竞争）和内部（如组织结构、人的行为）的压力要求组织变革。

（2）察觉与识别问题：及时准确地掌握信息，识别组织中存在的问题。

（3）分析问题与目标设定：深入分析问题根源，设定变革目标及衡量标准。

（4）识别限制条件：考虑领导风格、组织结构及成员特点对变革的限制。

（5）准备与选择变革方案：匹配变革方法与目标，考虑行为改变程度。

（6）实施变革：选择适当的时机、起点与范围实施变革。时机上，应避开业务繁忙期，待变革准备充分后再行动，以确保变革的平稳启动。起点上，多数管理学专家建议变革应从组织高层开始，由上至下推动，以增强变革的权威性和执行力。范围上，则需明确变革是全面覆盖还是局部试点，这直接关系到变革策略的制定与实施效果。

（7）评价变革效果：通过多样化的调查手段，全面收集变革效果的反馈信息，并及时反馈给变革领导者。评估时，应特别关注行为模式的变革，从反应、学习、行为及结果四个维度进行综合考量，以判断变革措施及其覆盖范围是否真正达到了预期的变革目标。

当变革结果获得积极评价后，接下来的关键步骤是将这些成果制度化，使其稳固地成为组织系统不可或缺的组成部分。制度化不仅是对“再冻结”状态的一种正式确认，更是确保变革成果得以长期保持和深化的重要手段。

在此基础上，进一步推广变革成果，将其制度化的范围扩展至组织的各个领域，是变革深化的必然要求。通过全面推广，可以确保变革成果在组织内得到广泛认同和应用，从而推动组织整体的持续进步与发展。

## 14.4 组织变革和发展的阻力及克服

变革，作为现代社会不断前行的驱动力，虽已让人们深切体会到技术革新带来的诸多益处，但在生产关系、组织结构与制度层面的变革上，因其广泛的影响面和较长的周期，往往使人难以立即洞悉其目的、机制及长远后果。这种不确定性导致人们更易聚焦于变革可能带来的负面影响，任何细微的不明确信息都可能引发误解，进而形成对变革的阻力。这些阻力主要源自个人与组织两个层面。

### 14.4.1 个人对变革的阻力

变革意味着观念更新、技能转型、利益调整及平衡状态的打破，工作职位、权责及内容均可能发生变化。尽管变革为组织注入活力，为个人职业发展带来新机遇，但不可避免地会触及个人的既有观念、利益、专长、规范、传统及习惯，特别是组织中下层成员，因对变革目标、重要性及紧迫性认识不足，常会在心理与行为上产生抵触情绪，构成变革的障碍。个人抗拒变革的原因多样，主要包括以下几个方面。

**1. 对未知因素的恐惧与抗拒**

个人在面对组织变革时，往往会感到不安和担忧，因为变革带来了不确定性。他们无法确切知道变革将如何影响自己的工作、职位和未来发展。这种对未知的恐惧，使得个人倾向维持现状，以寻求安全感和稳定性。同时，每个人都希望能在变革中保持一定的控制权，以确保自己的利益和地位不受损害。当变革威胁到这种控制权时，个人就会产生抗拒情绪。

**2. 对变革原因的不了解**

当组织进行变革时，如果未能有效沟通变革的必要性和紧迫性，那些受到变革影响的个人往往会感到困惑和不解。他们不清楚为什么需要进行变革，也不明白变革将如何为组织和个人带来好处。这种对变革原因的不了解，会导致个人对变革产生怀疑和抵触情绪。

**3. 担忧变革会导致利益受损或权力丧失**

变革往往伴随着资源的重新分配和权力的调整。个人可能会担心自己在变革中失去原有的利益、地位或权力。这种担忧使得个人对变革产生强烈的抗拒情绪，尤其是当变革可能威胁到他们的职业前景或经济利益时。

为减少阻力、增强变革动力，变革领导者需积极行动。首先，应邀请组织成员参与变革计划的编制，确保他们充分理解变革的缘由与影响，从而消除恐惧与抗拒。其次，组织成员也需具备接受新观念的意愿、向他人学习的能力及适应新工作的能力。对于管理人员而言，更需展现出刻苦、毅力、进取心、事业心、责任心及纪律性等优秀品质，以引领变革。

然而，个人适应变革并非易事，长期形成的职业习惯与思想观念难以迅速转变。即便有意愿接受变革，转变的方向与程度也因人而异。因此，在组织变革过程中，消除或减少个人阻力是一项艰巨而持久的任务。

### 14.4.2 组织层面对变革的阻力

组织在追求稳定与发展的平衡中，时常面临变革的挑战。虽然变革旨在促进组织的长期稳定和持续发展，但若变革方案未能充分考虑组织的稳定性，则可能引发不必要的阻力。组织层面的变革阻力，主要源于对稳定状态的维护、对变革带来的不确定性的担忧，以及变革过程中可能出现的各种调整与冲突。

首先，组织追求稳定是其本质属性之一。长期的稳定为组织提供了有序的工作环境，确保了成员间的默契与协作。然而，当变革来临时，它打破了这种稳定状态，引入了新的变量和不确定性。组织成员可能会担心变革会破坏现有的工作秩序，导致工作效率下降或工作环境恶化。这种对稳定性的依恋，构成了组织层面变革阻力的一部分。

其次，变革过程中组织结构和组织关系的调整，如工作政策的制定、工作权限的分配、工作职责的明确等，都会带来不同程度的挑战。这些变化可能引发成员间的利益冲突，破坏原有的权力平衡，导致组织层面的消极力量。这些消极力量表现为成员的抵触情绪、沟通障碍、工作效率下降等，都是组织层面变革阻力的具体体现。

### 14.4.3　如何克服变革中的阻力

面对变革所带来的重重阻力，管理者需深入剖析变革的动因，并积极采纳多元策略以化解这些阻力。以下是一些行之有效的克服阻力的方法。

**1. 广泛动员与参与**

鼓励并动员尽可能多的组织成员参与到变革的规划与执行中。通过亲身参与变革的讨论与实践，成员们能更深刻地理解变革的必要性，从而降低个人的担忧，并减少因个人利益和人际关系而产生的阻力。应确保每位成员都有机会在相关会议上发言，充分表达自己的观点。经过集体充分讨论的变革方案，自然更容易获得广泛接纳。

**2. 加强教育与沟通**

通过系统的教育提升成员对变革价值的认知，他们明白变革将如何惠及个人与组织。同时，保持组织内部沟通渠道的畅通无阻，及时通报变革的进展，以消除信息不对等造成的误解和焦虑。

**3. 渐进式变革**

提前公布变革的具体内容与实施步骤，采取逐步推进的方式，使成员有时间适应新环境，减少抵触情绪。这种渐进式的变革策略有助于平稳过渡，降低变革带来的冲击。

**4. 全面分析与权衡**

对于每一项变革，都应细致分析支持者与反对者的意见，权衡利弊。关键在于通过沟通与教育，争取更多人的支持，减少反对声音。当赞成变革的人数远超反对者时，变革才能顺利推进；否则，即使方案再完美，也难以实施。

此外，组织变革需区分主动与被动。具有前瞻性的管理者会基于组织未来的发展趋势，主动制定改革战略，逐步调整组织结构。这种主动变革是计划性的，有助于组织的长远发展。相反，缺乏长远规划的管理者往往在面对不得不变的局面时手足无措，导致变革决策仓促且效果欠佳，这种被动变革不仅难以推动组织进步，甚至可能危及组织生存。

为了成功实施主动变革，管理者需深入了解变革的阻力，并规划出有效的应对策略。形势分析至关重要，它基于权变理论，有助于设计出更具成功潜力的实施方案。同时，回顾组织变革的历史，吸取经验教训，以及深入分析组织现状，特别是倾听组织内部对变革的呼声，也是不可或缺的步骤。

## 14.5 组织结构变革的方向

尽管早在20世纪60年代，组织管理学家就预见了科层（官僚）组织将逐渐衰退，但时至今日，科层组织依然稳固存在，并在许多场合展现出其顽强的生命力。然而，不可否认的是，科层组织所占据的空间正在逐渐缩小。因此，在保持科层组织基础稳固的同时，结合组织的历史背景、发展目标以及外部环境的变化，对科层组织进行适当修正与补充，显得尤为重要。

对传统科层组织的改进是基于对组织设计原则的深刻反思，即将传统的机械式科层组织转变为更具适应性的有机组织，并在信息技术的助力下实现组织结构的扁平化。与机械式科层组织的非人格化、高度复杂、严格正规、高度集权以及僵硬稳定等特点形成鲜明对比，有机组织以其低复杂性、低正规化、分权化的特点，展现出松散灵活、高度适应性的优势，特别适用于不稳定的环境。机械式组织和有机组织的区别见表14-1。

**表14-1　　机械式组织和有机组织的区别**

| 机械式组织 | 有机组织 |
| --- | --- |
| 高专业化分工<br>严格的部门化<br>清晰的命令链<br>管理幅度小<br>集权<br>高正规化 | 跨职能团队<br>跨层级团队<br>自由的信息流动<br>管理幅度大<br>分权<br>低正规化 |

在新的、不断变化的经营环境中，新问题层出不穷，无法简单地归类到等级制度中的专业职位上。管理职能也不再是固定不变的，而是需要根据实际情况进行灵活调整。责任、职能、权力以及工作方法往往需要由参与同一任务、解决同一问题的团队成员共同协商确定。在这种环境下，上下级之间的协商变得比指挥更为重要。每个管理人员都需要对组织的整体宗旨和目标有深入的了解，才能更好地履行自己的职责。同时，为了充分发挥员工的特殊能力和主动性，应该为他们的工作提供尽可能多的灵活性和自由度。

为了促进组织的有机化，以下两种做法被广泛采用。

**1. 工作团队结构**

传统的职务设计往往以个人为中心，而工作团队结构则是围绕小组来设计的。工作团队主要分为综合型和自我管理型两种。综合型工作团队负责一系列任务的分配和执行，小组成员之间可以根据任务需求进行灵活的工作轮换。而自我管理型工作团队则拥有更大的自主权，不仅可以自主决定工作分配、进度和时间安排，甚至可以自主选择团队成员并进行工作评价。这种团队结构使得团队主管的角色变得相对弱化，甚至可以被完全取消，转而成为团队的顾问或指导者。

设立规模适中、任务明确的工作团队，特别是自我管理型工作团队，是适应企业柔性生产需求的重要举措。在这样的团队中，成员之间能够迅速建立默契和协作精神，有利于团队任务的顺利完成。

**2. 委员会结构**

委员会结构是组织附加结构的另一种形式，它汇聚了组织中多个成员的经验和背景，跨越职能和专业界限来处理重要或特定的问题，从而提升组织的整体绩效。委员会的建立基于两个主要设想：一是集体决策往往优于个人决策；二是随着组织复杂性的增加，各职能部门经理之间需要定期交流信息以协调工作。委员会分为临时委员会和常设委员会两种形式，分别用于解决特定问题和提供持续性的协调与监督。

委员会作为一种附加的设计，其成员通常隶属于某个职能部门，但他们会定期或不定期地聚集在一起分析问题、提出建议或作出决策，协调相关活动或监控项目的进展。因此，委员会是整合各职能部门资源、促进跨部门合作的有效手段。有些企业甚至将委员会作为其组织的中央协调结构，以进一步提升组织的整体效能。

# 本章小结

（1）组织的稳定是相对的，变革是绝对的。组织变革除了外部经济环境、技术进步、市场竞争、社会价值观变化影响外，企业内部失误频发、沟通阻塞、功能失效、僵化保守是更为直接的影响原因。

（2）组织变革“内因论”的演化模型包括五个阶段：通过创新而成长与领导危机、通过指导而成长与自主危机、通过分权而成长与控制危机、通过协调而成长与官僚危机、通过合作而成长与未知危机。

（3）为了实现有效的组织变革，首先需明确目标模式，包括构成完整体系、适应组织自身运行特点和社会环境要求、具备较强的可操作性、经长期实践证明有效。

（4）组织变革的过程主要有 Lewin 的变革三步骤、Kast 的变革六步骤、Schein 的适应循环方法等观点。会受到个人和组织层面对变革的阻力影响，要通过广泛动员与参与、加强教育与沟通、渐进式变革、全面分析与权衡来克服。

（5）组织结构变革的方向主要是促进组织的有机化，工作团队结构和委员会结构被广泛采用。

组织变革思维导图

# 本章思考题

1. 为什么说组织的变革是绝对的？
2. Bass、Bennis、Beckhard 的模型各有何观点？
3. Lewin 的变革步骤包括哪些阶段？每个阶段重点研究什么内容？
4. Kast 的变革步骤包括哪些内容？
5. Schein 的适应循环方法包括哪些内容？

6. 简述 Greiner 组织成长模型中五个发展阶段各自的危机和变革方向。

7. 分析组织变革的原因，说明组织变革的动力和阻力。

8. 分别挖掘多家集团公司整体上市或拆分上市的案例，结合本章的内容以及案例公司的发展，谈谈你的看法。

本章拓展阅读　　本篇案例研读

## 本篇进一步阅读的参考文献

[1] (美)Stephen P. Robbins，Mary Coulter. 管理学[M]. 12 版. 北京：清华大学出版社，2018.

[2] 尤建新，邵鲁宁，卢超，等. 企业管理概论[M]. 6 版. 北京：高等教育出版社，2018.

[3] 尤建新，陈守明，赵红丹，等. 高级管理学[M]. 3 版. 北京：清华大学出版社，2019.

[4] 任浩，魏峰，金桥，等. 企业组织设计：现代的观点[M]. 2 版. 北京：清华大学出版社，2023.

# 第四篇

# 领　导

# 15 行为理论



在领导职能的研究中，领导行为是核心的研究对象。要深入探讨领导行为，首要的是分析组织中的个体行为，继而考察群体行为，最终则聚焦于组织行为。

## 15.1 个体行为

人类行为展现出无尽的多样性，其背后的影响因素同样纷繁复杂。然而，与世间万物相似，人的行为亦遵循着一定的规律性。德国学者 K. Lewin 曾提出一个描述人的行为最一般规律的示意公式：

$$B = f(P, \quad E) \tag{15-1}$$

式中，$B$ 表示行为（Behavior），$P$ 表示个体（Person），$E$ 表示环境（Environment），$f$ 表示函数符号。这一公式表明人类行为是受到个体内在因素与外部环境综合作用的结果。

所谓内在因素，它涵盖了个体的年龄、性别、健康状况、个性特征、态度倾向、能力水平、行为动机以及价值观等生理与心理层面的诸多要素。而外部环境，则是指个体所处的家庭环境、学校教育、社会环境、工作单位以及组织文化、政策导向和人际关系网络等外部条件。“身居闹市，一尘不染”恰好说明了即便在相同的环境条件下，由于个体内在因素的差异，其行为表现也可能截然不同。而“近朱者赤，近墨者黑”则又强调了环境因素对个体行为的潜在影响。

对于领导者而言，其行为的卓越表现往往体现在对组织成员行为的精准控制与有效预测上。控制行为，意味着要及时纠正成员中那些与组织要求和规范相悖的行为，引导他们朝着更符合组织期望的方向发展。而预测行为，则是基于已掌握的行为规律，预见在特定情境下组织成员的可能行动，从而作出前瞻性的决策。因此，深入研究和掌握人的行为规律，对于领导者而言，无疑是一项不可或缺的重要任务。

### 15.1.1 行为模式

人的行为深受动机的驱动，而动机的根源则在于个体的内在需要。行为的目标导向性明确，旨在寻求满足这些需要。从心理学视角来看，当个体产生某种需要却未能获得满足时，会陷入一种紧张与不安的心理状态。一旦遇到被认为能够满足该需要的目标，这种内心的紧张状态便会转化为强烈的动机，驱使个体采取行动以满足其需要。当目标达成，需要得到满足后，内心的紧张感随之消散。随后，新的需要又将萌生，激发新的动机，引领个体踏上新一轮的行为过程。行为的基本模式如图 15-1 所示。

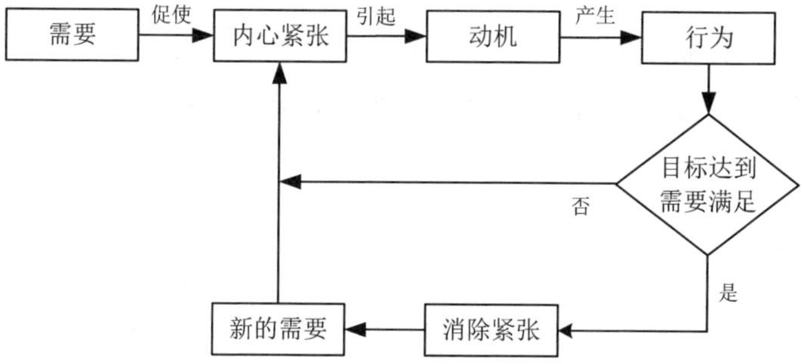


**图 15-1 行为的基本模式**

### 15.1.2 需要

所谓“需要”，指的是个体对某种目标或状态的深切渴望与追求。它源自个体在生理或心理上的某种缺失或不足。从维持体内平衡的角度来看，当人们在生理或心理层面感受到某种不平衡或缺乏时，便会产生相应的需要。

因为支配人的行为的动机是由需要产生的，所以，要研究个体行为，首先必须从研究和控制人的需要出发。

**1. 需要的分类**

人的需要多种多样，可以从不同角度、依据不同标准进行细致划分。从较为宏观的角度来看，可以将其大致分为物质需要和精神需要两大类。物质需要，如衣物、食物、住所、交通和日常用品等，构成了人类最基本、最核心的生理需求，也是精神需要得以满足的基础。而精神需要，则涵盖了人们追求自由创造、享受文化成果等心理层面的需求，它代表着更高层次的需要。

**2. 需要的特征**

(1) 指向性：每一种需要都明确指向某种具体的事物或状态，如食物、知识或社交关系等。

(2) 再生性：部分需要会反复出现，甚至呈现出一定的周期性。这种需要的不断重现，是推动需要形成和发展的关键因素。

(3) 交替性：在人生的不同阶段或特定环境中，人的需要并非单一存在，而是相互交织、构成复杂的矛盾网络。各种需要会根据其地位、性质、紧迫程度以及方向，随着人的行为表现出不断交替和变化的特性，没有哪一种需要会永远占据主导地位。

(4) 转移性：当某种需要因条件限制而无法得到满足时，个体可能会将注意力转向另一种需要的满足。

(5) 发展性：随着个体接触对象的拓展和满足方式的多样化，以及社会的不断进步和发展，人的需要也会随之发生相应变化。

### 15.1.3 动机

所谓动机，是驱动个人行动、维持这一行动并指引其朝向特定目标（即满足个人需要）的内在过程。

**1. 动机的功能**

(1) 始发功能：动机一旦形成，就能引发人的行为。

(2) 指向或选择功能：动机为个人的行为设定了明确的方向，引导其朝着既定目标前进。

(3) 强化功能：行为的结果会对动机产生反馈作用。当行为取得积极结果时，动机会得到加强，促使该行为重复出现；反之，若行为结果不佳，动机则会减弱甚至消失，导致该行为不再发生。

**2. 动机的种类**

(1) 生理性动机（原始驱动力）：源于人体内部生理平衡状态的变化，是所有人共有的基本需要。例如，饥饿、口渴、睡眠、对冷暖的感知以及解除痛苦等需求所引发的动机均属此类。

(2) 衍生性动机（心理性动机）：源于心理和社会因素，是通过后天学习而形成的。因此，它们因人而异，体现了每个人的独特性和个性。例如，对爱情、温柔、成就、独立以及社会赞许的追求等，均属于衍生性动机。

(3) 优势动机：在实际生活和工作中，个人的行为往往受到多个动机的共同影响。这些并存的动机构成了一个人的动机结构。在这一结构中，总有一个动机最为强烈，成为决定行为的主导因素，即优势动机。管理者需要深入了解下属的动机结构，特别是要把握其优势动机，以提高对下属行为的预测性，并更有效地履行领导职责。

**3. 影响动机结构和优势动机变化的因素**

(1) 嗜好与兴趣：当面临多种可以满足个人需求的目标时，个人的嗜好和兴趣往往成为其最终选择的重要决定因素。

(2) 价值观：价值观是个人对周围事物是非、好坏、善恶以及重要性的主观评价。它与兴趣紧密相关，但更侧重于生活方式和生活目标的选择，涉及更广泛、更长期的行为导向，其最终指向是个人的理想。

(3) 抱负水平：抱负水平是指个人希望自己的工作能够达到某种质量标准的内在需求。个人的嗜好与价值观决定了其行为的方向，而抱负水平则决定了其行为所能达到的高度。在从事某项实际工作之前，个人通常会在心中预设一个期望的成就目标，并全力以赴地朝此目标努力。如果工作结果的质量或数量达到了或超过了预期的成就目标，个人便会产生成就感；反之，则会产生失败感或挫折感。影响个人抱负水平的因素主要有三个：个人的成就动机（即是否追求超越他人或无所谓）；过去的成败经验（这与个人的能力及判断力密切相关，过去的成功经历会提升抱负水平，反之则会降低）；环境的影响（如父母、老师、朋友、领导的期望或整个社会的氛围都会对个人抱负水平产生影响）。

### 15.1.4 激励

组织最高管理者的核心职责，在于激发全体成员的潜能，使他们充分发挥作用，以共同实现组织的目标。为此，管理者需深入探究：在何种条件下，员工更愿意按时出勤、坚守岗位，并高效地完成工作？同样条件下，为何有的员工工作成绩卓越，而有的却表现平平？

一般而言，影响员工工作成绩的关键因素，可以用一个简单的公式来概括：

$$工作成绩=能力\times干劲（即激励的效果） \qquad (15-2)$$

从这个公式中不难看出，即便一个人能力出众（设为 1），但若缺乏干劲（为 0），其工作成就也将为零；若干劲不足（为 0.5），则工作成绩也会大打折扣（为 0.5）；若干劲十足（为 1），则必将成绩斐然（为 1）。在实际工作中，我们常发现，有些员工业务技术娴熟，但工作成绩却并不出色，这往往是因为他们的工作干劲未被充分激发。因此，组织管理者若要追求佳绩，就必须同时提升员工的工作能力（业务技术水平）并激发他们的干劲。前者可通过培训教育来实现，这属于人力资源开发与管理的研究范畴；而后者，则有赖于管理者的有效激励。

激励过程可以用基本的动机激发循环图表示，如图 15-2 所示。

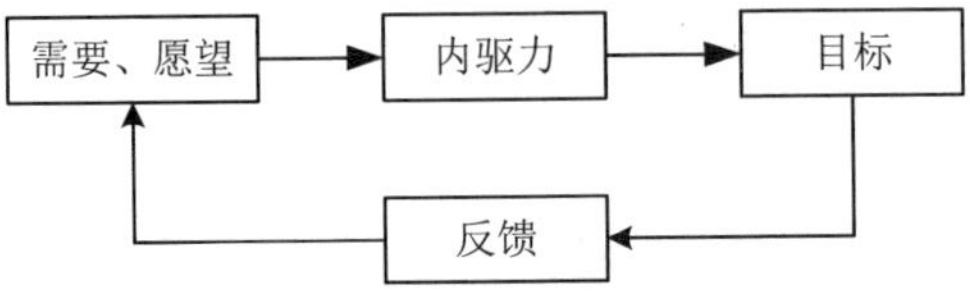


**图 15-2　基本的动机激发循环图**

心理学家们在动机激发的基本模式基础上，提出了许多激励理论，主要有四种类型。本书在第 16 章激励理论中将进行详细阐述，在此只简单介绍。

（1）内容型激励理论。侧重于研究激发动机的因素，尤其是从满足需要方面来研究激励。这一类型的理论主要有 A. H. Maslow 的“需要层次理论”、F. Herzberg 的“双因素理论”和 D. C. McClelland 的“三种需要理论”等。

（2）过程型激励理论。侧重于研究从动机的产生到采取具体行动的心理过程。这类理论都试图弄清人们对付出劳动、功效要求和奖酬价值的认识，以达到激励的目的。最有影响的是 E. A. 洛克（E. A. Locke）的“目标设置理论”、V. H. Vroom 的“期望理论”和约翰·斯塔希·亚当斯（J. S. Adams）的“公平理论”（社会比较理论）等。

（3）“强化”激励理论。这类理论以 B. F. Skinner（1904—1990 年）的“操作性条件反射论”为基础，着眼于行为的结果，认为当行为的结果有利于个人时，行为会重复出现；反之，行为就会削弱或消退。心理学称这一现象为“强化”，这一理论也被称为强化理论。

（4）综合型激励理论。这一类理论的代表是 R. House，他提出的激励综合模式是把上述几类激励理论综合起来，把内、外激励因素都归纳进去，比较全面地反映人在激励中的心理过程。

## 15.2 群体行为

在组织环境中，个体并非孤立存在，而是融入各种性质的群体中发挥作用。群体与个体之间、群体与组织之间均存在着紧密的关联与相互影响。深入探究群体行为的规律，将有助于组织管理者更有效地行使领导职责。

### 15.2.1 群体和群体规范

群体，指的是由至少两个个体为达成共同目标，在相互依赖与互动中形成的联合体。

**1. 群体的核心特征**

(1) 心理联结：群体成员间需存在心理上的相互认知与归属感，即每个成员都明确“我属于这个群体”。

(2) 行为互动：成员间的行为应相互影响，遵循一定的行为规范。

(3) 共同目标：群体的结合旨在实现一个超出个体能力范畴的共同目标，需全体成员协作达成。

**2. 正式群体与非正式群体及协调策略**

正式群体，指由官方文件明确界定，拥有固定成员、明确职责与组织地位的群体，如组织内的部门。

非正式群体，是无正式文件规定，人们在相互交往过程中自发形成的群体。其特点包括成员间凝聚力强、有自然形成的“领袖人物”、有非正式规范影响成员行为、信息流通快及一定的排他性。此概念源自 1933 年哈佛大学教授 G. E. Mayo 在《工业文明的人类问题》一书中的阐述，基于 Hawthorne 实验结果提出。

正式群体与非正式群体的协调策略：①优化正式群体结构，促进成员心理平衡，减少非正式群体形成需求；②利用非正式群体的积极面，助力正式群体目标实现；③争取非正式群体领袖支持，增强正式群体的凝聚力；④加强沟通，支持有益的非正式活动；⑤采取管理措施，限制或消除非正式群体的负面影响。

**3. 群体规范**

群体规范，即群体中所有成员必须遵循的行为准则与标准，是管理人员研究群体行为的关键内容之一。群体规范的形成受模仿、暗示、顺从、服从及认同等心理因素的影响。

群体规范主要有四大功能：①群体支柱：为群体提供稳定基础；②行为标准：指导成员行为，确保一致性；③群体动力：激发群体活力与向心力；④行为矫正：纠正偏离规范的行为，维护群体秩序。

规范分析法由美国学者索尔·皮尔尼克（S. Pilnick）提出，旨在改善群体行为、促进群体建设。该方法包含：①明确规范内容：界定群体应遵守的具体准则；②制定规范剖析方案：深入分析现有规范的有效性；③实施改革：基于分析结果，对群体规范进行调整与优化。

## 15.2.2 群体压力与从众行为

**1. 群体压力**

群体压力指个体在与群体中多数人的行为或意见相悖时，所承受的一种心理压力。

群体压力的积极效应体现在：①有助于塑造群体成员的共同行为模式，从而高效完成共同的任务；②能加强群体内部的联系与团结；③能为群体成员提供一定程度的个人安全感。

然而，群体压力也有其消极的一面，即可能抑制成员的创造力与个性表达。因此，管理者应巧妙运用群体压力来规范成员行为，但同时需警惕，避免其成为压制正确意见和创新的障碍。

**2. 从众行为**

从众行为指在群体压力的作用下，个体可能会放弃个人立场，转而与群体中的大多数保持一致。

对于组织管理者而言，应对从众行为进行如下考量：①积极利用从众行为的正面效应，促进组织成员间的协同合作与行动一致，提升团队效能；②警惕表面上和谐一致可能掩盖的真实问题，防止因误解或忽视个体差异而导致的决策失误；③保持开放心态，主动倾听并尊重不同声音，鼓励创新思维与行为，为组织注入持续发展的活力。

## 15.2.3 群体凝聚力

群体凝聚力体现的是群体对成员的吸引力、成员对群体的向心力，以及群体内部成员间的相互吸引力。凝聚力的强度直接关联着成员对群体的忠诚度以及遵守群体规范的程度。以下因素主要影响着群体凝聚力的强弱：

(1) 领导方式：一般认为，参与式领导更能提升群体凝聚力。这是因为参与增强了成员的主体意识和归属感，促进了群体内部的沟通与交流，从而加深了相互间的信任。

(2) 外部环境影响：群体间的竞争所带来的外部压力，往往能激发群体凝聚力的提升。然而，其副作用是可能加剧成员对其他群体的对立情绪。

(3) 目标结构一致性：群体成员的工作任务目标相互关联度越高，群体凝聚力就越强。这是因为目标的高度关联度使得成员间的工作绩效相互依赖，进而增强了群体的整体性。

(4) 群体成就与荣誉：组织所取得的成就、荣誉及其在社会上的地位，直接影响着组织成员的荣誉感和成就感，进而对群体凝聚力产生正向影响。

(5) 成员依赖度：成员在需求满足方面对群体的依赖程度越高，群体对其的吸引力就越大。当群体内多数成员都有此感受时，群体的凝聚力自然得以增强。

(6) 群体规模：群体成员过多可能导致参与机会减少、意见难以统一，进而削弱群体凝聚力。因此，管理者在确定组织人员配置时，需充分考虑群体规模的影响。

(7) 其他因素：成员间的信息沟通效率、管理人员的素质、成员的个性特点等也是影响群体凝聚力的重要因素。

管理者在研究群体凝聚力时，应特别关注群体凝聚力与组织目标之间的关联。当群体目标与组织目标高度一致时，强大的凝聚力将有力推动组织目标的实现；反之，若群体目标与组织目标相悖，高凝聚力则可能对组织目标的实现产生阻碍作用。

### 15.2.4 群体冲突

在群体活动中，鉴于成员间的个体差异与组织特性的客观存在，冲突在所难免。这些冲突具体体现在成员面对相互对立、难以调和的多目标时所产生的心理纠葛。由于冲突的普遍性和不可避免性，管理者往往需要投入大量时间来解决群体或个体间的矛盾。

(1) 冲突的主要诱因：①个人品质差异；②资源争夺；③价值观分歧；④利益冲突；⑤角色定位不同；⑥权力争夺；⑦责任界限模糊；⑧组织变革带来的不

适应；⑨组织风气影响；⑩年龄或性别差异导致的误解；⑪信息沟通不畅；⑫奖励分配不公。

（2）处理群体冲突的方法：①通过协商寻求共识；②采取仲裁方式公正裁决；③采取回避策略（如调整冲突方的岗位）；④领导主动承担责任，化解矛盾；⑤引导冲突双方转移注意力，聚焦共同目标；⑥寻求双赢解决方案，让双方都能感受到胜利；⑦进行角色互换，增进相互理解；⑧设立“心灵驿站”（类似日本松下电器公司的“精神健康室”，用于处理成员对管理者的不满以及成员间的冲突）。

# 15.3 组织行为

群体分为正式群体和非正式群体，对这两类群体的行为都是群体行为研究的内容。本节对组织行为的研究特指正式群体，主要探讨组织中的角色、冲突和压力。

## 15.3.1 组织中的角色

**1. 角色期望**

职位说明书是描述职位角色期望的第一个核心方面。它详细确定了各职位的主要职能、职责、权力，以及该职位与其他职位之间在完成工作时所必需的主要关系。这些说明为职位的执行者提供了清晰的工作框架。此外，与职位紧密相关的个人还会有其他一些期望，这些期望往往通过他们的处事态度和行为表现出来。

**2. 角色分派**

角色分派是组织管理中第二个重要的方面。它是一种涉及影响和沟通的过程，通过这一过程，可以明确角色接受者或当事人在执行指定角色时所拥有的自由度，包括对资源的支配权。同时，角色分派还包括对权力的使用规定，以及对完成角色期望者的奖励和对未完成者的惩罚，从而确保角色执行的有效性和公正性。

**3. 实际接受的角色**

实际接受的角色是组织角色行为中的第三个关键方面。事实上，角色接受者对所分配角色的理解与分配者对角色的规定之间，在一致性上往往存在某种程度的差异。这种差异主要源于角色接受者和分配者对角色期望的不同，他们各自站在不同的位置和角度，导致对角色行为的认知存在偏差。因此，角色行为是多重分配任务、多重扮演角色以及个人对这些角色所持有的期望等多种因素相互作用的产物。

**4. 角色行为的复杂性**

角色行为涵盖了从相对简单到非常复杂的各种行为模式。最简单的是一元式的组织角色行为，即一项任务、一个职责、一个职位由一个人承担。然而，在实际组织中，常常会将多重角色集合为由一个人承担的单一职位，或者一个人可能同时承担多重角色、多重职责和多重职位。当一个人的角色从简单变得复杂时，他需要履行多重角色、承担多重职责、占据多重职位，这时冲突就难以避免。因为无论何种情况，所有角色都要求由同一个人来完成，这就增加了角色执行的复杂性和冲突的可能性。

### 15.3.2 组织中的冲突

冲突是组织生活中常见的一种现象。研究的关键不在于消灭冲突，而在于探究冲突产生的原因、冲突的类型，以及学会如何应对冲突，从而减少或消除冲突对组织和组织成员产生的负面压力。

**1. 任务分派者引发的冲突**

当任务分派者的行为导致接受者作出冲突性反应时，应审视冲突是否源自任务分派者。例如，生产经理既要求增加产量，又禁止加班，使接受者难以执行；或当组织成员从多个来源收到相互矛盾的行为指令时，就会产生任务分派者之间的冲突。遵循统一命令的领导原则，有助于最小化任务分派者自身或之间的冲突。

**2. 任务接受者面临的冲突**

组织成员可能同时属于组织内外的多个群体，从而面临不同角色之间的冲突。如组织成员接受加班任务可能与家庭成员的角色需求相冲突；或生产工人对分派任务的反应可能与工人群体的某种默契相悖。因此，任务接受者的冲突主要源于成员身兼多职（正式或非正式），表现为同一人扮演不同角色间的冲突。

**3. 人与角色之间的不匹配冲突**

当某人被赋予与其自我感觉不符的岗位角色时，就会产生人与角色之间的冲突。例如，某人被要求行贿以促成交易，或某人自认为其才华未得到应有的认可等，这都是人与角色冲突的体现。

**4. 人与人之间的冲突**

人与人之间的冲突多因担负的任务角色处于组织交界面而产生。这种冲突源于冲突双方成员服从具有矛盾任务的组织要求。如采购员与供应商的销售员因各自代表不同利益而发生冲突。一般而言，人与人之间的冲突多由任务目标（或性质）引起，但个人价值观也可能使情况复杂化。

### 15.3.3 组织中的压力

冲突往往伴随着压力，这是人与环境之间相互作用所产生的一种正常反应。在组织环境中，除了冲突本身，任务含糊不清和任务负担过重也是常见的压力源。

**1. 任务含糊不清**

任务含糊不清是引发压力的重要因素之一，其根源主要包括以下几点：①有关任务角色的冲突，导致接受者难以明确自身职责；②发出的命令内容不明确，使接受者无法准确理解任务要求；③任务目标尚未确定，让接受者缺乏明确的方向；④任务作用与接受者的愿望不协调，产生心理抵触。这些因素都会导致任务接受者处于举足不定、心理压力很重的状态。

**2. 任务负担过重**

任务负担过重指任务接受者因资源有限（如时间、人力等）而无法按要求（如预定的计划时间内）完成预期的活动。这一问题并非源于任务要求不合法或对要求缺乏理解，也不是因为接受者的愿望与任务要求不一致。问题的核心在于资源的有限性，这迫使接受者作出艰难的选择，如为了数量而牺牲质量，或从众多任务中挑选一个优先执行而放弃其他。这些选择不仅增加了心理压力，还可能对任务成果产生负面影响。

## 本章小结

（1）人的行为是千差万别的，但有一定的规律。Lewin 提出的公式表明，人的行为受到其个体本身的内在因素和其周围环境的综合因素的共同作用。领导行为要能够控制和预测组织成员的行为，必须把研究和掌握人的行为规律作为一项重要的工作内容。

(2) 人的行为是由动机所支配的，而动机则是由需求所引起的。于是，组织的管理者必须研究围绕着需求、动机以及人的行为等一系列的激励理论。

(3) 由于人类个体不是单独在组织中发挥作用的，管理者必须对群体行为和组织行为有一定的研究。要研究和借助群体规范、群体压力、从众行为、群体凝聚力、群体冲突等组织中影响群体行为的各类因素为实现组织目标服务。对组织中正式群体行为的研究主要以角色（描述、分派、接受）、冲突（分派、接受、人）和压力为重点内容。

行为理论思维导图

## 本章思考题

1. 阐述公式 $B=f(P,\ E)$ 的含义。
2. 心理学的研究是如何描述人的行为模式的？
3. 什么是需要？有什么特征？
4. 什么是动机？有什么功能？
5. 影响动机结构和优势动机变化有哪些因素？
6. 以实例描述公式“工作成绩＝能力×干劲”。
7. 什么是激励？有哪些研究激励的理论？
8. 什么是群体？有什么特征？
9. 如何有效地协调正式群体和非正式群体？
10. 什么是群体规范？有哪些功能？
11. 什么是群体压力？有哪些积极作用？
12. 什么是从众行为？为何研究从众行为？
13. 什么是群体凝聚力？群体凝聚力受到哪些因素的影响？
14. 什么是群体冲突？引起冲突的原因有哪些？
15. 对组织中角色的研究包括哪些方面？

16. 组织中的冲突包括哪些方面？怎么解决？

17. 组织中的压力是怎么引起的？有何良策？

18. 挖掘阿希从众实验的相关文献，思考阿希从众实验过去了70多年后的今天，“90后”和“00后”员工还会有同样的表现吗？为什么？

本章拓展阅读

# 16 激励理论



在领导职能中，研究人的行为的一个重要目的，就是要充分激发和调动人的工作积极性，这直接关系到激励问题。调动组织成员的工作积极性，是领导职能中必须深入研究和切实完成的重要任务。关于如何进行有效激励，管理学家和心理学家们提出了各种研究理论，这些理论被统称为激励理论。

## 16.1 内容型激励理论

内容型激励理论主要着眼于人的内在需要，探索激发工作动机的内在规律和机制。本节主要介绍需要层次理论、双因素理论和三种需要理论。

### 16.1.1 需要层次理论

需要层次理论是由美国心理学家 A. H. Maslow 在 1943 年提出的。他认为，人都有一系列复杂的需要，这些需要可以按其优先次序排列成阶梯式的层次，其中有四点基本假定：①已经满足的需要不再成为激励因素，即一种需要得到满足后，另一种需要会取而代之，因此人们总是处于力图满足某种需要的状态之中。②大多数人的需要结构是复杂的，在任何时刻都有多种需要在影响着每个人的行为。③一般情况下，当一个层次的需要得到满足后，人们会向更高层次的需要发展。④满足较高层次需要的途径比满足较低层次需要的途径更多样化。

Maslow 将需要分为五大类，即生理需要、安全需要、社交需要、尊重需要与自我实现需要。

**1. 生理需要**

生理需要是人类维护自身生存的最基本需求，如食物、水、空气和住房等。这类需要处于层次的最底层，人们在满足这类需要之前，会全力以赴。如果这类需要不能被满足，人类的生存将受到威胁。因此，它是推动人类行动的最强大动力。

**2. 安全需要**

安全需要是在生理需要得到基本满足后产生的。人们希望解除对生病、失业、意外灾难、养老等经济生活的担忧。安全需要包括心理、劳动、职业、环境、经济等多个方面。

**3. 社交需要**

社交需要是在前两种需要得到基本满足后产生的强烈动机。它包括社交和归属的欲望，希望得到别人的安慰和支持，离群独居会感到痛苦。人们希望与伙伴、同事之间关系融洽，保持友谊与忠诚，希望得到信任和互爱。社交需要与一个人的性格、经历、教育、所属国家和民族以及宗教信仰都有关系。

**4. 尊重需要**

尊重需要包括对自己成就或自我价值的个人感受，也包括别人对自己的赏识或尊重。在满足社交需要后，人们开始关心成就、声望、地位和晋升机会，以及别人对自己的重视和赏识。尊重需要的满足能使人产生自信和价值感；若不能满足则会使人感到沮丧。

**5. 自我实现需要**

自我实现需要是最高层次的需要，即成就的需要。它的目标是自我完成，实现一个人的潜能、理想和抱负，做一些自己认为有意义、有价值的事情。达到自我实现境界的人会体验到更多的自发性、解决问题的能力、不偏不倚的态度以及要求独运匠心、不受干扰的愿望。Maslow 认为，自我实现需要的产生有赖于前面四个层次需要的满足。达到“自我实现”境界的人具有一系列特点，如更有效地意识到现实、认识自己和他人、独立性、自主性等。

Maslow 的需要层次理论（图 16-1）认为，任何特定的需要的强烈程度都取决于它在需要层次中的地位以及其他较低级需要已被满足的程度。这一理论预示，激励是一个动态的、逐步的、因果性的过程，在此过程中，行为受到一套不断变化着的“重要”需要的控制。Maslow 指出，虽然这种层次中的等级关系可能因人而异，但生理需要总是最优先的，而自我实现的需要则是满足得最不够的。

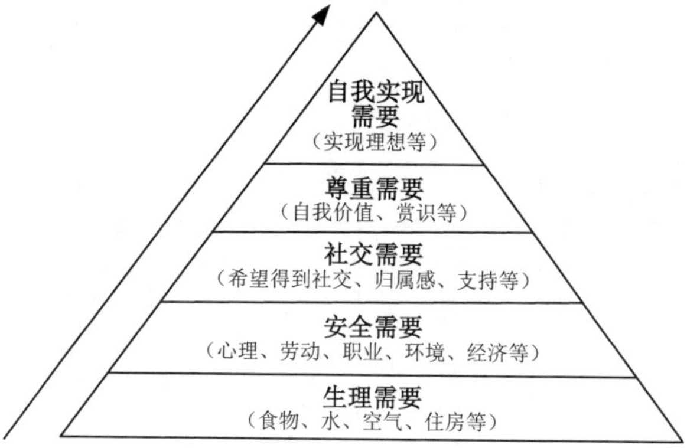


**图 16-1　Maslow“需要层次理论”**

## 16.1.2　双因素理论

F. Herzberg 的双因素理论重点在于解释组织成员为何重视某些与工作有关的成果。1959 年，他提出新观点：调动工作积极性的关键在于使人们对工作产生感情，从工作本身激发出内在积极性。他将影响工作动机的因素分为两类：激励因素和保健因素，从而提出了“双因素理论”。

**1. 激励因素**

激励因素是指能够使组织成员受到激励，在工作中表现出最佳状态的因素。这类因素源自工作本身，给予组织成员很大的激励和工作满足感，促进生产效率提升。若这类因素得不到满足，组织成员虽不会有较大不满，但也只是没有满意感而已。

**2. 保健因素**

保健因素是指那些只能保证组织成员对工作不会产生不满的因素，主要与工作环境条件相关。若这些因素不具备或有缺陷，必然引起组织成员的不满；但改善这些因素也只能消除不满，无法对组织成员产生多少激励作用。

Herzberg 认为，传统的“满意—不满意”观念不确切。满意的对立面应是没有满意（而非不满意），不满意的对立面应是没有不满意（而非满意）。这一观点基于他对激励因素和保健因素的深入分析。

Herzberg 及其同事对 200 多名工程师和会计师进行调查，提出了属于激励因素和保健因素的具体项目，见表 16-1。

表 16-1　　　　　　　　激励因素和保健因素

| 保健因素（外在因素） | 激励因素（内在因素） |
|---|---|
| 公司的政策和行政管理<br>技术监督系统<br>与上级主管之间的人事关系<br>与同级之间的人事关系<br>与下级之间的人事关系<br>工作环境和条件<br>工资<br>个人的生活<br>职务、地位<br>工作的安全 | 工作上的成就感<br>工作中得到的认可和赞赏<br>工作本身的挑战意味和兴趣<br>工作职务上的责任感<br>工作的发展前途<br>个人成长、晋升的机会 |

**3. 激励因素与保健因素的区别与联系**

激励因素往往以工作内容为中心，而保健因素则更多与工作的外部条件和所处环境相关。二者区别类似内在激励因素与外在激励因素。内在激励因素是工作本身的一部分，产生于工作进行时；外在激励因素指外部奖酬，仅在工作后或工作场所以外有意义。当组织成员受到较大内在激励时，对外部因素引起的不满具有较大忍受力；反之，这种忍受力会削弱甚至消失。

**4. 双因素理论与需要层次理论的关系**

Herzberg 的双因素理论与 Maslow 的需要层次理论密切相关。二者既有联系又有区别。需要层次理论针对人类的需要和动机；双因素理论则针对满足这些需要的目标或诱因。结合二者来看，保健因素相当于需要层次论的中低层次需要，只能维持工作激励在“零状态”，是防止不满的前提；激励因素相当于需要层次中的高层次需要，满足这类需要才能真正达到满意感，有效、持久、充分地激励组织成员。需要层次理论和双因素理论对照比较如图 16-2 所示。

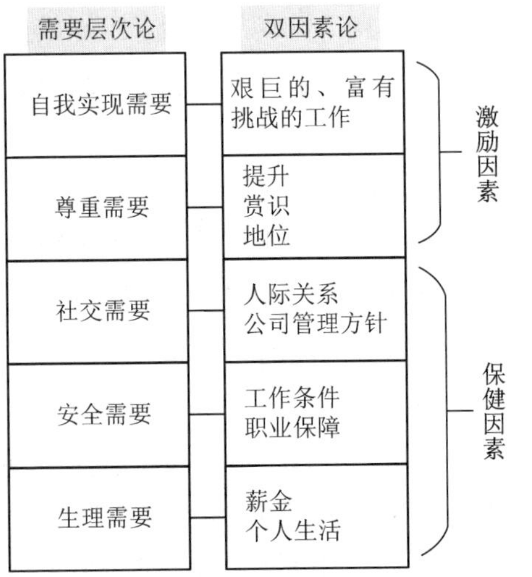


**图 16-2　Maslow 和 Herzberg 激励理论的比较**

## 16.1.3　三种需要理论

戴维·克莱德·麦克利兰（D. C.

McClelland）提出了三种需要理论（即成就需要理论），主要探讨了人们对成就、权力和归属的不同需求及其对工作表现的影响。

**1. 对成就的需要**

有成就需要的人对胜任和成功有着强烈的要求。他们乐于接受挑战，往往为自己设定有一定难度但并非高不可攀的目标。这类人敢于冒风险，同时能以现实的态度对待冒险，不迷信侥幸，而是善于分析和估计问题。他们愿意承担工作的个人责任，并希望得到明确而迅速的反馈。成就需要强的人通常不常休息，喜欢长时间工作，即使失败也不会过分沮丧，反而喜欢表现自己。

**2. 对权力的需要**

具有较高权力欲的人对施加影响和控制表现出极大的兴趣。他们通常寻求管理者的地位，喜欢争辩、健谈、表现出强有力和直率的特质，头脑冷静且善于提出问题和要求。这类人也喜欢教训别人，乐于讲演，展现出强烈的领导欲望和控制欲。

**3. 对归属的需要**

具有归属需要的人通常从友爱、情谊和人际交往中获得欢乐和满足。他们总是设法避免因被某个组织或社会团体拒之门外而带来的痛苦。这类人喜欢保持融洽的社会关系，享受亲密无间的以及相互谅解的乐趣，并随时准备安慰和帮助处于危难中的伙伴。

McClelland认为，一个组织拥有成就需要的人越多，其发展和成长就越有保障。这种组织的工作有效性和效率会更高。同样，一个国家拥有高成就需要的人越多，就越兴旺发达。他甚至指出，一些国家之所以不发达，重要原因之一就是缺少这样高成就需要的人。

那么，是否所有的管理者都十分重视成就激励呢？一般来说，有较高成就激励的管理者通常工作得更好，进步也更快。然而，许多管理者不仅需要成就激励，也需要归属和社交的刺激。因为后一种需要是与人共事、合作相处十分重要的条件。管理者需要平衡这两种需求，并在工作中取得更好的成就。

## 16.2 过程型激励理论

过程型激励着眼于从“外在的目标”来研究对人的激励，侧重研究从动机产生到采取具体行动的心理过程。

### 16.2.1 目标设置理论

目标是人们行为的最终目的，是预先规定、合乎自己需要的“诱因”，也是激励人们有形的、可以测量的成功标准。最早提出目标设置理论的是 E. A. Locke，他在研究中发现，外来的刺激因素，如奖励、工作反馈、监督的压力等都是通过目标来影响动机。因此，重视目标和争取完成目标是激发动机的重要过程。

重视目标与重视任务的个人，其倾向存在显著差异（表 16-2）：

表 16-2 重视目标的人与重视任务的人倾向对比

| 序号 | 重视目标的人 | 重视任务的人 |
|---|---|---|
| 1 | 寻求结果的反馈和信息，需要对自己的工作成绩的评价，需要具体的反馈 | 避免反馈和评价，追求赞许而不是工作成绩的评价 |
| 2 | 认为金钱是成就的标准，而不是努力工作的奖励 | 金钱鼓励直接影响工作成就；工作随金钱鼓励而相应地改变 |
| 3 | 如果目标的实现是可能的，愿意承担个人工作责任 | 不管成功的机会如何，避免承担个人责任 |
| 4 | 对能改进的工作完成得很好，更喜欢创造性的机会 | 更喜欢常规的不加改进的工作，从创造性中得不到满足 |
| 5 | 寻求危险适度的目标 | 寻求危险很低或者很高的目标 |
| 6 | 从解决难题中获得成就的满足 | 从解决问题中获得的满足不如从完成任务中获得的满足强 |
| 7 | 有指向目标的强大动力和体力 | 不一定有强大的动力，体力不是指向目标的 |
| 8 | 工作主动，把建议看作是干扰 | 听从个别的指示，接受建议 |
| 9 | 根据成功和失败的现实，调整抱负的水平 | 不管成功或失败保持高或低的抱负水平 |

目标设置理论认为，设置可达到的目标是一种强有力的激励，是完成工作的最直接动机，也是提高激励水平的重要过程。组织领导者应充分利用目标设置这一手段，使组织中所有各级人员都能看到和达到个人目标，这是行之有效的激发动机，是调动积极性的关键。同时，组织领导者还应力求把组织目标和组织成员

的个人目标结合起来，并使个人目标在组织范围内有可能实现。

目标设置是一个过程，且常是一个反复的过程。在计划组织目标时，应考虑组织成员个人的参与，使他们寻求的目标将是个人的，并且这些个人目标的实现将导致组织目标的实现。这样，所产生的行为将有助于实现组织目标和组织成员个人目标的协调一致。从激励效果来说，有目标比没有目标好，有具体的目标比只有空泛的、号召性的目标好，有能被执行者接受而又有较高难度的目标比随手可得的目标好。

心理学家建议，遇到难度很高、庞大复杂的目标时，可以将其划分为若干阶段性目标，即"小步子"，通过逐一完成"小步子"来达到总目标。这一点与目标管理的思路有相似之处。同时，随着时间的推移，目标的作用会慢慢减弱。因此，目标的实现期可以短一些，并应与反馈、工作评价等结合使用。设置目标后，目标会促使人去努力，努力使人获得成绩，成绩使人自信自尊，进而激发设置更高目标的愿望，形成良性循环，推动人们不断进步。

### 16.2.2 期望理论

期望理论是美国心理学家 V. H. Vroom 于 1964 年提出来的。其基本观点是：人们只有在预期其行动有助于达到某种目标的情况下，才会被充分激励起来，从而采取行动，以达到这一预期目标。

Vroom 认为，个人的目标会直接影响个人的工作积极性。如果一个人被认为通过努力工作能够取得良好的工作成绩，并且这些成绩将导致他向往的目标实现，那么他就会为了达到这个目标而积极工作。

目标的激励作用如图 16-3 所示，"努力工作"是手段，"工作成绩"是一级成果，它又是取得二级成果——"良好结果"的手段。

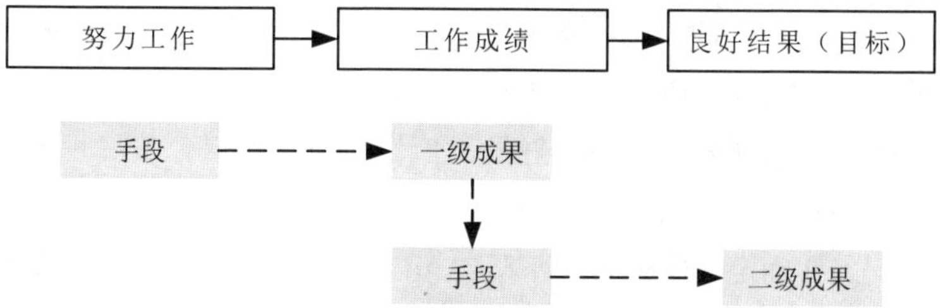


**图 16-3 目标的激励作用**

目标对人的激励力量的大小可以用下面的公式表示：

$$激励力量=效价\times期望 \tag{16-1}$$

效价：指个人对自己所采取的行动将会达到某一成果或目标的估价。如果个人对成果或目标漠不关心，则效价的值为零；当个人希望达到这种结果时，效价为正值，且期待达到的程度越强烈，效价的值越高。

期望：指某一特定行动导致预期结果（或目标）的可能性大小（也叫概率），这是个人凭自己的经验所作出的主观判断。期望值（概率值）介于0和1之间，该数值越大，激励力量越强。

式（16-1）表明，只有当效价大于零时，才有激励力量，而且效价越高，激励力量越大。同时，期望值也越高，激励力量越强。

从期望理论出发，要调动组织成员的工作积极性，组织的管理者就必须给他们设置一个有吸引力的、效价较高的目标，并且创造条件使组织成员能够较满意地达到这个目标。如果目标对成员来说效价不高，管理者就应该设法调整或改变目标，以提高效价。或者管理者可以设法改变成员原来的认识，使得原定目标的效价在成员心中得到提高。通过这样的方式，管理者可以更好地激发组织成员的工作积极性，促进组织目标的实现。

## 16.2.3 公平理论

公平理论是由美国心理学家J. S. Adams于1965年提出的。该理论侧重于研究工资报酬分配的合理性、公平性对组织成员工作积极性的影响。它指出，成员的工作动机不仅受其所得绝对报酬的影响，还受相对报酬的影响，即个人不仅关心自己收入的绝对值，也关心自己收入的相对值。

公平理论认为，个人不仅会将自己付出的劳动和所得的报酬与他人进行社会比较，衡量自己与他人的“投入”（如教育、努力、时间等）和“报酬”（如金钱、赏识等）是否相等，还会与自己过去的付出和所得进行历史比较。当发现比较相等时，个人会感到公平，心情舒畅，工作努力；相反，若发现比例不相等，则会产生不公平感，内心感到不满。

那么人们怎样确定奖酬是否公平呢？Adams提出了一个公平关系的方程式，如图16-4所示。

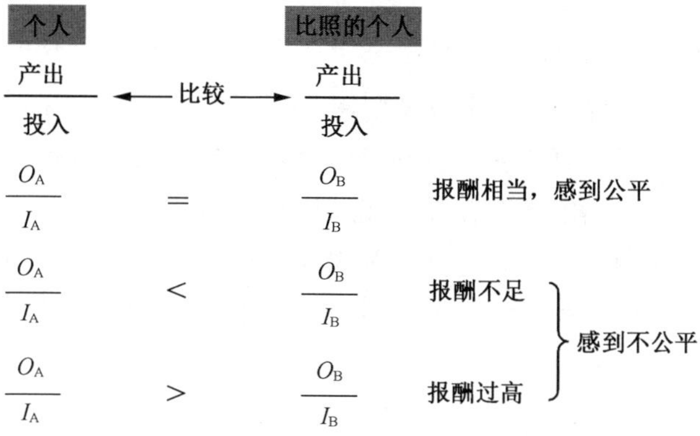


**图 16-4 Adams 的公平理论**

图 16-4 中，$O$ 表示个人从某项工作所得的报酬，或所产出的结果，简称“产出”或“所得”，一般指工资、奖金、地位、提升或对工作的兴趣等；

$I$ 表示个人对该项工作所付出的努力或所投入的代价，简称“付出”或“投入”，一般包括年龄、性别、所受的教育和训练、所具有的经验和技能、资历、职务、社会地位、对组织的忠诚、作出的努力程度、过去和现在的工作绩效等；

A 表示存在公平或不公平的个体；

B 表示与 A 有某种关系或 A 与之相比较的个体；

$O_A/I_A$ 与 $O_B/I_B$ 分别表示个体 A 与 B 的“所得”与“付出”之比率。

图 16-4 具体显示了 A 与 B 相比较后所出现的三种基本心理状态：其一，二者比率相等，即报酬相当，个体感到公平，心态平衡；其二或其三，二者比率不等，即报酬不足或过高，个体产生不公平感。

“所得”和“付出”全凭个体的主观感觉，当个体主观上感到“不公平”时，会产生一种力图恢复“公平”的愿望。不公平感对大多数人是一种令人不安甚至厌恶的刺激，会激发个体消除紧张状态的内在驱动力。Adams 指出，这样一种激励可以表现成几种形式，如：①通过自我解释，实现自我安慰。如通过曲解自己的或别人的收支，主观上造成一种公平的假象，消除不公平感。②采取一定的行为，如向主管提出要求，要与某人一争高低。③采取一定的行动，改变自己的收支情况，如怠工，要求增加收入。④换一个比较对象进行比较，以获得主观上的公平感。⑤发牢骚，放弃工作，制造人际矛盾，或者自知“斗”不过别人，只好认了、忍了等。

公平理论假设分配上的公平性是基于人们的投入与其所获结果相当，但也有人认为，公平还可以按人们的需要付酬，或“大家得到一样多”来评价。不同人有不同的公平观，有些人只看到自己收入不如别人，就感到不公平。公平理论指出，人与人之间客观上存在着相互比较，因此必然会在人们心理上产生公平或不公平的问题。管理者应高度重视这一点，在处理各种问题时，除了要进行适当的公平教育之外，在工作中应力求公平、公正，力求给人以公平、公正的感受。

## 16.3　“强化”激励理论

内容型激励理论和过程型激励理论，主要侧重于从人的需要、理解和认识等心理因素来探讨对激励的影响，而强化理论则着重研究个体外在的行为表现及其结果对行为的反作用。具体来说，当行为的结果对个体有利时，这种行为就倾向于重复出现；反之，则会逐渐消退或终止。这种现象在心理学中被称为“强化”，相应的理论也被称为强化理论。

强化理论的主要代表人物是哈佛大学教授 B. F. Skinner。他指出当个体作用于环境并产生结果，如果这些结果满足了他的需要，那么这种行为的频率就会增加，这被称为强化刺激。任何能够增强行为反应强度的刺激物，都被称为强化物。管理者可以通过控制和运用这些强化物来影响和控制其成员的行为，从而实现行为的改造。

在管理中，运用强化理论来改造行为通常有四种方式，这四种方式可以单独使用。

### 16.3.1　正强化

正强化，即对组织成员的行为给予奖励和肯定，促使其重复该行为。在管理中，这通常被称为奖酬。常见的有物质奖励，如奖品、奖金等。但实际上，奖酬还包括口头表扬、特殊任务、改善工作条件和额外休假等。表 16-3 列出的是组织环境中的典型奖酬的部分内容。

**表 16-3　　组织环境中的典型奖酬**

| 物质性的 | 额外福利 | 地位标志 | 社交性/人际性 | 与任务俱来的 | 自我采取的 |
|---|---|---|---|---|---|
| 工资 | 医疗保健 | 单间办公室 | 非正式赞誉 | 成就感 | 自我赏识 |
| 加薪 | 上下班提供车辆 | 办公室里的装修 | 表扬 | 有更高责任的职务 | 自我表扬 |
| 优先购买企业股票 | | | 微笑评价性反馈 | | 自我祝贺 |
| | 保险 | 不同的工作服饰 | | 工作轮换 | — |
| 分红利 | 产品折扣 | | 问候致意 | 成果反馈 | |
| 奖金 | 节假日加餐 | — | 非语言性信号 | — | |
| 实物刺激 | 旅游 | | 拍拍肩背 | | |
| 其他 | 疗养、休养 | | 询问意见 | | |
| | 娱乐设施 | | 报章著文 | | |
| | 工间休息 | | 正式授予的奖赏和赞誉 | | |

## 16.3.2 负强化

负强化是指预先告知某种不符合要求的行为或不良绩效可能带来的后果，鼓励组织成员按所要求的方式行事，或避免不良行为，以回避不愉快的处境。它是一种抑制性措施，旨在增加希望的目标行为出现次数。负强化与惩罚不同，前者旨在增加目标行为，后者旨在减少不良行为。

与负强化紧密相关的是逃避和回避。逃避是指成员通过实施目标行为来终止已存在的抑制性措施。例如，被批评的工人开始认真擦机器以逃避车间主任的批评。回避则是指成员在抑制性措施采取前，通过完成目标行为来防止不愉快事情的发生。如工人主动擦干净机器，以回避上司的训斥。逃避和回避都是负强化的表现，它们都会导致目标行为的增强，且都利用了抑制性措施来实现这一目的。

## 16.3.3 自然消退

强化能增加某种工作行为的频率，而自然消退则是减少并最终消除某种行为的过程。从管理角度看，自然消退是用来减少不希望出现的成员行为的方法，即对不良行为视而不见、听而不闻，既不给正强化也不给负强化。这样，行为者会感到自己的行为得不到承认，久而久之，该行为就会逐渐消失。通常，“自然消失”被用作惩罚的替代手段来停止不良行为。但在管理中，如果管理者对某种期望的行为长期不予强化，那么这种行为也可能会不知不觉地自然消退，即便管理者并未自觉意识到这一点。例如，若管理者一直忽视某人的工作成绩和积极性，不给予奖励和认可，久而久之，这个人的工作积极性就会减退。

虽然自然消退能有效减少不希望的行为，但并不能保证会有期望的目标行为来取代它。如果没有培养出替代性的良性行为，那么当自然消退措施停止时，不良行为很可能卷土重来。因此，在运用自然消退法时，应结合强化策略，培养并强化期望的行为，以替代需要消除的行为。

### 16.3.4 惩罚

惩罚与负强化一样，都是对成员行为的一种抑制性控制技术，用于在不符合期望的行为出现后进行管理。惩罚的作用是减少不良行为的发生次数。惩罚通常带有强制性和威胁性。例如，物质性的惩罚包括降职、降薪、停职停薪、罚款、调动职务、开除以及因未尽职而辞退等。一般来说，除非行为问题非常严重，否则组织不会轻易采用这类物质性的惩罚措施。

更常见的是人与人之间的抑制性后果，如管理人员对行为不端的组织成员进行训斥。此外，非语言性的抑制性后果，如不予理睬、皱眉头、嘴里哼哼以及挑衅性的体态姿势，也可以作为惩罚措施。有时，任务本身也能提供抑制性后果，如重体力劳动带来的疲劳，或恶劣、肮脏的劳动条件。当然，对不合适的行为处以罚款或暂时停止某项特权，也是惩罚的一种形式。

然而，长时间、持续地采用惩罚可能引起一些不良副作用，包括：

（1）惩罚可能引起不利的情绪反应，产生敌对情绪，甚至导致破坏性行为。

（2）惩罚对不良行为往往只能起到短期抑制作用，无法持久消除行为。

（3）惩罚可能导致组织成员设法回避或逃避惩罚，如自动退职、离职和缺勤等。

（4）惩罚可能压抑组织成员的主动性和灵活性，影响他们的探索精神和主观能动性。

（5）持续的惩罚可能在成员中形成消极自卑的情绪，影响他们的工作自信心。

（6）惩罚还可能使组织成员对管理者产生条件反射式的畏惧心理和距离感。

除了惩罚和强化方式外，强化的时间安排也对组织成员的行为和功效有影响。强化安排大致可分为连续强化和间断强化两大类，前者指每次行为出现都给予强化，后者指行为出现若干次后才给予一次强化。

## 16.4 综合型激励理论

这一理论的代表人物是 R. House。他试图通过一个公式把上述的几类激励理论综合起来，纳入内、外激励因素。这一代表性公式为

$$M = V_{it} + E_{ia}(V_{ia} + E_{ej}V_{ej}) \tag{16-2}$$

式中，$M$ 代表某项工作任务的激励水平高低，即动力的大小。

$V_{it}$ 代表对该项活动本身所提供的内酬效价，它所起的内激励不计任务完成与否及其结果如何，故不包括期望值大小的因素，也可以说期望值最大是 1，所以可不表示。

$E_{ia}$ 代表对进行该项活动能否达到完成任务的期望值，也就是主观上对完成任务可能性的估计。进行这种活动时，人们要考虑自己完成任务的能力，以及客观上存在的困难等。

$V_{ia}$ 代表对完成任务的效价。

$E_{ej}V_{ej}$ 代表一系列双变量的总和，这些双变量中的第一个 $E_{ej}$ 代表任务完成能否导致获得某项外酬的期望值；第二个 $V_{ej}$ 代表对该项外酬的效价。在估计 $E_{ej}$ 时，人们考虑完成任务后，有多大把握得到相应的外酬，如加薪、提级和表扬。

公式中下标的含义如下所述：

① i 表示内在的；

② e 表示外在的；

③ t 表示任务本身的；

④ j 表示任务导致的；

⑤ a 表示完成。

如果去掉括号，则式（16-2）右端的三项含义如下所述：

① $V_{ej}$ 代表工作任务本身的效价，即这工作对工作者本人有用性大小。只要本人做那种工作感到有很大乐趣，很有意义，那么完成工作任务的期望值就为 1，即完成任务的主观概率是百分百，所以不必再乘 $E_{ej}$ 了。因此，这一项也代表做

这件工作本身的内激励。

② $E_{ej}V_{ej}$ 代表任务的完成所起的内激励作用。

③ $E_{ia}E_{ej}V_{ej}$ 代表各种外酬所引起的激励效果之和，其中引入两达期望值会因为前者是对完成任务可能性的估计，后者则仅是对完成任务与获得奖酬相联系的可靠性的估计。

总之，$V_{ej}$ 和 $E_{ej}V_{ej}$ 两项属于内在激励，$E_{ia}E_{ej}V_{ej}$ 属于外在激励，三者之和代表了内、外激励的综合效果。

## 本章小结

激励问题是领导职能研究的重要内容之一，可借鉴的激励理论大致分为四种类型。

(1) 内容型激励理论主要从人的需要出发，探索激励工作动机的规律性。代表性的理论有 Maslow 的“需要层次论”、Herzberg 的“双因素理论”、McClelland 的“三种需要理论”。

(2) 过程型激励理论着眼于从“外在的目标”来研究对人的激励。代表性的理论有 Locke 的“目标设置理论”、Vroom 的“期望理论”、Adams 的“公平理论”。

(3)“强化”理论侧重于研究个体外在的行为表现，强调人的行为结果对其行为的反作用。强化理论的主要代表人物是 Skinner，他认为可以运用正强化、负强化、自然消退和惩罚等方式来控制和改造组织成员的行为。

(4) 综合型激励理论将前述几类激励理论综合起来，把内、外激励因素都归纳进去。这一理论的代表人物是 House，他提出了一个综合型激励公式，即

$$M = V_{it} + E_{ia}(V_{ia} + E_{ej}V_{ej})。$$

激励理论思维导图

# 本章思考题

1. 激励理论有哪些类型？分别有哪些代表人物？
2. Maslow 的需要层次论把需要分为哪几大类？
3. 双因素是指哪两类因素？Herzberg 的观点与传统的观点有何差异？
4. 成员的成就需要程度对组织的发展有何作用？
5. 目标设置怎样才会产生巨大的激励力量？
6. 期望理论说明了激励力量与哪些因素密切相关？
7. 人们是怎样来衡量公平这一问题的？
8. 正强化是如何起到激励作用的？
9. 负强化与惩罚这两种方式有何联系和区别？
10. 自然消退的方式是怎么发生激励作用的？

**本章拓展阅读**

# 17 领导理论



任何一个组织目标的达成，主要取决于该组织领导人员的高素质以及他们领导的正确性和有效性。如何成为一个有效的领导者，是一个非常值得研究的课题。

## 17.1 领导的概念

关于“领导”一词，历来存在不同的解释。比较普遍的观点认为，领导（Leadership）是一种行为和影响力，它能够引导并激励人们去实现组织目标，是在特定条件下推动组织目标实现的行动过程。

### 17.1.1 领导的三要素

构成领导活动的三大要素是领导者、被领导者和环境，其中领导者扮演着最为关键的角色。

领导者（Leader）指那些在实施领导过程中施加影响的人，即那些能够影响他人并握有管理职权的人。而被领导者，则是那些同意接受领导者影响，自愿放弃部分决策自由，以共同追求某一目标的人。显然，领导者并非孤立存在，他们需要有追随者，即被领导者的存在。然而，要让一个人心甘情愿地放弃决策自由并非易事。领导者必须向下属证明自己的价值，才能赢得下属的认同和接受，使他们自愿放弃部分决策自由。因此，为了维持其领导地位，领导者必须能够给予被领导者无法从其他地方获得的满足。这样，被领导者才会自愿地赋予领导者实现组织目标所必需的职权，使他拥有对他人的权力和影响力。此时，领导者的正确性和有效性将直接影响领导者自身以及被领导者的命运。

值得注意的是，本章所讨论的领导者和被领导者的关系，并不局限于行政规定的上下级等级关系。当一个人对他人施加影响，并且这种影响被接受时，无论接受影响的人是上级、同事、下级、朋友还是其他人，他们都已成为实际意义上的被领导者，而施加影响的人则成为实际意义上的领导者。

## 17.1.2 领导者与管理者的区别

领导与管理在本质上是有所不同的。领导者与管理者在动机、成长路径以及思考和行动方式上均展现出显著的差异，具体体现在以下几个方面：

**1. 动机与关注点的不同**

领导与管理在动机和关注点上存在显著差异。管理者更注重理性和控制，他们承担着既定的目标任务，必须制订并实施计划以实现组织目标。相比之下，领导者即使处于管理者岗位，也更多地思考如何充分发挥他人的力量来提升实现目标的绩效。管理者侧重于任务的完成，而领导者则更注重激发团队的潜力和创造力。

**2. 目标设定与推动方式的差异**

在目标设定和推动方式上，管理者和领导者也表现出不同的角色。管理者的角色是为实现任务目标服务，他们确保计划的执行和目标的达成。而领导者则主动设立目标，并以极大的热情让团队接受并致力于实现这些目标。管理者是目标的执行者，而领导者则是目标的引领者和推动者。

**3. 问题解决与决策制定的差异**

在问题解决和决策制定方面，管理者和领导者也有着不同的方法。管理者倾向于把工作当成一种促成过程，通过权力、谈判和赏罚等手段让各方妥协，然后接受解决方案。而领导者则首先创造性地描绘出振奋人心的远景，达成共识后再编制解决方案。管理者注重问题的解决过程，而领导者则更注重问题的长远影响和根本解决方案。

**4. 面对机遇与挑战的态度差异**

在面对机遇或挑战时，领导者表现出积极主动、敢于冒险的态度，他们勇于探索新的可能性和突破点。而管理者则更加保守，他们主要关注的是如何服务于岗位职责，确保工作的稳定性和可靠性。领导者是变革的推动者，而管理者则是稳定的维护者。

**5. 人际关系处理的差异**

在与其他人的关系上，管理者和领导者也有着不同的处理方式。管理者关注的是如何完成工作，他们寻求合作但不愿过多投入感情。而领导者则关注事件和决策对参与者的意义，他们通过个人影响力唤起人们的情感呼应，建立更深厚的团队关系。

**6. 决策制定与关注点的差异**

在决策制定方面，管理者更注重利用管理职能来作出决策，他们关注决策的过程和合规性。而领导者则更多地关注应该作出什么样的决策，他们注重决策的战略性和长远影响。管理者是决策的执行者和守护者，而领导者则是决策的引领者。

**7. 沟通方式的差异与融合**

在与下属沟通时，管理者更多地依照组织程序进行，他们注重沟通的规范性和效率。而领导者则不会死板地依照组织程序进行沟通，他们更多地关注追随者的情感需求，以任何手段进行有效沟通。尽管管理者和领导者在沟通方式上存在差异，但并不意味着二者之间有严格的界限。许多卓有成效的管理者与领导者是一体的，他们能够根据情境和需求灵活运用不同的沟通方式。

综上所述，领导与管理在多个方面都存在显著差异，但二者并非截然分开。在实际工作中，管理者和领导者需要相互补充、相互协作，共同推动组织的进步和发展。

### 17.1.3 领导的影响力

影响力，指的是个体在与他人交往中，能够影响和改变他人心理及行为的能力。一般而言，领导的影响力主要由两大类构成：权力性影响力和非权力性影响力（图 17-1）。

**1. 权力性影响力**

权力性影响力是一种带有强制性质的影响力，它具有强迫性和不可抗拒性，以外在推力的形式发挥作用。在这种影响力的作用下，被影响者的心理与行为往往表现为被动和服从，因此其对人的激励作用是有限的。构成权力性影响力的主

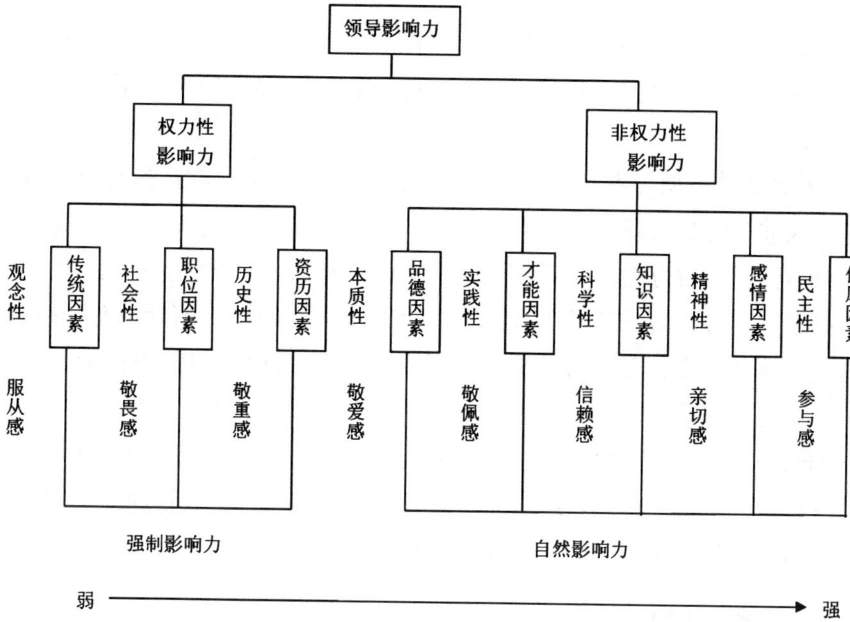


**图 17-1 领导影响力构成**

要因素包括：

（1）传统因素：下级对上级的服从感源于对领导者高人一等的传统观念。

（2）职位因素：社会分工所赋予的领导职权，使该职位的角色拥有一定的法定权力，从而引发被领导者的敬畏感。

（3）资历因素：领导者的资格和经历所产生的影响力，使被领导者对其产生敬重和推崇之情。

这些因素与领导者当前的个性行为表现无关，且领导者个人在改变其职位之前无法使之改变或增减。

**2. 非权力性影响力**

非权力性影响力是一种自然形成的影响力，它既无正式规定，也无上下授予的形式。这种影响力与领导者本人的素质、行为密切相关，被领导者是从内心自愿地接受其影响。构成非权力性影响力的主要因素包括：

（1）品德因素：领导者的品格、道德和思想面貌反映出其崇高本质，使被领导者从内心产生崇拜和敬爱感。

（2）才能因素：领导者在工作实践中所展现出的才干和能力，让被领导者产生敬佩感。

(3) 知识因素：领导者知识渊博，无所不知，使被领导者产生信赖感。

(4) 感情因素：领导者与被领导者之间关系融洽，亲如家人，使被领导者产生亲切感。

(5) 作风因素：领导者胸怀宽广，尊重民主，使被领导者在参与决策过程中拥有“主人翁”的参与感。

非权力性影响力可随领导者思想、素质和行为的改变而发生变化。通过提高领导者的素质，可以增强其影响力。权力性影响力主要依靠职位和权力获得，而非权力性影响力则需依靠领导者自身的内在素养、精神面貌和积极的态度来创造，因此显得更为重要。一个非权力性影响力很高的领导者，其权力性影响力也会得到加强；反之，若非权力性影响力很差，则权力性影响力也会下降，即领导者会缺乏整体影响力。因此，组织的管理者必须认识到，有效管理的关键在于其领导影响力，而领导影响力的关键在于非权力性影响力。

### 17.1.4 三类领导理论

领导理论的研究成果颇丰，归纳起来主要分为三大类：特质理论、行为理论和权变理论。

(1) 特质理论：特质理论侧重于从领导者的性格、品质等个人特征出发，分析领导成败的原因，旨在找出成功领导者所具备的特质要素。

(2) 行为理论：行为理论认为，虽然成功的领导者确实需要具备一定的良好品质，但领导者的才能和工作有效性主要体现在实际工作中。因此，对领导者在工作中的个人行为进行研究显得尤为重要。

(3) 权变理论：权变理论提出，实践中并不存在固定的最佳领导行为模式。它认为领导是一个动态的过程，领导行为应根据被领导者的特点和环境的不同而灵活变化。

这三类理论代表了领导理论研究发展的三个阶段，它们之间既有内容上的交叉，又各自具有独特的研究特点。下面将对这三类理论分别进行讨论。

## 17.2 领导特质理论

特质理论的研究指出，领导是一个动态的发展过程，领导者的品质和特性是在这一实践过程中逐步塑造和形成的，并且可以通过系统的训练和培养来加以造就。因此，在选拔管理者成为领导者时，不仅要明确选择的标准，而且岗前和在岗培训也需要有明确的方向和目标，同时，还应该配以严格的考核指标来进行评估。

### 17.2.1 古典领导特质理论

在早期的研究中，存在着一种关于“伟人”的学说。这类理论认为，一些人由于具备特定的“伟人”素质，脱颖而出成为领导者。这一学说将研究重点聚焦于领导的特质，许多研究文献相继提出了领导者应具备的众多特质，涵盖个性（如适应力、支配能力、自信力）、身体特征（如身高、体重、长相）以及能力（如智商、工作技巧、人际交往）等方面。

**1. C. A. Gibb**

Gibb的研究指出，天才的领导者应具备以下特质：善言、外表英俊潇洒、智力过人、具有自信心、心理健康、有支配他人的趋向、外向而敏感。这些被认为是领导者与生俱来的特质，对领导力的发挥至关重要。

**2. R. M. Stogdill**

Stogdill等人的初期研究提出，领导者的先天特性应包括有良心、可靠、勇敢、责任心强、有胆略、力求革新进步、直率、自律、有理想、良好的人际关系、风度优雅、胜任愉快、身体健壮、智力过人、有组织力以及有判断力等。然而，经过多年的研究，Stogdill在其1948年的著作 *Personal factors associated with leadership* 中改变了部分观点，他认为高度、性格和感情控制能力等因素并非是决定领导力的关键因素。

**3. F. E. Fiedler**

Fiedler在比利时的海军中进行了一项关于领导特质的实验。实验结果显示，管理者与普通员工在处理工作方面并无显著差异，且一些具体部门的管理者在某些工作上表现出色，但在其他任务上却表现不佳。Fiedler认为，管理者并非天生具备优于他人的特质，他们也是从普通员工中成长起来的，成为领导者后与普通员工并无显著差异。

**4. P. F. Drucker**

Drucker在《有效的管理者》一书中指出，有效管理者的特质与智力、想象力和知识水准之间几乎没有太大关联。他强调，一个人的有效性主要通过有条理、有系统的工作来实现，而非单纯依赖天赋才能。Drucker还指出，有效管理者在类型、性格和才智方面存在差异，但有效性是一种后天的习惯，可以通过学习获得。这一结论否定了“伟人”论的论点，即并非只有具备特定特质的人才能成为有效领导者。

## 17.2.2 现代领导特质理论

Drucker 的结论对古典特质理论提出了挑战。如果按照古典特质理论，只有具备特定特质的人才能成为领导者，那么对于其他人来说，即使进行培训也是毫无意义的。然而，Drucker 认为有效性是一种可以学习的习惯，这意味着通过培训和学习，任何人都有可能成为有效的领导者。这一观点为领导力的培养和发展提供了新的思路。

**1. R. M. Stogdill**

Stogdill 于 1974 年总结了他自 1948 年以来对领导品质的研究，发现领导者通常具备一些共同特质，包括才智、强烈的责任感与完成任务的内驱力、坚持追求目标的性格、大胆主动的独创精神、自信心、合作性、乐意承担决策和行动的后果、能忍受挫折、社交能力和影响他人行为的能力以及处理事务的能力。

**2. W. Jeserich**

Jeserich 在 1971 年的著作《管理才能探索》中报告了他的研究成果，他研究了领导者的个性特质和五种激励特质。个人的个性特质包括督察能力、首创精神、才智、自信心以及决断力等；激励特质则涉及对工作稳定的需要、对金钱奖励的需求、对指挥他人权力的需求、对自我实现的需求、对事业成就的需求。表 17-1 为 Jeserich 研究的总结，表示了这些特质的相对重要性。

**表 17-1　　个人的个性特质对管理成功的重要性**

| 重要性 | 个性特质 |
|---|---|
| 非常重要 | 督察能力 |
| | 首创精神 |
| | 才智 |
| | 自我实现 |
| | 自信心 |
| | 决断力 |

（续表）

| 重要性 | 个性特质 |
|---|---|
| 中等重要 | 缺乏对工作稳定的需要 |
| | 主动亲近工人阶级 |
| | 缺乏对优厚金钱奖励的需求 |
| | 处理事务的成熟程度 |
| 最不重要 | 性别 |

Jeserich 的研究因其严密的科学性而备受重视。尽管各种个性特质之间并非完全独立，仍需进一步调整和完善，但他的研究揭示了一些值得关注的要点。首先，才智和自我实现对成功至关重要；其次，指挥他人的权力并非决定性因素，这与 Y 理论的观点相契合；再次，督察能力，即运用计划、组织和控制来指导下级的能力，在管理系统性的解释中被视为最重要的特质；最后，性别特征（男性或女性）与管理成功与否并无显著关联。

**3. 美国和日本的企业界**

美国和日本的企业界对领导者应具备的特质有不同的看法。美国企业界认为，领导者应具备十大条件：①合作精神；②决策才能；③组织能力；④精于授权；⑤善于应变；⑥勇于负责；⑦敢于求新；⑧敢担风险；⑨尊重他人；⑩品德超人。

日本的企业界则研究认为，企业的领导者应具备十项品德和十项能力。

十项品德是：①使命感；②责任感；③信赖性；④积极性；⑤进取心；⑥诚实；⑦忍耐性；⑧公平；⑨热情；⑩勇气。

十项能力是：①思维决策能力；②规划能力；③判断能力；④创造能力；⑤洞察能力；⑥劝说能力；⑦对人理解能力；⑧解决问题能力；⑨培养下级能力；⑩调动积极性能力。

**4. 成功者的四种特质**

一些研究人员在对许多成功的企业领导者进行分析后，归纳出了四种关键特质。第一，领导者的智力要比跟随者高一些；第二，领导者在情绪方面较他人更为圆熟，视野开阔，见多识广；第三，领导者具有内在的动力，不断进取、追求更高目标；第四，领导者能关心和尊重他人，善于与他人合作进行富有成效的工作。这些特质是成功领导者所共有的，也是他们取得成功的关键因素。

# 17.3 领导行为理论

领导行为研究主要涵盖两大任务：首先，根据领导者行为的基本倾向，提炼出标志并描述领导行为的一般模式；其次，探讨领导的各种行为模式与下属人员工作表现、满意度之间的关系。研究表明，高效率领导者的行为模式与低效率领导者的行为模式存在显著差异。研究提出的多种领导行为理论模式，大致可以归纳为两大类：一类聚焦于领导者的行为侧重点，即是更侧重于工作任务还是更关心员工；另一类则关注领导者的决策风格，是倾向于专制还是民主。

## 17.3.1 X理论与Y理论

美国心理学家D. M. McGregor提出，领导者对被领导者的看法，往往是其个人行为决策的出发点。他通过观察和分析一些领导者对下属看法，总结出两种对立的观点，即X理论和Y理论。他认为，秉持X理论的领导者倾向于强调严格的管理制度和控制手段，采取“强硬”的管理措施，并辅以金钱激励，即“胡萝卜加大棒”的管理方式；而支持Y理论的领导者则主张以人为核心的管理，注重创造有利条件，使员工能够充分发挥其潜力，并强调自我控制的重要性。McGregor主张，X理论已逐渐显得过时，领导工作应建立在对人的天性和行为动机更为恰当的理解之上，即应采纳Y理论。表17-2列出了基于X理论和Y理论假设的领导行为方式的特征。实践表明，X理论并非毫无用处，Y理论也并非无所不能，具体应用时需根据实际情况灵活对待。

表17-2　　X理论与Y理论的管理特征

| 理论 | | X理论 | Y理论 |
|---|---|---|---|
| 假设 | | 人们厌恶工作；人们不愿承担责任；人们必须被迫工作 | 人们喜欢工作；人们喜欢承担责任；人们最好在自我管理中工作 |
| 重要管理活动 | 计划工作（包括目标设置） | 上级为下属设置目标，在制定目标和计划过程中，下属较少参与，很少提供研究的备选方案，对目标和计划承诺少 | 上级和下属共同设置目标，在制定目标和计划中，下属参与大量的活动，提供许多研究的备选方案，对目标和计划承诺多 |

（续表）

| 理论 | | X 理论 | Y 理论 |
|---|---|---|---|
| 重要管理活动 | 领导工作 | 领导者是独裁的，只依靠权力，人们服从命令，但隐藏着反抗并存在不信任；沟通是单向的，从上到下，很少反馈，信息流动受限制 | 领导者是参与者，协调合作有赖于权力，人们寻找责任，感到负有责任，并承担做好工作的义务；<br>沟通是双向的，带有大量反馈需要的信息，能自由流动 |
| | 控制与评价 | 控制来自外部，而且是僵硬的；上级的行动像法官一样，在评价中信任低；着眼于过去，把重点放在发现确认上 | 控制来自内部，并且有赖于自我控制；上级的行动像教练员一样，在评价中信任度高；人们学习过去，但着眼于将来；运用反馈控制，着眼于解决问题上 |

## 17.3.2 领导行为四分图

领导行为四分图由美国俄亥俄州州立大学工商企业研究所于 1945 年研发设计。他们通过对 1 000 多种描述领导行为的因素进行筛选、整理和归纳，最终将其归纳为两个核心衡量尺度：抓工作和关心人。

抓工作，即以组织目标为核心，指的是领导者明确自己及下属在完成工作目标中应扮演的角色，并形成相应的组织结构；关心人，则以人际关系为中心，指的是领导者关注下属的需求，重视与下属的关系维护。

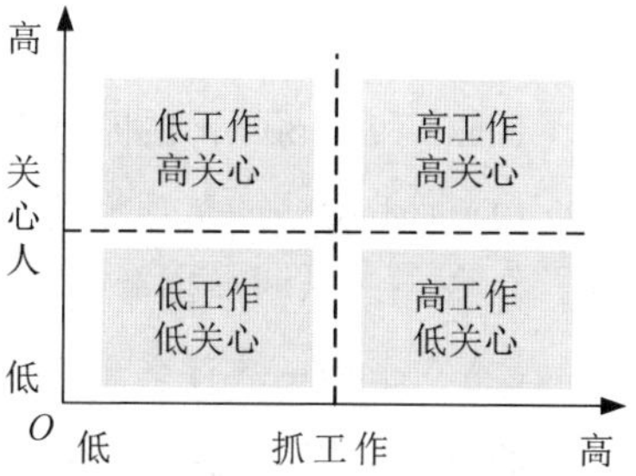

图 17-2　领导行为四分图

基于这两个维度，领导行为四分图理论将领导行为划分为四种基本类型：高工作高关心人的领导行为、高工作低关心人的领导行为、低工作低关心人的领导行为、低工作高关心人的领导行为。这一研究成果为后续的领导行为研究开辟了新的路径。领导行为四分图如图 17-2所示。

## 17.3.3 管理方格图

在领导行为四分图的理论基础上，R. R. Blake 和 J. S. Mouton 进一步提出了“管理方格图”。如图 17-3 所示，管理方格图的纵轴代表领导者对人，尤其是对部下的关心程度；横轴则表示领导者对生产，尤其是对部下完成工作情况的关心程度。管理方格图由 81 个小方格组成，每一个小方格都代表了对生产的关心程度和对人的关心程度之间的一种可能组合，这意味着总共可以显示 81 种不同的领导方式。在评价企业领导者的领导方式时，只需根据其在对人和对生产两方面的行为表现，在管理方格图上找到相应的交叉点，即可明确其领导类型。

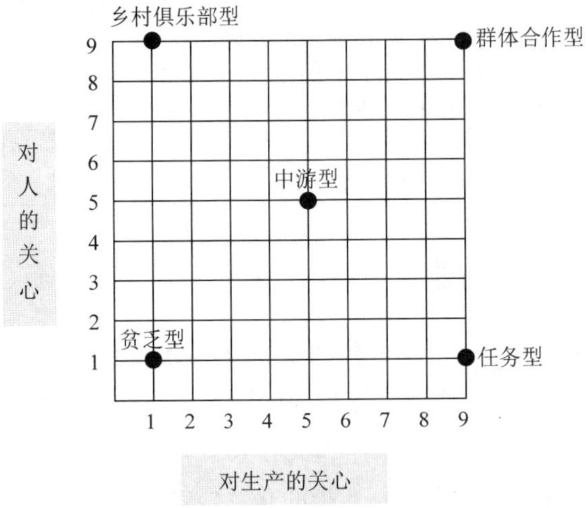


**图 17-3　管理方格图**

Blake 和 Mouton 在提出管理方格图时还列举了五种典型的领导方式：

(1) 1.1 型——贫乏型管理。这类领导者对工作和人都表现出漠不关心的态度，是领导者类型中最差的一种。

(2) 9.1 型——任务型管理。这类领导者只关注任务的完成情况而忽视对人的关心，长此以往会导致团队士气低落，形成独裁式的领导风格。

(3) 1.9 型——乡村俱乐部型管理。这类领导者非常重视与部下的关系，但对工作却漠不关心或缺乏有效的管理手段，久而久之会导致纪律松散和工作效率低下，形成放任式的领导风格。

(4) 5.5 型——中游型管理。这类领导者既关心工作也关心人，但都没有全身心投入，只是求得两方面都过得去，缺乏进取心和追求卓越的动力。

(5) 9.9 型——群体合作型管理。这类领导者对工作和人都极为关心，努力将部下个人利益的满足与企业目标的实现有效地结合起来，因此团队士气旺盛、关系和谐、工作出色，是最高效、最有效的领导方式。

管理方格图常被用于诊断和改进企业的领导方法和领导作风，以提高企业领导者的领导水平和工作效率。

### 17.3.4 第四型领导体制

美国密歇根大学社会研究中心 R. Likert 在 1961 年出版的《管理的新模式》一书中，提出了“第四型领导体制”的理论模型。根据这一理论，企业的领导方式被归纳为四种类型：

（1）第一型：专权独裁型。在这种类型中，权力高度集中于最高管理层，下属员工没有任何发言权。非正式群体往往对组织目标持反对或抵触态度。

（2）第二型：温和独裁型。权力仍然控制在最高管理层手中，但也会适度授予下属一些权力。非正式群体对组织目标的态度可能不再那么明确反对，但也不一定完全支持。

（3）第三型：协商型。在这类领导方式中，重要问题的决策权仍掌握在最高管理层，而次要问题的决策权则下放给中下层管理者。上下级之间建立了一定程度的相互信任，非正式群体对组织目标大多持支持态度。

（4）第四型：参与型。在这种领导方式下，领导者对下属员工完全信任，与员工平等相处，鼓励员工参与管理决策，上下级之间沟通顺畅，民主氛围浓厚。

Likert 认为第四型（参与型）的领导行为是最理想的。为了准确判断一家企业的领导类型，Likert 提出了八个关键的评估指标：领导风格、激励机制、沟通方式、相互作用程度、决策过程、目标设置合理性、控制机制以及绩效表现。

### 17.3.5 PM 领导类型理论

PM 领导类型理论由日本大阪大学的三隅二不二教授提出。他认为，领导者的行为主要具有两大特征：一是追求目标实现（Performance）；二是维持群体关系（Maintenance）。基于这两大特征，组织领导者的行为方式可以被分为以下四种类型：

（1）P 型。这类领导者主要追求目标的达成，对人际关系则相对忽视，在维持群体关系方面表现较差。

（2）M 型。这类领导者注重人际关系，但在达成目标方面可能未尽其责。

(3) PM型。这类领导者不仅自己积极推动目标的达成，还非常注重调动群体的积极性，增强群体的凝聚力，实现目标与群体关系的双重平衡。

(4) pm型。这类领导者在完成目标和维持人际关系方面均未尽到其应有的职责。

PM领导类型理论可用于鉴别和评价组织领导者的行为。一般认为，PM型的组织在生产经营、发展后劲以及成员对组织的信赖程度等方面都表现优秀；其次是P型或M型组织；而pm型组织则表现最差。PM领导类型理论见图17-4。

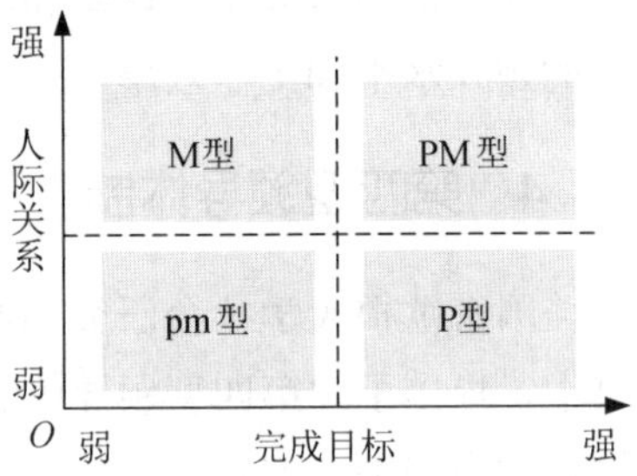


**图17-4　PM领导类型理论示意**

# 17.4　领导权变理论

领导权变理论的核心观点在于，领导的有效性关键在于“协调”。其权变思想强调：领导者越能使自己的领导行为与环境状况及被领导者的需求相契合，就越能有效地达成个人目标与组织目标。

## 17.4.1　超Y理论

D. M. McGregor认为，Y理论能够将组织目标与成员的个人目标有效结合，从而提升生产效率，因此他认为Y理论的领导方式优于X理论。这一观点随后引发了诸多争议，有人指出两种理论在特定情境下均具有一定的适用性。基于此，美国的J. J. Morse和J. W. Lorch在经过多次实证研究后，提出了“超Y理论”。该理论的主要观点如下：

(1) 人的需求存在差异：有的人倾向于严格的组织结构和明确的规章制度，不渴望参与决策或承担责任；而另一些人则恰恰相反。

(2) 不同的人对领导方式的需求不同：上述第一类人更倾向于接受X理论的领导方式，而第二类人则更欢迎Y理论的领导方式。

(3) 组织目标、工作性质以及人员素质等因素对领导方式的选择具有重要影响：例如，在工厂企业的生产车间中，X理论可能更为适用；而在管理部门或技术部门，Y理论则可能更为恰当。不同的情况应采用不同的领导方式，以实现最佳的管理效果。

## 17.4.2 领导的生命周期理论

领导的生命周期理论是由 A. K. Korman、P. Hersey 以及 K. Blanchard 三人共同研究提出的。该理论认为，领导者的行为主要包括工作行为和关系行为两大方面，且领导者的行为方式应与下属的“成熟度”相适应。随着下属由不成熟逐渐走向成熟，领导者的行为方式相应地由高工作低关系向高工作高关系、低工作高关系、低工作低关系转变，即领导风格应依次从命令型过渡到说服型、参与型，最终到达授权型，这一变化过程如图 17-5 所示。

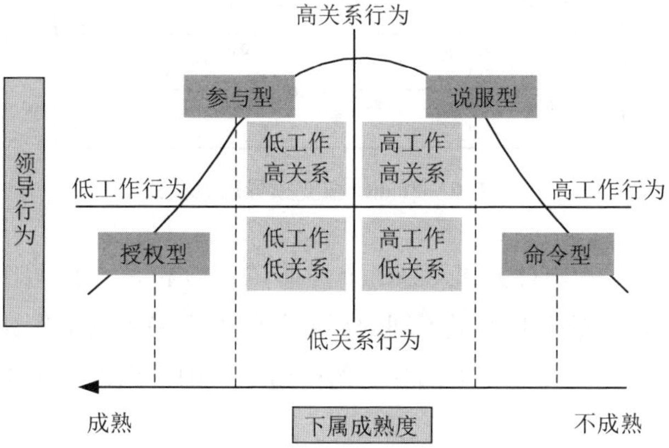


**图 17-5 领导的生命周期理论曲线**

关于人的成熟问题，该理论借鉴了 C. Argyris 的成熟-不成熟理论。组织成员由不成熟到成熟的发展过程，体现在多个方面的转变：由依赖性变为独立性，由被动性变为主动性，由简单性变为复杂性，由肤浅性变为深刻性，由短暂性变为长远性。相应地，组织领导的方式也应随着下属的成熟度发展而作出相应的调整。

## 17.4.3 有效领导的权变理论

有效领导的权变理论是由美国权变理论领导模式首创者 F. E. Fiedler 提出的。这一理论模式指出了三个影响领导效果的情景因素：领导者与被领导者的关系、工作任务的结构以及领导者所处职位的职权和组织支持。

根据这三种情景因素，领导者所处的环境可以从最有利到最不利分成八种类型，如图 17-6 所示。其中，三个情景条件齐备构成领导者最有利的环境，三者都不具备则是最不利的环境。企业领导者需采取的领导方式应与这八种环境条件相适应，才能确保领导的有效性。

| 领导者与被领导者的相互关系 | 好 | | | | 差 | | | |
| --- | --- | --- | --- | --- | --- | --- | --- | --- |
| 工作任务结构 | 明确 | | 不明确 | | 明确 | | 不明确 | |
| 领导者的职位权力 | 强 | 弱 | 强 | 弱 | 强 | 弱 | 强 | 弱 |
| 情景类型 | 1 | 2 | 3 | 4 | 5 | 6 | 7 | 8 |
| 领导者所处环境 | 有利------------------不利 | | | | | | | |

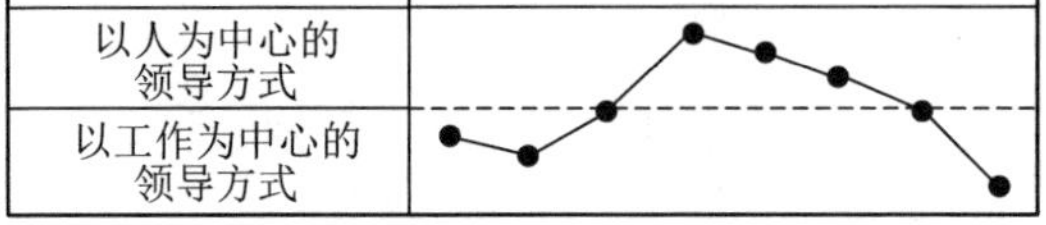


**图 17-6　Fiedler 权变领导理论模式**

Fiedler 用时 15 年，对美国 1 200 个群体调查分析，得出了图 17-6 中的曲线。该曲线表明，在最有利和最不利的环境条件下，采用以工作为中心的指令型领导方式效果较好；而在处于中间状态的环境中，则采用以人为中心的领导方式效果更佳。

另外，一个人的领导风格是固定不变的。即如果你是关系型领导者，你将始终如此；任务型领导者也同样如此。为了测量领导者的风格，Fiedler 开发了“最难共事者”问卷（Least Preferred Coworker Questionnaire，LPC）。Fiedler 相信，如果领导者能以相对积极的词汇来描述最难共事者，那么说明他乐于与同事形成良好的关系，即他是关系导向型的领导者。反之，如果领导者对最难共事者的描述较为消极，则他更倾向于任务导向型。Fiedler 模型的核心在于，在不同的情形下找到合适的领导者来实施领导和管理工作。

## 17.5　领导理论的新进展

近年，领导理论取得了新的进展，各种观点层出不穷。本章将简要介绍两个较为普遍接受的理论：变革型领导理论与中国特色的家长式领导理论。

### 17.5.1 变革型领导理论

领导者主要分为交易型领导者（Transactional Leaders）和变革型领导者（Transformational Leaders）。

**1. 交易型与变革型领导者的定义**

交易型领导者通过明确工作角色与任务要求，指导并激励被领导者朝着既定目标前进。本章所介绍的多数领导理论均聚焦于交易型领导者。而变革型领导，则蕴含着蜕变革新的意义。Burns 最早提出了变革型领导的概念，他强调变革型领导是领导者与被领导者共同提升到高层次动机与道德的过程。

**2. 变革型领导的核心特征**

变革型领导是创造超越期望的表现，即通过增强成员信心、提升工作价值来引导成员付出更多努力。变革型领导能够使被领导者的动机发生高层次、基本性、质的改变。具体来说，变革型领导者的领导行为包括：①激励被领导者或同僚以新视角看待工作性质；②促进被领导者对组织或团队愿景的认知；③开发被领导者的高层能力或潜能；④激励被领导者超越个人利益，为组织利益着想。

**3. 变革型领导者的影响**

变革型领导者是指那些能够鼓励他人为了组织利益而超越自身原有利益意图，并能对他人产生超乎寻常深远影响的领导者。变革型领导更具魅力，因为他们不仅灌输已有观念来解决问题，更倡导采用新观点、新视角来应对挑战。

众多实证研究表明，变革型领导行为对于提升组织绩效具有积极作用。变革型领导与成员的工作满意度之间存在显著的正向关系，同时，变革型领导还能提升成员的组织承诺与工作绩效。这表明，变革型领导在推动组织发展、激发成员潜力方面发挥着重要作用。

### 17.5.2 中国特色家长式领导理论

领导的内涵、作风及实务作法深受文化影响。领导者选择的领导作风，在多数情况下，会反映出其所处的文化脉络，而非完全是个人意志的决定。近年来，华人主导的亚洲经济迅猛发展，华人企业中的管理哲学与实务因此受到了众多研究者的关注。自 Silin（1976）的研究后，有研究者采用主位研究途径，开始探讨华人家族企业的高层领导问题，指出华人企业的组织领导具有清晰、鲜明的特色，即家长式领导（Paternalistic Leadership）。

**1. 家长式领导的定义与组成**

什么是家长式领导？Farh 与 Cheng（2000）在回顾相关研究后，将其界定为：在人治的氛围下，所展现出的具有严明纪律与权威、父亲般的仁慈及道德廉洁性的领导方式。家长式领导包括三个重要组成部分：威权领导、仁慈领导和德行领导。威权领导强调领导者的权威是绝对且不容挑战的，对被领导者进行严密控制，要求毫无保留地服从；仁慈领导指领导者对被领导者个人的福祉进行个别、全面而长久地关怀；德行领导则要求领导者展现较高的个人操守、修养及敬业精神。

**2. 家长式领导的文化根基**

家长式领导植根于儒、道、法及家庭观，反映东方社会中的传统文化主流思想，并存在于东方社会组织当中。华人社会中，个人通过家族社会化历程，将家族生活中所学到的心理与行为推广到团体生活，使人在企业或政府组织中表现出强烈的家庭意识，如尊敬师长、长幼有序及关系取向等价值观。费孝通（1948）提出的“差序格局”观念，揭示了中国人人际网络的差序性，这是一种以己为中心所形成的同心圆水波纹式的人际网络。

**3. 家长式领导与领导绩效的关系**

多数实证研究表明，家长式领导中的“仁慈领导”和“德行领导”与“领导绩效”呈显著正相关，而“威权领导”则与“领导绩效”呈显著负相关。这表明，在家长式领导中，仁慈和德行是提升领导绩效的重要因素，而威权则可能阻碍领导绩效的提升。

**4. 家长式领导在新时代的挑战**

21 世纪以来，华人企业逐渐壮大，尤其是中国大陆的企业开始走向全球舞台，这标志着华人经济力量的崛起和全球影响力的增强。然而，在关注这些企业发展的同时，我们也必须正视一个事实：新型华人企业的领导者正受到全球化和西方管理哲学的深刻影响，这使得传统的家族式领导方式已经难以完全适应现代企业的需求。

一方面，全球化带来了信息的快速流通和文化的多元交融。这使得华人企业的领导者需要更加开放和包容，以适应不同文化背景和价值观的员工。而传统的家长式领导往往强调权威和服从，这可能与现代企业的多元化和民主化趋势相悖。

另一方面，西方管理哲学的引入也对家长式领导产生了冲击。西方管理注重制度、流程和规范，强调效率和效果，这与家长式领导中的人性化管理和个别关怀存在一定差异。在追求高效和竞争力的过程中，华人企业可能需要借鉴西方管理的优点，以完善其领导方式。

此外，新型华人企业的领导者还面临着代际传承的挑战。随着老一辈企业家的逐渐退休，新一代领导者需要接过接力棒，继续推动企业的发展。然而，他们可能更加倾向于采用现代化的管理方式和领导风格，这与传统的家长式领导存在明显差异。

综上所述，家长式领导在新时代背景下正面临着诸多挑战和变革。为了适应全球化和现代企业的需求，华人企业的领导者需要不断调整和完善其领导方式，既要保留家长式领导中的优点，如人性化管理和个别关怀，又要借鉴西方管理的优点，如制度化和规范化。只有这样，才能在激烈的市场竞争中立于不败之地，推动华人企业的持续发展。

## 17.6 领导班子的合理结构

组织的领导班子，即领导者团队，必须构建一个合理的结构，以确保每位领导成员都能充分发挥其才能，共同释放出领导集体的巨大力量。领导班子的结构是多维度的，主要包括年龄结构、知识结构、智能结构、专业结构及素质结构。

**1. 年龄结构的优化**

在组织的领导班子中，应实现各种年龄成员的有机结合，以取长补短。年轻人通常奋发有为，充满活力；中年人是中流砥柱，经验丰富；年长者则老马识途，智慧深邃。因此，领导班子应老、中、青相结合，以中青年为主体，但同时也要根据具体情况进行灵活调整，避免一刀切。

**2. 知识结构的多元化**

组织领导班子的成员应具备一定的学历背景，但学历并非唯一标准。学历仅反映一个人曾经的受教育程度，并不能完全代表其实际领导能力。在选择领导成员时，除了重视学历外，还应重点考察其实际工作能力和知识水平，并注重各种学历层次和人才的搭配与结合。

**3. 智能结构的互补性**

组织的领导者不仅要掌握知识，还要能够灵活运用知识，这就涉及智能结构的问题。在实践中，人们运用知识的能力各不相同，有的人善于“再现”，有的人擅长“发现”，还有的人则富于“创造”。因此，在领导班子中，应实现各种智能结构人才的相互结合和互补，以发挥领导班子集体的最优智能效能。

**4. 专业结构的合理性**

组织领导班子的成员应努力向复合型人才发展，同时，班子成员之间的专业结构也应讲究各方面专业人才的有机结合。通过合理的专业结构配置，可以确保领导班子在应对各种复杂问题时能够集思广益、协同作战。

**5. 素质结构的协同性**

素质结构是指具备不同素质的领导者在领导班子中互相支持、互相配合、互相补充、团结一致，共同发挥各自的长处以做好工作。一个良好的素质结构是提高领导效果的基础，它要求领导班子成员在素质上能够相互协同、相互补充，共同推动组织的发展。

## 本章小结

(1) 领导是一种行为和影响力，可以引导和激励人们去实现组织目标，是在一定条件下实现组织目标的行动过程。领导者是实施领导影响过程的人。领导者不能孤立地存在，必须有被领导者跟随。为此，领导者必须能证明自己的存在价值，并使他人认同和接受。

(2) 领导的影响力可分为权力性的和非权力性的两大类，前者带有强制性，而后者则是自然形成的。有效领导的关键在于提高非权力性影响力。

(3) 领导特质理论认为，领导是一种动态过程，领导者的特质和特性是在这一动态的实践中逐步形成，可以通过训练和培养造就。

(4) 领导行为理论的研究提出高效率的领导者与低效率的领导者在领导行为方面有差异。对领导行为模式的研究分为两大类，一类研究领导行为的倾向，即倾向于抓工作还是关心人；另一类研究领导作风，是民主的或专制的。

(5) 领导权变理论强调“协调”，其指导思想是领导者使自己的领导行为类型与所处的环境状况和被领导者的需求越一致，就越能有效地实现个人目标和组织目标。

(6) 领导班子的合理结构包括年龄结构、知识结构、智能结构、专业结构和素质结构。

领导理论思维导图

## 本章思考题

1. 什么是领导？
2. 什么是领导者？领导者与管理者有什么区别？
3. 什么是领导的影响力？权力性影响力与非权力性影响力之间有何联系？
4. “伟人”的学说是什么观点？其代表人物的研究有何论点？
5. Fiedler 同意“伟人”的观点吗？
6. Drucker 的评述对“伟人”学说有何影响？
7. Stogdill 的研究认为领导者具有哪些共同的特质？
8. Jeserich 研究成果包括哪些内容？
9. 美国和日本企业界提出了领导者的哪些条件、品德和能力？
10. 领导的 X 理论和 Y 理论各有什么特征？
11. 管理方格图是由谁提出的？其列举的五种典型领导方式有什么含义？
12. 领导权变理论的基本观点是什么？
13. 什么是领导的超 Y 理论？
14. 领导的生命周期理论有何新的观点？
15. 关于领导权变理论的研究，Fiedler 有什么新的观点？
16. 简述变革型领导与交易型领导的区别。
17. 家长式领导由哪三个组成部分构成？
18. 请挖掘中国上市公司协会会长宋志平的众多著作，并对他在企业中所表现出的领导力进行评述。

本章拓展阅读

# 18 管理沟通



沟通是组织管理中一个极为重要的环节。组织战略目标能否成功实现，激励措施是否切实有效，绩效管理的效果究竟如何，这些问题都需要通过沟通来寻找答案。有时候，沟通中的一个细微技巧，可能恰好就是推动组织目标实现的关键。因此，组织的管理者应当高度重视沟通的作用。

## 18.1 沟通概述

### 18.1.1 沟通的含义

沟通，即信息从发送者到接受者的传递过程，是组织管理中的一个核心环节。有效的沟通由三方面组成：首先，发送者传递的信息必须完整且准确；其次，接受者需充分理解这一信息；最后，接受者需愿意并以恰当的方式将信息的意图转化为实际行动。对于领导职能而言，沟通是团结组织成员、共同努力实现领导者意图、达成组织目标的重要手段。若无沟通，组织活动将无法展开，既无法实现相互协调合作，也无法进行必要而及时的协调变革。

沟通过程一般由以下七个要素构成：

(1) 沟通来源：信息发送者因某种需要（如工作需要或交往需要），准备将其意图、目的传递给他人，从而构成沟通来源。

(2) 沟通传译：信息发送者通过思维过程，将观念形态的意图和目的以文字、语言、动作等信息符号形式表达出来，如命令、指示、决议等。传译过程受发送者的知识经验、智力活动特点及个性心理特征等影响。

(3) 信息：沟通信息符号中有用的内容，将进入信息沟通渠道，直接对信息接受者产生作用。

(4) 沟通渠道：信息从发送者到接受者的传递所选用的渠道或媒介。组织中的沟通渠道包括文件传递、电话传送、会议传递和面对面口头交流等。选择哪种渠道应依据信息性质、重要程度、保密情况及空间距离等因素确定。沟通渠道应畅通无阻、无干扰，以确保接受者能准确无误地收到信息。

(5) 接受者：接受者对信息的理解和接受程度取决于其知识水平、专业水平、智力情况和工作经验等。理解效果可分为全部理解、部分理解、没有理解和歪曲理解四种。

(6) 沟通反馈：接受者将已理解的信息反馈给发送者，使发送者了解信息是否被接受、接受到何种程度以及效果如何等。沟通反馈为发送者修正信息或编制新信息提供参考。

(7) 沟通的文化背景：组织内的任何沟通都在企业文化的大背景下进行。沟通方式、渠道的选择等在很大程度上取决于公司的文化背景。

### 18.1.2 沟通的类型

组织内的沟通可以分为正式沟通和非正式沟通两大类。

**1. 正式沟通**

正式沟通是指通过正式的组织程序所进行的沟通，它包含四种形式：

(1) 自上而下的沟通：是组织内部信息传递的重要方式，它遵循上下隶属关系和等级系列，从高层向低层传递信息。这种沟通通常表现为上级对下级发布的命令、指示等，旨在使下级了解组织的整体情况和具体任务。由于其具有指令性、法定性、权威性和强迫性，因此往往能够引起下级的重视。然而，自上而下的沟通也可能存在问题，如传递路线过长导致信息传递效率低下，以及信息在传递过程中易被遗漏或曲解。

(2) 自下而上的沟通：是组织内部信息传递的另一种重要方式，它遵循上下隶属关系和等级系列，从低层向高层传递信息。这种沟通通常以下级对上级的信息反馈和基层情况的反映为表现形式，具有非命令性、民主性、主动性和积极性等特点。然而，在上级处理下级传递的信息时，也存在盲目采用或忽视下级信息的风险。

(3) 横向沟通：是组织内部同级层次成员之间进行的信息交流方式，其目的在于增进相互了解并促进工作上的合作与配合。这种沟通方式以非命令性、协商性和双向性为显著特点，确保了信息的平等传递与接收，有助于构建和谐的团队氛围和高效的工作协作机制。

(4) 斜向沟通：是组织内部一种特殊的信息交流方式，它发生在既不属于同一隶属系列，又不属于同一等级层次的成员之间。这种沟通方式的目的在于加快信息交流，促进相互之间的通报、合作和支持。斜向沟通具有协商性和主动性的特点，有助于打破组织内部的壁垒，促进跨部门、跨层级的协作与配合。

**2. 非正式沟通**

非正式沟通指的是不按照正规的组织程序、隶属关系、等级系列来进行的沟通，主要有以下四种形式：

(1) 单线式：通过一长串人际沟通来传递信息。

(2) 流言式：主动寻找机会，通过闲聊来散布信息。

(3) 偶然式：不规则的随机沟通方式，如道听途说。

(4) 集束式：有选择地寻找对象传播信息，每次传递都选择亲近者。

非正式沟通是组织内部一种灵活且广泛的信息交流方式，其特点在于传递速度快、方式多样且传播范围广。然而，这种沟通方式也缺乏正式沟通的责任感，导致信息在传递过程中可能失真。此外，非正式沟通还可能促进组织内部小团体的形成，进而对组织的整体团结和凝聚力产生负面影响。

互联网的产生对正式沟通和非正式沟通都起到了积极作用。它促进了二者之间的混合，在不断透明、加速的环境下，使得沟通过程信息越来越对称，有效杜绝沟通中的信息失真问题。组织应充分利用互联网的优势，同时正确引导非正式沟通渠道，以促进组织的整体协调和发展。

## 18.2 常见的沟通障碍

沟通障碍的存在导致了其达不到预定的效果，妨碍了组织目标的实现。常见的沟通障碍主要有：

(1) 缺乏信任。缺乏信任是沟通中的一大主要障碍。1989 年 3 月《哈佛商业评论》曾指出："对经理人而言，尽早抓住问题是重要的，而找出会使你头疼的问题的最好方式，是让你的下属告诉你。这取决于坦率与信任，但这两点都有严格的内在的局限性。在需要坦率和信任的时候，大部分人倾向于选择沉默，自我保护。”这种沉默和自我保护显然阻碍了沟通的有效进行。

(2) 信息曲解。主管与下级之间的空间距离减少面对面沟通的机会，或个人无法区分实际信息与个人观点等时，都容易发生信息曲解。管理者和员工可能倾向于根据自己的观点、价值观等来解释信息，而非客观解读，从而造成沟通中的曲解。此外，语言及媒介使用不当也可能导致对事情本质的错误描述，进而引起信息接受者的误解。

(3) 层次差异及知识经验水平的限制。管理人员和下级员工之间存在层次差异，主要表现在知识及专业技术层次上。若主管忽视下级的知识层次，使用专业术语或技术性、行政性语言，而下级对这些术语一无所知，就会导致沟通障碍。双方缺乏“共同的经验区”，接受者无法正确理解发送者的信息，沟通就会受阻。这种障碍的存在与组织的权责结构密切相关。

(4) 组织结构不合理。合理的组织结构有助于信息沟通，但组织结构过于庞杂则容易使信息传递失真，影响及时性，进而降低工作效率。沟通缺口指的是沟通正式网络中存在的缺陷或漏洞。随着组织的增长，正式沟通网络变得大而复杂，若缺乏充分的计划工作，就会出现缺陷。过分依赖正式沟通而忽视其他沟通方式，将导致沟通系统产生缺口。

(5) 信息混乱。信息并非越多越好，关键在于信息的有用性。信息过量会造成沟通障碍，使人们无法有效处理信息。信息之间的不一致、不协调，如令出多门，也会使信息接受者感到困惑。若信息传递时言行不一致，如上级发布的命令自己首先不执行，将导致信息接受者对信息内容的重要性产生怀疑。

(6) 环境干扰。环境干扰可能使信息接受者无法全面、准确地接收信息，如噪声干扰导致听不清，或者环境干扰使人的注意力无法集中，从而无法正确记忆信息。这些环境因素都会降低沟通的质量和效果。

综上所述，沟通障碍看似是小事，但其在不经意间形成的负面影响却非常大。克服沟通障碍已经成为管理者所面临的重要课题之一。

## 18.3 沟通的改进

沟通形成障碍的因素众多，除了上述的六种主要障碍外，还存在许多其他因素。沟通改进的目的在于尽力消除这些沟通障碍，以下是几种有效的改进方式：

(1) 培养信任度，奠定沟通基础。信任是沟通的基础，管理者要想使沟通获得预期效果，首要任务就是培养管理者与员工、员工与员工之间的信任。只有提升信任度，沟通内容才会被全盘说出和接受，避免因自我保护而保持沉默。管理者应主动建立信任氛围，通过公正、透明的管理行为赢得员工的信任。

（2）选择恰当语言，确保信息清晰。语言可能会造成沟通障碍，因此管理者应选择员工易于理解的词汇，使信息更加清楚明确。考虑到组织中员工年龄、教育和文化背景的多样性，管理者应注意语言的差异性和适应性，避免使用过于专业或晦涩的词汇。同时，管理者应关注员工对信息的理解程度，确保信息被正确接收。

（3）运用肢体语言，增强沟通效果。肢体语言在面对面沟通中占据重要地位，研究表明，一半以上的信息是通过肢体语言传达的。管理者在沟通时应注意自己的肢体语言与所说的话的一致性，通过赞许性点头、恰当面部表情和积极目光等非语言信号来表示对对方的关注。这样不仅能增强沟通效果，还能让员工感受到被尊重和重视。

（4）减少沟通层级，降低信息失真。交谈是人与人之间最常用的沟通方法，其优点是快速传递和快速反馈。但信息经过多人传送时，口头沟通的缺点就会显现，信息失真的可能性增大。因此，从组织结构的角度来说，应尽量减少沟通的层级，降低信息失真的概率。管理者应尽可能直接与员工沟通，减少中间环节，确保信息被准确传递。

（5）增加非正式沟通，增进信息传递。正式沟通途径有时可能失败，而非正式沟通途径又太少，导致组织信息传递失真或出现断层。增加非正式沟通机会可以增进信息的传递，让员工在更轻松的环境中畅所欲言。例如，设置专门的休息区域和时间，鼓励员工之间进行非正式交流。这样既能达到信息交流的目的，又能增进员工间的情感交流。

（6）鼓励及时反馈，确保沟通准确。为了避免员工误解或对信息传递者意图理解不准确，组织应鼓励及时反馈。员工可以对信息传递者的意图作出反馈，从而判断信息是否被正确接受，并在必要的情况下进行纠正。管理者在公布任务时可以要求员工复述任务内容，以确保沟通的有效性。同时，通过观察员工的眼睛和体态举动，可以了解他们是否确实正在接收信息。

（7）重视面对面沟通，增强情感交流。互联网和信息技术的迅猛发展增加了人们沟通的机会与频率，但也可能成为面对面交流的障碍。面对面沟通对于管理者来说更为重要，因为它更容易调动员工的情感和积极性。管理者应重视面对面沟通的机会，与员工进行深入交流和互动，以建立更紧密的关系和更高效的团队。

## 本章小结

（1）管理沟通是组织管理者制定决策、贯彻决策方案的重要基础，也是管理者能否成为领导者的重要因素。组织内的人际沟通有正式沟通和非正式沟通，前者为通过正式的组织程序所进行的沟通，后者为不按正规的组织程序、隶属关系、等级系列而进行的沟通。两种类型的沟通各有利弊，领导者在运用时可取长补短。

（2）组织中常见的沟通障碍会影响管理者意图的贯彻，影响判定决策时信息的搜集（包括质量和数量），影响组织内成员的团结和组织健康发展。改善沟通要培养信任度，奠定沟通基础；选择恰当语言，确保信息清晰；运用肢体语言，增强沟通效果；减少沟通层级，降低信息失真；增加非正式沟通，增进信息传递；鼓励及时反馈，确保沟通准确；重视面对面沟通，增强情感交流。

**管理沟通思维导图**

## 本章思考题

1. 为什么组织的领导者必须关注管理沟通？
2. 沟通过程中的七个要素是什么？
3. 什么是正式沟通？有哪几种形式？
4. 什么是非正式沟通？有哪几种形式？
5. 非正式沟通和正式沟通各有什么利弊？
6. 沟通中有哪些障碍？如何改善沟通？

本章拓展阅读　　本篇案例研读

## 本篇进一步阅读的参考文献


[1] 苏保忠. 领导科学与艺术[M]. 2 版. 北京：清华大学出版社，2009.

[2] (美)Stephen P. Robbins，Mary Coulter. 管理学[M]. 12 版. 北京：清华大学出版社，2018.

[3] 康青. 管理沟通[M]. 5 版. 北京：中国人民大学出版社，2018.

[4] (美)Spencer A. Rathus. 心理学[M]. 3 版. 北京：中国人民大学出版社，2019.

[5] 尤建新，王莉，赵红丹，等. 管理与组织行为学[M]. 2 版. 北京：清华大学出版社，2023.

# 第五篇

# 控　制

# 19 控制概述



组织运营若缺乏有效控制或控制失效，必将导致计划落空。换言之，组织若未建立有效的控制系统，既定目标将难以实现。即便计划再完善，若控制活动不力，执行过程中仍会问题频出。因此，对于管理而言，构建良好的控制系统至关重要。

## 19.1 管理控制及其重要性

### 19.1.1 何谓管理控制

控制职能的核心使命在于确保组织的各项活动紧密依循预定的计划与标准，从而稳健地推动组织向既定目标迈进。尽管计划的制订可能极尽翔实，组织结构或许已调整至高效状态，员工的积极性亦被充分激发，但这些因素单独作用，仍不足以确保所有行动都能精准执行，组织目标必然达成的承诺也无法仅凭此兑现。唯有当计划职能启动，历经组织、领导，直至控制职能的顺畅运行，管理职能的完整循环才得以被构建。

控制，本质上是对所有活动是否严格遵循计划、指示及原则的全面审视，其核心目的在于及时发现并纠正偏差，防止错误重演。

具体来说，控制可被阐述为：对各项活动实施严密监控，以确保其按照既定计划推进，并在发现重大偏差时及时予以纠正的过程。控制的定义蕴含三大核心要素：一是鲜明的目标导向，即确保受控对象始终沿着计划所指引的方向前进；二是以“监视”与“纠偏”为核心活动；三是强调控制作为一个持续不断的过程。无论部门当前运作是否看似无懈可击，所有管理者都应当主动肩负起控制的职责。因为在将已完成的工作与计划所设定的标准进行全面比对之前，管理者无法确切判断部门的工作是否真正处于正常轨道。一个高效、完善的控制系统，是确保各项行动始终指向组织目标的重要保障，其完备程度与管理者实现组织目标的信心与能力成正比。

### 19.1.2 控制的重要性

**1. 确保目标实现**

通过持续的监测和纠正，确保组织活动按照计划进行，最终实现既定目标。控制职能的核心在于确保组织的各项活动按照预定的计划和标准进行，通过定期检查和评估，及时发现并纠正偏差，确保组织能够按计划实现其目标。例如，项目管理中的里程碑检查点可以帮助并确保项目按时完成，达到预期的质量标准。

**2. 提高效率**

控制职能是通过持续的监测与评估，迅速发现并纠正工作中的偏差，有效减少资源浪费及重复劳动，进而提高组织的整体运作效率。例如，在生产运作环节中，严格的质量控制能够降低不合格品的出现率，在提高生产效率的同时，也确保了产品的质量。

**3. 降低风险**

通过采取预防和纠正措施，控制职能能够显著降低组织所面临的风险，确保其稳定运行。建立一个健全的风险管理与内部控制体系，是控制职能的重要组成部分。借助这一体系，组织能够提前识别并防范潜在风险，减少不确定性和意外事件的发生概率。例如，在财务管理领域，严格的财务控制机制能够及时发现并防止财务舞弊行为，从而降低财务风险，确保组织的财务健康与稳定发展。

**4. 实现授权**

唯有依托控制职能，授权才能真正落地。众多管理者视授权为棘手之事，这主要源于对成员可能犯错、无法达成计划要求及自身需承担责任的担忧。为规避授权风险，他们往往选择亲自上阵。然而，构建有效的控制系统能显著减轻这种授权顾虑。通过该系统，管理者可获取授权后成员的工作绩效信息与反馈，从而确保授权效果。

**5. 增强责任感**

确立清晰的标准与严格的考核机制，对于增强员工的责任感及提升团队协作水平具有显著效果。控制职能通过制定明确的绩效标准和考核机制，能够有效激发员工的积极性与责任心，驱使他们以更加严谨的态度对待工作，进而增强团队的整体协作能力。

## 19.2 管理控制思想的演变

自组织诞生之初，控制便作为管理职能的核心要素而存在。在工业化前的时代，控制主要依赖于单方面的命令与严苛的纪律，对被控制者的尊重微乎其微。随着工厂化生产的兴起，控制因素日益增多，但企业管理者发现，仅凭宗教权威、军队纪律或国家法令已难以实现有效的控制。控制职能的概念和实践随着管理理论的发展而不断被演进，控制职能在不同历史阶段的主要特点和发展也有变化。

### 19.2.1 早期管理理论

H. Fayol 首次将控制纳为管理的五大要素之一，与计划、组织、指挥、协调并列，凸显了其在管理框架中的关键地位。控制触及企业的每一个角落，涵盖人事管理、计划执行、产品质量监控、财务管理，乃至安全与情报管理等众多方面。高效控制建立在迅速行动的基础之上，必要时还需辅以制裁措施，以确保控制的有效性。同时，Fayol 强调控制必须公正无私，以维护员工的信任与尊重。

为了保障控制职能的独立性与客观性，Fayol 建议将执行控制的检查人员与被检查对象进行分离，以此减少利益冲突与偏见的影响，确保控制过程的公正与准确。控制不仅是对其他管理要素的补充，更发挥着综合作用。它促使计划更加完善，推动组织结构的简化与强化，提升指挥的效率，同时促进各部门间的协调与合作。

实际上，控制是管理活动周期得以圆满完成的关键环节。它不仅总结了过去周期的成果与不足，更为下一个管理周期提供了改进的方向与依据。在连续的管理周期（或过程）中，控制促使管理活动不断迭代与优化，为企业的持续发展注入源源不断的动力。

### 19.2.2 科学管理时期

在科学管理时代，与早期工厂制度相似，控制的核心聚焦于材料、生产流程及其他生产相关职能，特别强调通过经验研究来设定精确的标准定额，并在工时与成本计量上实现精进。这一时期见证了管理理论的重大进步，其中，H. L. Gantt 贡献了首个重要的图解辅助工具，用于计划与控制，极大地提升了管理的可视化与效率。

同时，F. W. Taylor 提出了“精神革命”的理念，试图构建管理者与工人之间的共同目标认知，尽管这种尝试在实践中常遭遇挑战，未能完全实现其初衷，但它却深刻地推动了将目标内化为一种激励与控制手段的管理思想。Taylor 强调，通过科学的方法分析工作并设定标准，不仅能提升生产效率，还能在员工心中树立对目标的认同与追求，从而在一定程度上实现控制与激励的内在融合。

这些发展不仅革新了当时的管理实践，也为后续管理理论的演变奠定了坚实的基础，特别是在如何通过科学控制与激励机制，促进生产效率与员工满意度的双重提升方面，提供了宝贵的启示。

### 19.2.3 社会人管理理论时期

在社会人管理理论时期，管理专家们倡导管理者应调整以往严苛的外部控制方式，转而注重开放沟通渠道，提升管理者的人际交往能力，并深刻认识到团队影响力对管理工作的重要性。这一时期标志着严格的外部控制观念逐渐被软化，控制不再仅仅是自上而下的强制，而是日益演变成管理层通过提供激励因素，鼓励民主参与和内在动机的过程，同时也体现了管理者所展现出的高超社会技能。

在这一框架下，控制不再局限于传统的监督和约束，而是融入了更多的人文关怀和团队协作精神。管理者被鼓励采用更加柔和、更加人性化的控制策略，通过积极沟通、团队建设活动以及共享决策权，来激发员工的积极性和创造力，从而实现更高效、更和谐的组织管理。这种转变不仅提升了员工的满意度和归属感，也促进了组织整体效能的提升，标志着管理理论向更加人性化、民主化方向迈进。

### 19.2.4 现代管理理论

在控制理论发展的过程当中，拉尔夫·戴维斯（Ralph C. Davis）等现代管理学家的观点极大地丰富了控制理论的内涵。Davis 特别关注控制时机的精准把握，他创新性地提出了“事前”控制（亦称前馈控制）与“同步”控制（同期控制）的理念，强调应在活动启动前及执行过程中实施控制。

与此同时，系统论和控制论的融入，为管理控制带来了全新的视角。控制被视作一个涵盖各种活动的循环流程，其中反馈机制在管理控制中扮演着至关重要的角色。这一理论革新，使得管理者能够更加全面、动态地理解和实施控制。

技术的飞速发展，尤其是计算机技术的崛起、管理信息系统的普及，以及21世纪互联网和人工智能技术的突飞猛进，为控制方法的复杂化和精细化提供了强大的技术支持。实时监控、大数据分析等先进手段的应用，使得控制的精确度和效率得到了显著提升。这些技术让管理者不仅能够实时追踪和评估活动进展，更能够基于海量数据进行深度分析，从而作出更加科学、合理的决策，进一步推动管理控制理论和实践的飞跃。

## 19.3 控制的过程

管理控制是一个动态过程。尽管控制对象和控制工作的具体要求千变万化，但其核心流程始终如一。控制过程（Control Process）主要由五个步骤构成，如图 19-1 所示：①确立清晰的控制标准；②对实际绩效进行准确测量；③将实际绩效与既定标准进行对比分析；④依据分析结果，采取相应管理行动以纠正偏差或调整不合适的标准；⑤实施反馈机制，促进持续改进。

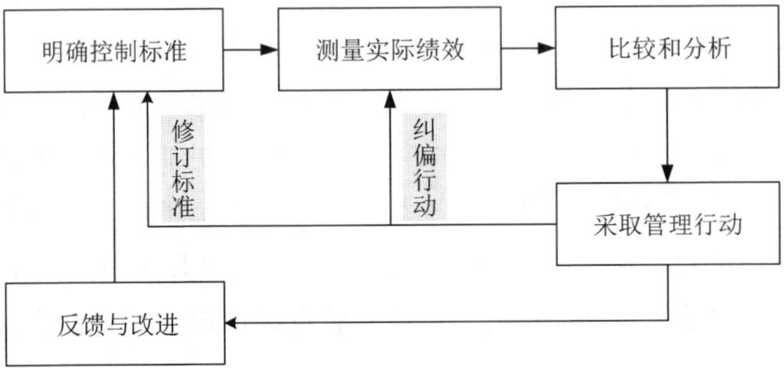


**图 19-1　控制的一般过程**

### 19.3.1 明确控制标准

控制活动的首要任务是确立标准，这一标准作为评判工作成效的基准。管理者需制定具体且可量化的标准，而这些标准往往源自计划职能的设定。控制标准构成了衡量组织活动是否依循计划轨迹的基础，并且是评估绩效、识别偏差的核心依据。

**1. 特点**

控制标准一般具有如下特点：

具体性：标准必须具体且清晰，避免任何模糊性，确保所有参与者都能准确理解标准的详细要求。

可衡量性：标准应尽量采用数字和量化指标，以确保控制的精确性，这样的标准更便于进行客观评价和对比。

合理性：标准应该是合理的，既不过高也不过低，能够反映组织的实际情况和目标。

可行性：标准需在现有资源和条件下切实可行，确保能够得到有效执行。

灵活性：标准应有一定的灵活性，能够随外部环境和内部条件的变化作出相应调整。

**2. 目的**

明确控制标准的制定旨在实现以下目标：

确保目标一致性：通过清晰界定控制标准，确保所有相关人员对目标有统一、明确的认识，从而避免目标模糊所带来的混乱和低效努力。

建立评估基准：提供具体且可量化的标准，为绩效评估提供客观、公正的基准，使管理者能够迅速识别并纠正工作执行中的偏差。

强化责任意识：明确的标准有助于增强员工的责任感和使命感，激励他们更加专注和负责地对待工作任务，同时促进团队间的协作与配合。

提升组织透明度：通过公开、透明的标准设置，增加组织内部运作的透明度，促进信息的有效流通与沟通，进而提升整体协调与运作效率。

**3. 类型**

在企业运营中，以下几种标准类型被广泛应用：

时间标准：它界定了完成特定工作任务所需的时间上限。

生产率标准：衡量在特定时间段内能够完成的工作量多少。

消耗标准：指的是完成某项工作所必需的资源或材料消耗水平。

质量标准：明确了工作应达到的预期水平，或是产品或服务应具备的质量规格。

行为标准：规定了员工在工作中的行为规范和职业操守要求。

值得注意的是，针对不同的组织结构、计划内容和控制节点，控制标准需相应调整，以适应具体情况。

**4. 实施步骤**

确立控制标准通常遵循以下关键步骤：

标准制定：紧密围绕组织的战略目标与规划，精心制定具体且明确的控制标准。在此过程中，务必确保标准的详尽性和可量化性，从而避免任何可能的模糊与歧义。

标准沟通：将既定的控制标准全面、清晰地传达给所有相关参与人员，确保每位成员都能深刻理解标准的内涵与要求。为助力标准的理解与执行，组织应提供必要的培训、指导及支持资源。

标准监控：通过定期搜集并深入分析相关数据，严密监控实际工作表现与既定标准之间的差距。鼓励采用诸如统计报告、图表等直观、有效的工具与方法，以实现绩效的动态可视化管理。

评估与优化：定期对控制标准的实施效果进行客观评估，并依据实际情况进行灵活调整。积极鼓励参与人员提出宝贵反馈，以持续推动控制标准的完善与优化。

管理者通过明确控制的标准，能确保组织活动遵循预定的计划与标准进行，从而最终达成组织目标。这些清晰的标准不仅为绩效评估提供了基准，同时也提升了组织的透明度与责任感，推动了管理的高效与有序性。

### 19.3.2 测量实际绩效

测量实际绩效涉及收集并掌握实际工作绩效的相关信息。此步骤要求管理者能够精确且迅速地获取必要信息，从而确保对实际表现进行公正客观评估。作为控制职能的核心环节，测量实际绩效使管理者能够洞察组织活动的真实状况，并为接下来的对比分析以及采取纠正措施提供坚实的数据基础。

**1. 目的**

测量实际绩效的主要目的在于：

全面了解情况：通过多种方法收集数据，确保管理者能够全面、准确地了解组织活动的实际情况。

客观评估绩效：提供客观、准确的数据支持，帮助管理者客观评估绩效，发现存在的问题和偏差。

及时发现偏差：通过及时地收集和分析数据，管理者可以尽早发现偏差，并采取必要的纠正措施。

提高管理效率：通过有效的绩效测量，管理者可以更好地监控和管理组织活动，提高管理效率和效果。

**2. 方法**

为了精准评估实际工作的绩效水平，管理者需积极获取相关信息。在信息搜集的过程中，主要存在四种常用方式：个人观察、统计报告、口头汇报及书面报告。这四种方式各具优势与局限，如表 19-1 所示。然而，当它们被综合运用时，能够极大地拓宽信息渠道，并显著提升信息的可靠性和准确性。

**表 19-1　　搜集实际绩效信息的方法**

| 方法 | 具体内容 | 优缺点及适用情况 |
|---|---|---|
| 个人观察 | 管理者亲自到现场观察员工的工作情况和组织活动的进展情况 | 优点是能够直接获取第一手资料，了解实际情况，但耗时耗力，很有可能受主观判断的影响，适用于小规模组织或特定项目的现场检查 |
| 统计报告 | 通过收集和分析各种统计数据，如销售数据、生产数据、财务数据等，依此来评估绩效 | 优点是数据客观、准确，便于量化分析，但数据收集和处理需要时间和资源，适用于大规模组织和需要大量数据支持的决策。由于互联网和大数据技术的迅猛发展，这一方法正逐渐受人青睐 |
| 口头汇报 | 通过面对面交流，让员工或下属部门汇报工作进展和存在的问题 | 优点是互动性强，可以及时解答疑问，获取更多信息，但信息可能存在主观偏差，需要进一步核实，适用于日常管理工作中的快速沟通 |
| 书面汇报 | 通过书面形式提交工作报告，包括详细的绩效数据和分析数据 | 优点是信息详细、正式，便于存档和查阅，但准备时间较长，可能不够及时，适用于需要正式记录和长期保存的场合 |
| 信息技术工具 | 利用计算机系统、管理信息系统（Management Information System，MIS）、企业资源计划系统（Enterprise Resource Planning，ERP）等现代信息技术工具，自动收集和分析数据 | 优点是数据实时、准确，自动化程度高，节省时间和资源，但需要投入较高的初期成本，且系统维护和更新需要技术支持，适用于大型企业和需要高效数据管理的组织 |

**3. 实施步骤**

测量实际绩效包括以下具体活动。

(1) 选择合适的方法：根据组织的规模、行业特点和管理需求，选择合适的绩效测量方法。为确保数据的全面性和准确性，应综合运用多种方法。

(2) 制订数据收集计划：确定需要收集的数据类型和频率，明确数据收集的责任人和时间节点。

(3) 实施数据收集：按照计划进行数据收集，确保数据的准确性和完整性。为提高数据收集的效率，应注意使用适当的工具和方法。

(4) 数据整理和分析：对收集到的数据进行整理和分析，提取关键信息。应积极采用可视化图表、报表等形式，直观展示绩效情况。

(5) 评估和反馈：根据分析结果，评估实际绩效与控制标准之间的差异，确保信息的透明度和沟通的有效性。

随着互联网、大数据与人工智能技术的迅猛发展，绩效测量的方式正经历着深刻的变革。管理者必须紧跟时代步伐，不断学习和采纳新的测量手段，以更有效地支撑控制职能活动的实施。在这个过程中，管理者应积极探索和利用互联网带来的广泛数据源，借助大数据技术的强大分析能力，以及人工智能的智能化算法，来提升绩效测量的精准度和效率。

### 19.3.3 比较和分析

比较和分析是指将实际绩效与既定标准进行比较，识别存在的差距或偏差。通过这一过程，管理者可以发现实际工作与计划工作之间的差异，并分析偏差的原因。偏差的原因可能是计划不合理、执行不到位或外部环境变化等。

**1. 目的**

进行比较和分析的主要目的在于：

(1) 明确问题所在：通过比较和分析，管理者可以明确实际绩效与标准之间的差距，识别存在的问题。

(2) 提供依据：比较和分析的结果为后续的纠正措施提供了可靠的依据，帮助管理者制定有效的解决方案。

(3) 预防问题：通过深入分析偏差的原因，管理者可以采取预防措施，避免类似问题的再次发生。

(4) 持续改进：比较和分析是一个持续的过程，通过不断的分析和改进，促进组织的持续发展和进步。

**2. 方法**

进行比较和分析采用的主要方法有：

（1）数据分析：通过对收集到的数据进行统计和分析，找出实际绩效与标准之间的差异。具体包括数据整理，将收集到的数据进行整理，确保数据的准确性和完整性；统计计算，计算关键指标的数值，如平均值、标准差等；图表展示，使用图表（如柱状图、折线图、饼图等）直观展示数据的分布和趋势；差异分析，计算实际绩效与标准之间的差异，如百分比差异、绝对值差异等。实践中必须确保数据客观、准确，能够提供量化的差异分析结果。

（2）因果分析：通过逻辑推理和调查研究，找出偏差产生的根本原因。具体包括鱼骨图（因果图），将问题作为鱼头，将可能的原因作为鱼骨，逐步细化每个原因；5 Why分析法，通过连续问“为什么”来追溯问题的根本原因，直到找到最底层的原因；根本原因分析（Root Cause Analysis，RCA），通过系统的调查和分析，找出问题的根本原因。管理者要深入挖掘问题的本质，为解决问题提供方向。

（3）标杆对比：将组织的实际绩效与行业标杆或其他优秀组织的绩效进行对比，找出差距。具体步骤：选择标杆，以行业内公认的最佳实践或优秀组织作为标杆；数据收集，收集标杆组织的相关数据；对比分析，将实际绩效与标杆数据进行对比，找出差距。标杆对比有助于提供外部视角，帮助组织发现自身的不足。

（4）趋势分析：通过对历史数据的分析，找出绩效的变化趋势，预测未来的发展方向。主要步骤包括数据收集，收集一段时间内的历史数据；趋势计算，计算绩效指标的变化趋势，如增长率等；图表展示，使用趋势图（如折线图）展示绩效的变化趋势。优点是基于长期视角帮助管理者作出战略决策。

**3. 实施步骤**

进行比较和分析的实施步骤如下：

（1）收集和整理数据：收集实际绩效数据和既定标准数据，确保数据的准确性和完整性；整理数据，使其适合进行比较和分析。

（2）进行比较和分析：使用数据分析方法，计算实际绩效与标准之间的差异；使用因果分析方法，找出偏差产生的根本原因。

（3）记录和报告：将比较和分析的结果记录下来，形成书面报告。报告中应包括实际绩效、标准、差异分析和原因分析等内容。

（4）制定纠正措施：根据比较和分析的结果，制定具体的纠正措施；明确责任人和时间节点，确保措施得到有效执行。

（5）持续监控：在采取纠正措施后，继续监控实际绩效，评估措施的效果；根据新的数据进一步进行比较和分析，不断优化管理措施。

通过比较和分析，管理者能够全面、准确地把握组织各项活动的实际运行状况，有效识别并妥善解决存在的问题与不足，确保组织活动按照预定的计划和标准进行，最终实现组织目标。

## 19.3.4 采取管理行动

针对发现的问题或偏差，管理者需及时采取适当的管理行动进行纠正，以确保组织活动回归正轨。这些行动可包括调整计划、优化流程、提供培训等，旨在确保组织活动按照预定的计划和标准进行。

**1. 目的**

采取管理行动的目的主要有：

（1）及时纠正偏差：通过采取适当的管理行动，及时纠正发现的问题或偏差，确保组织活动回归正轨。

（2）确保计划执行：确保组织活动按照预定的计划和标准进行，提高组织的执行力和效率。

（3）预防问题再发：通过分析偏差的原因并采取相应的措施，预防类似问题的再次发生。

（4）提升管理水平：通过持续的管理和改进，提升组织的整体管理水平和绩效。

**2. 方法**

采取管理行动有如下方法：

（1）调整计划：如果发现偏差的原因是计划本身不合理或不切实际，管理者需要重新制订或调整计划。具体实施有如下步骤可供参考：重新评估目标，确保新的计划目标是合理的和可行的；修改计划内容，根据实际情况调整计划的具体内容和时间表；沟通和执行，将新的计划传达给所有相关人员，并确保其得到有效执行。

（2）优化流程：如果发现偏差的原因是流程设计不合理或执行不到位，管理者需要优化流程。实施步骤包括流程分析，详细分析现有流程，找出存在的问题和瓶颈；流程优化，提出改进措施，简化或优化流程；培训和执行，对相关人员进行培训，确保新流程得到有效执行。

（3）提供培训：如果发现偏差的原因是员工技能不足或操作不当，管理者需要提供培训。实施步骤有需求分析，确定培训的需求，明确培训的目标和内容；设计培训课程，根据需求设计培训课程，选择合适的培训方法和工具；实施培训，组织培训活动，确保员工积极参与；评估效果，培训结束后，评估培训效果，确保员工掌握所需的知识和技能。

（4）加强监督：如果发现偏差的原因是执行不到位或责任心不强，管理者需要加强监督。实施步骤主要有明确监督标准，制定明确的监督标准和要求；定期检查，确保员工的工作按计划执行；反馈和指导，帮助员工改进工作。

（5）资源调整：如果发现偏差的原因是资源不足或分配不合理，管理者需要调整资源。具体步骤包括资源评估，评估现有资源的使用情况，找出不足之处；资源调整，根据需要调整资源的分配，确保资源的合理利用；监控效果，调整后，持续监控资源的使用效果，确保问题得到解决。

**3. 实施步骤**

采取管理行动主要有以下实施步骤。

（1）识别问题：基于比较分析的结果，明确存在的问题和偏差，确定问题的性质和严重程度。

（2）分析原因：使用因果分析方法，找出问题的根本原因，确认问题的原因是否为计划不合理、执行不到位或外部环境变化等。

（3）制定措施：根据问题的原因，制定具体的纠正措施，明确措施的具体内容、责任人和时间节点。

（4）实施措施：将制定的措施传达给所有相关人员，确保其得到有效执行。为确保措施的顺利实施，必须提供必要的支持和资源。

（5）监控效果：在采取措施后，持续监控实际绩效，评估措施的效果。根据新的数据进行进一步的分析和调整，确保问题得到有效解决。

（6）总结和反馈：定期总结管理行动的效果，记录成功的经验和存在的不足，促进持续改进。

管理者通过及时采取管理行动，能迅速纠正偏差，确保组织活动紧密遵循预定计划与标准，从而有效达成组织目标。此过程在解决即时问题的同时，也促进了组织整体管理水平的提升与绩效的增强。

### 19.3.5 反馈与改进

反馈与改进构成了一个持续性的控制过程，其中管理者利用反馈机制，不断调整并优化控制措施，以期提升控制效能，推动组织的持续进步与发展。这一过程既涵盖了对当前控制措施的有效性评估与改进，也涉及对未来潜在问题的预见性防范与准备。

**1. 目的**

通过反馈与改进机制，旨在实现以下目标。

(1) 确保控制机制的持续有效性：通过定期回顾和优化，确保控制措施始终适应组织的发展和变化，保障其有效性。

(2) 不断提升组织的管理水平和效率：通过总结经验和持续改进，不断提高组织的管理水平和效率，促进组织的可持续发展。

(3) 预防问题的再次发生：通过深入分析问题的原因，采取预防措施，避免类似问题的再次发生。

(4) 增强员工的责任感和参与度：通过持续的培训和沟通，增强员工的责任感和参与度，提高团队的凝聚力和执行力。

**2. 方法**

反馈与改进通常采用如下几种方法。

(1) 定期回顾：定期对控制过程进行回顾和评估，确保控制措施的有效性和适应性。包括设定回顾周期，根据组织的规模和管理需求，设定固定的回顾周期，如每月、每季度或每年；收集反馈信息，通过会议、调查问卷、访谈等方式，收集各层级员工和相关部门的反馈意见；评估效果，评估现有控制措施的效果，包括控制标准的合理性、数据收集的准确性、纠正措施的有效性等。定期回顾有助于确保控制措施的持续有效性，及时发现和解决问题。

(2) 总结经验教训：通过对控制过程的回顾，总结成功的经验和存在的不足，为未来的改进提供参考。包括记录关键事件，如控制过程中发生的重大事件和关键问题；分析原因，找出根本问题所在；总结经验，记录存在的不足和需要改进的地方。总结经验教训有助于积累管理经验，避免重复错误，提高管理效率。

(3) 优化控制标准和方法：根据反馈和总结的经验，优化控制标准和方法，提高控制的精准度和有效性。具体包括调整控制标准，使其更加合理和可行；改进数据收集方法，提高数据的准确性和及时性；完善纠正措施，确保问题得到有效解决。优化控制标准和方法，有助于提高控制措施的适应性和有效性，促进组织的持续改进。

（4）持续培训和沟通：通过持续培训和沟通，确保所有相关人员了解最新的控制标准和方法。包括制订培训计划，定期对员工进行培训，确保他们掌握最新的控制知识和技能；建立有效的沟通机制，确保信息的畅通和及时传递。持续培训和沟通，有助于提高员工的控制意识和能力，促进团队协作和管理水平的提升。

**3. 实施步骤**

反馈与改进过程的具体步骤与采用的方法密切相关，一般来说，反馈与改进过程核心包括设定回顾周期以定期评估，通过多种方式收集各层级反馈，评估现有控制措施效果，总结经验教训，优化控制标准和方法，持续进行培训和沟通，实施并传达改进措施，监控实施后的效果，并将此作为一个持续的过程，不断优化控制措施，推动组织的持续改进与发展。

通过反馈与改进，管理者可以确保控制机制的持续有效性，不断提升组织的管理水平和效率，最终实现组织目标。这一过程不仅有助于解决当前的问题，还能够预防未来的问题，促进组织的可持续发展。

# 19.4 控制的类型

根据时间节点和目的的不同，控制可以分为前馈控制（预防控制）、同期控制（即时控制）、反馈控制（事后控制），如图 19-2 所示。

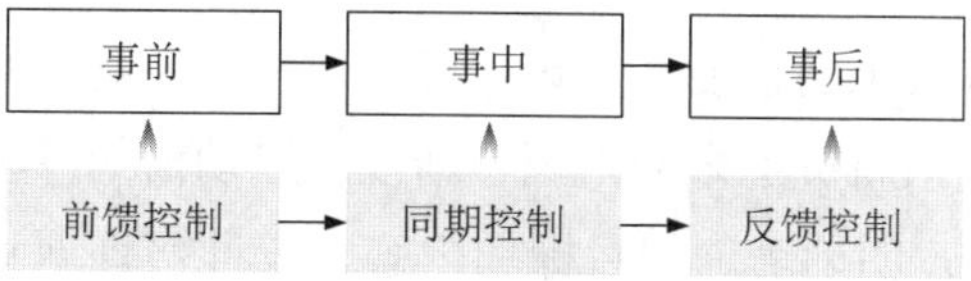


**图 19-2 控制类型**

## 19.4.1 前馈控制

前馈控制也称预防控制，它发生在实际工作开始之前，是未来导向的。其特点是将注意力放在行动的输入端上，使得一开始就能将问题的隐患排除，“防患于未然”。前馈控制是管理者最渴望采取的控制类型，因为它能避免预期出现的问题。采用前馈控制的关键是要在实际问题发生之前就采取管理行动。

组织中运用前馈控制的例子是很多的，比如，工厂在需求高峰来临之前，已添置机器，安排人员，加大了生产量，以防供不应求；公司在预计到产品需求量下跌之前就开始准备开发新产品上市。事实上，前馈控制是一个非常复杂的系统，要进行有效可行的前馈控制，必须满足以下两个必要条件：一是必须对计划和控制系统进行透彻、仔细的分析，确定重要的输入变量；二是必须建立清晰的前馈控制系统模型。

常用的前馈控制方法如下。

**1. 市场调研**

通过市场调研了解市场需求、竞争态势和消费者偏好，为项目提供科学依据。具体操作包括明确市场调研的目的和范围；设计调研问卷，确保问题的全面性和针对性；通过线上调查、电话访问、实地考察等方式收集数据；分析数据，对收集的数据进行统计和分析，提取关键信息。市场调研主要服务于新产品开发、市场进入策略的制定等。

**2. 风险评估**

通过系统方法评估潜在的风险，识别可能影响项目成功的因素。包括风险识别，列出所有可能的风险因素，如市场风险、技术风险、财务风险等；风险分析，评估每个风险因素的概率和影响程度；风险优先级排序，根据风险的严重性和可能性，确定优先级；制定应对措施，针对高优先级的风险，制定具体的应对措施。风险评估常用于项目启动阶段、重大决策制定等。

**3. 培训**

通过培训，提升员工的技能和知识，确保他们在项目开始前具备必要的能力和素质。实践培训包括新员工入职培训、新项目启动前的专项培训等。培训的前馈控制有：需求分析，明确培训的目标和内容；设计培训课程，选择合适的培训方法和工具；实施培训，确保员工积极参与；评估效果，确保员工掌握了所需的知识和技能。

**4. 准备工作**

通过详细的准备工作，确保项目启动时所有资源和条件都已到位。包括资源准备，确保所需的物资、设备、人员等资源已经准备到位；流程准备，制订详细的项目计划和操作流程，确保各个环节顺畅衔接；沟通准备，建立有效的沟通机制，确保信息的畅通和及时传递；应急准备，制定应急预案，应对可能出现的突发情况。

前馈控制旨在预防问题的发生，而非等问题出现后再进行补救。这种控制方式依赖于及时且准确的信息，但遗憾的是，这往往难以实现。因此，管理者通常需要依赖其他两种控制类型来辅助管理。

## 19.4.2 同期控制

同期控制，亦称为即时控制，顾名思义，是在活动进程中实施的一种控制方式。它强调一旦活动出现偏差，立即采取措施进行纠正。通过这种即时响应的机制，同期控制能够有效防止偏差的扩大或由此引发的更严重后果，使管理者能够在问题演变为重大损失之前及时介入并予以解决。

同期控制通常采用的方法如下。

**1. 现场观察**

管理者亲自到现场观察员工的工作情况和活动的进展情况。包括制定观察计划，确定观察的时间、地点和内容；现场巡视，管理者亲自到现场观察员工的工作情况和活动的进展情况；记录观察结果，发现问题和偏差；发现问题后，立即采取纠正措施。

**2. 实时监控系统**

通过安装和使用实时监控系统，自动收集和分析数据，及时发现并纠正偏差。具体包括安装监控设备，在关键位置安装摄像头、传感器等监控设备；数据收集，通过监控设备实时收集数据，如生产数据、客户反馈等；数据分析，应用数据分析工具，对收集到的数据进行实时分析；报警和通知，设置报警阈值，当数据超出正常范围时，自动发送报警通知；收到报警后，立即进行纠正。

**3. 定期检查**

通过定期检查的方式，确保活动按计划进行，及时发现并纠正偏差。包括制订检查计划，确定检查的时间、内容和责任人；实施检查，按照计划进行定期检查，记录检查结果；评估结果，识别存在的问题和偏差；采取措施实施纠正。

**4. 员工反馈**

通过员工反馈机制，及时了解活动中的问题和建议。包括建立反馈渠道，如意见箱、在线反馈系统等；定期收集员工的反馈意见和建议；分析反馈，识别存在的问题和改进点；采取措施实施改进。

同期控制更多地应用于生产经营活动的现场管控，由基层管理者负责实施。

它主要包含两大职能：一是提供技术性指导，涉及对下属工作方法与程序的具体指导；二是进行监督，以确保下属能够按要求完成任务。在同期控制过程中，管理者需即时完成的工作包括对比、分析、纠正偏差等一系列控制工作。尽管控制的标准源于计划工作中设定的行动目标、政策、规范及制度等，但控制的实际成效却更多地取决于现场管理者的个人素质、管理风格、指导技巧，以及下属对这些指导的理解与接受程度。因此，同期控制对管理者的能力和要求相对较高。此外，同期控制的具体内容还需根据被控制对象的特点来灵活调整。对于简单劳动或高度标准化的工作，严格的现场监督往往能取得良好效果；然而，对于高级创造性劳动，管理者则应更注重营造一个有利的工作环境和氛围，以促进计划的顺利实施和组织目标的实现。

随着信息技术的飞速进步，实时信息如今能够跨越地域限制，实现迅速且准确的异地传输，这为同期控制打破了传统现场的局限性，使其得以在更广阔的范围内有效实施。举例来说，在互联网的广泛覆盖下，商品供应商与物流服务商能够实时共享超市的运营状况及库存数据。这种信息的即时同步，使得超市能够在商品缺货的第一时间获得补给，确保了货物的及时上架，大大提升了供应链的反应速度和效率。

## 19.4.3 反馈控制

反馈控制是一种事后控制方法，它在活动结束后通过评估和分析结果来总结经验教训，从而为未来的活动提供参考和指导。其核心目的不仅在于从过去的活动中汲取成功经验并识别存在的问题，以便制定并实施改进措施，提高未来活动的成功率；还在于深入剖析问题根源，采取有效措施预防类似问题的再次发生，进而通过这一持续的反馈与改进过程，不断提升组织的整体绩效和管理水平。在组织中使用反馈控制的例子很多，产品的质量检测、人事的考评、对各类财务报表的分析稽查，等等，都属于反馈控制的内容。

反馈控制主要方法如下。

**1. 绩效评估**

通过对员工或团队的绩效进行评估，了解其在活动中的表现和贡献。包括制定绩效评估的标准和指标，如销售额、客户满意度、项目完成情况等；通过销售报告、客户反馈等途径收集数据；对员工或团队的绩效进行评估；反馈结果，并提供改进建议。

**2. 客户反馈**

通过收集客户的反馈意见，了解客户对产品或服务的满意度和改进建议。主要有设计反馈问卷，确保问题的全面性和针对性；收集反馈，通过电子邮件、电话访问、在线调查等方式收集客户反馈；分析反馈，提取关键信息；采取措施实施改进。

**3. 项目总结报告**

通过对项目的整个过程进行总结，评估项目的成败，总结经验教训。包括制订总结计划，确定项目总结的时间、内容和责任人；收集数据，如项目计划、进度报告、会议记录等；编写总结报告，包括背景、目标、实施过程、成果、问题及建议等；分享总结报告，进行讨论和反馈。

**4. 数据分析**

通过数据分析，对活动的结果进行深入分析，找出成功和失败的原因。具体步骤包括数据收集，如财务数据、生产数据、销售数据等；数据整理，确保数据的准确性和完整性；数据分析，找出关键指标的变化趋势和原因；报告结果，提出改进建议。

相较于前馈控制和同期控制，反馈控制展现出两大优势。首先，它为管理者提供了计划执行效果的真实反馈。当反馈表明标准与实际成果间差距甚微时，即意味着计划目标已顺利达成；反之，若差距显著，管理者可据此宝贵信息优化后续计划，确保其更为高效。其次，反馈控制对于提升员工积极性具有积极作用。鉴于人们普遍渴望获得对自身工作表现的评价，反馈机制恰好满足了这一需求，为员工提供了及时的绩效反馈。

# 本章小结

(1) 控制职能，作为管理职能的终结环节，不仅标志着一个管理周期的圆满结束，更预示着下一个管理周期的开始。鉴于计划在实施过程中常遇挑战，控制职能在管理职能中的核心地位愈发凸显。

(2) 控制是对各项活动实施严密监控，以确保其按照既定计划推进，并在发现重大偏差时及时予以纠正的过程。控制职能对组织至关重要，它确保目标实现，提高生产效率，降低风险，实现有效授权，并增强员工责任感，推动组织高效稳定发展。

(3) 管理控制思想的演变经历了几个重要阶段。早期管理理论首次将控制纳为管理的五大要素之一，奠定了其基础地位。进入科学管理时期，控制的重点转向了材料、进程和生产，追求效率与规范化。随后，在社会人管理理论时期，人们开始修正严格的外部控制方法，转而注重人际关系的发展，强调管理的人性化。到了现代管理理论阶段，系统论和控制论被引入来深入阐释控制问题，同时，管理信息化的普及极大地推动了管理控制理论与实践的飞跃发展。

(4) 控制的过程首先要明确控制标准，随后通过测量实际绩效来获取当前表现的数据。接着，对实际绩效与既定标准进行比较和分析，识别存在的偏差或不足。基于这些分析结果，采取相应的管理行动来纠正偏差或调整那些不适当的标准。最后，通过反馈机制对整个控制过程进行回顾与改进，以确保未来的控制活动更加有效和精准。

(5) 根据控制时点的不同，可以将控制分为三种模式：前馈控制、同期控制和反馈控制。反馈控制作用在行动之后，只能改进下一次行动的质量；同期控制作用在行动之中，随时将行动中的偏差予以纠正；前馈控制作用在行动之前，在开始时就努力将问题的隐患予以排除。采取前馈控制是管理者追求的目标。互联网和大数据时代的来临，这三种模式都将取得巨大进步。

控制概述思维导图

## 本章思考题

1. 什么是控制？控制职能有什么重要意义？

2. 控制过程主要包括哪五个步骤？

3. 控制的类型有哪些？各有什么利弊？控制类型的选择要考虑哪些因素？

4. 请研读《上海证券交易所融资融券交易实施细则（2015 年修订）》，并查阅相关文献和学习相关知识，从控制职能的角度分析一下从“T+0”到“T+1”的变化。

本章拓展阅读

# 20 有效控制与控制方法



为了实施有效的控制，管理者需要明确可以控制什么、应该控制什么，并熟练掌握控制的方法。同时，管理者还必须具备评估有效控制系统的能力。

## 20.1 管理者可控因素

为了实施有效的控制，管理者首先需要明确哪些是关键的控制要素、内容及工作的着力点，这些构成了控制的对象。在企业管理中，可控因素通常涵盖了人（员工）、机（设备）、料（物料）、法（方法或流程）、环（环境）以及测（测量或评估）。具体到操作层面，管理者应着重关注并控制以下六个方面：人员、财务、作业、信息、组织绩效和风险。

### 20.1.1 人员

依据管理的定义，管理者是通过指导和协调他人的工作来达成组织目标的。为了实现单位的整体目标，管理者不仅需要，而且必须紧密依赖并激发下属员工的潜力与积极性。毕竟，组织的基石在于人，唯有准确把握人员的工作方向，提升效率及工作动力，才能有力推动组织目标的实现。因此，确保员工能够按照既定的期望和标准高效工作，是管理者的一项核心任务。

在管理实践中，对人员的直接控制常通过定期巡视来实现，一旦发现问题便立即进行纠正，以确保工作方向的正确性。此外，建立系统化的员工评估机制同样至关重要。通过全面、客观地评估，对绩效卓越的员工给予及时奖励，以此强化其优秀表现，并树立榜样；而对于绩效不佳的员工，则依据评估结果采取相应措施，及时纠正其行为偏差，引导其回归正轨。这一过程不仅实现了对员工的有效控制，更巧妙地转化为激励员工持续进步的过程。

进一步地，对员工的控制策略可分为硬控制与软控制两大类。硬控制手段包括职务的精心设计、明确的工作纪律、直接有效的监督、公正的绩效评估以及合理的组织报酬等，它们为组织提供了必要的结构与规范。而软控制则侧重于通过培训与发展提升员工能力、塑造积极向上的组织文化等方式，激发员工的内在动力与归属感。软硬结合，方能构建起全面而有效的员工控制体系。

### 20.1.2 财务

盈利作为企业的核心目标之一，自然而然地促使管理者将各类财务指标作为关键的控制对象。在致力于实现盈利最大化的过程中，管理者往往会依托收入和费用的精细调控来达成目标。他们通过深入剖析每季度的财务报表，精准识别实际业绩与目标之间的差距，并借助一系列核心财务指标的计算，深入剖析这些差距产生的具体原因，从而制定出针对性的改进措施。有效的财务控制不仅能够显著降低运营成本，还能确保资源的优化配置与高效利用。

值得注意的是，财务控制的适用范围远不止于私营企业。对于非营利性组织而言，管理者同样高度重视财务控制，其关键目标之一在于提升管理的整体效率与有效性，确保每一份资源都能被用在刀刃上。显然，无论是在营利还是非营利领域，财务控制都扮演着成本控制与资源优化的重要角色，是管理者不可或缺的管理工具。

### 20.1.3 作业

所谓作业，是指将劳动力、原材料等各类资源，通过一系列有序的活动和流程，转化为最终产品或服务的过程。与侧重于“人”的人员控制不同，作业控制的核心关注点在于“事”，即整个转换过程的执行情况。作业控制的主要目的是评估并优化组织在这一转换过程中的效率和效果，确保资源得以被最大化利用，且产出符合预期标准。

在实际操作中，作业控制涵盖了多个关键领域，以全面监控和优化作业流程。这些领域包括但不限于生产计划控制，确保生产进度与市场需求紧密衔接；

对于质量控制，严格把关产品或服务的品质，满足甚至超越客户期望；对于原材料控制，合理采购与储存，避免浪费与短缺；对于库存控制，维持最佳库存水平，减少资金占用；对于设备运行控制，确保设备稳定运行，提高生产效率。通过这些细致入微的作业控制措施，组织能够不断提升其运营效能，实现持续稳健的发展。

### 20.1.4 信息

管理者在履行控制职能时，高度依赖于信息，而信息的数量充足性、质量准确性、来源可靠性以及时效性，均是决定控制工作成功与否的关键因素。因此，对信息本身的有效管理与控制显得尤为关键。管理者总是渴求一个高效的管理信息系统，该系统能够在恰当的时间节点，为合适的人员提供精确且适量的数据支持。

近年来，随着信息技术的迅猛进步，管理信息的获取途径与方式已发生了翻天覆地的变化。互联网的广泛普及与深入应用，使得管理者无论身处何地、何时，都能便捷地根据实际需求，即时访问当前及历史数据。更进一步地，可以利用先进的数据分析工具，对这些数据进行深入挖掘与分析，从而为决策制定提供有力支撑，确保控制工作的精准与高效。

### 20.1.5 组织绩效

将整个组织的绩效作为控制的核心对象，无疑展现了一种全面且宏观的管理视角，这通常是高层管理者所关注的全局性控制问题。然而，组织绩效的优劣并非由单一的评价角度或标准所能界定，它需要综合考量来自多方面的评价反馈。为了获得更为全面、客观的评价结果，除了专业的研究机构致力于构建完善的组织绩效评价体系外，组织的管理者、顾客及委托人、证券分析家、潜在的投资者与贷款者、供应商，以及现有员工和潜在雇员等利益相关者，也都会从各自的角度出发，对组织进行多维度评价。因此，管理者必须灵活运用各种控制手段，以确保或提升组织的综合绩效水平。

同时，在衡量组织效果时，应避免依赖单一的测量指标。生产率、效率、销售额、市场占有率、利润、现金流、员工士气、知识资产、适应性、稳定性以及可持续性等多个方面，都是评估组织整体绩效时不可或缺的重要指标。但值得注意的是，这些指标中的任何一个都不能单独代表组织的整体绩效，它们共同构成了一个复杂而多维的绩效评价体系，需要管理者进行综合分析与权衡。

### 20.1.6 风险

在实现组织目标的过程中，不确定性始终伴随左右，这就是风险。有效防范并控制这些风险，是管理者肩负的一项核心使命。正因如此，在现代管理理论与方法的探索与实践中，风险管理占据了举足轻重的地位。它已不再局限于传统意义上的末端控制，而是向前端延伸，在战略规划与制定阶段就同步展开，深入研究并预先制定各类“应急预案”。这一转变不仅增强了组织对潜在风险的预见性，还显著提升了其风险管控的整体水平，为组织目标的顺利实现提供了更加坚实的保障。

有效控制风险要求管理者首先进行风险识别与评估，识别潜在风险并评估其影响与概率。随后，采取风险回避、减轻、转移或接受等应对策略，并借助法律尽职调查、风险分类评分、风险分散与对冲等手段进一步优化风险控制。同时，持续监控风险变化，及时调整控制措施，确保风险控制的有效性与适应性，从而保障组织目标的顺利达成。

## 20.2 有效控制的前提

有效控制的前提包括计划的明确性、组织结构的健全性、信息的有效性与反馈渠道的畅通、控制的可重复性和可测量性，以及管理者的素质与能力等多个方面。这些前提为控制工作的有效实施提供了有力保障。

### 20.2.1 计划的明确性

计划是控制的基础，它为控制提供了明确的标准和目标。有效的计划应该是科学的、具体的、可操作的，并且能够适应环境的变化。其重要意义在于：①明确目标：计划明确了组织的长期和短期目标，为控制提供了方向；②资源配置：计划帮助管理者合理分配资源，确保各项活动按计划进行；③风险管理：通过详细的计划，可以预见和准备应对潜在的风险和不确定性。

从控制职能的视角来看，对于计划职能提出了三个实施要点：①科学性：计划应基于充分的数据和分析，确保其科学性和合理性；②可行性：计划应考虑组织的实际情况和资源限制，确保其具有可操作性；③灵活性：计划应具有一定的灵活性，能够适应环境的变化和突发事件。

### 20.2.2 组织结构的健全性

组织结构是实施控制的组织保障，它确保有专门的机构和人员负责控制职能，并明确各自的职责和监督关系。其重要意义在于：①责任明确：通过明确的职责分工，确保每个控制环节都有专人负责；②协调一致：良好的组织结构有助于各部门之间的协调与合作，提高控制的效率；③监督有力：明确的监督关系有助于及时发现和纠正问题，确保控制的有效性。

从控制职能的视角来看，对于组织结构提出了三个实施要点：①设立专门机构：设立专门的控制部门或岗位，负责监控和评估组织的各项活动；②职责明确：通过岗位说明书等方式，明确每个控制人员的职责和权限；③监督机制：建立有效的监督机制，确保控制活动的透明性和公正性。

### 20.2.3 信息的有效性与反馈渠道的畅通

信息沟通网络是实施控制的信息保障，它确保控制者能够及时、准确地收集和分析相关信息，以便作出科学的决策。其重要意义在于：①及时性：及时的信息传递有助于快速发现和解决问题，避免延误；②准确性：准确的信息是制定有效控制措施的基础，避免因信息失真导致的决策失误；③全面性：全面的信息覆盖有助于管理者全面了解组织的运行状况，作出综合判断。

从控制职能的视角来看，对于信息沟通网络提出了三个实施要点：①建立信息系统：利用现代信息技术，建立高效的信息收集和处理系统，如企业资源计划系统（Enterprise Resource Planning，ERP）、客户关系管理系统（Customer Relationship Management，CRM）等；②畅通沟通渠道：确保上下级之间、部门之间的沟通渠道畅通无阻，信息能够被及时传递；③数据分析能力：培养数据分析能力，确保管理者能够从大量数据中提取有价值的信息；④反馈机制：建立有效的反馈机制，确保控制措施的效果能够得到及时评估和调整。

### 20.2.4 控制的可重复性和可测量性

控制的可重复性和可测量性是组织有效控制系统的重要保证。可重复性意味着控制过程可以按照既定的程序和标准进行，确保每次控制都能达到预期的效果。可测量性则要求控制目标具有明确的量化指标，便于评估和控制效果。通过设定可重复、可测量的控制标准，可以确保控制工作的规范性和科学性，提高控制工作的准确性和有效性。

### 20.2.5 管理者的素质与能力

管理者的素质与能力是控制有效性程度的关键影响因素。一个优秀的管理者应具备高度的责任心、敏锐的洞察力、卓越的决策能力和良好的沟通协调能力。他们需要能够准确把握市场动态和组织内部情况，制定出切实可行的控制策略。同时，他们还需要善于激发员工的积极性和创造力，营造积极向上的工作氛围。通过提升管理者的素质和能力，可以确保控制工作的智慧性和人性化，推动组织持续健康发展。

## 20.3 有效控制系统的特征

所有有效的控制系统均具备若干共通特征。尽管这些特性在不同情境下的重要性各异，但仍能归纳出一些普遍存在的特征。

### 20.3.1 准确性

一个传递不准确信息的控制系统，会使管理层在应当采取行动的关键时刻未能获得警示，从而错失良机；或者在没有问题发生时错误报警，引发不必要的干预。因此，一个精准的控制系统必须具备可靠性，并能即时提供准确的数据。

### 20.3.2 经济性

在运用过程中，一个控制系统从经济视角考量必须展现合理性。其带来的效益需要与成本进行权衡对比。为最小化成本，管理层应寻求实施能产生预期成效的最精简控制手段。P. F. Drucker 指出："为节省九角九分而耗费一元，不叫控制。"

经济性的另一层面在于高效利用组织有限的资源，即强调重点管理。管理层无法也无需掌控组织内的每一项事务，否则将得不偿失。因此，管理层应聚焦于对组织战略具有重大影响的关键活动、任务及事件。换言之，控制的着力点应置于偏差易发之处，或偏差后果严重之处。这正是关键绩效指标（KPI）考核的核心价值所在。

### 20.3.3 适度性

管理控制需保持适度，始终铭记其初衷在于促进而非阻碍组织机能的提升。百货业中不乏过度控制导致机能障碍的极端案例：众多百货公司要求售货员全面提供控制相关信息，涵盖存货控制表、记账记录、发货单据等，致使售货员投入销售本职工作的时间大幅缩减。在某些大型百货公司，售货员竟有三分之二的时间被报表处理所占据，而服务顾客的核心职责仅占据三分之一，实属主次颠倒。针对此问题，一种解决方案是设立专职报表处理人员，另一种则是实施“最少化”或“精简化”控制策略。

管理控制应成为组织顺畅运行的助力，而非制造机能障碍的根源。此问题不仅企业面临，政府、高校同样难以幸免。尤其在高校，部分管理者热衷于朝令夕改的教条主义“指挥棒”，导致众多教授被迫将大量时间耗费在应对考核指标、填写表格及报销事务上，相应减少了其科研与教学的投入，破坏了高校的健康发展机能。非但未能提升管理水平，反而污染了学术生态。

### 20.3.4 例外性

由于管理层无法全面掌控所有活动，其控制策略应涵盖对例外情形的考量。构建例外处理系统，能确保管理层在偏差出现时迅速应对，避免手足无措。例如，公司管理政策规定，分公司管理者有权自主决定每月不超过 200 元的年薪增长或奖金发放，超出此额度则需上报总公司审批。这类审核节点不仅作为权力制衡的控制机制，还有效减轻了上级对日常开支的繁琐审核负担。

一个高效的控制系统应专注于常规流程的监控，但必须具备敏锐识别真正例外情况的能力。唯有当例外发生时，才需启动纠正措施或调整标准。

### 20.3.5 控制标准的全面性

管理者与普通员工皆倾向于寻求一种“光鲜”的衡量基准。若管理者单纯依赖某单一测量标准，譬如单件利润，员工便会集中精力优化此指标，使其表面看上去颇为出色，而忽略其他重要方面。采用多重标准，则能有效减轻或规避这种片面追求单一指标的“隧道视野”。

多重标准具备双重优势。相较于单一标准，多重标准因其复杂性而更难被操纵，从而能有效遏制工作中的形式主义倾向。再者，实际工作评估中，单一指标往往失之偏颇，缺乏全面性。因此，多重标准能更精准地衡量实际工作表现。例如，通过盈利能力、创新能力、员工满意度、客户满意度等多重维度来综合评估企业的经营绩效。相较于单一指标，其控制效果无疑更为优越。

## 20.4 控制方法

虽然明确控制对象或找到控制的“抓手”是控制工作的基础，但仅凭此还不足以确保控制工作的有效进行。为了真正实现控制目标，管理者还必须深入研究并熟练掌握各种控制的技术和方法。

### 20.4.1 预算控制法

预算不仅仅是一种计划工具，还是一种控制工具。财务预算为管理者提供了一个比较与测量支出的定量标准。由于据此能够指出标准与实际收入、花费之间的偏差，因此它也是一种控制方法。预算是组织使用最广泛的控制工具。

组织运营活动的每个方面都可以编制预算，但预算主要是指企业的财务报表预算，包括资产负债表、利润表和现金流量表等的预算，以及表内项目的预算。

如果从另一角度进行粗略划分，可归纳为以下四种预算：收入和支出预算、资金预算、现金流预算和资产负债预算。

预算工作为各项工作制定了财务标准，对照标准进行比较和纠偏工作是有效的控制方法，此方法可以确保经营财务目标的实现。

### 20.4.2 财务比率控制法

财务比率控制与预算控制不同，预算控制经常是绝对量（值）指标，而财务比率控制是相对量指标。相对而言，预算控制通俗浅显，而财务比率控制更能从深层次反映组织的运营状况，进而控制组织的运营和发展质量。

财务比率指标是组织中的各种财务报表（如资产负债表和利润表）中的一对有意义的数据比较并计算出的百分比或比率。管理者可以利用这些比率作为一种内部控制手段，用它来考查组织在利用其资产、负债、库存等方面的效率。财务比率控制法是非常实用的控制技术。

对于企业而言，常用财务比率指标可以分为三类：偿债能力比率、盈利能力比率和经营比率。

**1. 偿债能力比率**

偿债能力比率是指组织应付应偿债务的能力。组织必须具备足够的应付能力，但又不可留有过多的闲置资金。偿债能力比率的表达方式有：①流动比率；②速动比率；③资产负债率；④付息能力比率。

流动比率的计算公式为：流动资金/流动负债。流动资金包括现金、应收债款、库存等，而流动负债包括应偿债务、应付短期票据以及利息等。流动比率表明组织在短期内偿还债务的能力。速动比率是用组织的现金和可以立刻变换为现金（如流通证券）的流动资金去比组织现有的负债。若速动比率为1，则表示组织具有足够的现金偿付到期的债务。

资产负债率的计算公式为：总债务/总资产。这一比率既表现了组织的偿债能力，又反映了利用借入资本的能力。借入资本多，表明组织吸引投资的能力较强，应用金融杠杆的意识较强。但借入的资本如果过多，则组织承担的风险太大。

付息能力比率的计算公式为：毛收入/应付利息，又称利息倍数。这个比率表明组织直接用毛收入支付利息的能力。

**2. 盈利能力比率**

这是一个组织的获利性指标，表达方式有两种：①投资利润率；②销售利润率。

投资利润率的计算公式为：净利润/投入资金总额。这一比率反映组织的投资获利能力。销售利润率的计算公式为：净利润/销售总额。这一比率反映组织所得的净利润与销售水平之间的关系，在控制可变成本或可控成本的效能方面有实用价值。

**3. 经营比率**

经营比率分析有助于对组织运营状况的了解，常用的比例有以下几种：

(1) 库存周转率。其计算公式为：销售额/平均库存额。这一比率反映库存量是否恰当，为保证库存周转率处于良好状态提供必需的控制信息。

(2) 市场占有率。其计算公式为：销售额/市场总销售额。这一比率反映组织在变动着的市场中所占有的市场份额。如果市场的总销售额增加10%，而某个组织在该市场的销售额增长了5%，则说明该组织的市场份额正在减少。

(3) 销售费用比例。其计算公式为：销售费用/销售额。这一比率反映了组织销售职能方面的工作效能。

（4）投入-产出比例。投入-产出比例在各个组织中表现的方式有许多种类，其中最常用的是投资利润率。

（5）总资产周转率。其计算公式为：销售收入/总资产。用于获取一定销售收入水平的资产越少，管理当局利用组织全部资产的效率越高。

比率分析是一种极有用的控制手段，但在进行比率分析时应注意处理好下述问题。其一，比率是一个商数，商数的获得取决于分母和分子两方面的数额。因此，无论比率值是否发生变动，都必须对分子和分母的数额进行调查，以确定比率值的真实意义。其二，比率应当在一个时期，形成某个趋势下，才能作出判断，并使其成为控制过程的重要信息。第三，孤立地看待某个比率可能意义不大。因此，管理者要学会用比率与先进的组织进行比较，从而发现不足，不断改进。

## 20.4.3 审计控制法

审计是通过核查财务决算表对其所反映的事项是否全面以及精确程度来考察财务记录的可靠性和真实性，从而起到控制作用。依审计主体的不同，审计可分为外部审计和内部审计。

**1. 外部审计**

外部审计是由组织外部的某个会计师事务所来进行的，其目的是测定组织的财务记录是否反映了组织财务状况的真实情况，外部审计主要验证这些记录是否准确，以及核查是否始终如一地贯彻了既定的会计程序和会计制度。为此，审计员必须抽查一切形式的基本财务记录，以保证核查结果的准确性。

外部审计对于控制过程的作用是间接的，而且有局限性。

**2. 内部审计**

内部审计是由组织内部审计人员进行的，与外部审计相同，也是为了验证组织记录的准确性，并检查这些记录是否符合预计要求。但是，内部审计还为内部控制提供一种手段，它力图检查其他控制的效能。因此，内部审计是对其他控制形式的总控制。

国际内部审计师协会（Institute of Internal Auditors，IIA）于 1967 年对内部审计下的定义强调了其评核组织内各项活动独立的立场，从事会计、财务及其他业务等的核查，辅助各管理阶层，为管理控制方法之一，对管理控制的效果一一审查评核，以视其在财产管理方面是否作适当的维护或使用，各项活动运作是否能及时被正确记录，以及其他各方面能否真正做到没有浪费、作弊与损失的存在。显然，内部审计的主要职责是审查评核各项控制的有效性。

内部审计对于控制过程的作用主要有以下几个方面：①促成管理目标的实现，任务、计划的完成及达到最有效的管理；②促使包括会计资料在内的各种管理信息的资料真实、正确、合法及合理；③维护组织财产的安全；④促使各项内部控制制度的健全、适用和有效执行；⑤通过绩效评估与对管理制度考核，促使管理水平与管理素质的提高。

**3. 内控审计**

内控审计是近年来随着上市公司的发展而发展的一项工作，是对企业内控系统有效性进行的审计。实施企业内部控制的目的是及时发现并防范企业经营中存在的风险，保证企业经营管理合法合规、资产安全、财务报告及相关信息真实完整，提高企业的经营管理水平和风险防范能力，促进企业战略目标的实现和可持续发展。内控审计的目的是支持企业内控制度得以健康运行。

### 20.4.4 统计和图表控制法

这是最早的管理控制方法之一，现在也得到很好的发展。在此类控制法中，影响较大的是 Gantt 横道图和质量统计控制。

H. L. Gantt 用图表帮助管理并进行计划和控制的做法是当时管理思想上的一次革命。Gantt 图是基于时间的控制方法绘制的标明计划和控制工作的条形图。尽管后来出现了许多变化，但是 Gantt 图的实质是为了表明如何通过各种活动的情况来安排工作的程序和时间，以完成这项工作，这点没有变。管理人员能够从图 20-1 提供的信息中看出某一项工程或产品落后于预定的计划，然后采取行动加以纠正，以便使工作赶上计划安排，或者调整计划。总体而言，Gantt 图是计划方法，更是控制方法。

Gantt 图作为计划和控制方法，在全世界得到了广泛应用。后来所有控制生产的表格和图表都从 Gantt 最初的工作中受到了启发，现在这种方法已经被发展成了计划评审法（Program Evaluation and Review Technique，PERT），它是用电子计算机计算的更为复杂的方法，不过仍然是以计划和控制时间与成本的原则为基础的。

质量统计控制图是另一种被广泛采用的方法。图 20-2 显示了一种通用的控制图，在实际运用中不一定同时有上下限。例如，在流水线产品质量控制中，纵

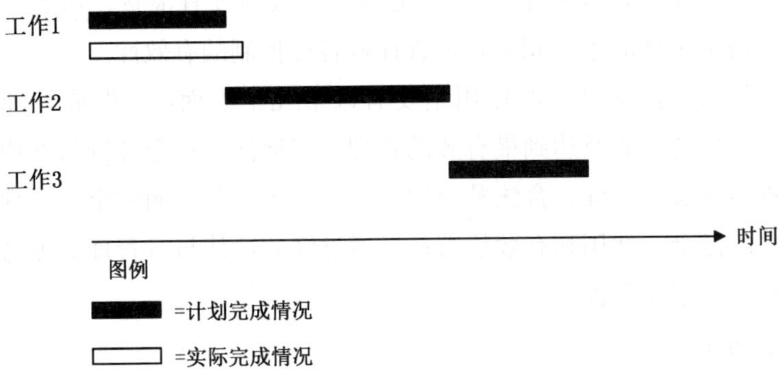


图 20-1　Gantt 图示例

轴可以表示每万件产品的次品个数，标准定位 20 件，上限为 30 件，不设下限。如果废品个数超过 30 件，就要分析原因，采取纠偏对策。统计控制图方法的上下限设置有一整套的理论与方法，可以参阅质量管理方面的文献，本章不再赘述。

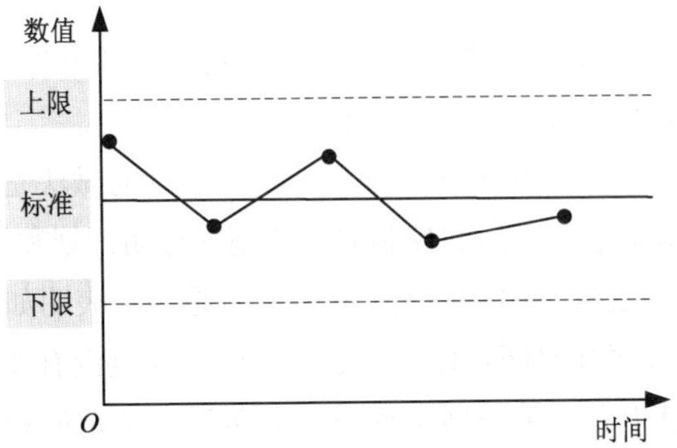


图 20-2　质量统计控制图

## 20.4.5　失效模式和影响分析法

失效模式和影响分析法（Failure Mode and Effects Analysis，FMEA）是一种用来确定潜在失效模式及其原因的分析方法，常用于质量管理和风险管控。

FMEA 实际上是失效事件发生之前的行为，而非事后补救。使用 FMEA 进行风险管控，能在早期识别计划方案、运营过程或产品与服务中的风险，可以帮助组织或个人提高规避风险的能力和应对风险的效率。通过 FMEA 的支持，有助于改进计划方案、运营过程或产品和服务设计。

通常，在计划和研发阶段开展 FMEA 活动被称为 DFMEA，而运营过程开展 FMEA 活动则被称为 PFMEA。但是，随着互联网、人工智能等技术的发展，组织中的并行工程成为常态，组织结构和运营模式的变革导致了各阶段工作相互渗透，没有绝对的 DFMEA 和 PFMEA 之分，应根据具体情况具体分析，以支持改进和提升绩效。

关于 FMEA 的研究和应用，由于内容比较冗长，可以参阅相关文献，本章不再赘述。

## 20.5 实施有效控制的建议

确保控制职能得以有效施展的核心要素主要包括计划与控制的深度融合、强化组织文化的引领作用、实施持续改进策略、加大培训与发展投入等。

### 20.5.1 计划与控制的深度融合

确保制订计划与控制实施之间的无缝对接至关重要。在制订计划阶段，就应充分考虑控制的需求，将控制的标准和指标直接融入计划内容中。这样，控制活动就能更加具有针对性和实效性。通过计划与控制的深度融合，可以确保组织在执行过程中能够始终保持对目标的清晰认知，并及时发现并纠正偏差，从而推动组织向既定目标稳步前进。

### 20.5.2 强化组织文化的引领作用

构建一个积极向上、鼓励创新且重视责任感的组织文化环境，对于提升控制职能的有效性至关重要。这样的组织文化能够显著增强员工的自我驱动力和团队凝聚力，使员工更加愿意主动承担责任、积极参与控制工作。同时，鼓励创新的组织文化还能激发员工的创造力和想象力，为控制工作提供更多的新思路和新方法。在这种文化氛围下，控制措施的执行效率和效果都会得到显著提升。

### 20.5.3 实施持续改进策略

控制不应被视为一次性的任务，而应是一个持续迭代优化的过程。为了实现这一目标，组织需要建立健全的反馈机制，及时捕捉并分析执行过程中的偏差信息。通过这些反馈，组织可以灵活调整控制策略，以适应不断变化的环境和需求。同时，持续改进策略还要求组织不断学习和借鉴先进的控制理念和方法，不断推动控制工作的创新和发展。这样，组织就能在向既定目标不断迈进的过程中，实现长期的持续改进和提升。

### 20.5.4 加大培训与发展投入

从事控制工作的人员是组织控制职能的重要执行者，他们的专业素养和能力水平直接影响到控制工作的有效性和前瞻性。因此，组织需要定期为这些人员提供专业培训和发展机会，以提升他们的专业技能和管理知识。同时，培训还应注重强化他们解决问题的能力和适应变化的能力，使他们能够高效应对各种复杂情况。通过加大培训与发展投入，组织可以打造一支高素质、专业化的控制团队，为组织的长期发展提供有力保障。

## 本章小结

(1) 为了对组织实施有效管理，管理者必须首先明确可操控的因素，精心规划出实现特定控制目标所需的最优控制因素组合，并借助恰当的控制手段来达成预期目的。构建并维护一个健全的控制体系，是确保控制工作成效的关键所在。

(2) 在控制工作的实践中，重点通常聚焦于以下几个核心领域中的一个或多个组合：人员、财务、作业、信息、组织绩效和风险。

(3) 有效控制的前提在于确保计划的明确性，同时保证组织结构的健全，以及信息的有效传递与反馈渠道的畅通。

(4) 一个有效的控制系统应该是信息准确的、经济的、适度控制的、强调例外的，并且控制的标准是全面的。此外，该系统还需具备指导问题解决方向的能力。

(5) 实施控制时，常用的方法包括但不限于：预算控制法、财务比率控制法、审计控制法、统计和图表控制法、失效模式和影响分析法。

(6) 为了实施有效控制，还需要重视计划与控制的深度融合，强化组织文化的引领作用，实施持续改进策略，以及加大培训与发展投入。

有效控制与控制方法思维导图

## 本章思考题

1. 管理者可以控制的因素有哪些?

2. 请挖掘“三鹿奶粉”事件的相关文献，阐述从奶粉问题中折射出了哪些“控制问题”，有效控制的前提是什么?

3. 有效控制系统的特征有哪些?

4. 预算有什么作用? 组织应如何来编制预算?

5. 管理者应如何应用财务比率分析法来进行控制活动?

6. 外部审计的目的是什么? 内部审计的作用是什么? 内控审计指的是什么?

7. 统计和图表控制法一般包括哪些内容? 如何使用?

8. 失效模式和影响分析法的作用是什么?

9. 随着互联网的发展，暴露出众多个人隐私数据失控的问题。请挖掘相关案例，基于本章学习的内容，阐述保护个人隐私的对策与建议。

本章拓展阅读　　本篇案例研读

## 本篇进一步阅读的参考文献

[1] 尤筱玥，黄志明. 基于 FMEA 的业务外包风险评估研究[J]. 上海管理科学，2014，36(5)：45-49.

[2] (美)Stephen P. Robbins，Mary Coulter. 管理学[M]. 12 版. 北京：清华大学出

版社,2018.
[3] 尤建新,邵鲁宁,李展儒.质量管理学[M].4 版.北京：科学出版社,2021.
[4] 刘虎沉,尤建新,施华.质量工程与管理[M].2 版.北京：科学出版社,2023.

# 主要参考文献


[1] 翟立林，周士富. 管理决策理论与方法[M]. 北京：中国建筑工业出版社，1987.

[2] 周士富，陈炳权. 现代工业管理导论[M]. 上海：同济大学出版社，1988.

[3] 翟立林. 现代管理学概论[M]. 上海：上海社会科学院出版社，1990.

[4] 尤建新. 管理学概论[M]. 上海：同济大学出版社，1995.

[5] 石含英，王荣桢. 世界管理经典著作精选[M]. 北京：企业管理出版社，1995.

[6] 芮明杰. 管理学：现代的观点[M]. 上海：上海科学技术出版社，1999.

[7] (美)Richard L. Daft, Dorothy Marcic. 管理学基础[M]. 北京：机械工业出版社，2004.

[8] (美)Harold. Koonts, Heinz. Weihrich. 管理学精要[M]. 北京：机械工业出版社，2005.

[9] (美)John M. Ivancevich. 人力资源管理[M]. 北京：机械工业出版社，2005.

[10] 尤建新，陈强，朱德米. 公共管理研究[M]. 上海：同济大学出版社，2006.

[11] (美)Peter F. Drucker. 卓有成效的管理者[M]. 北京：机械工业出版社，2006.

[12] (美)Peter F. Drucker. 德鲁克日志[M]. 上海：上海译文出版社，2006.

[13] (美)Peter F. Drucker. 管理的实践[M]. 北京：机械工业出版社，2006.

[14] 沈荣芳. 运筹学[M]. 2 版. 北京：机械工业出版社，2009.

[15] 苏保忠. 领导科学与艺术[M]. 2 版. 北京：清华大学出版社，2009.

[16] (美)Richard L. Daft. 领导学[M]. 5 版. 北京：电子工业出版社，2011.

[17] 周三多，陈传明. 管理学：原理与方法[M]. 6 版. 上海：复旦大学出版社，2014.

[18] 曹玉红，尤建新，唐述毅，等. 基于 BSC-FANP 供应链内部控制评价研究[J]. 运筹与管理，2014，23(6)：213-221.

[19] 尤筱玥，黄志明. 基于 FMEA 的业务外包风险评估研究[J]. 上海管理科学，2014，36(5)：45-49.

[20] (挪威)Geir Lundestad. 大国博弈[M]. 6 版. 张云雷，译. 北京：中国人民大学

出版社，2015.
[21] 尤建新，邵鲁宁，卢超，等. 企业管理概论[M]. 6 版. 北京：高等教育出版社，2018.
[22] 康青. 管理沟通[M]. 5 版. 北京：中国人民大学出版社，2018.
[23] (美)Stephen P. Robbins, Mary Coulter. 管理学[M]. 12 版. 北京：清华大学出版社，2018.
[24] 尤建新，陈守明，赵红丹，等. 高级管理学[M]. 3 版. 北京：清华大学出版社，2019.
[25] (美)Spencer A. Rathus. 心理学[M]. 3 版. 北京：中国人民大学出版社，2019.
[26] 尤建新. 大数据时代呼唤数据质量治理[J]. 上海质量，2019(10)：20-23.
[27] 盛昭瀚. 问题导向：管理理论发展的推动力[J]. 管理科学学报，2019，22(5)：1-11.
[28] 尤建新. 管理理论发展应不忘初衷并超越当下[J]. 管理科学学报，2019，22(5)：15-17.
[29] 尤筱玥，雷星晖，杨迷影. 可持续供应商的概念界定及评价准则研究[J]. 上海管理科学，2019，41(2)：1-7.
[30] 尤建新. 管理学概论[M]. 5 版. 上海：同济大学出版社，2020.
[31] 尤建新，邵鲁宁，李展儒. 质量管理学[M]. 4 版. 北京：科学出版社，2021.
[32] 彭博达，尤筱玥. 组织生态的革命性改变：基于 CiteSpace 的数字化转型研究(下)[J]. 上海质量，2021(11)：17-20.
[33] 尤建新，王莉，赵红丹，等. 管理与组织行为学[M]. 2 版. 北京：清华大学出版社，2023.
[34] 刘虎沉，尤建新，施华. 质量工程与管理[M]. 2 版. 北京：科学出版社，2023.
[35] 任浩，魏峰，金桥，等. 企业组织设计：现代的观点[M]. 2 版. 北京：清华大学出版社，2023.
[36] 尤建新. 可持续理念赋能健康发展[J]. 上海管理科学，2023，45(6)：7-8.
[37] 蒋璐，孙栩锐，卢超，等. 企业责任式创新：研究综述与未来展望[J]. 管理学季刊，2024，9(2)：137-157.